KLINSMANN

Michael Horeni

KLINSMANN

Stürmer Trainer Weltmeister

Scherz

www.fischerverlage.de

Erschienen im Scherz Verlag, einem Unternehmen
der S. Fischer Verlag GmbH, Frankfurt am Main

Gesamtherstellung: Ebner & Spiegel, Ulm
Printed in Germany

ISBN-13: 978-3-502-15045-9
ISBN-10: 3-502-15045-1

Inhalt

*»Es ist fast unmöglich, Jürgen Klinsmann zu beschreiben.
Ich glaube, niemand kennt ihn wirklich. Er ist ein Phänomen.«*

Uli Hoeneß

1. Generalprobe für den Reformer

Confederations Cup in Deutschland

An jenem Tag, an dem die Deutschen Jürgen Klinsmann wieder bei sich aufnahmen, machte er nicht viele Worte. Michael Ballack kam in die Kabine und fiel erschöpft auf die Bank. Lukas Podolski und Bastian Schweinsteiger fehlte die Kraft, um wie sonst ein Späßchen zu machen. Auch sie lehnten müde mit dem Rücken an der Wand, den anderen ging es nicht besser. Zwei Stunden lang hatten sie sich verausgabt, bei fast 30 Grad und drückender Schwüle, über sechzig Minuten mußten sie mit einem Mann weniger auskommen, und das im fünften Turnierspiel innerhalb von nur vierzehn Tagen. Sie hatten dennoch niemals aufgegeben, sie kämpften mit aller Entschlossenheit und boten ein faszinierendes Spiel, ein Spektakel, von dem die Nation am nächsten Tag schwärmen würde wie seit vielen Jahren nicht mehr. 4:3 hatten sie Mexiko besiegt, in der Verlängerung, ein Ergebnis und eine Partie wie aus den epischen Zeiten des Fußballs. Da saßen sie nun auf ihren Bänken, ausgelaugt und stumm. Sönke Wortmann ließ die Kamera laufen, immer weiter. Der Regisseur konnte nicht genug bekommen von diesen Bildern aus der Kabine, von diesem besonderen Moment, in dem die Spieler ganz bei sich sind, glücklich und erschöpft, ein Schatz für seinen Dokumentarfilm über die Nationalmannschaft. Dann, in die Stille hinein, ergriff Jürgen Klinsmann das Wort, laut und durchdringend. »Ihr habt eine großartige Leistung gebracht. Ihr habt alles gegeben. Wir sind stolz auf euch. Danke«, rief der Bundestrainer seinen Spielern zu, er brüllte fast. »Aber jetzt wollen wir euch nicht mehr sehen. Im Hotel gibt es heute nichts zu essen.« Das nächste, was Wortmann mit seiner Kamera einfing, war schallendes Gelächter.

Die Nacht gehörte den Spielern. Sie zogen durch die Restaurants, Kneipen, Bars und Clubs von Leipzig. Erst feierten sie gemeinsam, dann verstreuten sie sich über die Stadt. Die letzten kamen irgendwann nach Sonnenaufgang ins Hotel zurück. Den Bundestrainer jedoch, der nach dem Spiel mit allen Helfern des Nationalmannschaftsteams bei einem Italiener zusammensaß, bekamen sie nicht mehr zu sehen. Auf ein gemeinsames Frühstück am nächsten Morgen, auf große Abschiedsszenen im Hotel legte Klinsmann keinen Wert. Mit Sentimentalitäten im Profigeschäft hatte er auch schon früher nichts anfangen können. Am nächsten Morgen gingen die Nationalspieler und ihre Trainer wieder ihrer eigenen, getrennten Wege, schon um 10.40 Uhr saß der Bundestrainer in Frankfurt in der Lufthansa-Maschine, auf dem Weg zurück nach Los Angeles. Die Arbeit war getan, und er wollte keine Zeit mehr in Deutschland verlieren. Seine Familie wartete in Kalifornien.

Zurück blieb ein verändertes Fußball-Land. Die Zeitungen überschlugen sich in ihrer Begeisterung über den neuen Stil, mit dem Jürgen Klinsmann innerhalb von elf Monaten die Nationalmannschaft radikal umgekrempelt hatte. Schon auf dem Rückweg vom Stadion ins Hotel ahnte der Bundestrainer, daß mit diesem Spiel, mit dem der erste Teil seines Reformprojekts ein mitreißendes Ende gefunden hatte, eine neue Zeit in der Beziehung zwischen der Nationalmannschaft und den deutschen Fans angebrochen war, aber nicht zuletzt auch zwischen ihm und den Deutschen. Im Mannschaftsbus läutete Klinsmanns Mobiltelefon, und es meldete sich der Bundeskanzler. Gerhard Schröder gratulierte ihm zu dem grandiosen Auftritt. Er sprach von den »Verdiensten für den deutschen Fußball und Deutschland«, die sich die Mannschaft und Klinsmann erworben hätten, fast so, als wäre der Bundestrainer und sein Team gerade eben schon Weltmeister geworden und hätten nicht nur das Spiel um Platz drei beim Confederations Cup gewonnen. Aber der Aufbruch in Deutschland, zumindest im Fußball, er war da.

Nur zwei Tage zuvor hatte der Kanzler im Bundestag die Vertrauensfrage gestellt, um den Weg für Neuwahlen freizumachen. Der zeitliche Zusammenfall dieser beiden Ereignisse verführte daraufhin zahlreiche Kommentatoren in den Zeitungen dazu, den Fußball als Metapher für die deutsche Politik zu verwenden und eine Beziehung herzustellen zwischen dem Zustand des Landes und der Nationalmannschaft, zwischen Bundeskanzler und Bundestrainer, zwischen sportlichem Ist- und gesellschaftlichem Soll-Zustand. »Wenn das Land voll von Klinsmännern wäre, hätte es im Herbst keine Neuwahlen geben müssen«, schrieb die *Frankfurter Rundschau* in den Tagen, in denen sich die Kanzlerschaft Schröders dem Ende zuneigte und Klinsmann den ersten Höhepunkt in seiner Zeit als Bundestrainer erlebte. Die *Frankfurter Allgemeine Sonntagszeitung* sinnierte in ihrem Gesellschaftsteil, wie ein Ruck durch Deutschland hätte gehen können, wenn die Politik nur den gleichen Weg wie dieser Bundestrainer aus Amerika eingeschlagen hätte: »Mit Glück wird es unter Angela Merkel wenigstens so wie unter Rudi Völler: nicht schön, aber halbwegs effizient. Auf einen Klinsmann-Kanzler, der die Menschen mitreißt, darf weiter gewartet werden.« Der *Tagesspiegel* in Berlin schlug den großen Bogen zwischen den Führungsqualitäten, die das Blatt dem Bundestrainer zuschrieb, aber beim politischen Personal schmerzlich vermißte: »Es gibt keine Wechselwirkungen zwischen erfolgreichem Fußball und erfolgreicher Politik. Eine fröhliche Grundstimmung durch gewonnene Spiele gibt den Bürgern weder mehr Vertrauen in den Staat, noch nimmt es diesem die Verantwortung zur Gestaltung ab. Andernfalls wäre Brasilien längst Export- und Importweltmeister in einem. Und doch lohnt es sich zu vergleichen, was dieser Klinsmann besser macht als die Politik. Sein Erfolg basiert keineswegs auf der Kunst des Schönredens, wie seine Kritiker gerne suggerieren. Schlechte Fußballer spielen nicht dadurch besser, daß man ihnen eine nicht vorhandene Qualität vorgaukelt. Klinsmann hatte einfach den Mut, sich der Wirklichkeit zu stellen, Konsequenzen daraus zu ziehen und entsprechend zu handeln. Und das in der gebotenen Radikalität, ohne sich von den Kritikern beirren zu lassen.«

Der Boulevard, das deutsche Stimmungsbarometer, mochte sich mit staatstragenden Betrachtungen nicht lange aufhalten und reagierte auf seine Weise. So fragte *Bild* an dem Tag, an dem der Kanzler im Bundestag den Weg zu einem Neuanfang im Land frei machte, auf seiner Titelseite auch: »Hat Klinsi das Kaiser-Gen?« Daneben war eine Fotomontage abgebildet, auf der Jürgen Klinsmann schon die Physiognomie von Franz Beckenbauer angenommen hatte. Ausgerechnet seine schärfsten Kritiker, die sich an ihm schon als Stürmer und Kapitän der Fußball-Nationalmannschaft jahrelang gerieben hatten und dennoch mit ihm Auflage machten, die von Klinsmann verklagt und gemieden wurden, erhoben den Bundestrainer nun in den höchsten Fußballstand. Wenngleich der Aufstieg noch mit einem kleinen Fragezeichen versehen war.

Als Klinsmann vier Wochen zuvor zum Confederations Cup nach Deutschland zurückgekehrt war, war von bedingungsloser Unterstützung für seinen Kurs nichts zu spüren. Die erstaunliche Erfolgsserie seit seinem Amtsantritt im September des Vorjahres hatte die Skepsis im Establishment des deutschen Fußballs und in zahlreichen Medien, die um diese Stimmung wußten, nicht vertreiben können. Neun Länderspiele hatte die neue Führung bis dahin hinter sich gebracht, dabei sechs Begegnungen gewonnen und nur eine einzige verloren, aber noch immer warteten die Kritiker auf die nächstbeste Gelegenheit, um Zweifel an Klinsmann weiter zu schüren. Es sollte sich schnell zeigen, daß sich der Bundestrainer selbst bei einem sportlich unbedeutenden Galaspiel nicht sicher fühlen konnte. Klinsmann ahnte bei seiner Ankunft noch nicht, daß die anerkennende Geste, den FC Bayern München mit einem Spiel gegen die Nationalmannschaft zur Eröffnung des neuen Stadions für seine Ausnahmestellung im deutschen Fußball zu ehren, ein schwerer taktischer Fehler war, den er bald bereute.

Skeptische Öffentlichkeit

Wochenlang hatte Uli Hoeneß immer wieder die Stimmung in den Medien gegen den Bundestrainer geschürt. Der Bayern-Manager forderte ihn wiederholt auf, seinen Wohnsitz in Kalifornien endlich aufzugeben und spätestens zum Beginn des Jahres der Weltmeisterschaft nach Deutschland umzuziehen. Hoeneß ließ die Öffentlichkeit außerdem wissen, daß Klinsmann als Bundestrainer ohnehin nur aus der Not geboren wurde und er ihn schon immer für einen sehr guten Schauspieler gehalten habe, der bei all seinen Handlungen genau wisse, was in der Öffentlichkeit gut ankomme und wie er sich selbst am besten verkaufe. Der Bayern-Manager erweckte bei all seinem Reden den Eindruck, daß dieser Bundestrainer nicht den nötigen Stallgeruch mitbringe und daß Klinsmann bei allem Furor, den er im deutschen Fußball entfacht hatte, persönlich überhaupt kein Risiko eingehe. »Er hat ja nur einen Vertrag bis 2006. Wenn es gutgeht, ist er der Held – und wenn es schlechtgeht, geht er wieder nach Kalifornien«, sagte Hoeneß. Das war kurz vor dem Confederations

Cup und der Partie in der Allianz-Arena. Klinsmann geriet in die Defensive.

Die Atmosphäre war gereizt, als die Nationalmannschaft in der neuen Münchner Arena antrat. Die Münchner Zuschauer sahen in der Galabegegnung auch ein Prestigeduell und waren mit dieser Einschätzung nicht die einzigen. Die Bayern gewannen die Begegnung souverän 4:2, und sie dominierten dabei die Nationalmannschaft, die doch Weltmeister werden wollte, wie es ihnen beliebte. Dazu pfiffen die Bayern-Fans Torwart Jens Lehmann, den Konkurrenten von Oliver Kahn, bei jedem Ballkontakt aus. Klinsmann war nach der Partie außer sich. »Wie die uns behandelt haben, was die mit uns gemacht haben«, fluchte der Bundestrainer, und sein Zorn darüber, daß er sich überhaupt auf dieses Spielchen mit den Bayern eingelassen hatte, war noch größer als über die Niederlage selbst.

In der Öffentlichkeit gab sich der Bundestrainer jedoch gelassen und verbindlich. Manager Oliver Bierhoff übernahm es, die Auseinandersetzung mit dem FC Bayern und seinen mächtigen Repräsentanten zu führen. Sie wollten nicht klein beigeben, aber Klinsmann sollte nach den wochenlangen Angriffen nicht weiter im Mittelpunkt stehen. Die Zeitungen widmeten sich mit Hingabe den hitzigen Disputen, die Boulevardblätter vorneweg. Die großen Namen des deutschen Fußballs wurden gegeneinander in Position gebracht: Klinsmann und Bierhoff gegen Hoeneß und Rummenigge; die Bayern gegen die deutsche Nationalmannschaft. Die täglichen Schlagzeilen verfehlten nicht ihre Wirkung. Klinsmann haßte diese Mechanismen des Fußballgeschäfts in Deutschland, sie waren ihm schon zehn Jahre zuvor ein Greuel, als er noch bei den Bayern spielte und sich ihnen nicht zu entziehen vermochte. Die häßlichen Seiten der Vergangenheit hatten ihn mit der Nationalmannschaft in München schneller eingeholt, als er befürchtet hatte. »In Deutschland wird immer versucht, Konfrontationen zu schaffen. Das ist schade, aber wir können es nicht ändern«, sagt Klinsmann. »Ein Teil der Medien hat von Beginn an versucht, starke Unruhe in die Mannschaft hineinzutragen.«

Vier Tage später, die Deutschen hatten am Abend zuvor gerade das Testländerspiel in Nordirland 4:1 gewonnen und dabei einen 0:1-Rückstand nach einem Platzverweis gegen Robert Huth in Unterzahl noch überzeugend gewendet, bekam die DFB-Delegation in der Maschine zurück nach Deutschland die Zeitungen gereicht, und der Ärger bei Klinsmann, seinem Trainerteam und bei den Spielern über die Macht der Medien entflammte aufs neue. Sie hatten 4:1 gewonnen, aber in der *Bild am Sonntag* bekamen vier Spieler die Note sechs. Dazu höhnte der frühere Weltmeister Paul Breitner in einem Kommentar über die Trainingsarbeit von Klinsmann und den von ihm engagierten amerikanischen Fitnesstrainern: »Sie mögen mit Erfolg im American Football, im Baseball oder im Basketball gearbeitet haben. Aber diese US-Sportarten haben mit unserem Fußball soviel zu tun wie der Papst mit der Pille.«

Fußballprofis lesen anders Zeitung als gewöhnliche Leser, vor allem die *Bild-Zeitung,* das Leitmedium des deutschen Fußballs. Wenn sie nach einem Länderspiel dieses Blatt aufschlagen, dann schauen die Spieler zuerst auf die Seite mit den Noten, wo ihre Leistung bewertet wird. Die Spieler lesen diese Beurteilungen auch immer wieder »politisch«, wie das erfahrene Nationalspieler nennen. Wenn, wie nach einem 4:1-Sieg, vier Spieler eine »Sechs« bekommen, dann ärgern sich die Millionäre nicht nur wie Schüler über ein zu hartes Urteil, sie sehen darin auch eine »politische« Aussage, einen Trend, eine potentielle Gefahr für sich und das Team. Zugleich empfinden sie dieses Thema, die Macht der Medien, die sich für sie in den Noten verdichtet, als äußerst heikel, sie wollen über diesen Druck und die Mechanismen nicht öffentlich sprechen, aus Furcht, ihre Karriere könnte Schaden nehmen. Die Spieler interpretieren aus Erfahrung viel in diese Noten hinein, mehr vielleicht, als manchmal wirklich dahintersteckt. So argwöhnen sie mitunter, daß ihnen eine Zeitung vielleicht grundsätzlich kritisch gegenübersteht, oder sie vermuten Einflußnahmen, weil ein anderer Spieler, der Konkurrent um den Stammplatz, womöglich besser mit der Zeitung zusammenarbeitet.

Schon an Bord der Maschine ahnten die erfahrenen Kräfte wie Oliver Kahn und Michael Ballack, Torsten Frings oder Bernd Schneider bei der Lektüre, daß in der Nationalmannschaft nun »eine neue Baustelle aufgemacht« würde, wie sie das nennen, ein neues Thema die Medien beherrschen würde. Ihre Befürchtungen sollten sich bestätigen. Die Abwehr stand schon bei diesem 4:1-Sieg im Mittelpunkt der Kritik, und nach über zehn Jahren im Geschäft wußten sie, wie sich die Dinge entwickeln können. Andere Zeitungen würden bei nächster Gelegenheit nachziehen, und der negative Trend könnte sich dann wie von selbst immer weiter verstärken, bis er nicht mehr zu stoppen ist. »Wir sind nicht mit irgendwelchen Medien im Boot. Gewisse Leute möchten vielleicht gerne mehr Macht haben in bezug auf die Nationalmannschaft«, sagte Klinsmann über diese Phase, in der er seine Autorität als Bundestrainer herausgefordert sah. »Wir hatten alle das Ziel, perfekt zu arbeiten. Aber dann wird man mit dem extremen Pessimismus aus bestimmten Medien konfrontiert, die darauf lauern, ob nicht doch etwas passiert und einem die Galle überläuft.« Es wurde Klinsmanns Leitthema bei dieser Generalprobe für die Weltmeisterschaft: Wir hier drinnen, die verschworene Gemeinschaft im Kampf gegen die Kritiker und Störenfriede da draußen, die nur auf eine Schwäche lauern, um ihre Interessen durchzusetzen.

Klinsmann wußte aus eigener Erfahrung, daß solche scheinbar banalen Themen, die in den Medien Schlagzeilen produzieren, den Erfolg eines Projekts tatsächlich gefährden und ihn sogar zunichte machen können. Vor allem bei der Weltmeisterschaft 1994 in den Vereinigten Staaten, aber auch beim WM-Turnier vier Jahre später in Frankreich hatte er erlebt, wie sich die deutschen Spieler durch solche Nebensächlichkeiten von ihrem Ziel abbringen ließen und sich die Atmosphäre in einem Team, das sechs, sieben, acht Wochen aufeinanderhing, immer weiter vergiftete. »Solche Themen werden kommen, und wie Jürgen Klinsmann und die Mannschaft damit umgehen werden, davon hängt der Erfolg bei der Weltmeisterschaft entscheidend ab«, sagt Wolfgang Niersbach, der als früherer Pressechef beim Deutschen Fußball-Bund die Erfahrungen mit Klinsmann bei den Weltmeisterschaften teilt und mittlerweile zum Vizepräsidenten des WM-Organisationskomitees 2006 aufstieg. Klinsmann ist sich dieser Gefahr vollkommen bewußt. »So ein Turnier bringt ja viele Erkenntnisse mit sich. Zu sehen, wie die Mannschaft mit den extremen Einflüssen von außen zurechtkommt, ist sehr wichtig. Die Mannschaft ist ruhig und sachlich geblieben und hat sich immer an den sportlichen Fragen orientiert. Das ist eine sehr wichtige Erkenntnis aus diesem Turnier mit Blick auf die WM«, sagte der Bundestrainer noch während des Confederations Cups über ein für das Binnenklima einer Mannschaft oftmals unterschätztes Thema.

Nach dem 4:1 gegen Nordirland sollten die Schlagzeilen über die unerfahrene Abwehr bis zum Beginn des Turniers zehn Tage später nicht mehr aus den Zeitungen verschwinden. Die Defensive mit Robert Huth, Per Mertesacker, Thomas Hitzlsperger und Arne Friedrich wurde nach einigen Schwächen zum unkalkulierbaren Sicherheitsrisiko erklärt. Die Spieler, die sich äußerlich gelassen gaben, ließen sich trotzdem schnell von den miserablen Noten und den ungewohnten Schlagzeilen beeindrucken und boten auf dem Spielfeld immer wieder Angriffsflächen. Nach der Premierenpartie gegen Australien schlug dann das Thema mit geballter Wucht auf die gesamte Nationalelf und den Bundestrainer durch. Einige eklatante Schwächen und drei Gegentore verdrängten nahezu vollständig die positiven Seiten eines Siegs, der Zweifeln nun nicht mehr nur an der Abwehr, sondern an der gesamten Arbeit von Klinsmann Nahrung gab. In den rund zehn Monaten zuvor hatte der Bundestrainer mit dem weichen Faktor Optimismus die Nationalmannschaft neu belebt, aber nun galt es bei einem Turnier erstmals unter Wettbewerbsbedingungen mit der harten Währung Leistung zurückzuzahlen. Er hatte den kompletten Stab um das Nationalteam umgekrempelt, langjährige Mitarbeiter abserviert, einen neuen Stil geschaffen, junge Spieler wie aus dem Nichts geholt, den Profis Nachhilfe in Taktik und Fitness verordnet und damit einen großen Teil der Bundesligatrainer desavouiert. Wenn er sich den Spielraum für seine Reformen erhalten wollte gegen die Traditionalisten im deutschen Fußball, die überall im Verband, in den Klubs oder in den Medien nur auf eine Schwäche des Bundestrainers mit seinen amerikanischen Methoden lauerten, dann durfte er nicht in der Vorrunde des Confederations Cups scheitern. Dieser Gefahr war sich die neue Führung vollkommen bewußt. »Ich sage dem Jürgen auch immer, daß er ein bißchen Verständnis haben soll, wenn Leute, die sich seit vielen Jahren mit Fußball beschäftigen, über ihn meinen: Jetzt kommt einer, der sich für ein paar Jahre nach Amerika zurückgezogen hatte, und verkündet große Dinge«, sagte Nationalmannschafts-Manager Oliver Bierhoff, und versuchte die Wogen zu glätten.

Auch Kapitän Michael Ballack hatte sich kurz vor dem Turnier öffentlich für den Bundestrainer eingesetzt, denn daß der Kredit, den Klinsmann bei Meinungsmachern im deutschen Fußball angesammelt hatte, noch dürftig ausfiel, war dem Kapitän nicht entgangen.

»Seit Jürgen Klinsmann Bundestrainer ist, hat sich die Mannschaft gut entwickelt. Wir gehen jetzt höheres Tempo und haben ein klares Offensivkonzept. Es herrscht ein guter Geist, wir sind auf dem besten Weg, ein verschworener Haufen zu werden. Sollte es allerdings beim Confederations Cup schiefgehen, wird sicher Kritik aufkommen, die neuen Methoden des Bundestrainers würden hinterfragt. Das ist uns allen bewußt. Ich aber sage: Auch dann gäbe es keinen Grund für Weltuntergangsstimmung, bis zur WM haben wir noch ein Jahr Zeit, um die richtigen Lehren zu ziehen«, schrieb Ballack in einer Kolumne für die *Welt am Sonntag.* Doch der ungewöhnliche Appell, dem Trainer vorweg das Vertrauen auszusprechen, nutzte nicht viel.

Selbstbewußtsein und Selbstvertrauen

Nach dem 2:2 im letzten Testspiel in Mönchengladbach gegen Rußland hatte Klinsmann seinen Spielern vor dem Confederations Cup noch einmal drei Tage frei gegeben, um sie zu ihren Familien und Freundinnen zurückkehren zu lassen. Und als hätte es die Diskussionen und Vorwürfe um seinen Wohnsitz in Kalifornien nie gegeben, nahm der Bundestrainer am nächsten Morgen selbst die Maschine nach Los Angeles, um seine Frau und die beiden Kinder zu sehen. Nichts hätte ihn davon abhalten können, sich diese Freiheit zu nehmen und seine Unabhängigkeit auszuleben, die ihm seit vielen Jahren zum größten und unverzichtbaren Luxus geworden war. Die Reisestrapazen und der zehnstündige Zeitunterschied kümmerten ihn nicht, zumindest nicht so sehr, daß er darauf verzichtet hätte, mit seiner Frau Debbie den zehnten Hochzeitstag während dieser kurzen freien Tage vor dem Turnier zu feiern. Dabei war es nicht einmal der richtige Termin, denn der lag ein paar Tage später mitten im Confederations Cup.

Diese Selbstverständlichkeit, mit der Klinsmann seine privaten Prioritäten setzte und sich damit dem typischen Männer-Rollenbild im Profifußball entzog, das ständige Präsenz als Ausweis für Unentbehrlichkeit versteht, war für viele nicht leicht zu ertragen. Es wurde ihm vorgeworfen, er hätte sich in dieser Zeit besser um die Abwehrproblematik gekümmert als um seine Familie. Klinsmann aber war überzeugt, die Arbeit für die Nationalelf nach bestem Wissen erledigt zu haben und sich nun das Recht nehmen zu können, sein Berufs- und Privatleben so miteinander zu verbinden, wie er es für richtig und notwendig hielt. Er hatte keine Angst, die Dinge zu tun, von denen er überzeugt war, seine innere und finanzielle Unabhängigkeit hatte ihn längst von der Furcht befreit, seinen Lebensstil der Vorstellung von anderen anzupassen. Von Alibihandlungen wollte er nichts wissen. Auch während des Turniers nahmen sich Klinsmann, sein Assistent Joachim Löw, Torwarttrainer Andreas Köpke und Oliver Bierhoff jeden Tag eine Stunde, um selbst zu trainieren. Zeit für sich war ihnen allen wichtig, und wie das Team das Leben und Arbeiten in der Nationalmannschaft im Gegensatz zu früheren Zeiten gestaltete, brachte Bierhoff selbstbewußt zum Ausdruck: »Im deutschen Fußball werden viele Dinge getan, die gut ankommen. Wir tun Dinge, von denen wir überzeugt sind – und versuchen dann, daß sie gut ankommen.«

Dieser Grundsatz galt für den Bundestrainer auch für die Gestaltung seines Privatlebens. Schon vor und auch während des Confederations Cups merkten die Mitglieder im DFB-Troß an kleinen Begebenheiten, wie Klinsmann versuchte, auch noch aus der Ferne ein Familienleben zu führen. Bei einem zwanglosen Gespräch etwa mit DFB-Präsident Gerhard Mayer-Vorfelder entschuldigte er sich für einige Minuten, weil er noch mal kurz telefonieren müsse, um seinen Kindern vor dem Schlafengehen gute Nacht zu sagen. Auch wenn er abends in vertrauter Runde im Mannschaftshotel auf seine Familie zu sprechen kam, dann fiel einigen eine in diesen Fußballkreisen ungewöhnliche Wärme in seinen Schilderungen auf, und sie merkten, wie empfindlich, ja geradezu altmodisch sich da jemand gegen Kritik an seiner Lebensführung wehrte. »Das finde ich respektlos meinem Familienleben gegenüber«, sagte er, und das Wort Respekt war nicht einfach nur dahingesagt, er benutzte es seit vielen Jahren, wenn es darum ging, seine familiäre Basis zu verteidigen und zu schützen, von der aus Klinsmann seinen Weg im Fußball gemacht hatte.

Diese emphatische Herzlichkeit, mit der Klinsmann über seine Frau und seine Kinder sprach, fiel auch deswegen so auf, weil er sie sich im beruflichen Umgang nicht gestattet. Auch nach vier Wochen gemeinsamer Zeit bei dieser WM-Generalprobe vermißten manche der Helfer in der Nationalmannschaft, die nicht zum engsten Zirkel des Bundestrainers gehörten, die Herzlichkeit, mit der ihnen etwa Rudi Völler jahrelang begegnet war, der ihnen das Gefühl vermittelt hatte, mehr als nur einer Zweckgemeinschaft anzugehören, und der nicht wie sein Nachfolger eine professionelle Distanz, ja Kühle in die beruflichen Beziehungen legte. Nähe hatte Klinsmann auch als Profi im Fußballgeschäft schon früher kaum zugelassen, er verschrieb sich zwar dem Fußball mit Haut und Haaren, aber nicht dem Geschäft und den Menschen, die es betreiben. Er vollzog diese strikte Trennung von Privat- und Berufsleben mit einer solchen Konsequenz, daß selbst bei der gemeinsamen Feier des Betreuerteams nach dem Sieg gegen Mexiko in Leipzig große Gemeinschaftsgefühle nicht aufkamen. Ein solcher Abend, so erschien es vielen, gehörte zu einem professionellen, gemeinsamen Abschluß, er war aber nicht dazu da, um Freundschaften über den Tag, über das Projekt 2006 hinaus zu schließen.

Die Mannschaft verstand er jedoch vom ersten Tag an richtig anzupacken, und nur darauf kam es Klinsmann an. Nach der Auftaktpartie gegen Australien bekam vor allem Robert Huth, die persönliche Entdeckung des Bundestrainers, die öffentliche Kritik zu spüren, und auch Thomas Hitzlsperger gehörte bald zu den Profis, die Prügel einstecken mußten. Bis kurz vor Turnierbeginn hatten die jungen Spieler nur die Erfahrung gemacht, wie die Medien sie hätschelten und als große Hoffnung für den deutschen Fußball im Hinblick auf die WM 2006 aufbauten. Nun erlebten sie nach schwächeren Leistungen erstmals, wie sich der öffentliche Wind scharf drehte, und sie fragten sich, wie denn auf einmal falsch sein könne, was doch monatelang als richtiger Weg gefeiert wurde. Nun benötigten sie Hilfe und Zuspruch, und sie bekamen sie vom Bundestrainer. Die Profis schwärmten nicht nur während dieses Turniers von Klinsmanns pakkenden, motivierenden Ansprachen unter vier Augen oder im größeren Kreis, und dies taten nicht nur die jungen, begeisterungsfähigen Spieler, sondern auch die Stars mit viel Erfahrung. »Wenn der eine oder andere Spieler mit sich zu kämpfen hatte wegen öffentlicher Kritik, macht ihn der Trainer einfach stark. Die haben danach keine Schwierigkeiten mehr, mit diesen Dingen umzugehen«, sagt Kapitän Ballack über die kritischen Tage während des Confederations Cups.

Diese Begabung, die Spieler mit wenigen Worten zu erreichen, ihnen Selbstvertrauen zu schenken, erkannte auch Klinsmann als eine seiner großen Stärken. »Ich kann relativ gut die Körpersprache von Spielern lesen, auch ihren Gemütszustand. Ich spüre, wenn ein Spieler einen Hänger hat, was in den Köpfen des einzelnen vorgeht«, sagte der Bundestrainer während des Turniers über sich, und daß er sich in seiner Selbsteinschätzung nicht täuschte, diese Bestätigung erkannte er nicht nur an den Reaktionen der Spieler, sondern er erhielt sie auch vom Teampsychologen Dr. Hans-Dieter Hermann bei dessen teilnehmender Beobachtung der mannschaftspsychologischen Prozesse. »Ich erkenne eine sehr authentische, konsequente Linie, mit der Jürgen Klinsmann die von ihm vorgegebenen Ideen lebt. Es gibt hier keine Diskrepanz zwischen dem, was intern gesagt und nach außen transportiert wird. Das halte ich für eine ganz große Stärke. Das schafft Glaubwürdigkeit, auch bei den Spielern«, so Hermann.

Im zweiten Gruppenspiel gegen Tunesien zog Klinsmann die Konsequenzen aus der schwachen Leistung seiner Abwehr und der scharfen Kritik. Er stabilisierte das defensive Mittelfeld durch Ballack und setzte alles daran, den Druck von seiner Verteidigung zu nehmen und mit geordneten Verhältnissen gegen den Afrikameister zu bestehen. Der Auftritt blieb glanzlos, die Deutschen lebten sogar bis eine Viertelstunde vor Schluß ständig in der Gefahr, die Partie zu verlieren und sich unrühmlich aus dem Confederations Cup zu verabschieden. Aber die Zuschauer in Köln stellten sich von Beginn an hinter die Mannschaft und damit auch hinter das Reformprojekt des Bundestrainers. Sie begannen ausgerechnet Robert Huth bei jedem Ballkontakt zu stärken, jenen Spieler, der wie kaum ein anderer für Klinsmanns Versuch stand, mit jungen, lernbegierigen Spielern den deutschen Fußball aus seiner Selbstgenügsamkeit zu reißen. Die Fans, diese riesige Basis, waren vom ersten Tag an Klinsmanns stärkste Lobby. Sie wünschten sich nichts mehr, als daß der Deutsche Fußball-Bund nach vielen Jahren endlich durchlüftet und entstaubt würde, so wie es der Bundestrainer angekündigt und auch angepackt hatte. Fußball sollte wieder Spaß machen, und die Fans sehnten sich danach, wieder stolz auf ihre Nationalmannschaft sein zu dürfen.

Aber danach sah es beim Confederations Cup auch gegen Tunesien lange nicht aus. Erst ein von Ballack provozierter und dann von ihm selbst zum 1:0 genutzter Elfmeter verwandelte die deutsche Mannschaft und ihr Spiel. Danach sollte sie, bis zum grandiosen 4:3 gegen Mexiko in der Partie um den dritten Platz, das Publikum immer wieder begeistern und eine neue Verbundenheit schaffen. »Das Spiel hatte Endspiel-Charakter«, sagte der Bundestrainer zu der Partie gegen Tunesien. Er beschrieb damit seine eigene Gefühlslage und auch die der Mannschaft. Nach dem Führungstreffer durch den Kapitän streifte Klinsmanns Team alle psychologischen Fesseln ab und erzielte vollkommen befreit von den Belastungen der vorangegangenen Tage noch zwei weitere Treffer. Der umjubelte 3:0-Sieg führte die Deutschen vorzeitig ins Halbfinale, aber mindestens so wichtig war für Klinsmann und seine Trainerkollegen, daß sie sich der Unterstützung der Zuschauer nun auch in schwierigen Momenten ihres Reformprojekts sicher sein konnten.

Das Ausland beobachtete das Spannungsverhältnis, das sich zwischen öffentlicher Meinung und veröffentlichter Boulevard-Meinung auftat, mit Interesse und Verwunderung. Das französische Fernsehen berichtete ausführlich über diese seltsame deutsche Stimmungslage, man fragte sich, ob das Zerwürfnis bei den Nachbarn schon so tiefgreifend war wie 1998 im eigenen Land, als der Reformer Aimé Jacquet die Medien mit seinen Entscheidungen so massiv gegen sich aufbrachte, daß der Trainer in den sechs Wochen der Weltmeisterschaft keine Zeitung mehr las, um sich die Kritik und die Beschimpfungen zu ersparen und sich durch die Schlagzeilen nicht dazu verleiten zu lassen, von seinem Weg abzuweichen, der die Franzosen schließlich zu Weltmeistern machte. Auch in Österreich berichtete der ORF verwundert über diese seltsamen Deutschen, die doch erkennbar attraktiveren Fußball als noch ein Jahr zuvor spielten, aber sich dennoch nicht richtig über den neuen Schwung freuen konnten, sondern immer wieder scharfe Kritik im Detail übten und dabei die große Linie aus den Augen verloren.

Wenn Jürgen Klinsmann, sein Assistent Joachim Löw, Torwarttrainer Andreas Köpke und Oliver Bierhoff im Mannschaftsquartier beisammensaßen, fragten sie sich auch, warum so schnell vergessen wurde, wie die Deutschen bei der Europameisterschaft nicht mehr mitkamen und Rumpelfußball der einzige Begriff war, der sich mit dem Spiel der Nationalmannschaft verband. Nun hatte sich die

Philosophie geändert, die jahrelang geforderten jungen Spieler waren dabei, aber Fehler, die zu einer Entwicklung zwangsläufig gehören, wurden ihnen kaum mehr zugestanden. »Wie überall im Leben ist es ein Geben und Nehmen. Unsere Mannschaft gibt enorm viel«, sagte Klinsmann, »wir versuchen alle, aus uns das Beste herauszuholen. Aber wenn man immer nur gibt und gibt – und es kommt nichts außer Respektlosigkeiten zurück, dann ist es auch für die Spieler wichtig, daß sie sehen: Die Mannschaftsführung läßt sich nicht alles gefallen. Die Spieler sollen wissen, daß wir ehrlich zu ihnen sind und uns nicht beeinflussen lassen. Und sie wissen auch, daß bei uns niemand in die Mannschaft hinein- oder herausgeschrieben werden kann.«

Nun hatten sie das Halbfinale erreicht, und der nächste, ebenfalls schon qualifizierte Gegner hieß Argentinien, die vielleicht beste Mannschaft der Welt, wie es schien. Klinsmann hätte gegen diesen Gegner die sichere Variante wählen können, nachdem der Erfolg gegen Tunesien die Lage beruhigt hatte. Der Bundestrainer verzichtete jedoch in dieser Partie mit Ballack auf seinen besten und wichtigsten Spieler, er forderte bedingungslosen Offensivgeist, und als nach neunzig Minuten erstklassigen Fußballs in Nürnberg ein 2:2 gegen die Südamerikaner stand, die Zuschauer immer wieder hingerissen waren von dem attraktiven deutschen Spiel, war das psychologische Meisterstück Klinsmanns offenkundig. Die immer wieder kritisierte Mannschaft, von der es hieß, ohne ihren Kapitän wäre sie nicht viel wert, hatte sich in dieser Partie von ihrer Führungsfigur emanzipiert und Anerkennung für sich gewonnen, sie hatte bewiesen und konnte nun daran glauben, daß sie immer in der Lage ist, als Gemeinschaft auch ohne ihren Anführer gegen eine Weltklassemannschaft zu bestehen. »Das gibt der Mannschaft ein gewisses Selbstwertgefühl«, urteilte der Bundestrainer zufrieden.

Die Botschaft kam an. Nach dem Gruppensieg und neun Toren in drei Spielen machte sich in Deutschland nun überall die Begeisterung über den Klinsmann-Stil breit. Auch das Ausland registrierte diesen Bewußtseinswandel im deutschen Fußball. »Am Tag seiner Ernennung als Bundestrainer haben sich die Türen in Deutschland geöffnet. Ein Jahr danach scheint die Sonne, und es riecht nach Sauberkeit. Nachdem er mit Bedenken aufgenommen wurde, vor allem seitens der bayerischen Lobby, hat er sich inzwischen durchgesetzt. Die Fans haben ihre Illusion wiedergewonnen. Bereits nach der ersten Phase des Confederations Cups hat die ›Klinsi-Revolution‹ gesiegt. Die Leute feiern auf der Straße, und an keinem Stammtisch wird opponiert oder widersprochen«, schrieb *El País,* die angesehenste spanische Zeitung.

In Deutschland gebot Franz Beckenbauer den Kritikern des Bundestrainers in zuvor nicht gekannter Weise Einhalt. In seiner Kolumne in *Bild* stützte er den Bundestrainer, den er ein Jahr zuvor als Chef der sogenannten Trainerfindungskommission für diesen Posten gar nicht vorgesehen hatte, wie das zuvor noch niemand mit ähnlichem Einfluß im deutschen Fußball getan hatte. Beckenbauer hatte vor dem Halbfinale gegen Brasilien vier Tage im Quartier der Nationalmannschaft verbracht, er nutzte die Gelegenheit zu zahlreichen Gesprächen, mit Klinsmann, mit Löw und Köpke, mit Bierhoff und auch mit einigen Spielern, vor allem jenen vom FC Bayern. Er hatte zwar noch zahlreiche Termine als Organisationschef für den Confederations Cup zu erledigen, und er spielte auch mal eine Runde Golf, aber er gewann in diesen Tagen erstmals einen unmittelbaren Eindruck vom Geist, der in der Nationalmannschaft herrschte. Beckenbauer erlebte, wie Klinsmann seine Arbeit verstand. »Ich bin permanent in Gedanken beim Team. Ich beobachte, ob all die Rädchen richtig geölt werden, die wir in Gang gesetzt haben, oder wo es etwas zu optimieren gibt. Von morgens um halb acht bis abends um halb zwölf dreht sich alles nur darum«, beschrieb Klinsmann seinen Stil.

Diese Arbeitswut, diese Detailversessenheit, die auch ihn selbst auszeichnete, schätzte Beckenbauer, genauso wie die Art, mit der Klinsmann seine Ideen unabhängig verwirklichte und sich von niemandem außerhalb des Teams darin beeinflussen ließ. Er sah, wie die jungen Spieler unbeschwert und unkompliziert an ihre Aufgaben nicht nur auf dem Fußballplatz herangingen. »Mir gefällt, wie er seine eigenen Vorstellungen durchzieht. Ob Trainingsmethodik oder Taktik – es wirkt sehr durchdacht, selbst wenn seine Methoden Außenstehenden ungewöhnlich erscheinen«, schrieb Beckenbauer ausgerechnet in jenem Blatt, das den Kritikern in diesen Fragen immer den größten Resonanzraum geboten hatte. Und nachdem Klinsmann mit dem Gruppensieg bewiesen hatte, daß seine Methoden auch unter Wettbewerbsbedingungen funktionieren, sprach der Fußball-»Kaiser« ein Machtwort, das seine Wirkung nicht verfehlte: »Es steht keinem zu, an Jürgen zu zweifeln. Ich habe volles Vertrauen zu ihm und seiner Mannschaft.«

Das Vertrauen in die Fähigkeiten von Jürgen Klinsmann, die deutsche Mannschaft mit seinen Methoden vielleicht doch zum WM-Triumph führen zu können, wuchs in erstaunlicher Geschwindigkeit. Zum ersten Mal nach langer Zeit war der Optimismus, nach fünf Jahren endlich wieder eine große Fußball-Nation besiegen zu können, so ausgeprägt wie vor dem Halbfinale gegen Brasilien in Nürnberg. Der fünfmalige Weltmeister hatte seine Gruppenspiele nur mit einiger Mühe überstanden, die Mannschaft von Trainer Carlos Alberto Parreira wirkte müde, aber der Bundestrainer war sich sicher, daß sich die Brasilianer in der Neuauflage des WM-Finales von 2002 erheblich steigern würden, dazu kannte er auch die Arbeit und die Gewissenhaftigkeit seines Trainerkollegen viel zu gut. Er hatte in seiner Zeit in den Vereinigten Staaten über seine Geschäftspartner schon lange Kontakt zu den Trainergrößen des Fußballs gehalten, und dazu gehörte auch Parreira, spätestens seit er die Brasilianer 1994 in Amerika zum Weltmeistertitel führte. Er gehörte wie der Franzose Aimé Jaquet oder der argentinische Fußballdenker José Pekermann zu Klinsmanns »internationalem Netzwerk«, wie er seinen Schatz bezeichnet, den er sich in über zwanzig Jahren im Weltfußball geschaffen hat. Von Parreira hatte er in zahlreichen freundschaftlichen Gesprächen viel über Fußball, über Menschen- und Mannschaftsführung gelernt, sie ahnten da noch nicht, daß sie einmal in Deutschland gegeneinander um die Weltmeisterschaft kämpfen würden. Obwohl sie nun schon seit einem Jahr zu Konkurrenten geworden waren, versicherte sich Klinsmann immer wieder bei Parreira der Fortschritte, die seine Mannschaft machte. Die Meinung des Brasilianers bedeutete ihm weit mehr als ein paar positive Schlagzeilen in Deutschland. Ein solcher Kontakt war Teil seines internationalen Kompasses, nach dem er das deutsche Spiel vom ersten Tag seiner Amtszeit an ausrichtete. »Ich sehe mich in einer spannenden, schnell verlaufenden Lernphase. Ich lerne Woche für Woche dazu, aber ich lese ein Spiel noch nicht wie ein Carlos Alberto Parreira mit seiner Erfahrung«, berichtete Klinsmann vor dem Halbfinale, und er hatte auch keine Hemmungen, seine Schwächen ebenso deutlich zu benennen wie seine Stärken.

Nach dem Spiel war Klinsmann nicht mehr der strahlende, optimistische Bundestrainer, der öffentlich nur Lob und Aufmunterung kennt, der positiv denkt, Chancen sieht und Herausforderungen annimmt. »Bei mir ist das im Blut drin«, sagte Klinsmann über seinen unstillbaren Erfolgshunger, »da hilft mir auch das größte Lob von Brasilien nichts.« Die kalte Wut, es wieder nicht geschafft zu haben, mit 2:3 wieder eine Abfuhr erhalten zu haben und der Welt nicht zeigen zu können, wie in Deutschland ein WM-Favorit heranwächst, machte auch die Spieler mit der anderen Seite Klinsmanns vertraut, die seine Mitspieler aus früheren Zeiten, aber auch Trainer, Manager und Präsidenten längst kannten; die ungemütliche Seite des vor den Kameras immer strahlenden Klinsmanns, dieses von brennendem Ehrgeiz getriebenen Sportlers, der keine Freunde mehr kennt, sobald sich ihm jemand in den Weg stellt und er den Erfolg in Gefahr sieht. Als er kurz nach der Niederlage auf seine Enttäuschung angesprochen wurde, kam ihm genau jener Moment seiner Karriere in den Sinn, als er seine brodelnde Wut über eine persönliche Niederlage auch öffentlich nicht mehr zu zügeln vermochte, als er beim FC Bayern den Erfolg trotz aller Willensstärke und Leidenschaft nicht erzwingen konnte und sich die Machtlosigkeit seiner bemächtigte, nachdem ihn Trainer Giovanni Trapattoni gegen einen namenlosen Amateurspieler ausgewechselt hatte. »Der Ärger ist nicht so groß, daß ich gegen die nächste Tonne trete«, antwortete Klinsmann nach der 2:3-Niederlage gegen Brasilien, die den Weg ins Finale und zum Turniersieg versperrte. Dann fügte er hinzu: »So groß ist er noch nicht.«

Mit einem solchen Gefühl, an den eigenen Ansprüchen gescheitert zu sein, wollte Klinsmann das Turnier unter keinen Umständen beenden. Er hatte oft genug schon erlebt, daß der letzte Eindruck, ob nun bei einem Abschied von einem Verein oder nach einer Welt- oder Europameisterschaft, beim Publikum haften bleibt und weit in die Zukunft hinein wirkt. Er erklärte das Spiel gegen Mexiko zu einem Charaktertest, doch das nahm ihm so recht niemand ab, weil das Trainer vor einer Partie um den dritten Platz, die den Spielern nach einem verlorenen Halbfinale für gewöhnlich ziemlich gleichgültig ist, eigentlich immer sagen, ohne damit die gewünschte Wirkung zu erzielen. Aber diese WM-Generalprobe ließ sich nicht mit einem anderen Turnier vergleichen, die Partie um den dritten Platz war für Klinsmann kein Abschlußspiel des Turniers, sondern ein weiterer Baustein, um das Vertrauen in Deutschland für diese Mannschaft weiter aufzubauen, um Selbstbewußtsein zu entwickeln für das Weltmeisterschaftsjahr, denn das Mißtrauen hielt er trotz der ständig wachsenden Begeisterung noch nicht für restlos überwunden. »Wir freuen uns zwar, daß sich die Zuschauer wieder mit der Mannschaft identifizieren. Sie honorieren das Engagement und die Lernwilligkeit der jungen Kerle, die mutig draufIosspielen«, wußte der Bundestrainer, »aber wir sind auch weiterhin bei jedem Spiel auf dem Prüfstein.«

Seine Mannschaft hatte er von seiner Philosophie beim Confederations Cup schon vor dem letzten Spiel überzeugt. »Die Spieler wissen jetzt nach fast einem Jahr, was sie bei uns erwartet: Sie haben Freiraum und können machen, was sie wollen, wenn sie Freizeit haben – aber volle Konzentration, wenn es losgeht. Wir nehmen kein einziges Spiel locker. Diese Denkweise haben sie verstanden«, sagte er vor der letzten Herausforderung des ersten Jahres. Als dann nach zwei Stunden leidenschaftlichen Fußballs, sieben herrlichen Toren und einem 4:3-Sieg mit nur zehn Spielern gegen die Nummer sechs der Fußballwelt der dritte Platz feststand, und die Spieler dann auch noch ein Transparent mit dem Schriftzug »Danke, Fans – Ihr seid super!« entrollten, ließen sich die 45 000 Zuschauer im Stadion und Millionen Fans am Fernseher bereitwillig anstecken von der neuen Aufbruchsstimmung. Der amerikanische Eroberergeist, der mit Klinsmann ins Land gekommen war, ließ nun auch die Deutschen wieder von der Zukunft träumen.

2. Leben und Arbeiten in den USA

Das System Klinsmann

Als Amerikaner wurde Jürgen Klinsmann am 22. März 1999 geboren. An diesem Tag landete im E-Mail-Fach des ehemaligen Fußballstars ein fünfseitiges Exposé, das ihm die Augen über die Möglichkeiten öffnen sollte, die ihm sein künftiges Leben in den Vereinigten Staaten zu bieten hatte. Der Absender war Mick Hoban, ein exzellenter Kenner des internationalen Fußballs, ein früherer Profi von Aston Villa, der später ein paar Jahre als Trainer arbeitete und dann groß in die Sportindustrie eingestiegen war. Der Engländer hatte unter anderem maßgeblichen Anteil am Aufbau des Fußballgeschäfts bei Nike. Um genau zu sein: Vor Hoban gab es noch überhaupt kein Fußballbusiness bei dem amerikanischen Sportartikelgiganten. Klinsmann hatte von ihm und seinem Partner Warren Mersereau schon vor seinem Umzug nach Kalifornien gehört, über seinen Werbepartner Adidas kannte er sie flüchtig. Die Leute in Deutschland, die mit beiden intensiver zu tun hatten, empfahlen ihm nun dringend, den Kontakt zu suchen. »Sie haben mir gesagt, wenn du in Amerika Fuß fassen willst, sind die beiden Gold wert«, berichtet Klinsmann rückblickend.

Als er die E-Mail öffnete, wußte er warum. Es handelte sich angeblich, so die mit britischem Understatement verfaßten Eingangszeilen des damaligen Adidas-Beraters, nur um ein »paar Fragen und Vorschläge« für ihr gemeinsames Meeting eine Woche später. Tatsächlich aber bildete das Dokument nicht weniger als die Grundlage für Klinsmanns amerikanische Karriere. Zunächst stellte ihm Hoban fünf Fragen, ganz allgemein über den Aufwand an Zeit und Reisetätigkeit, den Klinsmann bereit war, in seinem neuen Leben für den Beruf zu investieren. Dann wurde es grundsätzlich. »Ich denke, daß du in einer wirklich einmaligen Situation bist. Du hast eine höchst erfolgreiche Karriere gemacht, einen hohen Grad von finanzieller Unabhängigkeit erreicht, eine Familie, die dich unterstützt, und endlose Möglichkeiten in dem Bereich, der dich am meisten interessiert (Fußball). Deswegen würde ich dir dringend empfehlen, das Buch

Durchstarten zum Traumjob (Originaltitel *What Colour is Your Parachute?*) von Richard Nelson Bolles zu lesen. Bolles ist der unbestrittene Fachmann darin, jungen Leuten zu helfen, ihre wahre Berufung/Karriere zu finden; zu entdecken, was sie wirklich mit ihrem Leben machen wollen. Alle Möglichkeiten, die ich im folgenden aufführen werde, erfordern ein bestimmtes Set an Fähigkeiten. Manche dieser Fähigkeiten hast du bereits, andere kannst du kultivieren und manche wirst du nicht fördern wollen. Der Schlüssel ist, herauszufinden, welche Arbeit dich wirklich ausfüllt«, schrieb der Berater.

Dann steckte er die möglichen Bereiche ab, in denen Klinsmann, der seine Fußball-Karriere erst neun Monate zuvor beendet hatte, würde arbeiten können. Er skizzierte kurz die möglichen Jobs, um die Neugier, Ideen und die Wunschvorstellungen Klinsmanns anzuregen. Es waren exakt ein Dutzend Vorschläge mit einer kurzen Einführung in das Thema. Klinsmann las Dinge, von denen er so bisher noch nicht gehört hatte, und dies in einer klaren, knappen und direkten Sprache, die ihm gefiel. Sie trafen sich daraufhin und saßen den ganzen Tag zusammen, um ein Profil von Klinsmann zu erstellen. »Die beiden haben sich unheimlich viel Gedanken gemacht, wie sie mir helfen können, diesen Schritt nach der Fußballkarriere zu gehen. In Amerika konnte ich nicht auf alten Erfolgen aufbauen, das interessiert hier überhaupt niemanden«, sagt Klinsmann noch heute voller Anerkennung. Der Diskussionsprozeß dauerte viele Monate, bis sich Klinsmann schließlich nach allerlei Erwägungen entschloß, in die von Hoban und Mersereau ein Jahr zuvor gegründete Beratungsfirma »soccersolutions« einzusteigen. »Jungs, ich will mit euch arbeiten«, sagte er. »Aber ich will nicht, daß ich in eurer Firma nur repräsentiere, daß nur mein Name vermarktet wird. Ich will euer Business-Partner sein, Verantwortung übernehmen und ein Teil der Firma sein.«

Fünf Jahre später saßen sie wieder zusammen. Nun war Klinsmann aber nicht mehr der seinen neuen Platz im Leben suchende ehemalige Profi, sondern ein etablierter Geschäftsmann und zufriedener Familienvater, der vor der größten Herausforderung seines Lebens stand. Er wollte Bundestrainer werden. Die Kontakte zum Verband waren schon geknüpft, und die drei Geschäftspartner saßen zusammen, um ihn auf die Vertragsgespräche mit dem Deutschen Fußball-Bund in New York vorzubereiten.

Auch an diesem Tag ging es wie fünf Jahre zuvor zunächst darum, herauszufinden, was Klinsmann als Bundestrainer will, welche Restriktionen auf ihn warteten und unter welchen Bedingungen er den Job annehmen würde. »Der ganze Tag war eine Art Downloading. Klinsmann war wie ein Computer, der in seinen Kopf aufgenommen hat, was er machen und sagen will. Wir haben ihn gefragt, was hast du schon alles im Kopf, und wie können wir dir helfen? Wir haben uns hingesetzt, haben uns Notizen gemacht und ihm zunächst Fragen gestellt, so ähnlich wie das Journalisten bei einem Interview machen«, sagt Hoban. Die zentralen Fragen, die ihm seine beiden Partner stellten, lauteten: »Bist du in der Lage, dein eigenes Team zusammenzustellen? Bist du in der Lage, dein Team an den Stellen zu erweitern, an denen du es für nötig hältst?« Nach stundenlangen Diskussionen erstellten seine Partner eine vorläufige Präsentation, gingen sie dann mit ihm noch einmal intensiv durch, um zu überprüfen, ob sie seine Gedanken richtig erfaßt hatten, und veränderten manches oder präzisierten es. Am Ende hielten sie ein Konzept in den Händen, das Klinsmanns Vorstellungen in einer präzisen und prägnanten Form auf den Punkt brachte. »Ich denke, die Leute beim DFB waren ziemlich überrascht«, meint Hoban, »aber das ist auch kein Wunder. Klinsmann war nicht mehr der Spieler, den sie von früher kannten. Er war in Amerika zum Geschäftsmann geworden.«

DFB-Präsident Gerhard Mayer-Vorfelder war tatsächlich nicht nur höchst erstaunt, sondern auch sehr angetan von der professionellen Vorbereitung Klinsmanns auf die Vertragsverhandlungen. Doch Klinsmann arbeitete auf diese ganz spezielle und zielstrebige Weise nun schon seit mehreren Jahren, und so hatte er nicht nur einen Plan für die New Yorker Gespräche mit Mayer-Vorfelder und DFB-Generalsekretär Horst R. Schmidt in der Tasche, sondern auch für die Unterredungen, Vorstellungen und Präsentationen, die noch kommen sollten. »Wir haben ihm geholfen, gegenüber allen Personen, mit denen er sprechen würde, dem DFB-Präsidenten, dem Vorstand, den Spielern, seine Gedanken zu dokumentieren«, sagt Hoban.

Natürlich sprachen sie an diesem Tag auch über Klinsmanns Ziel als Bundestrainer. Was konnte es sein? Sie gingen verschiedene Möglichkeiten durch, aber bald waren sie sich sicher, daß es nur eine Möglichkeit geben konnte: »Weltmeister – das ist es, was Deutschland erwartet. Was sonst kannst du den Leuten sagen? Wir hoffen, die zweite Runde zu erreichen? Nein. Die deutsche Öffentlichkeit erwartet, die WM zu gewinnen. Es gibt keine Entschuldigungen. Also starten wir damit – aber wir haben einen weiten Weg zu gehen.« An diesen wenigen Sätzen sollten sich nun die Arbeit und das Konzept des Bundestrainers in den kommenden zwei Jahren orientieren, und alle rasanten Veränderungen und einschneidenden Reformen sollten sich nach dieser Vorgabe ausrichten. All die kleinen Revolutionen, die Fußball-Deutschland bald durchziehen sollten, bezogen aus diesem vagen Traum vom WM-Triumph ihre Legitimation. Dem kleinen Team von »soccersolutions« war damit auch ein Meisterstück in Sachen Public Relations gelungen.

Nachdem sie gemeinsam das Ziel für den deutschen Fußball festgelegt hatten, überlegten sie, mit welchen Mitteln sie es erreichen könnten. So hatten sie in ihrem Unternehmen schon immer gearbeitet. Bei jedem Schritt, bei jeder Maßnahme behielten sie stets das Ziel im Auge. Klinsmann hatte diese Denkweise verinnerlicht: »Bei allem, was sie tun, geht es immer darum, wie man ans Ziel kommt. Sie haben immer das Endprodukt vor Augen. Das habe ich von beiden gelernt. Bei der Nationalmannschaft machen wir das jetzt ganz ähnlich. Wir beschäftigen uns jeden Tag mit der Frage, wie kommen wir an das Ziel, 2006 Weltmeister zu werden? Was müssen wir dafür tun? So war es auch bei vielen früheren Projekten, die wir gemacht haben. Die Frage heißt: Wie kommen wir zum besten Resultat für den Kunden, der uns bezahlt.«

Danach arbeiteten sie gemeinsam die Prioritäten des Bundestrainers bei seiner Arbeit mit der Nationalmannschaft heraus. »Wir wissen, daß du der Bundestrainer bist. Aber was ist deine Rolle? Was sind deine Prioritäten?« fragten sie. »Meine Aufgabe ist es, das Selbstbewußtsein der Spieler zu entwickeln. Ihnen zu zeigen, daß ich an das Team und seine Stärke glaube. Damit sie Selbstbewußtsein entwickeln können, um an den Grenzen ihrer Möglichkeiten zu spielen«, entgegnete Klinsmann. »Das ist der Schlüssel zum Erfolg.« Sie wußten, daß Klinsmanns schwierigste Aufgabe darin bestehen würde, das bei der Europameisterschaft verlorengegangene Selbstbewußtsein der deutschen Mannschaft wieder zu entwickeln.

Klinsmann hat diese für ihn entscheidende Frage bei seiner Präsentation vor dem DFB-Vorstand in einem glühenden, wenngleich kühl kalkulierten Vortrag in den Mittelpunkt gerückt. Er ging auf die Tradition der großen deutschen Mannschaften ein: »Du kannst immer von Deutschland besiegt werden. Das ist unsere Herkunft, das ist unsere Geschichte. Kein Land konnte sicher sein, ob es Deutschland geschlagen hat, nicht in der 89. Minute und auch nicht in der 94. Minute. Wir wollen wieder dahin kommen, daß keine Mannschaft sicher sein kann, Deutschland geschlagen zu haben, bis das Spiel wirklich vorbei ist. Seid ihr damit einverstanden? Ja? Aber wie kommen wir dahin? Wir können viel verbessern: Fitness, Taktik, Ernährung, Psychologie – aber du brauchst Selbstvertrauen. Und warum hast du Selbstvertrauen? Weil du aus Deutschland kommst. Du kommst nicht aus einem Land, das noch nie etwas gewonnen hat, du kommst aus einem Land mit einer großartigen Tradition.«

Den deutschen Fußball wieder groß machen, dieses Ziel sollte zum inneren Leitmotiv des Bundestrainers werden. Mit seiner Begeisterung für diesen Traum überzeugte er nicht nur die Funktionäre, sondern auch die Profis. »Jürgen will das Land wieder groß machen«, sagt Hoban, »und er packt auch seine Spieler wie Michael Ballack damit und fragt sie: ›Willst du das Land wieder groß machen? Michael, bist du bereit für diese Herausforderung? Ich möchte keine Entschuldigung hören. Mach es, dann bist du dabei.‹«

Klinsmanns sorgfältig vorbereitete Auftritte verfehlten weder bei den Präsidiumsmitgliedern noch bei den Profis ihre Wirkung. Klinsmann hatte nichts dem Zufall überlassen oder nur seinem prominenten Namen vertraut, sondern sich gewissenhaft auf die Aufgabe vorbereitet. Das war auch nicht anders, als er in Amerika den ersten Schritt auf seinem langen, zunächst unbewußten Weg zum Amt des Bundestrainers unternahm. Im Jahr 2000 hatte er an einem verkürzten DFB-Trainerlehrgang für verdiente Nationalspieler teilgenommen, um die Fußball-Lehrerlizenz zu erwerben. Klinsmann hinterließ bei der Ausbildung einen glänzenden Eindruck, er wuchs damals schnell in die Rolle einer Leitfigur hinein, und die Kollegen und auch die Ausbilder hielten ihn angesichts seines Auftritts für ein Naturtalent. Tatsächlich aber hatte sich Klinsmann auch auf diesen Lehrgang, den die meisten ehemaligen Profis mit der ihnen eigenen Lässigkeit absolvierten, akribisch vorbereitet. In den Monaten zuvor hatte er sich entschlossen, mit dem amerikanischen Fußballklub von L.A. Galaxy zusammenzuarbeiten. Der Verein wurde damals von dem deutschen Trainer Sigi Schmidt betreut, und Klinsmann mußte nicht zweimal bitten, dort seine ersten Erfahrungen als Trainer machen zu können. Auch mit Bruce Arena, dem Coach der amerikanischen Nationalmannschaft, arbeitete Klinsmann in jenen Tagen zusammen. Insgesamt sechs Wochen bereitete er sich intensiv auf seinen Lizenzlehrgang in Deutschland vor. Der Erfolg sollte ihn in seiner Strategie bestätigen.

In großen Dimensionen denken

Als er sich dann etwas später im Jahr 2000 entschieden hatte, Teil des Unternehmens »soccersolutions« zu werden, erwarb er sich zu seinem Ehrgeiz und der ihm eigenen Gewissenhaftigkeit auch eine neue fachliche Kompetenz. Er wollte in seinem Beruf zunächst herausfinden, wie Mersereau und Hoban, diese beiden Experten des Sportbusiness, ihr Geschäft führten und ihre Projekte entwickelten. Mersereau und Hoban ließen ihn an den Meetings teilhaben und weihten ihn in alle Vorgänge ihrer Arbeit ein. Klinsmann interessierte sich vor allem für Event-Management, wie das Geschäft mit Merchandising und Lizenz-Management läuft, ihn faszinierte das Thema Markenentwicklung und die ganzen Fragen, die damit im Fußball zusammenhängen. Wie macht man aus einem Klub eine Marke? Wie führt man als Generalmanager einen Verein? Was ist nötig, damit ein Team mehr ist als nur die Summe aus Spielern und Trainer? Dies alles sollten Fragen sein, die sich ihm vier Jahre später aufs neue stellen sollten, als er die einmalige Chance bekam, die deutsche Nationalmannschaft zur Weltmeisterschaft 2006 zu führen. Aber zu diesem Zeitpunkt hatte er sich für diese Fragen schon ein fachliches Instrumentarium angeeignet, mit dem er sie auch aus der Perspektive eines Managers beantworten konnte.

Den ersten Versuch, etwas Großes im Fußballgeschäft aufzubauen, hatte Klinsmann bei jenem Klub unternommen, der ihm die Chance gegeben hatte, sich auf seine Fußball-Lehrerlizenz vorzubereiten. L.A. Galaxy sollte als Markenprodukt etabliert werden, und dafür war es nötig, ein Image für den Verein zu schaffen. Klinsmann arbeitete als Berater für den Klub, und mit der Zeit zeigten sich die ersten Erfolge dieses Projekts. Alles begann mit dem Stadionbau. Die Anlage nennt sich »Home Depot Center«, aber hinter diesem spröden Namen, der eher an einen amerikanischen Baumarkt als an einen Sportkomplex erinnert, versteckt sich ein architektonisches Schmuckstück im Süden von Los Angeles. Stattliche Palmen säumen die Auffahrt zum Stadion, an beiden Seiten liegen ein halbes Dutzend sorgfältig gepflegter Rasenplätze. Ihr Zustand ist exzellent. Rechts neben der Fußballarena sind über zwanzig Tennishartplätze entstanden, der amerikanische Tennisverband nutzt die Anlage als einen nationalen Trainingsstützpunkt. Ein paar hundert Meter dahinter liegt ein mächtiges Velodrom, das Hauptquartier des amerikanischen Radsportverbandes für die Nationalmannschaft. Dazwischen wurde eine Leichtathletik-Anlage errichtet, dort trainieren ebenfalls Mitglieder der Nationalmannschaft; mitunter finden hier auch die Ausscheidungen für internationale Großereignisse statt, die sogenannten Trials. Das Prunkstück des »Home Depot Center« aber ist das elegante Fußballstadion mit 27 000 Plätzen. Klinsmann hat diesen Stadionkomplex vor ein paar Jahren mitentwickelt. »Als wir die Idee hatten, diese Anlage zu schaffen, wußten wir, daß wir jemand brauchen würden, der verstand, wie die besten Klubs der Welt so etwas machen würden. Jürgen war für uns die Person, die uns dabei helfen konnte«, erinnert sich Doug Hamilton, der Generalmanager von L.A. Galaxy. Sie suchten jemand, der wußte, wie man ein so großes Vorhaben angehen mußte, und der sie auf wichtige Aspekte hinweisen konnte, die sie selbst vielleicht nicht sahen. So wollte der Klub zum Beispiel, wie das im Süden Kaliforniens üblich ist, auf ein Stadiondach verzichten. Erst Klinsmann überzeugte sie davon, daß ein Dach unabhängig vom Klima absolut notwendig war, um eine Weltklasseanlage zu schaffen. Mittlerweile ist aus dem »Home Depot Center« nicht nur ein imponierender Stadionkomplex, sondern auch ein interessantes Investment geworden. Die Namensrechte für die Anlage werden auf 70 Millionen Dollar taxiert.

»Er hat geschafft, daß jeder bei uns begonnen hat, in größeren Dimensionen zu denken. Er ist ein Big-Picture-Guy«, sagt der Generalmanager über Klinsmann. Die »großen Bilder«, in denen Klinsmann denkt, zeigten sich an der Ausrichtung von L.A. Galaxy. Der Klub sollte nicht weniger als eine globale Marke werden. »Er hat in den großen Klubs gespielt und diese Klubs sind groß geworden wegen all der vielen kleinen Dinge, die sie getan haben. Wir müssen ehrlich sein, Jürgen kann jede Person auf der Welt anrufen, und jeder nimmt seinen Anruf entgegen. Wir können das nicht. Wenn Jürgen sagt: Das ist eine gute Mannschaft und ein professioneller Klub, dort wirst du gut behandelt, dann glauben sie es. Jürgens Meinung wird respektiert«, freut sich Hamilton. »Auch wenn wir für manche Dinge noch nicht bereit waren, war Jürgen ehrlich genug, uns das zu sagen. Das habe ich an ihm genauso geschätzt.«

Zunächst ging es für L.A. Galaxy darum, eine Idee, eine Identität zu entwickeln, für die der Klub stehen sollte. »Die Leute von ›soccer-solutions‹ kennen den amerikanischen Fußball und können ihn global einordnen. Sie können dir eine klare Analyse verschaffen und sagen, wo du selbst stehst, wo du hinkommen kannst und wie du dein Ziel erreichst«, sagt Hamilton über die Zusammenarbeit mit Klinsmanns Unternehmen. Mittlerweile trägt er die Philosophie des Klubs all den interessierten Besuchern in seiner begeisternden, überzeugenden Art vor, wie das nur Amerikaner können. L.A. Galaxy ist heute so etabliert auf dem amerikanischen Markt, daß Manager zu dem Klub kommen, um sich geschäftlichen und sportlichen Rat zu holen. Das Sponsorengeschäft läuft gut, der Klub hat einige Blue-Chip-Unternehmen an sich gebunden, und die Auslastung des Stadions liegt bei rund 90 Prozent. »Jürgen hatte verstanden, welche Art von Fußballklub wir sein sollten. Wir hatten das Endspiel der Fußball-WM der Männer in unserer Stadt, das Frauenfinale und die Olympischen Spiele. Das hat es in keiner anderen Stadt der Welt gegeben. Wir haben einen sehr guten Fußballmarkt, 50 Prozent der Nationalspieler kommen aus Southern California. Jeder in der Welt kennt L.A., und jedem kommen bei dieser Stadt gewisse Dinge in den Sinn: Hollywood, Entertainment, Medien, schönes Wetter, der Ozean. Wir mußten einen Klub schaffen, der dem Image unserer Stadt entspricht: Wir brauchten Stars in unserem Team, wir mußten unterhaltsam sein, wir brauchten erstklassige Einrichtungen. Die Erwartungen an eine Mannschaft sind hier extrem groß. Als die L.A. Lakers ihre NBA-Meisterschaften gewonnen haben, hieß das Motto: ›It's showtime.‹ Sie haben temporeichen und sehr athletischen Basketball gespielt. Wir wissen, daß der Markt in L.A. das auch von uns verlangt. Es reicht hier nicht, ordentlich zu verteidigen. Das ist in L.A. nicht erlaubt.«

Nachdem das Imageprofil für den Klub festgelegt war, arbeiteten sie ihre Strategie aus. Sie bauten in das Stadion einen Fußballplatz mit den größtmöglichen Ausmaßen, die das Reglement zuläßt. Sie wollten ein technisch gutes Team, ein athletisches Team sein, das mit hohem Tempo spielt, mit einem solch hohen Tempo, daß ihre Gegner es schwer haben, neunzig Minuten mitzuhalten. »Dafür hat unser Spielfeld die maximale Größe, das erlaubt unseren athletischen Spielern, mehr Raum abzudecken. Wir wollen den attraktivsten Fußball des Landes spielen, und dafür braucht man Raum. Wir können zwar nicht immer jeden Gegner dominieren. Aber unsere Gegner sind hier nicht in der Lage, uns zu dominieren. Damit haben wir uns einen Vorteil geschaffen. Jürgen identifiziert sich sehr stark mit dieser Philosophie«, erklärt Hamilton. Um als Klub eine klare Struktur und ein unverwechselbares Gesicht zu erhalten, suchte sich L.A. Galaxy die entsprechenden Spieler, die zu diesem Plan paßten. »Jürgen hat uns zwar die Spieler nicht namentlich genannt, aber er hat uns gesagt, welche Attribute ein Spieler bei uns haben muß: in Sachen Mentalität, Auftreten, Philosophie.«

2003 nahm L.A. Galaxy Kontakt zu einem Fitness-Unternehmen in Arizona auf. Die besten Athleten des Landes hatten sich schon seit einiger Zeit nach Phoenix aufgemacht, um ihren Körper von »Athletes' Performance« perfektionieren zu lassen. Stars aus der National Basketball League, Eishockey-Millionäre, Boxer und Leichtathleten pilgerten nach Phoenix, um sich dank der ausgefeilten Programme einen Vorteil gegenüber der Konkurrenz zu sichern. Sie alle zahlen die Trainer aus eigener Tasche. Der Galaxy-Boß war überzeugt, daß auch seine Fußballspieler von der speziellen körperlichen Ausbildung in Arizona profitieren würden. »Zu ›Athletes' Performance‹ gehen die besten Athleten Amerikas«, sagte sich Hamilton. »Dann hilft uns das auch.« Bis dahin hatte die Fitness-Fabrik allerdings noch nie mit »soccer« zu tun gehabt, und daher gab es auch noch keine fußballspezifischen Übungsprogramme. Doch Marc Verstegen, der Leiter von »Athletes' Performance«, entwickelte mit seinem Team schon bald

Trainingsformen für die speziellen Anforderungen des Fußballs. Erste Erfolge sollten sich bald einstellen. In der Saison 2004 stellte die medizinische Abteilung von L.A. Galaxy verblüfft fest, daß leichte Blessuren, wie zum Beispiel Muskelfaserrisse und Zerrungen, nicht mehr auftraten. Die einzigen Verletzungen, die sich die Profis aus Los Angeles weiterhin zugezogen hatten, waren die im Fußball unvermeidlichen schwereren, aber vergleichsweise seltenen Verletzungen während eines Spiels, etwa Knochenbrüche und Bänderrisse. »Ich weiß nicht, wie sehr wir Jürgen Klinsmann in L.A. beeinflußt haben. Aber er hat sich wohl die Dinge rausgesucht, von denen er glaubt, daß sie auch in Deutschland funktionieren. ›Athletes' Performance‹ gehört dazu. Und andere hat er weggelassen, von denen er meint, sie funktionieren nicht oder lassen sich nicht übertragen«, vermutet Hamilton. Jedenfalls war Klinsmann sehr angetan von den Fitnesstrainern, und auch dieses wichtige Detail sollte er, wie so viele andere Dinge, die er in seiner internationalen Karriere in Stuttgart, Mailand, Monaco, London, München oder später in Amerika mitbekommen hatte, als Baustein für seine künftige Aufgabe als Bundestrainer in Erinnerung behalten.

In den Jahren zuvor hatte die Arbeit bei »soccersolutions« Klinsmann zum sportlichen Direktor eines von Adidas gesponserten Fußball-Elitecamps gemacht. Die Idee war, zunächst 150 junge Spieler ab dem Alter von siebzehn Jahren, die in den verschiedenen Auswahlmannschaften des Landes spielten, innerhalb von wenigen Tagen den besten College-Trainern Amerikas vorzuführen. Ein »showcase«, wie das in der Marketingsprache heißt. Etwa die Hälfte der Jungs erhielt durch dieses Elitecamp auch prompt ein Teil- oder Vollstipendium, und für viele war damit der Weg nach Harvard, Berkeley oder an die Universität von Los Angeles geebnet. »Das war eine hervorragende Idee, die wir dann in unserem Dreierteam verfeinert haben«, schwärmt Klinsmann. In einer zweiten Phase ging es dann nicht mehr alleine darum, eine Möglichkeit zu schaffen, bei der sich die jungen Spieler für ein College präsentieren können, sondern sie wollten den Jungs auch aufzeigen, welche weiteren Möglichkeiten es für sie in ihrer sportlichen Entwicklung gab. Klinsmann richtete parallel zu den Trainingseinheiten, bei denen sie beobachtet wurden, Workshops ein. Er engagierte zwei Sportpsychologen, die mit den Spielern gruppenorientiert arbeiteten, sie mit Streßbewältigung, Körpersprache, verbaler Kommunikation vertraut machten und Problembewältigungsstrategien mit ihnen durchspielten. »Das war ein ähnlicher Entwicklungsprozeß, den wir dann auch in der Nationalmannschaft angestoßen haben«, sagte Klinsmann, nachdem er sich und seine Methoden nach einem guten halben Jahr als Bundestrainer etabliert hatte.

Für das Camp hatte er zuvor schon sechs, sieben ehemalige amerikanische Nationalspieler als Trainer gewonnen, dazu Fußball-Lehrer aus dem Ausland. Er hatte Trainer vom AC Mailand, Real Madrid und dem FC Bayern eingeladen, um den Talenten Trainingseinheiten à la Mailand, Madrid und München vorstellen zu können und damit einen Einblick in die gesamte Breite der Fußball-Möglichkeiten zu geben. Klinsmann entwickelte in drei, vier Monaten das gesamte Curriculum für seine Fußball-Schüler und holte dann 2005 erstmals auch »Athletes' Performance« ins Camp hinzu, um auch dort Fitnessaufklärung zu betreiben. Es macht für ihn keinen Unterschied, ob das Wissen von Experten nun an amerikanische College-Talente oder an deutsche Nationalspieler vor der Weltmeisterschaft weitergegeben wird. »Es geht um Informationsaufbau. Wir sehen uns da mit Mark Verstegen in einem Boot. Sein Grundsatz ist: ›Motivation through Education.‹ Ich motiviere durch Informationen, die dann zu einer Haltung führen«, erläutert Klinsmann. »Das ist etwas, was ich als Spieler nie erfahren habe. Ich hatte zwar tolle Trainer und habe sicher von jedem Trainer etwas gelernt, aber ich hatte eigentlich nie Trainer, die gesagt haben, warum man etwas tut. Warum soll ich diese spezielle Arbeit machen, was ist das Ziel davon? Das Ziel etwa von explosivem Training, Schnellkrafttraining, Maximalkrafttraining ist die Beschleunigung, die ersten fünf, sechs Meter beim Antritt. Das ist die Erklärung. Unser Endwunsch ist, daß sich der Athlet das irgendwann selbst auf die Fahne schreibt: ›Ich mache diese Übung, um dieses Ziel zu erreichen.‹ Diese Denkweise, die im amerikanischen System verinnerlicht ist, wäre auch für uns gut.«

In den Vereinigten Staaten hat Klinsmann die ganz andere Mentalität der Sportler im Vergleich mit den Deutschen und den Europäern sehr bald erkannt. »Das geht hier schon relativ früh los, weil das Erziehungs- und Ausbildungssystem sehr hart ist. Es ist teuer, in Universitäten und Colleges hereinzukommen. Das Ziel der Eltern ist es, eine gute Erziehung für ihre Kinder durch ein Stipendium zu bekommen, und da über den Sport auch Stipendien vergeben werden, treiben viele ihre Kinder schon ab dem Alter von fünf oder sechs Jahren durch permanente Sportförderungen, für die sie privat bezahlen. Das hat natürlich seine Schattenseite. Aber die gute Seite ist die, daß der Sportler sehr früh erkennt, daß er für sich selbst verantwortlich ist. Wenn ich an ein Stipendium für dieses College kommen will und danach vielleicht sogar von der NBA gedraftet werden will, dann muß ich Vollgas geben.« Die Konsequenz, die sich aus diesen ökonomischen Zwängen ergibt, sieht Klinsmann dort jeden Tag bei den amerikanischen Sportlern: »Wie kann ich besser werden? Das ist jeden Tag die Grundsatzfrage.«

Klinsmanns Leitbild ist seit jeher der selbständige Sportler, und diese Einstellung hat sich in Amerika weiter verfestigt. In Deutschland sieht er die Fußballprofis immer noch in der »Nehmerrolle«, wie er deren passive, konsumierende Haltung nennt. »Sie nehmen nur auf, was ihnen gesagt wird. Die Eigeninitiative findet kaum statt. Da liegt noch ein unglaubliches Potential. Als Mark Verstegen zu uns kam, haben wir ihn daher mit den Spielern auch vollkommen alleine gelassen und sind einen Kaffee trinken gegangen. Denn die Spieler müssen diese Erfahrung selbst machen, wir können ihnen das nicht sagen. Bei uns in der Nationalmannschaft haben das jetzt viele verstanden, denn sie haben auch die positiven Resultate am eigenen Körper gesehen.«

Der Regenmacher

Auf ganz ähnliche Art und Weise, wie die Spieler ihren Körper weiterentwickeln – Ziele setzen, daran arbeiten, Ziele erreichen –, lernte Klinsmann in Amerika das Leben als Geschäftsmann. In den ersten Monaten bei »soccersolutions« hat er sich Zielvorgaben von Mersereau und Hoban setzen lassen. Es ging um Fähigkeiten, die er in drei Monaten erwerben wollte, um Ziele, die er nach einem halben Jahr erreicht haben wollte. Hoban und Mersereau unterstützten ihn auf diesem Weg, und so wie er selbst gefördert wurde, arbeitet Klinsmann mittlerweile auch mit den Nationalspielern. »Wir sagen den Spielern: Wir sehen dich heute an diesem Punkt – und in drei Monaten hier. Wir begleiten sie als Trainerteam auf diesem Weg und setzen dann neue Zielvorgaben.«

Als sich Jürgen Klinsmann in Amerika aufmachte, Geschäftsmann zu werden, nannten sie ihn in seiner Firma den »Regenmacher«. Der Name geht zurück auf die Indianer, die ihn Menschen mit magischen Fähigkeiten verliehen, denen sie nachsagten, sie könnten Geister beschwören und sie veranlassen, es regnen zu lassen, um Leben zu schenken. In heutigen Zeiten sind mit Regenmachern jene Menschen gemeint, die auf dem Markt mit Wagniskapital die Fähigkeit besitzen, Unternehmen miteinander ins Geschäft zu bringen. »Wir haben ihn mit allem Respekt ›rainmaker‹ genannt«, erinnert sich Mick Hoban. »Er hat das Interesse von vielen Firmen geweckt, die er dann in unser Geschäft hineingezogen hat.«

Hoban und Mersereau nahmen Klinsmann natürlich auch wegen seines Namens in das Geschäft auf, doch der Prominentenstatus alleine hätte ihnen nicht genügt. »Er hat bei uns seine Stärken eingebracht: sein Netzwerk, seine Reputation, seine Persönlichkeit, und dazu gehört die absolute Abwesenheit von Ego- und Status-Denken«, sagt Hoban. »Jürgen sagt immer: ›Es ist mir egal, wo etwas herkommt. Wenn es das Beste ist, dann nehme ich es, von wo auch immer es kommt.‹ Das ist es, was er auch in das Management der deutschen Nationalmannschaft eingebracht hat. Wenn er glaubt, das beste und anspruchsvollste Training kommt aus den USA, dann holt er es sich. Wenn er glaubt, die größten Taktik-Experten sitzen in Brasilien oder Argentinien, dann geht er dorthin. Er bringt all die Teile aus der Welt, die er für die besten hält, in seiner Arbeit als Bundestrainer zusammen. Und dazu gehören auch seine Erfahrungen aus der Business-Welt. Er hat auch diese Mentalität angenommen, und so stellte er sich die Frage: Was hat Deutschland im Fußball groß und respektiert gemacht? Und er fragt sich, wie können wir das in einer modernen Welt wieder aufbauen. Die Welt ist flach geworden. Er hat das verstanden, er ist offen für Ideen.«

Eines der ersten Projekte Klinsmanns nach Beendigung seiner Spielerkarriere nannte sich »fussballd21.de«. Es entwickelte sich im Kreis der deutschen Fußballstars, die in Hennef gemeinsam die Trainerlizenz erwarben. Bei diesem Projekt lernte Klinsmann nicht mehr nur wie ein Sportler zu denken, der alleine die Inhalte umsetzen will, sondern auch wie ein Geschäftsmann, der die Dinge strategisch ins Laufen bringt. Er lernte, eine Website mit ihren Inhalten und der dazugehörigen Technik entstehen zu lassen, und schließlich suchte er auch noch die Sponsoren und handelte die Verträge aus. »Er hat vom absoluten Nullpunkt aus diese Website geschaffen. Danach kannte er die Vorder- und die Rückseite des Internetgeschäfts, die Werbung und die kommerzielle Sponsorenseite, aber auch die Inhalte und die technische Seite. Er weiß, was er braucht, und er weiß auch, welche Leute er zum Beispiel bei Hewlett Packard oder IBM anrufen muß, um es zu bekommen«, sagt Hoban zu Klinsmanns erfolgreichem Internetprojekt.

Später entwickelte Klinsmann eine Marktstudie für Tottenham Hotspurs, die die Möglichkeiten untersuchte, den Klub in den Vereinigten Staaten wirtschaftlich Fuß fassen zu lassen und ihn als Marke aufzubauen. Aber auch mit ganz anderen Geschäften bekam es der künftige Bundestrainer zu tun, zum Beispiel mit Hollywood. Es ging um einen Fußball-Spielfilm. Ein großer Produzent rief ihn 2002 an, um ihn und seine Firma als Berater für den Film zu gewinnen. Klinsmann entschied sich zwar nach einigen Unterredungen gegen eine Mitarbeit an dem Film, aber er entdeckte die Möglichkeiten, die sich für ihn auch in diesem ihm zuvor fremden Business auftun können. Er hätte der Star dieses Films werden können, er hätte als technischer Berater arbeiten oder die Schauspieler für Fußballszenen trainieren können. »Es waren diese Art von Meetings, die ihn interessierten. Er entdeckte eine neue Industrie, er verstand, wie sie arbeitete, woher das Geld für einen Film kommt und wer es einsammelt«, sagt Hoban. In ihrer gemeinsamen Firma begutachteten sie dann die Chancen einer Zusammenarbeit von der geschäftlichen Seite, und Klinsmann lernte dabei wiederum, wie die beiden Experten Mersereau und Hoban ein solches Projekt ökonomisch für ihre Firma analysierten. »Jürgen sah, wie wir die Geschäfte führten, und in all der Zeit wuchsen sein Wissen über das Business und seine Fähigkeiten.«

Seit Klinsmann als Bundestrainer arbeitet, hat er sich aus dem operativen Geschäft seiner Firma zurückgezogen. »Mehr als 90 Prozent meiner Zeit beschäftige ich mich mit der Nationalmannschaft; bei

›soccersolutions‹ bin ich, um es in der Internetsprache zu sagen, auf ›cc‹ gesetzt.« Klinsmann erhält weiterhin per E-Mail alle relevanten Informationen über die aktuellen Projekte und Geschäftsvorgänge, aber an eine projektbezogene Arbeit ist nicht mehr zu denken. Auch bei L.A. Galaxy hat er sich aus der täglichen Arbeit längst herausgezogen, die Beziehung ist seit seinem Engagement beim Deutschen Fußball-Bund nicht mehr »business to business«, wie Generalmanager Hamilton sagt. »Aber wir reden mit ihm immer noch über Spieler, über Philosophie und über die Richtung des Klubs. Aber er ist leider nicht mehr die ›day to day person‹, die wir einst hatten. Es ist jedoch absolut nicht notwendig, ob wir mit ihm einen Vertrag haben oder nicht. Jürgen wird immer seine Ideen mit uns teilen. Er ist sehr großzügig mit seiner Zeit und seiner Hilfe für den Klub.« Zudem funktioniert auch das Netzwerk, das »soccersolutions« in den Vereinigten Staaten und weit darüber hinaus ausgebreitet hat. Hamilton und Hoban beispielsweise arbeiten schon seit über zwanzig Jahren immer wieder in den verschiedensten Unternehmungen zusammen, nicht nur über »soccersolutions« und L.A. Galaxy.

Das Büro von »soccersolutions« zu besuchen ist nicht möglich. Es gibt keines. Die Arbeit erledigen Klinsmann, Mersereau und Hoban vom Computer in ihren Privathäusern oder vom Laptop aus. Die Konferenzen finden ebenfalls nur am Laptop statt. »Dann schießen wir uns die E-Mails nur so hin und her«, sagt Klinsmann. Einmal im Jahr treffen sie sich zu einer »Unternehmensversammlung«, meistens bei Jürgen Klinsmann in Kalifornien. Das Wetter ist dort am besten. Mersereau hat sich an der Ostküste niedergelassen, Hoban lebt in Portland im Norden, der Heimat von Nike, dort ist auch das Headquarter von Adidas in den Vereinigten Staaten angesiedelt. Die Hauptstadt im regnerischen Oregon ist so etwas wie das Herz der amerikanischen Sportindustrie.

Auch wenn Klinsmann nicht mehr aktiv die Geschäfte in seiner Firma betreibt, seine Firma arbeitet weiterhin für ihn und damit auch für die deutsche Nationalmannschaft. Ziel ist und bleibt es, die Weltmeisterschaft 2006 zu gewinnen. »Wir haben unsere Arbeit neu definiert. Bei der Nationalmannschaft ist es jetzt wichtig für mich, daß ich in Mick und Warren ständige Ratgeber habe.« Ob es um die Entwicklung von Präsentationen für die Nationalspieler oder um den

Verband geht oder darum, die Vorgehensweise bei der Umsetzung seiner Pläne, seiner Reformen abzustimmen, Klinsmann kann weiterhin auf die Ressourcen seines Unternehmens zurückgreifen. »Dabei spielen sie eine wesentliche Rolle«, sagt der Bundestrainer über Mersereau und Hoban. Er beschreibt seine beiden Partner als »zwei Professoren im Hintergrund, die in der freien Wirtschaft Enormes geleistet haben. Nike wäre nirgendwo im Fußball ohne Mick, und Warren hat grundsätzliche Veränderungen bei Adidas weltweit gestartet. Es sind beides strategische Denker, und sie arbeiten liebend gerne im Hintergrund. Sie haben unglaubliche analytische Stärken und können dir Wege vorzeigen. Davon profitiere ich enorm. Denn ich kann sehr gut einschätzen, wo meine Grenzen sind. Das wäre mir nicht gegeben. Da ist mein Intellekt gar nicht auf diesem Level.«

Klinsmann hat über Jahre hinweg die Fähigkeit entwickelt, sich das Wissen anderer Experten zunutze zu machen. Damit begann er schon als junger Profi, der seinen unökonomischen Laufstil mit Hilfe eines Sprinttrainers umstellte, um sich gegenüber den Konkurrenten, die nur das Training ihrer Fußball-Lehrer kannten, einen Vorteil zu verschaffen. »Ich will die Leute und deren Wissen nicht ausnutzen, sondern ich will von diesen Leuten wirklich lernen«, sagt Klinsmann über seine Motivation. Diese Einstellung hat er in Amerika über Jahre hinweg in seiner neuen Karriere immer weiter kultiviert und auf die verschiedensten Geschäftsbereiche ausgeweitet. Diese Haltung, sich das Wissen von Experten zu eigen zu machen, begründet das System Klinsmann. Mit ihm hat der Bundestrainer eine Fußballrevolution im Deutschen Fußball-Bund und der Nationalmannschaft in Gang gesetzt.

Neue Formen, neue Fachleute, ein neuer Stil

Wie umfassend der Bundestrainer seinen Anspruch verstand, wurde erst nach einigen Monaten erkennbar, als Klinsmann seinen Stab an neuen Helfern, Betreuern und Ratgebern kontinuierlich ausgeweitet hatte, um seine neue Fußball-Unternehmenskultur mit Leben zu füllen. »Aber auch ich versuche von jedem in der Nationalmannschaft zu lernen«, sagt Klinsmann. »Ob das nun von unserem Sportpsychologen ist, wenn wir über seine Arbeit reden, oder von unserem Mannschaftsarzt Dr. Müller-Wohlfarth oder auch von Joachim Löw. Ich lerne von jedem aus unserem Team. Wenn Joachim zum Beispiel in eineinhalb Minuten taktische Dinge ganz deutlich und in der richtigen Tonart kommuniziert, dann falle ich ihm doch nicht ins Wort. Ich glaube, es ist wichtig, sich als Cheftrainer zu hinterfragen, ob man da in diesem Moment im Vordergrund stehen muß. Wenn nicht, ziehe ich mich heraus. Die frühere Form der Hierarchie, daß alle anderen tun, was der Cheftrainer vorgibt, ist nicht mehr produktiv.«

Der strategische Input dieser Haltung kommt allerdings aus Amerika, aus der mobilen Denkfabrik. »Wir können Jürgen immer noch bei der Erstellung von Business-Zeitplänen helfen«, sagt Hoban, und so haben sie ihn auch entscheidend dabei unterstützt, als es um die Frage des Timings ging, wann er etwa die amerikanischen Fitnesstrainer oder den Heidelberger Sportpsychologen Hans-Dieter Hermann zur Nationalmannschaft holen sollte. Denn daß diese Entscheidungen für Wirbel, Unverständnis und Ärger sorgen würden, dessen waren sich Klinsmann und seine Partner sehr wohl bewußt. »Wir beobachten aus unserer Erfahrung heraus, daß viele Vereine und Verbände zum Stillstand in diesen Fragen tendieren. Sie tun das, was sie in der Vergangenheit immer getan haben. Aber es gibt auch Klubs und Verbände, die haben mit ihren Traditionen gebrochen: Englische Klubs haben Arsène Wenger, Gérard Houllier, José Mourinho oder Rafael Benitez geholt, der Schwede Sven-Göran Eriksson hat die Nationalmannschaft übernommen – das hat zu einem radikalen Wandel geführt, gerade in England, das vielleicht den altmodischsten Fußball der Welt gespielt hatte. England hat sich radikal gewandelt. Jürgen hat diesen Wandel wahrgenommen. Und er möchte deshalb alle diese Experten an einen Ort zusammenbringen«, sagt Hoban, der frühere Profi aus dem englischen Fußball.

Gemeinsam haben sie überlegt, wann zum Beispiel der günstigste Zeitpunkt für die Einführung von Reformen ist, um in einem reformunwilligen Land nicht gleich auf den allergrößten Widerstand zu treffen. Gerhard Mayer-Vorfelder hatte dem Bundestrainer geraten, alle Grausamkeiten gleich zu Beginn seiner Amtszeit zu begehen, ganz so, wie es Niccolò Machiavelli schon vor fünfhundert Jahren neuen Herrschern empfohlen hat. Doch Klinsmann wählte nach Beratungen mit seinen amerikanischen Partnern einen anderen, kontinuierlichen Weg, einen Reformprozeß mit immer neuen Spannungsmomenten. »Wir haben ihm nicht gesagt, was er tun soll. Aber wir haben ihm geraten, wann er es tun soll. Denn wenn du alle diese Teile in deine Arbeit integrieren willst, kannst du das nicht auf einmal machen. Da machen auch die Spieler nicht mit.« Also wurden zusammen mit Hoban und Mersereau zunächst Prioritäten für die wichtigsten Veränderungen gesetzt, und da lag die umgehende Verbesserung der körperlichen Fitness der deutschen Spieler ganz vorn. Klinsmann holte sich die Fitnessexperten aus Arizona daher schon vor dem ersten Heimspiel hinzu. Diese Entscheidung, auf deutsche Fachleute zu verzichten, wurde in den Medien und in der Fußballbranche auch als Kritik an den Bundesligatrainern verstanden. Der Widerstand und der Unwille darüber sollte sich über Monate hinweg nicht legen.

Als es etwas ruhiger wurde, die ersten Erfolge Klinsmanns neuen Kurs stützten und die Nationalmannschaft Ende des Jahres 2004 zu ihrer Asienreise aufbrach, hielten der Bundestrainer, sein Assistent Joachim Löw und die amerikanischen Ratgeber den Zeitpunkt für gekommen, um nun den neuen Sportpsychologen in die Arbeit einzubinden. »Jürgen weiß, daß der Kopf den Unterschied zwischen einem guten und einem großen Spieler ausmacht. Er fragt sich: Wie entwickeln wir das, wie trainieren wir das? Was hat der Spieler, der konstant spielt, das ein anderer nicht hat? Wer wächst an der Herausforderung und wer besteht sie nicht? Und was muß man tun, wenn die Herausforderung nicht bestanden wird?« sagt Hoban. Der Schritt, einen Psychologen ins Team zu holen, erschien Klinsmann zwingend, gleichwohl mußte er wohlkalkuliert sein. Denn das Mißtrauen und die Vorurteile im deutschen Fußball gegenüber Psychologen, die in anderen Sportarten und anderen Ländern längst zum sportlichen Alltag gehören, tragen hierzulande seit vielen Jahren schon absurde Züge. Da fällt schon mal die Unterscheidung von Psychologen und Psychoanalytikern unter den Tisch, als ob Fußballer ein Fall für die Couch wären, wenn sie die Hilfe eines Psychologen in Anspruch nehmen. »Die Asienreise war ein gutes Umfeld dafür. Die Mannschaft war unterwegs, die Spieler waren relaxed, und alle hatten Zeit, um zusammenzukommen«, meint Hoban. Der Plan funktionierte hervorragend.

Die Deutschen werden bis zur Weltmeisterschaft noch mehr Veränderungen und Neuerungen erleben, die aus der amerikanischen Denkfabrik stammen. Deren Einfluß wird sich auch bei der Organisation des WM-Hauptquartiers der Nationalmannschaft in Berlin zeigen. Mersereau und Hoban haben bei ihrer Arbeit in der Sportindustrie viel Erfahrung gesammelt, um Nationalmannschaften ein ideales Umfeld für große Turniere zu verschaffen. Während der Weltmeisterschaft 1994 in den USA betreuten sie zum Beispiel die Brasilianer, als diese ihren Standort in Kalifornien bezogen. Im Dezember 1993, ein gutes halbes Jahr vor dem WM-Turnier, saßen die beiden mit Trainer Carlos Alberto Parreira zusammen, und sie boten den Brasilianern im Auftrag des Sponsors jede erdenkliche Hilfe an, zusätzlich zu der Unterstützung, die das Team ohnehin vom WM-Organisationskomitee erhielt. Es sollte eine freundschaftliche Geste sein, sie erwarteten keine große Resonanz. Aber zu ihrer Verblüffung bekamen sie von den Brasilianern bald darauf eine Liste mit 900 Wünschen überreicht. »Alle haben immer geglaubt, das Konzept der Brasilianer seien nur das Flair und die Imagination. Aber das ist ein großes Mißverständnis. Die Brasilianer waren das am besten vorbereitete Team, das ich je gesehen habe«, sagt Hoban voller Respekt. Die Brasilianer hatten an alles gedacht, auch an sämtliche Freizeitmöglichkeiten für ihre Stars, um aufkommende Langeweile während der sechs WM-Wochen zu bekämpfen. Ein ganz zentrales Anliegen war Parreira die Aufteilung des Quartiers in verschiedene, streng unterteilte Zonen. Im Herzen der weitläufigen Anlage befand sich das Mannschaftshotel, dort durften sich nur die Mannschaft und der engste Betreuerstab aufhalten. »In diesen innersten Kreis durfte niemand anderes hinein, wirklich niemand: Keiner aus dem Verband, keine Sponsoren, keine Ehefrauen, niemand.« Um diesen innersten Zirkel zogen sich weitere Kreise, die dann für bestimmte Gruppen geöffnet wurden, für Funktionäre, Sponsoren, Journalisten, Frauen, Freundinnen, Familie.

Die Frage, wie das deutsche Hauptquartier in Berlin zu organisieren sei, haben Klinsmann und seine Partner schon lange vor der WM miteinander diskutiert. Hoban und Mersereau brachten dabei ihre jahrelangen Erfahrungen aus dem administrativen Bereich ein, Klinsmann seine Sicht als ehemaliger Nationalspieler. Aus beiden Erfahrungswelten hat der Bundestrainer dann seine Schlüsse für seine eigene Planung gezogen. »Er macht es wie die Brasilianer«, verrät Hoban. Denn das Motiv, das Carlos Alberto Parreira und seinen Stab zu ihrem streng abgeschirmten Zusammenleben veranlaßte, überzeugte auch Klinsmann. Dem brasilianischen Trainer ging es vor allem darum, Integrität und Vertrauen unter den schwierigen Bedingungen einer sechswöchigen Weltmeisterschaft, der auch noch mehrere Wochen Trainingslager vorgeschaltet sind, innerhalb der Mannschaft zu erhalten. Denn Vertrauen, so seine Erfahrung, ist in zwei Monaten unter einem Dach schnell verloren, wenn Worte, die in der Teamgemeinschaft gesprochen werden, durch andere Personen an die Öffentlichkeit dringen. Für Parreira sind innerhalb einer Teamgemeinschaft alle gleich, aber eben nur innerhalb dieser Gemeinschaft. Dafür stellte er seine Grundsätze auf und leitete daraus unumstößliche Regeln ab: Wir vertrauen einander. Wir arbeiten füreinander. Wenn es Probleme gibt, lösen wir sie untereinander. Und wenn wir deswegen untereinander kämpfen müssen, dann kämpfen wir. Aber niemand darf es erfahren. »Das ist es, was wir von Brasilien gelernt haben«, sagt Hoban, »und Jürgen hat dabei auch an seine eigenen Erfahrungen als Spieler gedacht.«

Seit seinem ersten Tag als Bundestrainer hat Klinsmann die brasilianischen Erfahrungen auf die deutsche Mannschaft übertragen. Er bildete genau diesen engsten Zirkel, den die Brasilianer als Grundlage für den Gewinn der Weltmeisterschaft 1994 erachteten. Klinsmann scheute nicht davor zurück, selbst den DFB-Präsidenten aus dem Kreis des Teams auszuschließen. Das gemeinsame Mittagessen mit den Spielern, das Gerhard Mayer-Vorfelder so schätzte, fand ohne ihn statt, und selbst engste Mitarbeiter wie die Medienchefs blieben draußen vor der Tür. Klinsmann wollte genau die vertrauensvolle Atmosphäre unter den Spielern schaffen, wie es die Brasilianer vorgelebt hatten, und wie er es sich aus eigener Erfahrung immer gewünscht hatte.

Der »Think tank« aus Amerika hat großen Einfluß auf Klinsmann, er ist aber keineswegs die geheime Regierung der Fußball-Nationalmannschaft. Der New Yorker Warren Mersereau, ein Harvard-Absolvent, gilt als exzellenter Kommunikator und als Experte für Problemlösungsstrategien in Unternehmen. In seiner Karriere hatte er zunächst die Leitung des Marketings bei Umbro in den Vereinigten

Staaten übernommen, danach stieg er zum Vizepräsidenten für die globale Markenentwicklung auf, bevor er bei Adidas unter anderem für das weltweite Fußballgeschäft zuständig wurde. Der Engländer Mick Hoban war Profi bei Aston Villa, 1971 siedelte er in die Vereinigten Staaten über, wo er in der nordamerikanischen Soccer League spielte. Bevor er bei Nike in Amerika und Europa eine steile Karriere machte, arbeitete er in drei Profiklubs als Kommunikationsdirektor. Später gründete der exzellente Fußballkenner seine eigene Unternehmensberatungsfirma und verschaffte Klinsmann tiefere Einblicke in das internationale Fußballgeschäft und in historische Entwicklungen.

»Es ist Teil unseres Geschäfts, Jürgen Klinsmann zu unterstützen, worum auch immer er bittet«, sagt Hoban, der Präsident von »soccersolutions«. »Die Ideen kommen von ihm. Er sagt: ›Ich denke über dieses oder jenes Thema nach. Gebt mir eure Einschätzungen.‹ Wir tragen dann seine und unsere Erfahrungen zusammen und bringen sie in Form.« Nie würden sie freilich an die Öffentlichkeit gehen und Kommentare zu strittigen Fragen abgeben, sie versuchen auch nicht, Klinsmann Entscheidungen aufzudrängen. Wenn Klinsmann ein Thema umtreibt, dann beansprucht er zwei, drei Tage lang die komplette Aufmerksamkeit von seinen Partnern, die dann ausschließlich an diesem einen Thema arbeiten – bis Klinsmann den Extrakt der Überlegungen in seinen Händen hält. Mersereau und Hoban haben sich längst daran gewöhnt, daß Klinsmann auch bei diesem Gedankenaustausch nicht stillhalten kann. Immer wieder treibt ihn sein Bewegungsdrang nach einer bestimmten Zeit durchs Haus, die ständige Bewegung, die er von anderen und von sich selbst fordert, glauben seine Partner schon fast körperlich spüren zu können. Klinsmann fordert sie dann auf, die Überlegungen in eine noch reduziertere, verknapptere Form zu bringen. Er hat es am liebsten so komprimiert, daß die Kerngedanken auf eine DIN-A4-Seite passen. Nicht zuletzt weil er weiß, wie begrenzt die Aufnahmefähigkeit und auch die Bereitschaft zum Zuhören bei vielen Fußballspielern ist. Wenn Klinsmann diese eine Seite, das Ergebnis von vielen Stunden, Tagen, manchmal Wochen, dann in Händen hält, ist der erste Teil der Arbeit getan. »Wenn ihm diese Seite gefällt, dann macht er ihren Inhalt zu seiner Sache«, sagt Hoban, »dann ist es seins. Und er kriegt dann damit auch die Leute hinter sich, denn er ist vorbereitet.«

Nach den grundlegenden Überlegungen beginnt der zweite Teil der Arbeit, die Umsetzung der Reformideen. Klinsmann nimmt die Ideen aus Amerika mit nach Deutschland und diskutiert sie in seinem Team. »Er spricht mit allen Leuten darüber, die für diese Sache wichtig sind, ob das nun Oliver Bierhoff ist, Joachim Löw, die Spieler, wer auch immer. Von ihnen erhält er dazu ein Feedback, und damit ist jeder in den Prozeß involviert«, erklärt Hoban die Arbeitsweise Klinsmanns. »Wenn ich mit den Ideen in die Gespräche hineingehe, kommt am Ende aber nie 100 Prozent Klinsmann heraus«, sagt der Bundestrainer. Die Ideen entwickeln sich weiter, verändern sich oder werden manchmal auch verworfen. »Ich glaube, daß ich mich durch die jahrelange Arbeit mit Mick und Warren zu einem guten Zuhörer entwickelt habe. Ich lasse mich von anderen Argumenten überzeugen. Da bin ich nicht der Sturkopf, der durch die Wand läuft. Aber ich möchte Argumente hören, es muß mich überzeugen, und es muß nicht nur mich überzeugen, sondern uns als Gruppe.« Sind sie dann aber zu einer gemeinsamen Entscheidung gekommen, verlangt Klinsmann bedingungslose Unterstützung bei der Umsetzung. »Im Fitnessbereich werden Fragen mit Müller-Wohlfahrt, Tim Meyer und Oliver Schmidtlein durchgesprochen. Und wenn es ein O.K. von ihnen gibt, dann will ich auch ein hundertprozentiges O.K. – und kein halbherziges. Damit kann ich nichts anfangen.«

Immer einhundert Prozent geben, das liegt in Klinsmanns Naturell, und die Leute bei »soccersolutions« glauben, daß diese Haltung dem deutschen Fußball helfen wird. Sie geraten über Klinsmanns Arbeitsweise und seine Mentalität, mit denen er sie in all den Jahren in ihrem Unternehmen schon überzeugt hat, geradezu ins Schwärmen. »Jürgen ist ein sehr couragierter Mann«, sagt Hoban. »Im Englischen gibt es ein Sprichwort: ›The day you are hired, is the day you are fired.‹ Jürgen war klar, daß er in Deutschland auf große Widerstände stoßen würde. Er wußte, wenn er die ersten beiden Spiele gegen Österreich und Brasilien verloren hätte, hätten sie ihn vielleicht rausgeschmissen. Er ist trotzdem seinen Weg gegangen.«

Diese kompromißlose Haltung ist ein Teil seines Wegs, um die Mannschaft hinter sich zu sammeln und sie zu einer verschworenen Gemeinschaft zu formen, die sich wie der Trainer über alle Widerstände hinwegsetzt. Die Reformen, so die Überlegung, sollten nicht nur den eigentlichen Zweck erfüllen und den erheblichen Defiziten, den Verkrustungen im deutschen Fußball begegnen. Klinsmanns rigoroser Weg des Wandels sollte zudem noch ein Band des Vertrauens zwischen Trainern und Spielern knüpfen. Es ging ihm darum, Vertrauen aufzubauen, und Klinsmann wußte, wie man jenen Punkt erreicht, an dem einzelne Spieler und irgendwann die gesamte Gruppe sagen: »Du bist es wert, daß wir Vertrauen in dich haben können.« So hat Klinsmann mit jeder organisatorischen Entscheidung, mit jeder Diskussion auch daran gearbeitet, die Grundlagen für einen engen Zusammenhalt zwischen sich und den Spielern zu schaffen. Irgendwann wußten sie, daß sie sich auf das Wort ihres Bundestrainers verlassen konnten. »Die Spieler sagen: ›Wenn Klinsmann etwas sagt, dann macht er es auch. Das ist kein leeres Zeug, das ist real‹«, sagt Hoban zusammenfassend über diesen Prozeß der Vertrauensbildung. »Er ist nicht vor der Torhüterfrage zurückgeschreckt, nicht vor der Leverkusen-Frage, er hat seine eigenen Coaches geholt. Er hatte viele schwierige Situationen zu bestehen. Die Spieler erkennen seinen Mut, für Überzeugungen einzustehen. Sie sehen, er kämpft für uns. Er gibt, was er kann. Er ist auf unserer Seite. Sein Auftreten ist zwar immer verbunden mit einem Lächeln, mit Fröhlichkeit – mit Mr. Grinsman eben, wie sie ihn nennen. Aber er hat eine große innere Stärke. Er wankt nicht. Ich habe ihn in schwierigen Situationen erlebt. Er gerät nie in Panik. Das ist jetzt genauso wie früher auf dem Platz.«

Dieses Grundvertrauen bei seinen Spielern zu schaffen, war für Klinsmann noch etwas schwieriger als für einen etablierten Trainer. Auch die Spieler entwickelten wie viele Funktionäre und ein Teil der öffentlichen und veröffentlichten Meinung vom ersten Tag an eine gewisse Skepsis. Sie fragten sich, was von einem Trainerneuling zu halten ist, dem nicht zuletzt die blanke Not des Deutschen Fußball-Bundes die Führung der Nationalmannschaft übertragen hatte, und der sich auch noch das Recht herausnahm, weiter in den Vereinigten Staaten zu leben und von dort aus nach seinen Regeln die Nationalmannschaft zur Weltmeisterschaft führen zu wollen. Klinsmanns Unabhängigkeit stieß, wie so oft in seinem Fußball-Leben, auf Neid, bei manch einem Nationalspieler zumindest auf Mißtrauen. Klinsmanns Geschäftspartner allerdings sahen dank ihrer Erfahrung, die sie mit dem Fußball-Millionär als Geschäftsmann in Amerika gemacht hatten, in seiner grenzenlosen Unabhängigkeit eine der ganz großen Stärken Klinsmanns. »Die meisten Leute, die einen solchen Job annehmen, brauchen ihn. Sie brauchen ihn wegen des Egos, fürs Prestige, um an ihrer weiteren Karriere zu bauen oder weil sie gerade einen Job suchen und das Geld brauchen. Jürgen braucht den Job als Bundestrainer aus all diesen Gründen nicht«, analysiert Hoban. »Er hat nicht den Druck, erfolgreich zu sein, weil das für ihn danach beruflich nicht wichtig ist. Er hat den großen Vorteil, daß er sagen kann: Das ist meine Vision. So will ich die Mannschaft spielen lassen. Das sind die Experten, die ich einbeziehen will. Und er hat den Luxus zu sagen: Ich gehe keine Kompromisse ein, weil ich an meine Vision glaube. Auch Leute wie Alex Ferguson bei Manchester United oder José Mourinho in Chelsea gehen ihren eigenen Weg. Aber es ist ungleich härter, diesen Weg in einer Nationalmannschaft als in einem Klub zu gehen.«

Die Spieler hat Klinsmann überzeugt, daß sich eine Nationalmannschaft auch aus Amerika führen läßt, seine Kritiker nicht. Daran änderte auch die zielstrebige Disziplin nichts, mit der Klinsmann mit der Nationalmannschaft vor den Länderspielen in Deutschland arbeitet. Nicht einmal die Tatsache, daß sein Alltag in Kalifornien jeden Morgen um halb sechs beginnt, um sich dem Rhythmus in Deutschland und den Notwendigkeiten der Arbeit anzupassen, haben die Vorhaltungen, daß sich dieser deutsch-kalifornische Lebens- und Arbeitsstil nicht mit der Aufgabe des Bundestrainers vereinbaren lasse, verstummen lassen. Klinsmann sah sich immer wieder genötigt, seinen unermüdlichen Einsatz und die Arbeitsteilung zu erklären, die er mit seinem Assistenten Joachim Löw, Teammanager Oliver Bierhoff und Torwarttrainer Andreas Köpke vereinbart hatte.

Um halb sechs beginnt an der Pazifikküste der Alltag von Jürgen Klinsmann. Eine gute Zeit, um zu arbeiten. Einmal wegen der Zeitverschiebung und weil seine Kinder noch schlafen. »In der Regel checke ich dann bis um halb acht, was in Deutschland läuft und was es mit dem DFB an aktuellen Fragen zu besprechen gibt. Jeden zweiten oder dritten Tag machen wir einen Conference Call mit Oliver Bierhoff, Jogi Löw und Andy Köpke«, beschreibt Klinsmann seinen

Alltag. Nach gut einem halben Jahr hatte der Deutsche Fußball-Bund auch die Voraussetzungen dafür geschaffen, daß sich der Bundestrainer bei Vorstandssitzungen des Verbandes in die Videokonferenz einschaltet, falls es um Themen geht, die ihn betreffen. Nach halb acht kümmert er sich dann um seine Kinder. Er bringt seinen Sohn Jonathan in die Schule und arbeitet dann für gewöhnlich ab neun Uhr an den Dingen weiter. Es kann sein, daß er über Mittag mit seiner Frau Debbie etwas essen geht oder seinen Sohn wieder von der Schule abholt. »Aber das Büro Klinsmann ist im Prinzip immer offen, denn der Laptop ist immer an.« Am Nachmittag trudelt jedoch nicht mehr viel ein im Büro Klinsmann, denn Europa schläft. Der Bundestrainer macht dann Sport, mindestens eine Stunde am Tag. Laufen, schwimmen, radfahren oder Kraftraum. »Ich brauche das noch immer, um Dampf abzulassen«, sagt er, »sonst werde ich ungemütlich.«

In Deutschland staunen selbst Kritiker im Verband über die Arbeitswut des Schwaben, seinen dichten Terminkalender und die Professionalität, mit der er »die Prioritäten abarbeitet«, wie Klinsmann mittlerweile selbst sagt. Er benutzt einige solche Worte, über die sich die Leute in Deutschland wundern, die nur das Bild des jungen Klinsmann im Kopf haben, diesen blonden Stürmer mit dem hinreißenden Lächeln, der die spektakulärsten Tore erzielt und dessen hingebungsvoller, ekstatischer Jubel ein ganzes Stadion mitreißen kann.

Dieser Klinsmann hat tatsächlich noch keine »Prioritäten abgearbeitet«, der hatte noch kein Netzwerk rund um die Welt aufgebaut, das er für sich arbeiten ließ und das in alle Richtungen funktionierte. Von L.A. nach Deutschland, von Portland über die Ostküste an die Pazifikküste irgendwo in die Nähe von Huntington Beach, wo Klinsmann bei Starbucks, seinem Lieblingsbüro, den Laptop auspackt, seine Gedanken und die E-Mails ordnet, um seine Arbeit mit der deutschen Nationalmannschaft voranzubringen. Ganz so, wie er früher für L.A. Galaxy oder das Fußball-Elitecamp gearbeitet hat, zielstrebig, methodisch und konsequent. All diese Erfahrungen hat er »aufgesogen«, wie Klinsmann das nennt, genauso wie seine Erfahrungen als Spieler, ob nun in Stuttgart, Mailand, Monaco, London oder München. Sein deutsches und sein amerikanisches Leben bilden einen riesigen Fundus, aus dem Klinsmann seine Ideen für das Ziel schöpft, Deutschland zum Weltmeister zu machen. Bierhoff, Löw,

Köpke, die Fitnesstrainer, die Partner von »soccersolutions«, einen Sportpsychologen, einen Spielbeobachter, all diese Experten aus seinem Netzwerk hat er bei der Nationalmannschaft zusammengeführt, um sein Werk auf seine ganz spezielle Weise zu vollenden. »Jürgen arbeitet wie ein Bäcker«, sagt Mick Hoban. »Er holt sich von überall aus seiner Welt die besten Zutaten, um damit einen exzellenten Kuchen zu backen.«

3. Der Bäckerbub aus Gingen

Stuttgart als Tor zur Welt

Diese seltsame Mischung aus Ruhelosigkeit und Verläßlichkeit hat Jürgen Klinsmann von seinem Vater geerbt, dem Bäckermeister Siegfried Klinsmann. Der Krieg lag schon einige Jahre zurück, und aus der sowjetisch besetzten Zone war die Deutsche Demokratische Republik entstanden, als Siegfried Klinsmann beschloß, sein Leben zu verändern. 1933 geboren, hatte er die Schrecken des letzten Kriegsjahres, den Zusammenbruch des Dritten Reichs und den Einmarsch der Roten Armee in Hohenwutzen erlebt, einem Dorf in Brandenburg, unweit von Frankfurt an der Oder. Das neue Leben, das sich dort aus den Trümmern der Naziherrschaft zu entwickeln begann, behagte ihm jedoch nicht. Mit den Jahren reglementierte die sozialistische Einheitspartei die Menschen immer stärker, um einen Staat nach ihren Vorstellungen zu schaffen. Die Freiheit hatte keinen Platz mehr, dem jungen Siegfried Klinsmann, der an der Oder das Bäckerhandwerk gelernt hatte, wurde es zu eng. Er wollte etwas anderes kennenlernen, er wollte entdecken, was das Leben zu bieten hat. Es begann die Zeit, die er später sein Wanderleben nannte. Er ging auf die Walz.

Diese Zeit prägte Siegfried Klinsmann. Sein Weg führte ihn nach Berlin und Usedom, nach Hamburg und Celle, er wanderte in die Pfalz, nach Stuttgart, an den Bodensee und es zog ihn auch über die Grenze, in die Schweiz, nach Zürich.

Für Leute aus einfachen Verhältnissen, die nicht viel Geld besaßen, war das damals eine der wenigen Möglichkeiten, etwas von der Welt mitzubekommen. Siegfried Klinsmann arbeitete überall für einige Wochen in Bäckereien, manchmal wurden Monate daraus. Wenn er fand, daß die Zeit gekommen war oder die Umstände es erforderten, zog er weiter. »Er war einer, der die Sache selbst in die Hand genommen hat, der nicht abgewartet hat«, sagten seine Freunde und Bekannten über Siegfried Klinsmann. Das gefiel ihnen an dem kleinen, schmächtigen Mann mit den wachen Augen.

Auf Jürgen, den zweiten seiner vier Söhne, hinterließ der Lebensweg seines Vaters einen nachhaltigen Eindruck. Schon als kleiner Junge sei für ihn sein Vater, der wußte, was er wollte, ein Vorbild gewesen, erinnert er sich. Ihm imponierte, »daß man das durchzieht, wofür man sich entschieden hat, daß man einen klaren Weg geht«. Die Wanderjahre seines Vaters verglich Jürgen Klinsmann später mit seinem eigenen Weg, der ihn, ungleich privilegierter, durch halb Europa führen sollte.

Auch Siegfried Klinsmann trieb in den engen fünfziger Jahren nicht nur die Neugier, sondern auch der Ehrgeiz. Er legte seine Meisterprüfung als Bäcker ab, da war er erst einundzwanzig, keiner im Kurs war damals jünger. Den Brief bekam er erst mit vierundzwanzig, vorher sahen die Gesetze keinen selbständigen Bäckermeister vor. Anfang der sechziger Jahre ließ sich Siegfried Klinsmann nieder. Er hatte in Gingen an der Fils seinen Platz gefunden, heiratete und baute sich mit seiner Frau Martha, einer resoluten und pragmatischen Schwäbin, eine eigene Existenz auf. Sie beschlossen, mit ihren Ersparnissen eine eigene Bäckerei zu gründen. Siegfried Klinsmann war da gerade einmal dreißig Jahre alt. Bald kamen die Kinder, und nach ein paar Jahren, als Jürgen fünfzehn war, zog die Familie sechzig Kilometer weiter nach Stuttgart-Botnang, um sich dort niederzulassen. Siegfried Klinsmann lebte und arbeitete dort bis zu seinem Tod.

Sein Leben bestand aus Arbeit und Familie. Zwölf, vierzehn, mitunter sechzehn Stunden verbrachte Siegfried Klinsmann in der Backstube. Die Tage begannen morgens um drei, nur in den letzten Jahren, nachdem sein ältester Sohn Horst die Bäckerei übernommen hatte, stand er später auf. Jürgen Klinsmann war zu dieser Zeit schon längst ein Superstar und Kapitän der Nationalmannschaft, und als 1998 die letzte Weltmeisterschaft seiner Karriere anstand, traf sich sein Vater erstmals in seinem Leben mit einem Journalisten, um über sich und seine Familie zu sprechen. Er war schon 65 Jahre alt, und niemals wäre es ihm in all den Jahren in den Sinn gekommen, sich mit den Erfolgen seines Sohnes zu brüsten. Auch damals sprach er nur deswegen mit Axel Hacke, dem exzellenten Autor der *Süddeutschen Zeitung,* weil ihn sein Sohn um dieses Treffen gebeten hatte. Mißtrauisch blieb Siegfried Klinsmann gleichwohl, aber er erzählte, was ihm im Leben wichtig war.

»Siegfried Klinsmann sagt, er habe gewollt, daß seine Söhne ›so ehrlich und anständig aufwachsen wie ich auch‹. Es gebe, fügt er hinzu, ›genug gestörte Familien‹. Er erlaube sich zu sagen, ›daß unsere nicht gestört ist. Vielleicht habe ich das erreicht. Meine Jungen, die halten zusammen wie Pech und Schwefel, ihre Frauen auch, und das ist schön.‹« Er unterscheidet mit scharfem Trennungsstrich zwischen seiner Familie und »da draußen«. Wenn er und seine Frau verreisen, fahren sie nicht »nach draußen«. Sie besuchen Familienangehörige, die eigenen Mütter in Hohenwutzen und Geislingen oder eben den Jürgen in Mailand, Genua, London. »So haben wir auch mal Grund, ins Ausland zu fahren«, sagt er, »und bleiben doch in der Familie«, hieß es damals in der *Süddeutschen.*

Siegfried Klinsmann hat immer versucht, seine vier ungleichen Söhne gleich zu behandeln. Denn er wußte sehr genau, daß es für sie nicht leicht war, mit einem so prominenten und erfolgreichen Bruder leben zu müssen. Es war ja auch für ihn und seine Frau nicht immer leicht. Das begann schon in der Zeit beim VfB Stuttgart, als das Leben »draußen« nicht mehr an der Eingangstür der kleinen Bäckerei haltmachte. Eines Tages stand auf der ersten Seite der *Bild-Zeitung,* die sie in ihrem Laden zu den Brezeln und Brötchen verkauften: »Klinsmann für 13 Millionen zum FC Barcelona?« Schon die zweite Kundin, die morgens in die Bäckerei kam, sagte zu seiner Mutter, als sie die Schlagzeile las: »Ja wie, Frau Klinsmann, Sie arbeiten noch, wo Ihr Sohn dreizehn Millionen verdient? Gibt der Ihnen nichts ab?« Die Schlagzeile war nur ein Gerücht, und die Ablösesumme hätte natürlich nicht ihm, sondern dem Verein zugestanden, aber die Schlagzeile war bezeichnend für die riesige Kluft, die sich schon früh zwischen dem Leben von Jürgen Klinsmann und seiner Familie auftat. Seine Mutter brachten solche scheinbar harmlosen Begegnungen durcheinander, für zwei, drei Tage geriet sie aus dem Tritt ihres gewohnten Lebens. Sie sorgte sich, was die Kundschaft und die Nachbarn, die Leute »da draußen«, über sie und ihre Familie jetzt denken mochten.

Jürgen Klinsmann wollte nie, daß sich irgend jemand mit seinen Erfolgen und seinem Namen profilierte, nicht einmal seine Familie. Aber noch viel weniger konnte er es ertragen, wenn sie unter seinen Erfolgen und seiner Popularität zu leiden hatten, wenn sie in ein Leben hineingezogen wurden, das nicht das ihre war und ihnen auch immer ein wenig fremd bleiben sollte. Er begann früh, seine Familie vor den Schlagzeilen zu schützen. Nun zog er einen Zaun zwischen denen »da draußen« und seiner Familie und den engsten Freunden, er verteidigte sein Privatleben unnachgiebig gegenüber den Medien, erst seine Eltern und seine Brüder, später seine Freundinnen, seine künftige Frau Debbie und die Kinder Jonathan und Laila. »Er ist seinem Vater sehr ähnlich geworden«, sagt sein Freund und Berater, der Schwabe Roland Eitel, »er versteht sich genau wie er als fürsorgliches Familienoberhaupt.«

Er spürte früh den Druck, den seine Popularität und seine Erfolge auf seine Brüder ausüben konnten. Sie redeten miteinander darüber, was es bedeutet, im Schatten eines Bruders zu stehen, der als Spieler im Fußball die Welt eroberte und nun als Bundestrainer die Hoffnungen eines ganzen Landes bei der Weltmeisterschaft auf sich zieht. »Ihr müßt wegen mir nichts beweisen. Jeder lebt sein eigenes Leben«, sagt Jürgen Klinsmann, doch so einfach ist es nicht, mit einem normalen Leben zufrieden zu sein, wenn einer der Brüder derart im Licht der Öffentlichkeit steht und die gesamte Familie mit ihm identifiziert wird. Auch sein Vater Siegfried Klinsmann hat immer versucht, dieses Ungleichgewicht auszutarieren, und jedem seiner Söhne, die als Bäcker, in der Computer- oder in der Sportartikelbranche ihren Weg machten, das Gefühl zu geben, für die Familie genauso wichtig zu sein.

Diese Aufgabe begleitete ihn sein ganzes Leben. Selbst als er im Frühjahr 2005 mit einer schweren Krankheit im Krankenhaus lag, fragte ihn dort jemand, ob ihn denn auch sein Sohn Jürgen besuchen komme. »Ich habe vier Söhne«, entgegnete Siegfried Klinsmann, »und alle vier besuchen mich.« Jürgen Klinsmann reiste, von der Öffentlichkeit unbemerkt, aus Kalifornien nach Deutschland in die Klinik, als es sehr schlecht um seinen Vater stand. Es war das letzte Mal, daß er seinen Vater sehen sollte. Alle in der Familie ahnten schon, daß die Zeit gekommen war. Nach ein paar Tagen in Stuttgart flog Jürgen Klinsmann zu seiner eigenen Familie in die Vereinigten Staaten zurück. Dort erreichte ihn wenig später auch die Nachricht vom Tod seines Vaters, des Menschen, der Jürgen Klinsmann wohl am stärksten geprägt hat.

Halt in der Familie

Ein Dreivierteljahr zuvor, am Tag seiner offiziellen Vorstellung als Bundestrainer, konnte die Öffentlichkeit eine Ahnung davon bekommen, was sein Vater für ihn bedeutete. Jürgen Klinsmann wurde auf der Pressekonferenz im Konferenzraum des Deutschen Fußball-Bundes auf einmal sehr persönlich, als er am Vorabend seines 40. Geburtstags gefragt wurde, was er sich denn zu diesem Anlaß wünsche. »Mein Wunsch ist es, daß mein Vater wieder gesund wird, und ich hoffe, daß er miterlebt, wie wir 2006 Weltmeister werden«, sagte er, nachdem die Ärzte bei seinem Vater kurz zuvor Krebsgeschwüre im Magen entdeckt hatten, die sich als unheilbar herausstellen sollten. »Es war ein besonders eindrücklicher Moment, als sein Sohn Jürgen ihm das Ziel seiner Arbeit widmete. So, als wolle er ihm die Kraft zum Weiterleben geben, bis am 9. Juli 2006 in Berlin der Weltpokal übergeben wird«, schrieb die *Süddeutsche Zeitung* über jenen Moment, in dem die damalige Aufregung um den neuen Bundestrainer und den deutschen Fußball in den Hintergrund rückten.

»Meinen Eltern habe ich am meisten zu verdanken, sie sind mein Höchstes«, sagte Jürgen Klinsmann schon früh in seiner Karriere, damals, als er noch keine eigene Familie gegründet hatte. Als er als kleiner Junge in Gingen in die Schule kam, nahm ihn sein Vater in den Turnverein des Ortes mit, er war dort Übungsleiter und seit vielen Jahren leidenschaftlicher Turner. Aber seinem Sohn machte das keinen Spaß, er versuchte es daraufhin kurz mit Handball, aber auch das war nicht die Sportart, bei der er Feuer fing. Im Winter 1972 jedoch, als Jürgen achteinhalb war, nahmen ihn ein paar Freunde mit zum Fußball, und diesmal dauerte es nicht lange, bis seine Leidenschaft geweckt war. Als er seine erste vollständige Saison in der E-Jugend des TB Gingen absolvierte, sprachen sich im Dorf schnell seine außergewöhnlichen Fähigkeiten herum. Ein Spiel gegen Aichelberg gewannen sie 20:0, und Jürgen Klinsmann erzielte sechzehn Tore. Als die Saison nach achtzehn Spielen beendet war und seine Mannschaft auf dem ersten Platz stand, hatte er 106 Tore geschossen.

Sein Vater hatte da schon begonnen, die von seinem Sohn aufgelisteten Ergebnisse und Tore fein säuberlich in ein Büchlein zu übertragen, das den Titel Rekordbuch trug und das Jürgen lange führte, auch dann noch, als er 1974 zum SC Geislingen wechselte. Sein Vater schrieb ihm auch eine Widmung in das Buch, aber eigentlich war es mehr als eine Widmung, es war ein Lebensmotto, das die Werte beinhaltete, nach denen Siegfried Klinsmann lebte und nach denen sich auch seine Söhne richten sollten. »Olympisch sein heißt: Ehrlich im Kampf, bescheiden im Sieg, neidlos in jeder Niederlage und sauber in Deiner Gesinnung. Das hofft Dein Vater und Turnkamerad Siegfried Klinsmann.« Über dreißig Jahre später, als sein sieben Jahre alter Sohn Jonathan in Kalifornien im Jahr 2004 mit dem Fußball anfing, hat Jürgen Klinsmann auch für ihn ein Rekordbuch angelegt und genau dieselben Sätze hineingeschrieben wie damals sein Vater. »Die Worte bedeuten mir noch immer viel. Als Kind konnte ich die Bedeutung der Sätze noch nicht richtig verstehen. Vor dem Hintergrund der großen Aufgabe, auf die ich zuarbeite, sind es besondere Zeilen«, sagte Klinsmann, ein paar Wochen nachdem er Bundestrainer geworden war.

In Gingen wohnte ein paar Straßen von den Klinsmanns entfernt Werner Gass. Der spätere Profi beim VfB Stuttgart wurde bald auf das Talent aus der Nachbarschaft aufmerksam. Er überzeugte die Eltern, daß ihr Sohn seine Fähigkeiten bei einem größeren Klub, dem SC Geislingen, wo er selbst noch eine Jugendmannschaft trainierte, weit besser entwickeln könnte. Mit elf Jahren wechselte Jürgen Klinsmann also erstmals den Verein, vier Jahre blieb er bei diesem Klub, doch die Freundschaften, die er in seiner Zeit in Geislingen schloß, sollten zum Teil Jahrzehnte überdauern.

Stefan Barth ist einer dieser Freunde aus Geislingen, vielleicht der beste, den Jürgen Klinsmann in seinem Leben gefunden hat. Damals, in seiner Jugend, war es für ihn noch nicht nötig gewesen, einen Trennungsstrich in seinem Leben zu ziehen, der das Private vom Öffentlichen unterschied. Es gab in diesen wenigen Jahren, bis er die ersten Verträge unterschrieb, nur den Jürgen und noch nicht den Profi, der niemanden von »da draußen« vorschnell an sich heranlassen sollte. Bei aller Neugier auf das Leben blieb er später stets mißtrauisch und faßte vornehmlich zu Menschen Vertrauen, die ihn nicht als Fußballprofi kannten oder von deren eigener Unabhängigkeit er überzeugt war. Oder eben zu Menschen wie Stefan Barth, die ihn schon kannten, als niemand damit rechnen konnte, daß Jürgen Klinsmann einmal Millionen mit dem Fußball verdienen würde und sich mit seinem Namen Geld machen ließ, wenn man sich an ihn dranhängte.

Stefan Barth hörte damals auf dem Bolzplatz in Geislingen auf den Namen Paule. Er und Jürgen waren beide zwölf, sie kickten dort zusammen und freundeten sich an. Paule hatte zwei Brüder, Jürgen drei, sie verstanden sich. Als Jürgen fünfzehn war, zog die Familie Klinsmann allerdings nach Stuttgart, sechzig Kilometer von Geislingen an der Steige entfernt, jenem 4000-Seelen-Ort, über dem auf einem bewaldeten Bergrücken ein haushohes Holzkreuz ragt. Wegen Jungs wie Paule entschied sich Jürgen, weiter beim SC Geislingen zu spielen und mehrmals die Woche den weiten Weg auf sich zu nehmen. Der Klub holte ihn in Stuttgart ab, abends fuhr er mit dem Zug zurück oder übernachtete bei seinem Freund.

Es gibt wenige, die Jürgen Klinsmann so gut kennen wie Stefan Barth. Ihre Freundschaft besteht seit über dreißig Jahren. Er besuchte ihn, als Jürgen Klinsmann zum Star geworden war, in allen Ländern, in die es ihn zog. Die Nähe verschwand nie. Hinzu kam mit den Jahren die Faszination über die Zielstrebigkeit Klinsmanns, wie dieser seinen Weg ging, und die Freude darüber, wie dessen Wesen trotzdem unverändert blieb: »Dieser enorme Leistungswille, diese Leidenschaft und Kampfkraft im Sport, und im Privaten dann seine Menschlichkeit und die Fähigkeit, alte Beziehungen zu pflegen. Er ist ein treuer Mensch.« Stefan Barth erzählt von Italien, von Klinsmanns erster Station im Ausland. Alle Kumpels hätten in seiner Wohnung übernachtet. »Das hat doch kein anderer Profi gemacht«, fügt er hinzu. Diese Offenheit und Großzügigkeit habe sich bei Jürgen Klinsmann erhalten. Auch der neue Freundeskreis in den Vereinigten Staaten schwärmt von dieser Seite des Schwaben. Aber die alten Kumpels aus der Jugend und die neuen Freunde nach einer großen Karriere, das ist nicht das gleiche. Den fürsorglichen und ganz offenen Klinsmann bekommen nur seine Familie und seine engsten Freunde zu Gesicht, sonst niemand, und schon gar nicht die Menschen »da draußen«, mit denen er im Profifußball oder nun bei der Nationalmannschaft beruflich vielleicht nur für ein paar Jahre zu tun hat.

Mit der Zeit wurde es für den fünfzehn Jahre alten Jürgen Klinsmann immer lästiger, den weiten Weg von Stuttgart-Botnang nach Geislingen zurückzulegen, außerdem hatten sich immer wieder die

Stuttgarter Kickers bei seiner Familie gemeldet, um sie auf die Perspektiven hinzuweisen, die dieser nobel geführte Zweitligaverein aus Degerloch ihrem Sohn bieten konnte. Im Sommer 1978 wechselte Klinsmann schließlich zu den Kickers und blieb dort bis 1984, länger als bei allen anderen Vereinen. Das riesige Talent des Stürmers war so offensichtlich, daß ihm schon mit sechzehn ein Profivertrag angeboten wurde, der zwei Jahre später in Kraft treten sollte. Wie es bei den Klinsmanns üblich war, tagte bei wichtigen Fragen wie dieser der Familienrat, und gemeinsam beschlossen sie, daß er diese Chance nutzen sollte. Sein Wunsch, Profi zu werden, stand da schon seit einiger Zeit fest, und daß er den Sprung in den bezahlten Fußball schaffen konnte, ahnte er längst.

Obwohl Jürgen Klinsmann eigentlich auf einem Wirtschaftsgymnasium sein Abitur hatte machen wollen, verließ er mit der Mittleren Reife die Schule. Die Familie hielt das damals für die beste Lösung, und der schnelle Aufstieg im Fußball schien ihnen auch recht zu geben. In den kommenden Jahren, als sich Jürgen Klinsmann in seinem Sport etabliert hatte, sollte er diese Entscheidung dennoch öfter bereuen. Viele seiner Jugendfreunde aus Geislingen studierten, und dem lernwilligen und wißbegierigen Klinsmann sollte diese Möglichkeit für immer verwehrt bleiben. Ein Studium neben dem Profifußball, wie es einige wenige Kollegen in der Bundesliga betrieben, das hätte ihm als intellektueller Ausgleich zum Profibetrieb auch gefallen. Einen Versuch, über das Abendgymnasium sein Abitur nachzuholen, um sich eine solche Perspektive zu verschaffen, brach er jedoch bald ab, sein Leben und sein Bildungsweg sollten nun ganz pragmatisch verlaufen.

Mit sechzehn lernte er das Bäckerhandwerk. Auch wenn sich der Junge im Profifußball versuchen wollte, hielt die Familie eine solide Ausbildung für notwendig. »Bäcker kannst du bei mir machen, da kannst du zum Training gehen, wann du willst«, sagte sein Vater, und das leuchtete ihm ein. Jürgen Klinsmann wurde also Bäcker aus praktischen Erwägungen und nicht etwa aus Liebe zum Bäckerberuf oder wegen des Wunsches, es dem Vater auch in diesen Dingen gleichzutun. »Viele Leute sind überrascht, wie Jürgen heute als Bundestrainer arbeitet. Sie reden vom erstaunlichen Weg des ehemaligen Bäcker-Lehrlings, aber das ist eine vollkommen falsche Sicht auf seinen Werdegang«, meint sein Berater Eitel. Klinsmann lernte zwar früh ein Handwerk, seine Stärken aber lagen immer woanders: im Kopf.

Willensstärke, Disziplin und Ehrgeiz waren von Beginn seiner Karriere an enorm ausgeprägt. Den Stuttgarter Kickers hatte er geschworen, niemals zum VfB zu gehen, sein Talent jedoch wurde bald zu groß für den Verein. Als der Präsident der Kickers ihm schließlich selbst riet, zum großen Nachbarn zu gehen, hatte ihn der Deutsche Fußball-Bund schon in seine Jugend-Nationalmannschaft berufen, und in der zweiten Liga gehörte der Neunzehnjährige zu den besten Torschützen. Nun wechselte er zu dem Verein, der gerade die deutsche Meisterschaft gewonnen hatte. Der Aufstieg von Jürgen Klinsmann vollzog sich in einem erstaunlichen Tempo, es gab genug Gründe, zufrieden zu sein, sehr zufrieden sogar. In der Pause vor seinem Wechsel in die Bundesliga verzichtete er jedoch bewußt auf seinen Sommerurlaub, um weiter an sich zu arbeiten, selbständig, so wie er das später auch von seinen jungen Nationalspielern fordern würde. Sein ältester Bruder Horst, ein Leichtathlet und Stabhochspringer, hatte ihn darauf aufmerksam gemacht, daß er sich durch gezieltes Training läuferisch noch verbessern könne. Jürgen Klinsmann verpflichtete daraufhin den Leichtathletiktrainer seines Bruders, Horst Allmann, um bei ihm über ein Jahrzehnt lang seine Sprintfähigkeit und seinen Laufstil zu verbessern, sein neben der Einstellung zum Sport größtes Kapital, das er in den Profifußball mitbringen sollte. »Ich bin nicht das überragende Talent, aber ich habe eine überdurchschnittliche Einstellung und habe immer sehr hart und konsequent an mir gearbeitet«, sagt er über sich. Als Bundestrainer sollte er später seine für damalige Verhältnisse noch ungewöhnliche Erfahrung, auch außerhalb des üblichen Trainingsbetriebs intensiv an sich zu arbeiten, an seine Spieler weitergeben. In der letzten Sommerpause vor der WM-Saison 2005/2006 trainiert beispielsweise der Kaiserslauterer Kapitän und Nationalspieler Marco Engelhardt für sich alleine in einer Sprintschule, um an seinen läuferischen Qualitäten zu arbeiten. Genauso, wie es Klinsmann vor seinem Wechsel zum VfB Stuttgart getan hatte, will er sich Vorteile gegenüber der Konkurrenz verschaffen.

Die Schwächen, die Klinsmann in seiner Karriere begleiten sollten, waren Berti Vogts damals schon aufgefallen. Nach drei Spielen mit der DFB-Jugendauswahl hatte er sich die technischen Defizite des jungen Stürmers notiert, vor allem die »Ballannahme und Ballmitnahme in hohem Tempo«, so Vogts, eine Schwäche, die Jürgen Klinsmann auch als Nationalspieler mit über einhundert Länderspielen immer wieder einholte. Auf der Karteikarte des künftigen Bundestrainers fand sich bald noch ein weiterer kritischer Eintrag: Jürgen Klinsmann sei körperlich nicht in der besten Verfassung, weil er in der Bäckerei arbeite und nicht genug Schlaf bekomme. Doch Berti Vogts sah schon früh, welch enormes Potential in diesem Stürmer steckte. »Er hatte etwas Besonderes, diesen Egoismus. Aber wenn man ihn auf den richtigen Weg bringt, könnte er ein sehr guter Stürmer werden, das war mir damals schon klar. Er war schon immer ein Leader. Schon als Sechzehnjähriger haben sich die anderen Spieler um ihn geschart, auch wenn er nur Ersatzspieler war. Aber das wollte er gar nicht, er wollte keine Gruppe um sich, keine Kumpels, die zu ihm standen, er war ein Individuum, er wollte alleine sein«, sagte Vogts über einen jungen Spieler, der ihm schon wenige Tage nach der ersten Begegnung ganz anders vorkam als die meisten Fußballer, die er in rund zwanzig Jahren als Profi und Trainer kennengelernt hatte. »Er hat schnell gemerkt, was für ein Spieler ich bin«, bestätigt Klinsmann, »und was für ein Charakter.«

Klinsmann hat lange in Stuttgart-Botnang im Haus seiner Eltern in der Eltlinger Straße gewohnt, direkt über der Bäckerei. Er hat die Welt der harten Arbeit seit seiner Kindheit erlebt und selbst mit angepackt, auch dann noch, als er längst in der Bundesliga sein Geld verdiente und von Franz Beckenbauer in die Nationalmannschaft berufen wurde. Die Bäckerei liegt in Botnang, dem westlichsten Stadtteil Stuttgarts, von der Stadt durch einen Höhenzug abgeschnitten. Ein Dorf fast, in dessen Mitte die Häuser auch heute noch Fensterläden haben, umgeben von Wald und ein paar Hochhäusern. Eigenwillige, auf ihre Herkunft bedachte Menschen leben dort, damals noch zahlreicher als heute, für die es einen Unterschied macht, ob jemand aus Stuttgart kommt oder aus Botnang, und auch, wo man in Botnang lebt, oben oder unten. Am Hang, oberhalb der Bäckerei, ließen sich die besseren Leute nieder, die es zu etwas gebracht hatten in Stuttgart und in der Region. Dort bauten sie in den siebziger Jahren, als die Klinsmanns unten in Botnang ihre Bäckerei bezogen, ihre

Häuser. Wohlhabende Verleger waren darunter und auch ein paar Professoren. Unten aber wohnten und arbeiteten, wie die Botnanger sagten, die normalen Leute, die Klinsmanns und die vielen anderen. Die mußten »schaffen«, auch am Samstag, gerade in einem Familienbetrieb. Bevor bei Klinsmanns die Jungs am Wochenende ins Stadion zum VfB durften, wurde erst noch in der Backstube geholfen und geputzt, dann durften sie gehen.

»Ich weiß, was harte Arbeit ist«, sagt Jürgen Klinsmann, und es ist kein Zufall, daß er zu den wenigen Profis gehören sollte, denen die Zuschauer nie den Vorwurf machen konnten, auf dem Fußballplatz nicht alles zu geben. »Mich macht es rasend, wenn einer nicht das Optimum bringt.« »Kämpfen bis zum Umfallen kann man in jedem Spiel, auch wenn es nicht so läuft«, forderte er schon damals. Nach ein paar Jahren in der Bundesliga schrieb die *Süddeutsche Zeitung* über ihn, daß er in der Bäckerei nicht nur seine Lehre gemacht, sondern daraus auch eine Lehre fürs Leben gezogen habe: »Jürgen Klinsmann spielt Fußball, wie die Eltern arbeiten, mit Hingabe und vollem Einsatz.«

Das erste Bundesligaspiel in Kaiserslautern wurde zu einer Enttäuschung, der neue Meister spielte schwach, Guido Buchwald brach sich den Knöchel. Auch Klinsmann hatte beim 1:2 keine glückliche Premiere, er vergab die beste Chance zum Ausgleich aus wenigen Metern. Eine Woche später jedoch, im ersten Heimspiel im Neckarstadion, sah das Publikum, was für ein Talent sich der VfB für 700 000 Mark vom Lokalrivalen geangelt hatte. Die Stuttgarter besiegten Eintracht Braunschweig 6:1, Klinsmann erzielte zwei Tore und bereitete drei weitere Treffer vor.

Zu den Heimspielen kam auch Siegfried Klinsmann immer ins Stuttgarter Stadion. Seinen Platz suchte er sich nicht auf der Ehrentribüne oder später, als der Fußball sich gesellschaftsfähiger gab, in den VIP-Räumen. Er kaufte sich irgendwo für die Haupttribüne eine Eintrittskarte und saß unerkannt zwischen den Leuten, die nicht wußten, daß sein Sohn, der mit den Jahren zum Liebling in Stuttgart avancierte, da unten auf dem Platz spielte. Die Zurückhaltung lag in seinem Naturell, aber auch sein Sohn hätte es nicht anders gewollt. »Für mich ist es wichtig, daß mein Vater nicht dasitzt und sagt: ›Ich bin der Vater des Mittelstürmers‹ – und sich feiern läßt.« Später, als seine Freundin und spätere Frau Debbie ihn in den Vereinen oder bei der Nationalmannschaft sehen wollte, mischte sie sich nicht unter die Spielerfrauen, die vom Deutschen Fußball-Bund bei Weltmeisterschaften sogar ihr eigenes Programm organisiert bekommen. Auch Klinsmanns frühere Freundinnen stellten sich in den Arenen nicht zur Schau, und so war die Trennlinie zum Privatleben von Jürgen Klinsmann auch im Stadion gezogen.

Bald merkten auch die Medien, daß dieser Jürgen Klinsmann, der sich so wunderschön über seine Tore freuen konnte, daß die *Frankfurter Allgemeine Zeitung* in ihm das »hinreißende Inbild höchsten Fußball-Glücks« sah, lange vermißte Seiten im Profifußball offenbarte. Seine Zurückhaltung und Bescheidenheit in der Lebensführung, seine Offenheit und Neugier jenseits des Fußballplatzes und seine leidenschaftlichen, hochklassigen Auftritte in der Bundesliga mit spektakulären Toren, die jedoch auch mit unerklärlich schwachen Vorstellungen kontrastierten, weckten beim Publikum Emotionen und entsprachen so gar nicht dem gängigen Bild des selbstzufriedenen Fußballprofis, der sich nur für den nächsten Vertrag und die nächste Schlagzeile interessiert. Und dazu noch dieses umwerfende Lächeln. Die Sympathien flogen Jürgen Klinsmann bei seinen Auftritten nur so zu. Von diesem unbeschwerten Lächeln würden seine Kritiker einige Jahre später allerdings behaupten, er benutze es in schwierigen Situationen wie eine Waffe, um die Öffentlichkeit auf seine Seite zu ziehen.

Als Klinsmann beim VfB anfängt, entwickelt er eine große Nähe zu Karl Allgöwer. Auch der Nationalspieler Allgöwer kommt aus Geislingen, er hat dort im gleichen Klub gespielt, und wie Klinsmann kam er über die Stuttgarter Kickers zum VfB. Allgöwer war das, was man damals einen schwierigen Profi nannte. Er erlaubte sich eine eigene Meinung und eine politische Haltung, er gehörte zu den wenigen Linken im Profifußball. Klinsmann freundete sich mit dem sieben Jahre älteren Stürmer an, er bewunderte ihn für seine Kompromißlosigkeit, die ihm das Leben im Profifußball immer wieder erschwerte. Auch Klinsmann begann in seiner Zeit beim VfB politisch zu denken und zu urteilen. Doch das Rebellische seines Freundes blieb ihm fremd, er suchte nicht die ständige Konfrontation mit den Leuten, die anders dachten als er selbst, und er wollte sich auch nicht vereinnahmen lassen von denen, die ihm politisch nahestanden. Klinsmann vermied eindeutige parteipolitische Urteile: »Ich will mich nicht in die Richtung irgendeiner Partei drängen lassen.«

Er merkte bald, daß er in Stuttgart, wie er selbst sagte, zu einem »positiven Imageträger« geworden war. Seine erste Saison war zwar für den deutschen Meister eine große Enttäuschung geworden, wegen einer endlosen Verletztenmisere hatte es nur zu Rang zehn gereicht, aber für Klinsmann sah die Bilanz positiv aus: Er hatte es zum Stammspieler gebracht, bei 32 von 34 Spielen war er dabei, und als Bundesliga-Neuling erzielte er gleich fünfzehn Tore. In seinem zweiten Profijahr faszinierte der VfB in der Rückrunde unter seinem neuen Trainer Willi Entenmann die Fans, die Stuttgarter erreichten außerdem das Pokalfinale gegen den FC Bayern. Es herrschte eine großartige Stimmung im Berliner Olympiastadion, und angesichts der exzellenten Vorstellungen des VfB in den Wochen zuvor war die Hoffnung enorm, den großen Rivalen schlagen zu können.

Aber das Finale wird für Stuttgart zu einem Desaster. Die Schwaben haben gegen den FC Bayern von Beginn an überhaupt keine Chance, sie verlieren 2:5. Die Enttäuschung und Verzweiflung der Stuttgarter über die Niederlage bekommt nach dem Abpfiff ein Gesicht. Jürgen Klinsmann bricht nach dieser maßlosen Enttäuschung regelrecht zusammen, er weint hemmungslos auf dem Spielfeld.

Die auf emotionale Momente im Sport lauernden Fernsehkameras lassen sich diese Bilder nicht entgehen, und Millionen Zuschauer bewegen diese Aufnahmen fast mehr als das Finale. Eine Diskussion entzündet sich, ob man nicht auch Profis das Recht zugestehen müsse, mit sich und ihren Gefühlen alleine bleiben zu dürfen. Die Bilder des weinenden Sportlers Jürgen Klinsmann zeigten dem Publikum damals aber auch, daß es in Deutschland noch andere Bundesligaspieler als diejenigen gab, die Niederlagen mit scheinbar abgeklärter, falsch verstandener Professionalität registrierten und sich eine Stunde nach dem Abpfiff in den Mannschaftsbus hockten, die Spielkarten auspackten und mit ihren Kollegen zockten, als wäre nichts geschehen.

Der Ruf der deutschen Fußballprofis war zu dieser Zeit, in der Mitte der achtziger Jahre, weitgehend ruiniert. Es waren die Flegeljahre des Fußballs, in denen es zwar so viel wie nie zuvor zu verdienen gab, aber die zu Millionären gemachten Spieler lebten ihren Egoismus gleichzeitig immer rücksichtsloser aus. Der Respekt der Profis vor ihrem Publikum und vor ihrer Arbeit schwand immer weiter. Nirgendwo zeigte sich der Ansehensverlust des Fußballs so deutlich wie in dem düsteren Bild, das die Spieler in der Nationalmannschaft abgaben. Bei der Weltmeisterschaft 1982 in Spanien erreichte der Niedergang einen ersten Höhepunkt. Im letzten Gruppenspiel gegen Österreich einigten sich beide Mannschaften beim Stand von 1:0, das beide Teams in die nächste Runde brachte, auf einen Nichtangriffspakt, und über eine Stunde lang präsentierten Deutsche und Österreicher in Gjion vor der Weltöffentlichkeit die Farce eines Fußballspiels. Sie verschoben eine WM-Partie, ohne daß dies bestraft werden konnte. Es war die wohl größte gemeinschaftlich begangene Unsportlichkeit, die eine Fußball-Weltmeisterschaft je gesehen hatte. Aber den deutschen Spielern fehlte jedes Gefühl von Fairneß oder gar Unrechtsbewußtsein – sie waren doch weitergekommen, und der Erfolg rechtfertigte für sie jedes Mittel. Noch schlimmer waren die Folgen, als Toni Schumacher wenig später im Spiel gegen Frankreich Patrick Battiston mit einem brutalen Check an der Strafraumgrenze niederstreckte und ihm dabei die Knochen brach. Gelangweilt betrachtete der Torwart danach sein Opfer und war zu keiner entschuldigenden Geste fähig. Es waren die widerwärtigsten Szenen, die der deutsche Fußball je bei einer Weltmeisterschaft produzierte, und ihre Wirkung blieb nicht nur auf den Sport beschränkt. In jenem Sommer trübte sich wegen des Zorns der Franzosen sogar das Verhältnis zwischen beiden Ländern ein.

In solch einem Umfeld eines zynischen Erfolgsdenkens und mangelnden Verantwortungsbewußtseins gehörten auch Wasserbomben von Nationalspielern auf Fans vor dem Mannschaftshotel genauso zur bizarren Normalität wie WM-Trainingslager, in denen nachts hemmungslos gesoffen wurde. Verfeindete und nach Vereinszugehörigkeit geordnete Lager beherrschten die Nationalmannschaft, und viele Spieler waren nicht mehr oder nur noch bedingt in der Lage, gemeinsame sportliche Interessen anzuerkennen. Sie lebten vor allem ihren Egoismus aus und dachten nur noch daran, wie sich am meisten Kohle machen ließ. »Es gibt die Nehmer, und es gibt die Geber«, sagte Jürgen Klinsmann später über die beiden Kategorien von Menschen im Profifußball, die er sorgsam unterschied. Dies waren die Nehmer.

Das erste »Tor des Jahres«

Im November 1987 fieberte Stuttgart dem Spiel des Jahres entgegen, und die deutschen Fußballfans sollten endlich wieder einen »Geber« zu Gesicht bekommen. Die Bayern kamen ins Neckarstadion, das war immer schon der größte Festtag für die Schwaben, auch wenn er meist nicht gut für sie ausging. In jener Saison allerdings glänzte der VfB unter seinem Trainer Arie Haan, und der dreiundzwanzig Jahre alte Klinsmann hatte bis zu jenem Tag schon zehn Tore in seiner dritten Spielzeit in der Bundesliga erzielt. Die Hoffnungen waren so groß wie lange nicht. Daß nach diesen neunzig Minuten die Karriere von Jürgen Klinsmann nicht mehr die gleiche sein würde wie zuvor, ahnte jedoch niemand. »Mit 3:0 triumphierten die Schwaben vor 70 000 Zuschauern im ausverkauften Neckarstadion über den nach sieben Siegen in Folge erstmals wieder geschlagenen deutschen Meister, dabei setzte Klinsmann dem Stuttgarter Sturmlauf die Krone auf, denn er schoß das Tor des Jahres und rappelte sich dazu noch zur Geste des Jahres in der Profifußball-Branche auf«, schwärmte die *Frankfurter Allgemeine Zeitung* nach einem Auftritt, der den Tag und die Saison überdauerte und den Klinsmann nie mehr vergessen sollte.

In der 18. Minute schien das Neckarstadion zu explodieren. Auf der rechten Seite wurde Günther Schäfer elegant von Spielmacher Asgeir Sigurvinsson freigespielt, und noch bevor der Ball den Boden berührte, flankte ihn der Verteidiger aus der Luft in den Strafraum. Der Ball landete jedoch im Rücken von Jürgen Klinsmann, und die Chance schien schon dahin, doch dann drehte sich Klinsmann blitzschnell und sprang ab. Er lag waagrecht in der Luft, das rechte Bein zeigte mit der Fußspitze in den Himmel, als er den Ball in knapp zwei Meter Höhe auf dem höchsten Punkt traf. Der Ball flog aus gut zehn Metern genau in den Torwinkel, Bayern-Torwart Pfaff konnte ihm nur regungslos hinterherschauen. Als der Ball im Netz lag, raste Klinsmann wie irre über die Laufbahn, irgendwann sank er auf die

Knie und schlug die Hände vors Gesicht. »Das ist der schönste Tag, seit ich beim VfB bin«, sagte er nach dem Spiel. Da redeten Spieler, Trainer, Schiedsrichter, Manager und Präsidenten aber nicht nur über den Torschützen Klinsmann, dessen spektakulärer Treffer tatsächlich zum »Tor des Jahres 1987« gewählt wurde, sondern auch über den Sportsmann Klinsmann.

Als noch sechs Minuten zu spielen waren und die Stuttgarter 2:0 führten, geriet Klinsmann mit Bayern-Libero Norbert Nachtweih aneinander, der Münchner bremste ihn durch ein Foul, und Klinsmann ging spektakulär zu Boden. Schiedsrichter Pauly, damals einer der besten deutschen Unparteiischen, war drauf und dran, dem Münchner die Rote Karte zu zeigen, auch von den Protesten der Bayern wollte er sich nicht davon abbringen lassen. Dann jedoch ging Klinsmann auf ihn zu und sagte: »Es war ein Zweikampf wie andere auch, das war keine böse Absicht, lassen Sie ihn weiterspielen.« Der Schiedsrichter war perplex, er steckte die schon gezückte Rote Karte wieder ein. Nach dem Spiel suchte Pauly die Öffentlichkeit, er wollte dem Fernsehen und den Zeitungen unbedingt mitteilen, was sich auf dem Platz zugetragen hatte. »Es ginge uns und auch dem Spiel besser, wenn es mehr Spieler von dieser Sorte gäbe«, sprach er in die Mikrophone. Bayern-Manager Uli Hoeneß ging nach dem Spiel in die Stuttgarter Kabine und bedankte sich bei Klinsmann. »So etwas tut dem Fußball gut«, sagte er, »so stelle ich mir einen fairen Sportsmann vor.«

Die Medien reagierten überschwenglich, aber auch dankbar auf einen Fußballprofi, der seine Gegner schützte, der mehr im Blick hatte als nur den eigenen Vorteil und wieder etwas von dem Sportsgeist früherer Zeiten an den Tag legte, einem Sportsgeist, der in den achtziger Jahren im Fußball weitgehend verschwunden war. Das Lob, das er erhielt, erschien Klinsmann ein wenig übertrieben, denn realistisch und vom Fußballgeschäft geprägt wie er war, sprach er auch über die günstigen Voraussetzungen, die ihm die faire Geste leichter gemacht hatten. »Ich weiß nicht, wie ich in derselben Szene gehandelt hätte, wenn wir nicht 2:0 geführt, sondern 0:1 zurückgelegen hätten«, meinte er rückblickend.

Das herrliche Tor, der hinreißende Jubel und die Fairneß dieses jungen blonden Stürmers blieben beim Publikum haften. Das Image von Jürgen Klinsmann als neues, gutes Gewissen des deutschen Fußballs verfestigte sich mit den Monaten immer weiter, er wurde zur Entdeckung des Jahres. Der Olympiaauswahl gehörte er zu dieser Zeit schon an, im Winter berief ihn Teamchef Beckenbauer in die Nationalelf. Sein Debüt gab er bei der Südamerikareise gegen Brasilien, ein halbes Jahr vor der Europameisterschaft in Deutschland 1988. Danach spielte er noch gegen Argentinien in Buenos Aires, und während sich seine Kollegen auf den Weg zurück nach Europa machten, gab Klinsmann seine DFB-Garderobe ab und packte seinen Rucksack, um durch Amerika zu reisen. »Für die meisten seiner Kollegen kommt es schon einem Abenteuer gleich, wenn sie sich mal außerhalb der Mauern irgendeines Klubs Sowieso in Fuerteventura oder Mallorca verirren«, schrieb die *Süddeutsche Zeitung.* Die Medien kontrastierten Klinsmanns unkonventionelle Lebensweise mit der allgemeinen Praxis im Fußballgeschäft, und diese Tendenz verstärkte sich noch vor der Europameisterschaft, als er endgültig zum Kreis der Nationalmannschaft gehörte.

Zwei Monate vor dem Turnier besuchte er eine Jugendstrafanstalt in der Nähe Heilbronns. Sein künftiger Berater Roland Eitel, der damals noch als Journalist bei der *Stuttgarter Zeitung* arbeitete, hatte den Kontakt hergestellt. Klinsmann wollte etwas wissen vom Leben, und diese Neugier verband sich mit seinem Wunsch, sich sozial zu engagieren. Knapp vier Stunden verbrachte er in der Anstalt von Adelsheim, er interessierte sich dafür, wie es dort im Alltag zuging und welche Schicksale und Lebenswege Leute seines Alters ins Gefängnis gebracht hatten, während er auf dem Weg war, in Deutschland ein großer Star zu werden. »Ich habe mir Gedanken gemacht, wo die Ursachen dafür lagen«, sagte Klinsmann und vermutete, daß viele nicht im Gefängnis gelandet wären, wenn sie in ihrer Jugend ein besseres Umfeld gehabt hätten. Eineinhalb Stunden unterhielt er sich mit den Gefangenen, über ihr Leben und über das seinige in der Bundesliga und Nationalmannschaft, mit einem Jugoslawen blieb er auch danach noch in engerem Kontakt.

Ein paar Wochen später war er bei zwei Sonderschulklassen zu Gast, auch dort hörten ihm die Kinder eineinhalb Stunden gebannt und interessiert zu, wenn er von seinen Ängsten erzählte, die er selbst als Torschützenkönig der Bundesliga noch hatte, vom Erwartungsdruck und dem Verletzungsrisiko. Er sagte ihnen, daß er kein Vorbild sein wolle. »Dann dürfte ich keine Fehler mehr machen, außerdem soll jeder seinen eigenen Weg gehen.« Sein ungewöhnliches Engagement wurde in den Medien aufmerksam registriert. »Jürgen Klinsmann hat nicht plötzlich den Entschluß gefaßt, sich dem Rummel und den Eitelkeiten der Fußballprofis zu verweigern, die oft weltfremd, verwöhnt und unflexibel ihrer Selbstüberschätzung frönen und deren Horizont gerade bis zur Außenlinie reicht. Das kam ganz von selbst. Er ist ein anderer Mensch, gehört zu einer neuen Generation«, schrieb die *Frankfurter Allgemeine Zeitung* und titelte: »Wissen ist wichtiger als Geld: Jürgen Klinsmann – der andere Profi.«

Klinsmanns erfrischendes Wesen und seine Stilisierung in den Medien blieben nicht ohne Wirkung. Als beim Eröffnungsspiel der Europameisterschaft jeder Spieler dem Bundespräsidenten Richard von Weizsäcker einzeln vorgestellt wurde, schüttelte er jedem die Hand, aber nur bei Klinsmann blieb er länger stehen. »Ich habe schon viel von Ihnen gehört. Ich möchte gerne mal mit Ihnen zusammensitzen und mich mit Ihnen unterhalten«, sagte der Bundespräsident zu Klinsmann. Diese Sätze waren das Symbol dafür, daß der Fußball in Deutschland gesellschaftliche Anerkennung zurückgewonnen hatte und daß sich dieser Wandel vor allem mit dem Namen Jürgen Klinsmann verband.

Die Europameisterschaft verlief glanzlos. Die Deutschen, als WM-Zweiter einer der Favoriten bei der Endrunde mit acht Mannschaften, gehörten als Gastgeber wie selbstverständlich zu den Favoriten. Im Halbfinale gegen Holland gingen sie in der zweiten Halbzeit nach einem an Klinsmann verursachten Foulelfmeter durch Lothar Matthäus in Führung. Doch die Holländer wurden stärker und wendeten die Partie, Marco van Basten glückte der 2:1-Siegtreffer zwei Minuten vor dem Abpfiff. »Jürgen Klinsmann war einer der wenigen, die aus der EM als Gewinner herausgegangen sind«, sagte Vogts, der es mittlerweile zum Assistenten von Franz Beckenbauer gebracht hatte. »Aber in dieser Mannschaft stimmte einiges nicht. Sie hatte nicht die richtige Mischung, die richtige Balance. Es war eine Übergangsmannschaft.« Sie setzte sich zusammen aus den Überresten jener alten, bleiernen Zeit und einer neuen Generation, mit der Beckenbauer den Neuanfang ins Werk gesetzt, aber noch nicht vollendet hatte. Klinsmann stand wie niemand sonst für diese neue Generation, an der sich die deutschen Fans wieder zu begeistern versuchten. Nachdem er noch mit der Olympia-Auswahl nach einem für ihn großartigen Erlebnis die Bronzemedaille bei den Olympischen Spielen in Seoul gewann, wurde er 1988 zum »Fußballer des Jahres« gewählt, fast siebzig Prozent stimmten für ihn, so viele Stimmen bekam kein Spieler vor ihm, kein Franz Beckenbauer und auch kein Uwe Seeler.

Die Europameisterschaft, aber auch schon sein spektakulärer Treffer gegen den FC Bayern hatten das Ausland auf Klinsmann aufmerksam gemacht. Vor dem Halbfinale unterhielten sich der Stuttgarter und Ruud Gullit auf dem Platz, dabei erzählte der Holländer, der beim AC Mailand spielte, ein bißchen vom Leben in Italien und fragte den deutschen Stürmer: »Was ist mit dir, wann kommst du nach Italien?« Es dauerte nur wenige Tage, bis Klinsmann in Kontakt mit Inter Mailand stand. Nach der Europameisterschaft trafen sich beide Seiten am Stuttgarter Flughafen. »Doch damals war ich noch nicht soweit, um über Nacht alles liegen- und meine Familie sitzenzulassen«, erinnert sich Klinsmann. Zu diesem Zeitpunkt lagen die Vertragsrechte alleine beim VfB Stuttgart. In dem bis zum Sommer 1990 datierten Vertrag hatte sich Klinsmann eine feste Ablösesumme nur zum 30. Juni 1988 festschreiben lassen, Inter ließ nach dem ersten Gespräch nicht mehr locker in seinem Werben, die Stuttgarter und auch viele Medien hofften allerdings, daß Klinsmann in Deutschland bleiben würde und nicht wie andere Nationalspieler vor ihm dem großen Geld aus Italien folgen würde. Sie wünschten sich, daß er auch in dieser Frage nach dem Bild eines »anderen« Profis leben würde, das sie von ihm entworfen hatten, das Bild vom bescheidenen schwäbischen Bub, der nicht aus seiner Heimat weg will.

Klinsmann wägte jedoch die Vorteile und die Nachteile eines Wechsels ganz rational ab. Das Geld reizte ihn, die »verfrüht ausbezahlte Lebensversicherung, die Unabhängigkeit bedeutet«, wie er sagte, aber auch der Reiz, endlich etwas Neues zu erleben, andere Menschen und Mentalitäten kennenzulernen, so wie es auch sein Vater einst getan hatte. »Ich glaube nicht, daß ich so extrem heimatverbunden bin. Ich bin unwahrscheinlich gern unterwegs, bin gern im Ausland, mache gerne Urlaub irgendwo anders«, sagte er damals in einem Interview mit dem *Spiegel,* als er mit Mailand verhandelte, und auch finanziell, fügte er hinzu, »kann ich da nicht auf Idealist machen«. Er versuchte sich auch des Bildes zu erwehren, das die Öffentlichkeit von ihm machte, auch wenn er mit ihm ausgezeichnet leben konnte: »Ich werde dauernd in das Schema vom vorbildlichen, bescheidenen jungen Mann gepreßt. Aber das stimmt nicht.« Der damalige Präsident des VfB Stuttgart, der baden-württembergische Kultusminister und spätere DFB-Präsident Gerhard Mayer-Vorfelder, hatte in den Vertragsgesprächen schon bald gespürt, daß Jürgen Klinsmann nicht mehr zu halten war. Das Geld aus Mailand lockte, natürlich, aber auch der Reiz einer neuen Welt übte eine immer stärkere Faszination auf Klinsmann aus. Mayer-Vorfelder fragte ihn, ob es sinnvoll sei, nach neuen Sponsoren für ihn Ausschau zu halten, vielleicht bei Daimler-Benz, um sein Gehalt in Stuttgart anständig aufzubessern. Aber Klinsmann winkte ab. Der Präsident kannte Klinsmann gut. »Wenn zu mir einer kommt und sagt, er will auch wegen der Sprache nach Italien, dann empfehle ich ihm einen Kurs an der Volkshochschule«, sagte Mayer-Vorfelder danach der enttäuschten Öffentlichkeit. »Aber dem Jürgen, dem glaube ich das.«

4. Aufstieg zum internationalen Star

Weltmeister in Italien

Als Jürgen Klinsmann den Plan für die Zimmerbelegung bei Inter Mailand zu Gesicht bekam, erwuchsen daraus die ersten Schwierigkeiten mit Lothar Matthäus. Trainer Giovanni Trapattoni hatte der Mannschaft vor Saisonbeginn ein rund vierwöchiges Trainingslager verordnet, und für diese von Klinsmann ohnehin ungeliebte Zeit mußten die Spieler gemeinsam in Ferienwohnungen Quartier beziehen. Am Abend vor der Verteilung der Zimmer erfuhr Klinsmann, mit wem zusammen er die ersten Wochen bei Inter Mailand verbringen sollte, die erste Zeit in einem neuen Land, das er entdecken und erkunden wollte und das ihn aus seiner schwäbischen Heimat gelockt hatte. Und nun sollte er im Trainingslager ausgerechnet mit seinen beiden deutschen Kollegen Lothar Matthäus und Andreas Brehme den Bungalow teilen, mit den einzigen Spielern, die er schon seit Jahren aus der Nationalmannschaft kannte. Von ihnen konnte er nichts von dem bekommen, was er bei Inter suchte. »Jürgen, du kommst zu uns«, beschied ihm Kapitän Matthäus. »Nein«, entgegnete Klinsmann, eine Ablehnung, die Matthäus und Brehme sehr irritierte. Sie hatten es doch gut gemeint mit ihrem deutschen Kollegen und wollten ihm bei der Eingewöhnung in Mailand helfen, weil sie dachten, er wäre froh, wenn er von ihnen erführe, wie die Dinge beim italienischen Meister liegen und worauf er sich einrichten müsse.

Er versuchte, ihnen seine Beweggründe darzulegen. »Ich möchte mit Italienern zusammensein«, sagte er ihnen. »Ich will Italienisch lernen, es hat doch keinen Sinn, wenn wir drei uns isolieren und immer nur unter uns sind. Euch kenne ich doch, ich gehe mit zwei Leuten zusammen, die ich noch nicht kenne.« Doch Klinsmann drang mit seinen Argumenten nicht durch, er erntete nur Unverständnis. Schließlich bezog er mit seinen deutschen Mannschaftskameraden ein 3-Zimmer-Appartement: »Matthäus und Brehme hatten ein Doppelzimmer und ich daneben ein Einzelzimmer«, erinnert sich Klinsmann.

Viele Jahre später bezeichnete Klinsmann diese erste Begegnung mit Matthäus in Mailand als ein »Schlüsselerlebnis«. Es handelte sich zwar um keinen gravierenden Vorfall, keine Auseinandersetzung oder Kraftprobe, eher um eine Nebensächlichkeit, aber es machte ihm klar, wie unterschiedlich ihre beiden Charaktere gelagert waren. In den kommenden Jahren sollte sich das immer wieder zeigen. »Es waren mit Matthäus schon immer Probleme da. Ich habe immer betont, daß ich zu Matthäus ein totaler Gegenpol bin.« Matthäus lebte in Italien mit seiner Familie das luxuriöse Leben deutscher Fußball-Gastarbeiter, die gerne unter sich blieben, vornehmlich mit einem deutschsprachigen Freundes- und Bekanntenkreis, und in ihren Häusern über die Satellitenschüssel deutsches Fernsehen empfingen. Der ungebundene Klinsmann dagegen hatte sich schon in Deutschland intensiv auf seinen Wechsel nach Italien vorbereitet. Mit einem italienischen Freund aus Geislingen hatte er monatelang die neue Sprache gelernt. Auch in den für ihn eintönigen, nervtötenden Trainingslagern hatte er seine Unterrichtsmaterialien dabei und paukte in der Freizeit Italienisch, bis tief in die Nacht. Diese Akribie und Zielstrebigkeit, mit der er sich buchstäblich in sein neues Leben hineinarbeitete, stieß aber nicht nur bei Matthäus und Brehme auf Argwohn. Irgendwann kam Giovanni Trapattoni in sein Zimmer und rief: »Schluß jetzt, Jürgen, Licht aus.« Er fragte ihn, was denn dieser ganze Aufwand solle, warum er soviel Zeit darauf verwende, Italienisch zu lernen, er sei doch vor allem Fußballspieler, und darauf solle er seine ganze Energie verwenden. Klinsmann antwortete, daß er die Menschen, ihre Mentalität und das Land nur verstehen könne, wenn er deren Sprache spreche. »Die Sprache ist der Schlüssel, der ein Land öffnet.« Aber Trapattoni konnte trotzdem nicht recht begreifen, warum Klinsmann soviel Energie dafür investierte. Sieben Jahre später, als Trapattoni 1996 erstmals ins Ausland wechselte und Trainer beim FC Bayern München wurde, erinnerte er sich allerdings wieder an die Gespräche mit Klinsmann in Mailand. In München merkte er plötzlich, wie notwendig es auch für ihn gewesen wäre, die fremde Sprache zu sprechen, um seinen Spielern seine Ideen vom Fußball und vom Leben verständlich zu machen und um auch selbst besser einschätzen zu können, wie die Medien das Tagesgeschäft und die Vereinsführung beeinflußten. »Ich wünschte, ich hätte die Energie, so Deutsch zu lernen wie du damals Italienisch«, vertraute er nun Klinsmann an. Nach ein paar Monaten, als er nicht mehr weiter wußte, bat er Klinsmann, für ihn in der Kabine zu übersetzen.

Mit seinem Wunsch, sich möglichst schnell in das Leben in dem fremden Land zu integrieren, hatte Klinsmann auch einen Grundstein für seine Popularität in Italien gelegt. Nicht anders sollte es sich in den kommenden Jahren in Monaco und England verhalten. Daß sich ein Fußballstar, der für sein Leben ausgesorgt hatte, trotzdem erkennbar und intensiv bemühte, mit den Menschen in ihrer Sprache zu kommunizieren, verstanden die Fans auch als Respektbekundung für sich und ihre Kultur. Klinsmann selbst wurde das allerdings erst nach seiner Karriere richtig bewußt.

In Mailand lebte Klinsmann noch wie ein Student. Der Umzug nach Italien besaß den Charme des Provisorischen. Klinsmann hatte sich zwar eine wundervolle, knapp 200 Quadratmeter große Wohnung am Comer See genommen, doch ein Umzugsunternehmen zu beauftragen, kam dem fünfundzwanzig Jahre alten Fußballmillionär nicht in den Sinn. Mit einem geliehenen Kleinlaster machte er sich mit seinen gepackten Kisten und einem Vesper seiner Mutter auf den Weg über den Brenner. Ausfuhrerklärungen für seine gebrauchten Möbel hatte er jedoch nicht dabei, um den ganzen Papier- und Zollkram hatte er sich natürlich nicht gekümmert, und als der Zöllner den betagten Wagen an der italienischen Grenze herauswinkte, konnte Klinsmann auch nur seinen Paß vorzeigen. Der Grenzbeamte grinste und war nun von ausgesuchter Höflichkeit, er wünschte Signore Klinsmann gute Fahrt und wollte auch ansonsten keine weiteren Umstände machen – wenn er nur ein paar Autogramme am Stadion in Mailand für ihn und seine Freunde hinterlegen könnte.

Klinsmann ließ sich in Cernobbio nieder, ganz in der Nähe von Como, dort, wo so viele internationale Fußballstars wohnten, die in der Millionenstadt Mailand ihr Geld verdienten. Er war ein wenig unruhig und unsicher, als er in Italien ankam, er wußte noch nicht, wie sich sein neues Leben anfühlen würde. Erstmals war er von seiner Familie und seinen Freunden getrennt, auch seine Freundin Andrea hatte sich nicht mit ihm zusammen auf den Weg nach Italien gemacht. Sie lebte ihr eigenes Leben und nicht das einer typischen Spielerfrau. Genau in dieser Zeit ging sie nach Amerika, ihr Praxissemester stand an. »Eine Frau, die mit mir zusammen ist, muß wissen, wie sie mit sich selbst zurechtkommt«, sagte er. Am Abend seiner Ankunft zog es ihn an das Seeufer, und irgendwann ging er in eine Pizzeria und machte seine erste Bekanntschaft mit Italien. Er lernte dort Francesco kennen, einen Bäcker und Konditor. Sie saßen zusammen am Tisch, sie redeten über Fußball und natürlich auch über das Bäkkerhandwerk, und Klinsmann versprach, bei Gelegenheit in seiner Pasticceria vorbeizukommen und dort auf italienische Weise zu frühstücken. Es wurde viel mehr als nur ein Besuch daraus: »Francesco ist einer meiner besten Freunde in Cernobbio geworden.« Die Pasticceria und Francesco wurden für ihn zu einer festen Anlaufstation, die er brauchte, um über sein Leben und die Schwierigkeiten zu reden, die auf ihn zukamen, als seine Familie, seine schwäbischen Freunde und auch seine Freundin ihm in der ersten Zeit in Mailand nicht helfen konnten. »Wenn du in einem fremden Land bist, brauchst du einfach eine Bezugsperson, jemanden, der dich versteht und deine Probleme kennt.«

In der ersten Zeit fiel es ihm nicht leicht, sich an das neue Leben zu gewöhnen. Die Italiener nahmen die Dinge viel lockerer, als es der Schwabe gewohnt war, selbst beim Fußball. Wenn um halb elf Training angesetzt war, stand Klinsmann bereit, doch viele seiner italienischen Kollegen trudelten ganz selbstverständlich erst eine Viertelstunde später ein. Er brauchte Monate, um sich daran zu gewöhnen, um Toleranz und Gelassenheit in Fragen zu entwickeln, die ihm wichtig waren. »Aber ich kann ja nicht in einem fremden Land die Leute ändern«, so Klinsmann, »ich mußte mich den Leuten anpassen.« Auch mit den Medien hatte er zu Beginn seine Schwierigkeiten. Es standen Interviews in den Zeitungen, die er nie gegeben hatte. »Die Journalisten wußten, daß ich noch kein Italienisch verstand. Nach drei Monaten haben sie gemerkt, daß ich die Sprache verstehe. Von da an haben sie sich zurückgehalten«, sagte Klinsmann.

Nach einem guten halben Jahr wurde er allmählich heimisch in Italien. Er hatte seinen Freundeskreis gefunden, zu dem auch seine Mitspieler Nicola Berti und Aldo Serena zählten, mit denen er abends immer wieder ausging. Tagsüber erkundete Klinsmann die kleinen Dörfer rund um Como, manchmal war auch Ruud Gullit dabei, der bald zu einem Freund wurde, sie setzten sich dann gerne einfach nur in eine Bar an der Piazza und beobachteten neugierig das italienische Leben.

Klinsmann wuchs an der Herausforderung in Mailand. Sein Leben hatte sich mit dem Wechsel nach Italien grundlegend verändert, stärker als bei allen anderen Stationen, die in Europa noch auf ihn warten sollten. Klinsmann kam in Mailand als unabhängiger Fußballprofi an. Sein Dreijahresvertrag schuf den Grundstock seines Vermögens, er garantierte ihm, sich von niemandem mehr etwas vorschreiben lassen zu müssen und künftig die Dinge tun zu können, die er für richtig hielt. »Der Fußball hat mir die einmalige Chance gegeben, das zu erreichen, was nur wenige, und schon gar nicht in meinem Alter, schaffen: wirklich unabhängig zu sein. Mir kann niemand sagen: mach dies und mach jenes. Ich bin frei. Ich bin mein eigener Herr«, stellte er zufrieden fest.

Er verhandelte hart bei diesem Kontrakt. Um auf die erfahrenen italienischen Verhandlungspartner gut vorbereitet zu sein, rief er zuvor bei Uli Hoeneß vom FC Bayern München an und fragte ihn, ob er ihm nicht ein paar Ratschläge geben könnte, da er auch in Zukunft auf einen persönlichen Manager verzichten und seine Geschäfte selbständig betreiben wolle. Hoeneß, für seine Hilfsbereitschaft in der Bundesliga bekannt, traf sich mit Klinsmann und gab ihm wertvolle Hinweise für die Gespräche mit den Italienern. Klinsmann führte zur Verblüffung von Inter Mailand alle Verhandlungen alleine. Erst in der letzten Gesprächsrunde nahm er mit André Gross einen Rechtsanwalt aus Bern sowie einen Steuerberater aus Geislingen hinzu. Auch diese für Fußballprofis vollkommen ungewöhnliche Methode, die ganz bewußt auf Selbstverantwortung setzte, war ein Teil von Klinsmanns Streben nach Unabhängigkeit. »Wir haben uns bei den Verhandlungen englisch unterhalten und nur ein einziges Mal einen Dolmetscher gebraucht«, sagte er damals mit einigem Stolz in einem *Stern*-Interview. »Ich bin selbständig erzogen worden, und ich würde rasend werden, falls mein Manager nicht gut genug wäre, gewisse Vorstellungen von mir durchzubringen oder gar mit sich feilschen zu lassen.«

Mit diesem kleinen Team, das ihm 1989 seinen ersten großen wasserdichten Vertrag mit Stammplatzgarantie formulieren half, hat Klinsmann seine gesamte Karriere über zusammengearbeitet, und auch später noch, als etwa das Vertragswerk aufgesetzt wurde, das ihn im Jahr 2004 zum Bundestrainer machte. Schon damals standen die Manager und Berater Schlange, um mit Klinsmann ins Geschäft zu kommen. »Ich habe das Glück gehabt, daß ich langsam in den Fußball hineingewachsen bin und so gelernt habe, mich in diesem Dschungel zu behaupten«, erklärt Klinsmann. Nach einem halben Jahr in Mailand stieß dann noch Roland Eitel als Medienberater zum Klinsmann-Team hinzu, ein ehemaliger Journalist der *Stuttgarter Zeitung,* der zuvor über den aufstrebenden Stuttgarter Stürmer ein Buch geschrieben und sein Vertrauen gewonnen hatte. Auch Eitel gehört noch immer zur Klinsmann-Gruppe. »Aber bis heute haben wir keinen Vertrag gemacht«, beschreibt er seine Zusammenarbeit mit Klinsmann. »Wir setzen uns einmal im Jahr zusammen. In einem Jahr ist es mehr Arbeit, dann zahlt er mehr, in einem Jahr ist weniger zu tun, dann gibt es weniger.« »Jürgen braucht nicht viel Beratung. Wir reden zwar über einzelne Dinge, aber nicht so, wie man sich landläufig im Fußballgeschäft einen Berater vorstellt. Es sind kleine Leute, auf die sich Jürgen verläßt, er hätte ja auch immer zu großen Management- und Vermarktungsagenturen gehen können oder zu bekannten Rechtsanwaltssozietäten. Aber er hat immer die direkte Ansprache gesucht.«

Das Team Klinsmann arbeitete immer nach dessen Regeln. Der Medienberater, der Steuerberater und der Rechtsanwalt pflegen untereinander keinen intensiven Kontakt, sie arbeiten nicht an gemeinsamen, langfristigen Strategien, sondern nur kurzfristig für das jeweilige Projekt zusammen. »Keiner weiß viel von den anderen, jeder macht sein Ding«, sagt Eitel. Er selbst hat den Steuerberater erstmals bei Klinsmanns Abschiedsspiel getroffen, das war knapp zehn Jahre nach dem ersten Vertragsabschluß in Mailand.

Für Klinsmann ging es um viel bei diesem Vertrag, auch wenn er zum Leben damals vergleichsweise wenig benötigte. Mit 2000 bis 3000 Mark Lebenshaltungskosten kam er im Monat aus. Er war sich bei den Verhandlungen jedoch vollkommen bewußt, daß er sich diese große Chance, soviel Geld im Jahr zu verdienen, wie andere nur im Lotto gewinnen können, nicht durch falsche Bescheidenheit nehmen lassen wollte. Durch die relativ niedrige, auf vier Millionen Mark festgeschriebene Ablösesumme fand sich Klinsmann plötzlich in einer Gehaltsklasse wieder, in die er in Deutschland nicht hätte vordringen können. »Ich wußte um meinen Wert«, sagte er, »aber ob drei, vier oder fünf Millionen, das ist eine eigene Dimension und für mich der Grundstock für das Leben nach dem Fußball.«

Sein Lebensstil nahm sich für einen Fußballstar bescheiden aus, denn an Statussymbole wollte er sein Geld nicht verschwenden. Er behauptete, nicht einmal zehn Prozent seines Gehalts auszugeben, den Rest legte er konservativ an, vor allem in Immobilien in Deutschland, so daß er schon in seiner Mailänder Zeit von den Mieteinnahmen seiner Häuser hätte leben können. »Ich habe eine ziemlich einfache Lebensphilosophie«, sagte Klinsmann nach seinem Wechsel nach Italien in einem Gespräch mit dem Magazin *Sports*. »Ich kann sie vielleicht am besten mit einem Film erklären, den ich neulich gesehen habe: ›Der mit dem Wolf tanzt‹. So wie die Indianer leben, natürlich ist das ein bißchen verklärt, zeigt mir, wie wenig man eigentlich zum Leben und Glücklichsein braucht. Für mich ist es leichter, so etwas zu sagen, als für jemand, der acht Stunden am Fließband steht und Probleme hat, seine Miete zu bezahlen. Aber wird deshalb unwahr, was ich sage?«

Als Inter erstmals Kontakt mit dem deutschen Stürmer aufnahm, wunderten sich die Verantwortlichen über Klinsmanns legeren Aufzug. »Da kam er mit Jeans und Rucksack und hat eher wie ein Amateur als wie die Nummer eins im deutschen Fußball ausgesehen«, erinnert sich Inter-Manager Paolo Giuliani. Bevor die Vertragskonstellation durch die festgeschriebene Ablösesumme im Sommer 1989 günstig war, hatte Inter den Deutschen insgesamt zwei Jahre »sportlich und menschlich« beobachtet, wie Giuliani sagt, und dabei waren sie sich immer näher gekommen. Klinsmann war von Beginn an angetan von der Seriosität und Weltläufigkeit der Mailänder, und als er schließlich vom Präsidenten, dem Unternehmer Ernesto Pellegrini, mit den anderen Präsidiumsmitgliedern von Inter in dessen prachtvollen Villa bekannt gemacht wurde und ihn dabei außerdem sieben Kamerateams und rund 50 Journalisten in Empfang nahmen, bekam Klinsmann einen ersten Eindruck von den neuen Dimensionen, die sich ihm in Italien eröffneten. Nun trug auch er, wie es sich in Italien für einen Fußballprofi schon immer gehörte, Krawatte und Jackett.

Der Unterschied zu deutschen Vereinen, bei denen damals Präsidenten nach launigen Reden von bierseligen Hauptversammlungen gewählt oder wegen vier, fünf verlorener Begegnungen aus dem Amt gejagt wurden, hätte kaum größer sein können. Das Personal an der Spitze der Vereine war von zweifelhafter Qualität und selten mit dem besten Ruf ausgestattet, gesellschaftliche Eliten wie in Italien waren hier fast nicht zu finden. Zudem hatte die Nationalspieler-Generation vor Klinsmann in den frühen achtziger Jahren das Image des Fußballs in Deutschland schwer beschädigt. Der Fußball fand zwar sein Publikum, aber ihm fehlte noch die breite gesellschaftliche Anerkennung. Auch die Industrie und die Werbewirtschaft hielten sich mit Engagements, die auf eine starke Identifizierung mit dem Fußball setzten, sehr zurück. Die langjährige Verbindung, die Opel mit dem FC Bayern München eingegangen war, war eine der ganz großen Ausnahmen. Unternehmerpersönlichkeiten jedoch, die ihr betriebliches oder privates Vermögen in große, von ihnen selbst geführte Fußballklubs steckten, sollten in Deutschland niemals möglich werden.

In Italien steigerten Unternehmer wie der Fertigkosthersteller Pellegrini ihre gesellschaftliche Bedeutung durch die Übernahme eines traditionsreichen Fußballklubs. Der Aufschwung im künftigen Fußballparadies begann drei Jahre vor Klinsmanns Wechsel, im Sommer 1986, als Silvio Berlusconi den bankrotten und erfolglosen Nachbarklub AC Mailand erwarb. Die neue Ära kündigte sich am ersten Spieltag mit dem Walkürenritt von Wagner an, der aus den Stadionlautsprechern dröhnte, während drei Hubschrauber über der Arena ihre Runden drehten und dann auf dem Spielfeld landeten, um unter dem Jubel der Zuschauer ihre teure Spielerfracht zu entladen. Die wichtigen Spieler empfing der Medientycoon in seiner schloßartigen Villa aus dem 17. Jahrhundert vor den Toren Mailands, wo sich inmitten des prächtigen Parks ein Hubschrauber-Landeplatz und ein Hippodrom befanden und damals angeblich sechzig Bedienstete die Familie Berlusconi umsorgten. Mit vielen Millionen lockte er die holländischen Superstars Ruud Gullit, Marco van Basten und Frank Rijkaard zu seinem Klub. Fiat-Boß Giovanni Agnelli machte es bei Juventus Turin seit vielen Jahren nicht anders, in den Köpfen der Italiener waren Juve und der Automobilkonzern längst nicht mehr zu trennen.

Der Mailänder Emporkömmling jedoch bahnte sich über seine Medienmacht und den Fußball seinen Weg bis ins Amt des italienischen Ministerpräsidenten, wobei seine drei Fernsehsender und die konzerneigene Werbegesellschaft gegenseitig voneinander profitierten. Damals, Ende der achtziger Jahre, glaubten viele jedoch noch, die hohen Investitionen in den Fußball seien Selbstzweck und dienten alleine dazu, die Selbstdarstellungssucht zu befriedigen, und nicht, um weit ehrgeizigere politische und kommerzielle Ziele durchzusetzen. In Klinsmanns erstem Jahr in Italien beendete der AC Mailand als Europapokalsieger die Saison mit einem Defizit von 30 Millionen Mark, bei einem Jahresumsatz von 90 Millionen, aber mit seinem Konzern »Fininvest«, der eine Bilanzsumme von 18 Milliarden auswies, ließen sich dank der steuerlichen Möglichkeiten die Verluste des Klubs abschreiben. Die Kontakte zu den gesellschaftlichen und politischen Eliten lieferte der Fußball in Italien gleich mit. »Sie sehen alle nach Mäzenen aus, sind es aber nicht. Denn der Fußball ist eine Image-Investition, die sich weitab vom Spielfeld tausendfach auszahlt«, sagte schon damals der italienische Fußballpräsident.

Berlusconi trieb das System zur Perfektion, aber auch Pellegrini hatte in einem Jahrzehnt rund 100 Millionen Mark in neue Spieler, nicht zuletzt aus Deutschland, investiert. Vor Klinsmann, Matthäus und Brehme hatte er auch schon Hansi Müller und Karl-Heinz Rummenigge nach Mailand geholt. Die Inter-Fans huldigten ihrem Präsidenten und waren glücklich über jeden Star, den er ihnen schenkte. Sie zahlten dafür doppelt so hohe Eintrittspreise wie damals die deutschen Fans, aber trotzdem strömten sechzig Prozent mehr Zuschauer in die Stadien wie zu jener Zeit in Deutschland, und sie vollführten ein rasendes Spektakel, ob nun in Mailand, Turin, Rom oder Neapel.

»Es brodelt, tönt und dröhnt«

Der Empfang der Tifosi in San Siro jagte Jürgen Klinsmann Schauer über den Rücken. Als er erstmals den Rasen betrat, skandierten 60 000 Zuschauer: »Jurgen Klinsmann, facci un gol.« Sie wünschten sich ein Tor von ihrem neuen Star, den sie schon bei seinem ersten Auftritt in der Stadt begeistert gefeiert hatten, doch ein Treffer gelang ihm trotz der enthusiastischen Stimmung nicht. Klinsmann zeigte dennoch eine starke Leistung, die Kritiken fielen wohlwollend aus. Inter gewann 2:1 gegen Aufsteiger Cremonese, aber die Atmosphäre im Stadion faszinierte und fesselte den Neuling aus Deutschland nachhaltig, freilich nicht nur ihn. Auf der Tribüne saßen bei seinem Debüt auch seine Eltern, die dem Wechsel nach Mailand mit einiger Skepsis gegenübergestanden hatten. »Er hat doch hier alles. Das Geld reicht ihm, seine Freunde sind hier, und im Fußball stimmt es doch auch«, fand seine Mutter. Klinsmann hatte nur entgegnet: »Wenn ich in Mailand bin, kommt ihr mich mal besuchen, dann werdet ihr schon sehen.« Nun saßen sie im Stadion, und nach dem grandiosen Empfang und der leidenschaftlichen Atmosphäre nahm Vater Siegfried seinen Sohn beiseite und sagte ihm: »Jetzt können wir dich verstehen.« Klinsmann hatte sie überzeugt, seine Eltern waren »hin und weg«, wie er sagte: »Diese Begeisterung im Fußballstadion. Die Lebendigkeit der Leute. Das gute Essen. Seitdem sind meine Eltern, die vorher praktisch nie verreist sind, überall hingefahren, wo ich Fußball gespielt habe.«

Nach einem halben Jahr war Klinsmann der erfolgreichste und beliebteste neue Ausländer in der Serie A, und die Wechselwirkung zwischen ihm und dem Publikum machte einen Teil seines Spiels und seiner Stärke aus. Wenn er die Schwingungen der Fans aufnahm, sich von ihnen berauschen ließ und die Fans seinerseits mit seinem ekstatischen Jubel mitriß, waren das für Klinsmann die intensivsten und wichtigsten Momente in seinem neuen Fußballeben: »Ich kann gar nicht anders. Ich muß dieses Gefühl rauslassen. Der Druck, der sich aufgestaut hat, explodiert, und ich fühle mich dann total befreit. Und ich will dieses Feeling dann mit den Zuschauern genießen und mit ihnen teilen. Das ist wahnsinnig, wie das in Mailand ist: Da hocken 80 000 Zuschauer dicht am Rasen, und da geht dann plötzlich so ein Kessel hoch – als ob der Vesuv explodiert, die heiße Lava kocht über, es brodelt, tönt und dröhnt. Ich gebe ihnen was, sie geben mir was: das ist ein wahnsinniges Feeling. Ich brauche das, ich sauge das in mich auf, ich registriere alles, ich spüre genau, was auf der Tribüne abgeht, ich höre die Gesänge, und wenn sie anfangen zu tanzen – das turnt mich alles an.«

Dreizehn Tore erzielte er in seiner ersten Saison, eine Ausbeute, die sich im torarmen italienischen Fußball sehen lassen kann. Klinsmann entwickelte sich als Stürmer in Italien weiter, auch wenn die Mannschaften längst nicht so offensiv spielten, wie er es aus Deutschland gewohnt war. Klinsmann gelang es dennoch, in der damals besten Liga der Welt nicht nur mitzuhalten, sondern immer wieder auch gegen die rüden italienischen Verteidiger zu triumphieren, und es steigerte sein Selbstvertrauen, diese Fortschritte in seinem Spiel in der Weltmeisterschaftssaison zu erkennen. Nach wenigen Monaten war für ihn noch ein weiterer Anreiz hinzugekommen, das Publikum in Mailand von sich und seinem Spiel zu begeistern. Kurz vor dem Jahreswechsel fand in Rom die Auslosung zur Endrunde der Weltmeisterschaft 1990 statt, und Deutschland bekam Mailand als Spielort der Vorrunde zugelost, eine Aussicht, die Klinsmann, aber auch Matthäus und Brehme zusätzlich beflügelte. Auf dem Fußballplatz verstand sich das deutsche Trio prächtig, sie waren die Stützen der Mannschaft, der es aber nicht gelang, den Meistertitel zu verteidigen.

Jenseits des Stadions und des Trainingsgeländes hatte Klinsmann mit seinen beiden deutschen Kollegen nichts zu tun, er suchte sich in Mailand einen italienischen, internationalen Freundeskreis. Schon in Stuttgart hatte ihn das diffuse Gefühl erfaßt, sein Leben ändern zu müssen, um nicht wie andere Profis der Gefahr der Selbstzufriedenheit zu erliegen. Mit dem Wechsel ins Ausland wollte er sich weiterentwickeln, auch wenn er noch nicht genau wußte, wohin ihn sein neuer Weg führen würde. »Als Fußballprofi hat man in jungen Jahren schon relativ viel Geld, alles wird einem erleichtert – und das macht bequem und träge. Deswegen war für mich dieser Wechsel nach Italien so wichtig«, erzählt Klinsmann. »Das hat mich aus dem Trott herausgebracht, das hat mich in so vielen Bereichen gefordert: eine neue Sprache lernen, mit einer anderen Mentalität zurechtkommen. Diese neue Lebenserfahrung ist mir viel wichtiger als Tore.«

Als nach der ersten Saison in Mailand die Vorbereitung auf die Weltmeisterschaft begann, fühlte sich Klinsmann gestärkt und gereift. Er hatte gesehen, daß er mit den besten Profis der Welt mithalten konnte, zudem entwickelte sich die Nationalmannschaft in den zwei Jahren nach der Europameisterschaft immer besser, und der Standort Mailand versprach ihm einen zusätzlichen Vorteil bei der WM. »Auch wenn es im ersten Moment großmäulig klingt. Ich fahre nicht zur WM und will ins Viertel- oder Halbfinale, sondern ich will das ganz große Ding machen«, sagte er selbstbewußt.

Die Aussicht allerdings, sein Leben zwei Monate lang ohne Freiraum in verschiedenen Trainingslagern und dann im WM-Quartier in Erba mit seinen Kollegen teilen zu müssen, erschien Klinsmann wie ein Alptraum. Doch Teamchef Franz Beckenbauer nahm Rücksicht auf seinen individualistischen Stürmer, und so erhielt Klinsmann, was damals außer für starke Schnarcher noch eine Ausnahme war, das von ihm gewünschte Einzelzimmer, um sich wenigstens etwas Privatsphäre zu schaffen. »Über einen so langen Zeitraum zu zweit in einem Zimmer zu leben, fiele mir schwer«, sagte er. »Auf die Dauer muß man laufend Kompromisse schließen.« Klinsmann war zudem bestrebt, seinen Lebensrhythmus im Quartier so zu gestalten, daß sich für ihn zusätzliche Freiräume ergaben. Er stand morgens etwa früher auf als die meisten aus der Mannschaft, um ungestört frühstücken zu können, und wenn das Gros der Spieler in der Mittagszeit, so wie es der Tagesplan beim DFB vorsah, zur Mittagsruhe auf die Zimmer verschwand, nutzte er die Gelegenheit, um ausgiebig die Zeitungen zu studieren.

Aber mehr als kleine Fluchten waren das nicht, er erfuhr immer wieder die Grenzen seiner Freiheit. In einem der Trainingslager in Kaiserau etwa nahmen sich Funktionäre des DFB das Recht heraus, einen Anruf seiner Freundin Andrea zu blockieren. Als Klinsmann davon erfuhr, machte ihm das schwer zu schaffen. Er fühlte sich in unerträglicher Weise eingeengt, ein solcher Vorfall ließ ihn so schnell nicht mehr los. Im kleinen Kreis mochte er auch nicht bestreiten, daß sich solche Vorkommnisse sogar auf seine Leistung im letzten Testländerspiel vor der WM gegen Dänemark auswirkten. Beckenbauer und sein Assistent Vogts merkten schnell, daß es nicht folgenlos bleiben konnte, wenn man versuchte, Klinsmann, der von Stimmungen stärker als jeder andere deutsche Spieler lebte, außerhalb des Platzes Fesseln anzulegen.

Vom Mannschaftshotel in Erba, dem Hotel Castello di Casiglio, war es nicht weit zu Klinsmanns Wohnung in Cernobbio, und wenn sich zwischen den Spielen die Gelegenheit ergab, flüchtete er aus dem WM-Quartier nach Hause. Dort warteten seine Freunde. Klinsmann hatte seine Wohnung während der Weltmeisterschaft seinen Kumpels aus der schwäbischen Heimat zur Verfügung gestellt, sie hatten einen Schlüssel und konnten kommen und gehen, wann sie wollten. Franz Beckenbauer war nicht entgangen, daß sich Klinsmann immer wieder ohne Erlaubnis aus Erba davon machte, aber er tolerierte es. »Ich weiß gar nicht, wo der Jürgen das Image vom braven Jungen her hat. Wenn er diesen komischen Gesichtsausdruck hat, dann wird es gefährlich, dann mußt du ihn rauslassen. Wenn er wiederkommt, ist alles in Ordnung«, sagte Beckenbauer. Und Vogts ergänzt: »Er brauchte das, wir haben doch gesehen, wenn er abends mit uns kaum etwas gegessen hat. Er aber glaubt wahrscheinlich bis heute, daß wir nicht gemerkt haben, daß er die Hälfte der Zeit nicht da war.«

Das Turnier begann für die Deutschen in Mailand mit einem 4:1 gegen Jugoslawien großartig, und es zeigte sich, daß die Hoffnungen, die Klinsmann mit dieser Weltmeisterschaft verband, nur allzu berechtigt waren. Zehntausende deutscher Fans waren zum Eröffnungsspiel mit Deutschland nach Italien gekommen, sie allein füllten das Stadion schon zur Hälfte, und das italienische Publikum schenkte den drei Mailändern Matthäus, Brehme und Klinsmann zusätzlich seine Sympathien und damit der gesamten deutschen Mannschaft. Es herrschte euphorische Heimspiel-Stimmung, 75 000 Fans schufen im Meazza-Stadion jene besondere Atmosphäre, die Jürgen Klinsmann immer wieder zu außergewöhnlichen Leistungen befähigte. Beim Auftakt erzielte er nach der Führung durch ein unwiderstehliches Solo von Matthäus das 2:0, und auch im zweiten Spiel gegen die Vereinigten Arabischen Emirate gelang ihm beim 5:1 wieder der zweite Treffer. Die Vorrunde beendeten die Deutschen durch ein glanzloses 1:1 gegen Kolumbien als Gruppensieger, und nun wartete das Achtelfinale. Der Gegner, der den Deutschen zufiel – die Niederlande –, verbreitete allerdings Gefühle, wie ihn kein anderer Gegner zu dieser Zeit in Deutschland auszulösen vermochte.

Bei der Europameisterschaft zwei Jahre zuvor hatten sich die Holländer zum sportlichen Feindbild der Deutschen entwickelt. Im Halbfinale in Hamburg hatten sie 2:1 gegen die Auswahl Beckenbauers gewonnen, und nach diesem Sieg entlud sich bei einigen Spielern die Anspannung und die Aggression gegen die Deutschen in einer Weise, die niemand vergessen sollte. Verteidiger Ronald Koeman wischte sich nach dem Schlußpfiff mit dem Trikot von Olaf Thon symbolisch den Hintern ab und wurde damit bei denjenigen seiner Landsleute zum Liebling, die die Deutschen vor allem als Besatzer in Erinnerung behalten hatten. Von einem »wunderbaren Gefühl, besonders weil wir auf dem Weg ins Finale diese widerwärtigen Deutschen rausgeworfen haben«, schwärmte auch Stürmer Marco van Basten. »Endlich Rache«, schrieb *De Telegraaf* nach dem 2:1-Sieg, und nun traten die jahrelang angestauten und unter Verschluß gehaltenen Emotionen, sportliche Minderwertigkeitsgefühle und in der Gesellschaft virulente Ressentiments über die »Moffen«, ob nun als Soldaten oder als vermeintlich arrogante Nachbarn in den Jahrzehnten danach, hervor. Die Menschen strömten auf die Straßen, es waren Millionen, und es entwickelte sich die größte Massenversammlung seit dem Ende der Nazi-Herrschaft. Der niederländische Historiker Hermann von der Dunk sprach nach dem Sieg von »der zweiten Befreiung«. In der militärischen Niederlage von 1940 und der sportlichen im WM-Finale von 1974 sah er »zwei entscheidende Niederlagen gegen Deutschland in unserem Jahrhundert, die den Niederlanden ein Trauma zugefügt haben«. Das verlorene Spiel von Hamburg, seine häßlichen Szenen und die Wucht des holländischen Gefühlsausbruchs wirkten nun ihrerseits auf die deutsche Gesellschaft zurück.

1990 wollten die Deutschen in Mailand Revanche nehmen. Diese Begegnung zweier Favoriten bereits im Achtelfinale, mit der niemand gerechnet hatte, war nun auch bei den Deutschen mit Emotionen überfrachtet. Die Holländer hatten sich in der Vorrunde viel schwerer getan als die Deutschen, trotz der Weltstars Ruud Gullit, Marco van Basten und Frank Rijkaard waren dem Europameister nur drei Unentschieden gelungen, über den dritten Platz waren sie damit in ihrer Gruppe nicht hinausgekommen.

Vor 30 000 Deutschen und Holländern war die Begegnung in Mailand von Beginn an voller Intensität und Aggression. Rudi Völler geriet schon nach wenigen Minuten mit Torwart Hans van Breukelen aneinander, beide bauten sich voreinander auf und brüllten sich mit wutverzerrten Gesichtern an. Die Holländer wurden immer stärker, sie dominierten die Partie, der mühsame Start ins Turnier schien vergessen. Die von Beckenbauer defensiv ausgerichteten Deutschen entwickelten gegen das kluge Spiel des Europameisters nicht genügend kreative Kraft und Durchsetzungsfähigkeit. Nach gut zwanzig Minuten aber nahm die Partie eine unerwartete Wendung. Abseits des Spielgeschehens spuckte Frank Rijkaard im eigenen Strafraum Rudi Völler an, den Deutschen packte der Zorn, es kam zu einem großen Tumult. Der Schiedsrichter stellte nicht nur Rijkaard, sondern auch Völler, der sich nichts hatte zuschulden kommen lassen, vom Platz.

Die Holländer verloren mit Rijkaard ihr defensives Herz und Gehirn, ein Verlust, den zu ersetzen sie nicht in der Lage sein sollten. Ähnlich schwer schien die Deutschen die Rote Karte für ihren besten Stürmer zu treffen, aber die Deutschen besaßen an diesem Tag in Jürgen Klinsmann einen Spieler, der über sich hinauswachsen sollte, der sich in einen rauschhaften Zustand versetzte, der die Grenzen seiner Leistungsfähigkeit aufhob. Klinsmann *spielte* sich aber nicht in einen Rausch, wie das manchmal einer Fußball-Mannschaft in außergewöhnlich glückhaften Momenten gelingt, er *lief* sich in einen Rausch. Klinsmann lief schon immer anders als die anderen, und als er gegen Holland immer und immer wieder als einzige Spitze in Richtung Strafraum sprintete, flogen seine Fersen hoch fast bis zum Hintern, die Knie zog er wie ein Sprinter nach oben bis zur Hüfte und manchmal noch etwas höher, sein Oberkörper schien fast vornüberzufallen wie über eine imaginäre Ziellinie, die sich immer wieder ein Stückchen weiter nach vorne schiebt und ihn unwiderstehlich anzieht. Sein Laufstil war nie perfekt, auch gegen Holland schlackerten seine Arme, wenn er über den Rasen zu fliegen schien, wie willenlos umher, als gehörten sie nicht zu seinem Körper.

Dieser scheinbar von allem irdischen Ballast befreite Klinsmann ersetzt an diesem magischen Abend einen kompletten Sturm, er beschäftigt die gesamte holländische Abwehr, und sie bekommt ihn trotzdem nicht zu fassen. Er läuft ihnen immer wieder davon, und in der 52. Minute gelingt ihm mit letztem Einsatz aus kurzer Entfernung das 1:0. Damit hat er das Spiel endgültig gedreht, später schießt er den Ball nach einem Solo von hinreißender Dynamik noch aus rund zwanzig Metern an den Pfosten. »In seinem größten Spiel, 1990 beim unvergeßlichen Achtelfinalsieg der Deutschen über Holland, verfiel er in Ekstase von Laufen, Rennen, Sprinten, ja, Fliegen«, schrieb die *Süddeutsche Zeitung* später rückblickend. Knapp zehn Minuten vor Schluß wechselt Franz Beckenbauer ihn aus, Klinsmann wankt total erschöpft vom Platz, den zweiten Treffer durch Brehme und das 2:1 durch einen Elfmeter Koemans in der vorletzten Minute erlebt er auf dem Spielfeld nicht mehr mit, sein Auftritt jedoch blieb unvergeßlich. Der mit Lob sparsam umgehende WM-Kapitän von 1986, Karl-Heinz Rummenigge, schwärmte: »Ich habe noch nie einen Stürmer gesehen, der so aufopferungsvoll gekämpft hat, noch nie.« Die *Süddeutsche* jubelte: »Im letzten Jahrzehnt hat kein Angreifer einer DFB-Auswahl eine derart brillante, ja fast perfekte Vorstellung geboten.« Im Ausland titelte der *Corriere dello Sport:* »Klinsmann, ein magischer Abend« und der *Daily Telegraph* schrieb: »Deutschland strahlt mit Klinsmann.« Tatsächlich war dieses 2:1 gegen Holland einer der wenigen Momente, in denen bei dieser Weltmeisterschaft ein Spieler aus dem Schatten von Franz Beckenbauer trat, der in Italien wie ein Fußball-Übervater über seiner Mannschaft thronte und mit seinem Wesen und seiner öffentlichen Präsenz den gesamten Turnierverlauf bestimmte, stärker als jeder andere Bundestrainer vor ihm.

Nach dem Spiel mischte sich in den Jubel über den Sieg und in das Gefühl, nun auf dem besten Weg in Richtung Finale zu sein, die Verachtung gegenüber Rijkaard. »Meine Achtung ist auf null gesunken«, sagte etwa Beckenbauer. An der deutsch-holländischen Grenze kam es spät am Abend zu Ausschreitungen, ein Grenzübergang mußte gesperrt werden. Auch die deutschen Zeitungen überschlugen sich am nächsten Tag mit Vorwürfen. Klinsmann jedoch warb noch unmittelbar nach dem Spiel um Verständnis für Rijkaard: »Frank muß total überdreht gewesen sein.« Auf dem Platz hatte er sich nach dem Schlußpfiff mit Gullit in den Armen gelegen und mit ihm die Trikots getauscht. Sie verabredeten sich dabei auf ein Bier nach der WM, und Klinsmann sagte später, während niemand im deutschen Team mehr gut auf die Holländer zu sprechen war: »Ich bin stolz, eine solche Persönlichkeit zum Freund zu haben.«

Die Begeisterung um Klinsmann sollte nicht lange anhalten, schon ein paar Tage später erlebte er seinen Tiefpunkt bei der WM. Im Viertelfinale trafen die Deutschen auf die Tschechoslowakei, und die großen Favoriten hatten viel größere Schwierigkeiten als erwartet. Mit großer Mühe gewannen sie in Mailand 1:0. Teamchef Franz Beckenbauer aber war außer sich vor Zorn, er verwünschte seine gesamte

Mannschaft, er tobte in der Kabine wie wahnsinnig, und Medienchef Niersbach hatte größte Sorgen, daß Beckenbauer auch wenige Minuten später im Fernsehstudio alles niedermachen würde. »Franz, wir sind im Halbfinale«, sagte Niersbach zu ihm, und tatsächlich riß sich Beckenbauer vor den Kameras zusammen und lobte die Mannschaft für den Einzug ins Halbfinale und daß sie wieder zu den vier besten Mannschaften der Welt gehörte. Als er jedoch wieder in die Kabine zurückkehrte, tobte er weiter. Andreas Brehme nölte zurück: »Trainer, Sie haben in Ihrer Karriere wohl nur gute Spiele gemacht.« Klinsmann aber sagte nichts, obwohl er selbst zum Ziel von Beckenbauers Spott wurde. »Du bist der Klinsmann, nicht der Pelé. Und du wirst immer der Klinsmann sein«, schrie ihn Beckenbauer an.

»Er hat den Jürgen wirklich beleidigt«, sagte Niersbach, »und man weiß ja nicht, was man damit bei einem Spieler anrichten kann.« Auf der Rückfahrt ins Mannschaftsquartier nach Erba setzte er sich zu ihm, doch Klinsmann schien die Vorfälle aus der Kabine schon hinter sich gelassen zu haben. »Ich weiß doch, wie der Franz ist«, wiegelte er ab, aber die Ausfälle Beckenbauers hatten ihm dennoch zugesetzt. »Fehler habe ich am Fließband gemacht«, sagte er später einmal über sich und seine Spielweise, »da brauchst du einen, der dich nicht niedermacht, sondern einen, der dich aufrichtet. Nur so habe ich mich entwickeln können, weil ich kein Maradona bin, dem alles in den Schoß gefallen ist.« Im Halbfinale gegen England war Klinsmann wieder von Beginn an dabei, doch ihm gelang fast nichts, es war sein schwächstes Spiel bei der Weltmeisterschaft. Die Deutschen konnten froh sein, sich mit einem 1:1 nach Verlängerung ins Elfmeterschießen gerettet zu haben. Sie gewannen es 4:3 und standen damit im Endspiel, wieder gegen die argentinische Mannschaft von Diego Maradona, wie schon vier Jahre zuvor.

Die Deutschen beherrschten das Finale, die Mannschaft funktionierte, und auch Klinsmann erfüllte seine Rolle. Aber trotz ihrer Überlegenheit wollte ihnen der Führungstreffer nicht gelingen, große Chancen besaßen sie kaum. Nach einer guten Stunde konnte Monzon Klinsmann nur durch ein brutales Foul stoppen, wofür der Argentinier die Rote Karte sah. In Überzahl verstärkte sich nun der Druck der Deutschen, aber erst ein Elfmeter, den Rudi Völler provozierte, eröffnete Andreas Brehme in der 85. Minute die Chance zum entscheidenden Treffer. Er nutzte sie, und die Argentinier verloren die Nerven. Dezotti attackierte Kohler und wurde ebenfalls vom Platz gestellt. Nun mußten sie nur noch ein paar Minuten gegen neun Argentinier überstehen, um den größten Triumph eines Fußballspielers zu erreichen. Am Spielfeldrand fieberte Beckenbauer dem Ende entgegen, es hielt niemanden mehr vor Spannung auf der Bank, und dann ertönte endlich der erlösende Schlußpfiff im Olympiastadion von Rom. Die Mannschaft war am Ziel, Deutschland war Weltmeister.

In Deutschland strömten die Menschen auf die Straßen, in Ost und West feierten sie ihr erstes gemeinsames Fest, drei Monate bevor die deutsche Einheit endgültig vollendet wurde. Aus Rom sah man die Bilder des unbändigen Jubels von Jürgen Klinsmann, die Augen schienen ihm fast aus den Höhlen zu springen, er schrie wie wahnsinnig, bis die Adern an seinem Hals hervortraten. Selbst im Mannschaftsbus war Klinsmann noch völlig außer sich, während Brehme den WM-Pokal wie ein Baby ruhig im Arm wiegte. Aber in Erinnerung blieb vor allem, wie Teamchef Beckenbauer einsam und gedankenverloren mit der Siegermedaille um den Hals auf dem Rasen umherlief. Es war ein Bild des Abschieds, und es paßte zu diesem WM-Sieg, von dem in Deutschland und in der Nationalelf kein Aufbruch ausging. Die Erfolgsgeschichte der Bundesrepublik war auch im Fußball zu ihrem Ende gekommen, und in der Kabine bedankte sich Bundeskanzler Helmut Kohl bei den neuen deutschen Weltmeistern.

Die Spieler besaßen kein Gefühl dafür, daß ihre Auftritte in Italien ein wichtiger, lang anhaltender, emotionaler Beitrag für das wiedervereinigte Land hätten sein können. Ihnen und auch Teamchef Bekkenbauer fehlte dafür das nötige Bewußtsein. Beckenbauer machte aus einem Spiel ohnehin nie mehr, als was es war, er verkomplizierte den Fußball nicht, und damit hatte er schon immer Erfolg. »Wir haben damals nicht über den Tellerrand hinausgeschaut«, sagt Klinsmann, »wir haben nur unseren Sport gesehen.« Und es habe auch niemanden im Betreuerstab gegeben, der ihnen gesagt oder erklärt hätte, welche enorme Wirkung von einem Weltmeisterschaftssieg in dieser Phase des sich wiedervereinigenden Landes hätte ausgehen können, welche gemeinschaftsbildende Kraft in ihm steckte.

1990 gab es niemanden, der wie er selbst und Manager Oliver

Bierhoff vor der WM 2006 den Nationalspielern mit Video und Powerpoint-Präsentationen die Botschaft vermittelte, daß ein WM-Sieg in Deutschland weit mehr ist als nur der größte sportliche Erfolg im Fußball. Daß 1954 das »Wunder von Bern« zum Gründungsmythos der Bundesrepublik wurde, während der WM-Sieg 1974 im Zeichen des gesellschaftlichen Aufbruchs stand, daß 1990 die Menschen in Ost und West in der Nationalelf erstmals ein gemeinsames Symbol gefunden hatten, und daß sie bei der WM 2006 in Deutschland der Welt würden beweisen können, welche Fähigkeiten noch immer in diesem Land steckten. Ein WM-Sieg 2006, so vermittelte Klinsmann nach seinem Amtsantritt als Bundestrainer vierzehn Jahre später immer wieder seinen Spielern, würde in seiner Wirkung über den Sport hinausgehen, und diese gesteigerte Bedeutung sollten sie sich vergegenwärtigen und daraus zusätzliche Motivation schöpfen.

Als Klinsmann ein knappes Jahr nach Rom über seine eigene Freude nach dem Schlußpfiff und über seine emotionalen Ausbrüche nach dem Spiel sprach, sah er noch immer nur die sportliche Dimension des WM-Siegs. Er hatte nichts anderes im Sinn, keine Botschaft lag darin, und mit dem Triumph verband er auch kein neues Ziel. »Wir hatten das Bedeutendste erreicht, was ein Fußballer in seiner Karriere erreichen kann. Wir hatten das Ziel erreicht, wovon wir seit Jahren geträumt hatten, ein Ziel, auf das du immer hingestarrt hast. Und ich wollte die unbändige Freude darüber einfach rauslassen. Aber in allererster Linie war ich froh, daß endlich alles vorbei war. Daß dieser WM-Marathon vorüber war. Denn kaum jemand kann sich wohl vorstellen, was es, zumindest für mich, heißt, neun Wochen lang immer, immer mit den gleichen Leuten zusammen zu sein. Daß das vorbei war, darüber war ich erleichtert, deshalb dieser Ausbruch«, sagte er in einem Interview mit *Sports.*

Zurück zur Normalität

Nach dem WM-Sieg packte er seine Sachen und machte sich für ein paar Wochen nach Amerika auf, um dem Rummel zu entgehen. Direkt nach der Feier auf dem Frankfurter Römerberg flog er alleine nach Los Angeles, mietete sich ein Auto und genoß die Anonymität.

Doch nach seiner Rückkehr nach Italien war für den Weltmeister vieles nicht mehr so wie im Jahr zuvor, erste Schwierigkeiten tauchten auf. Über Monate hinweg hatte Klinsmann eine schlechte Presse, und vor allem eine Audienz beim Papst machte Schlagzeilen, die ihm noch zusätzlich zusetzten. In den Medien wurde behauptet, Klinsmann habe Johannes Paul II. nicht die Hand gereicht, weil er Protestant sei. Tatsächlich stand die Mannschaft von Inter in zwei Reihen Spalier, und als der Papst an ihnen vorbeilief, schüttelte er den Spielern die Hände, auch Klinsmann. Hinter den Profis drängelten die italienischen Ehefrauen, die auch den Papst berühren wollten, und Klinsmann trat daraufhin einen Schritt zurück, um sie nach vorne zu lassen. Dies wurde ihm in manchen Zeitungen als Distanzierung zum Papst ausgelegt.

Aber auch die sportlichen Schlagzeilen gefielen ihm nicht. Es wurde kolportiert, daß Inter Mailand genug von Klinsmann habe und der Stürmer zu einem anderen Klub abgeschoben werden sollte. Eines Morgens fand Klinsmann ein Schreiben aus Deutschland in seinem Faxgerät, es kam vom VfB Stuttgart, und darin hieß es, er solle sich nicht unterkriegen lassen, es würden auch wieder bessere Zeiten kommen. Klinsmann war ziemlich irritiert. Er erfuhr, daß in Stuttgart von der Unzufriedenheit der Mailänder mit ihrem Weltmeister und einem Verkauf berichtet wurde, und Präsident Pellegrini wurde mit den Worten zitiert, Klinsmann solle sich der Presse gegenüber aufgeschlossener zeigen, dies scheine ihm bei »Herrn Klinsmann nicht immer der Fall zu sein«. Um ihren Star zu schützen, entschloß sich der Präsident, erstmals in der Mailänder Vereinsgeschichte ein Dementi veröffentlichen zu lassen, in dem er gegenüber der *Deutschen Presse-Agentur* richtigstellte, sich nie auf solche Weise über Klinsmann geäußert zu haben und ihn weder verkaufen noch ausleihen zu wollen.

Klinsmann stand den Medien damals tatsächlich schon kritisch gegenüber. Er erfüllte seine täglichen öffentlichen Pflichten nach dem Training für eine halbe Stunde, wie vorgeschrieben, aber er hielt sein Privatleben strikt verschlossen, und er war auch nicht bereit, den Zeitungen ein falsches Zitat durchgehen zu lassen oder eine erfundene Geschichte, mochte sie auch noch so belanglos sein. Damit stand er in der Schar seiner Kollegen, die ihr Privatleben in die Öffentlichkeit zerrten und für eine schöne Schlagzeile nur zu gerne mit den Medien kooperierten, ziemlich alleine da. »Wer nicht korrekt ist, den blocke ich beim nächsten Mal ab«, sagte er, und so kam es, daß auch deutsche Reporter unverrichteterdinge wieder aus Italien abreisen mußten, weil Klinsmann nicht bereit war, ihre Fragen zu beantworten.

Auch wenn die konkreten Vorwürfe, die Klinsmann gemacht wurden, nicht zutrafen, rundum zufrieden mit seinem Leben als Fußballstar war er im Jahr nach dem WM-Sieg nicht mehr, seinen ständigen Beteuerungen zum Trotz, wie wohl er sich in Italien fühle. Er gewann zwar mit Inter den Uefa-Pokal, aber sein Leben als Fußballprofi war in eine ernste Krise geraten. Er wußte nicht mehr recht, was ihm der Fußball noch bieten konnte, wofür er sich motivieren sollte, und die Eigenmotivation war und blieb stets seine größte Antriebskraft. »Alle meine Planungen laufen auf die Europameisterschaft 1992 in Schweden hinaus«, sagte er im Frühjahr 1991, »und so wie es jetzt aussieht, höre ich dann auch mit dem Fußball auf, dann läuft mein Vertrag bei Inter aus.« Zehn Jahre im Profifußball, fand er, seien dann wirklich genug.

Er suchte nach seinem Weg. Mit Präsident Pellegrini, der ihn unbedingt länger in Mailand halten wollte, diskutierte er nächtelang über das Leben und seine Zukunft. Aber vor allem in seinem fünfwöchigen Sommerurlaub in Namibia und Südafrika mit seiner neuen südafrikanischen Freundin dachte er lange nach, ob er nicht etwas ganz anderes tun könnte, und auch mit seinen Freunden und seiner Familie führte er viele Gespräche über sein weiteres Leben. Vom Fußball, so wurde ihm klar, wollte und konnte er noch nicht lassen. Aber Klinsmann beanspruchte nun größere Freiräume, als ihm Inter Mailand zugestand. »Das Business Fußball hat sich gerade in Italien extrem entwickelt. Da gibt es Dinge, die mir auf den Magen schlagen«, sagte er. Vor allem gegen das sogenannte Parken und Ausleihen von Profis an andere Vereine, zum Teil gegen den Willen der Spieler, wie es damals in Italien üblich wurde, sträubte sich in Klinsmann alles. Zur Ware degradiert zu werden, zum reinen Handelsobjekt, diese Vorstellung kam für ihn einer Demütigung gleich.

Er ließ sich eine Stammplatzgarantie in den Vertrag schreiben und dazu auch noch die Klausel, daß ihn der Klub nicht vorzeitig verkaufen oder ausleihen durfte. Klinsmann wollte in keinem Fall zum Gefangenen des Ausländersystems im italienischen Fußball werden und nicht abhängig sein von den Anmaßungen selbstherrlicher Präsidenten. Der Fußball und die Millionen, die er mit ihm verdiente, hatten Klinsmann frei gemacht, und diese Freiheit ließ er sich nicht mehr nehmen. Auch ein noch so astronomisches Gehalt bedeutete keine Rechtfertigung mehr für ihn, unter Verhältnissen zu leben, die er nicht selbst bestimmen konnte; zumal er für sein Leben finanziell ohnehin bereits ausgesorgt hatte. »Nicht Inter Mailand, sondern ich habe alle Möglichkeiten in der Hand«, sagte er nach der Vertragsunterzeichnung zufrieden, »die werden sich gewaltig schwertun, wenn sie mich loswerden wollen.«

Die wochenlange Kasernierung im Trainingslager vor der Saison und selbst in den Tagen vor den Spielen kam als innerliche Belastung in Italien besonders hinzu. Sie machte Klinsmann schwer zu schaffen, und in Trapattoni hatte er zunächst einen Trainer gefunden, der nicht verstehen konnte, »daß ich mich eben auch für andere Dinge interessiere, selbst in einem Land wie Italien, wo nur der Fußball zählt«. Der neue Trainer Corrado Orrico war jedoch bereit, auf die Eigenheiten Klinsmanns einzugehen und sie zu akzeptieren. »Je mehr Freiräume ich habe, um so größer sind auch meine Spielfreude und mein Enthusiasmus«, sagte Klinsmann. Und so verlängerte er 1991 vorzeitig seinen Vertrag bei Inter Mailand bis zum Sommer 1994, die Weltmeisterschaft in Amerika war nun sein neues und letztes großes Ziel.

Die neuen Freiheiten dienten Klinsmann auch schon zur Vorbereitung auf sein Leben nach dem Fußball, das er weit früher erwartete, als es tatsächlich kommen sollte. Er verbesserte weiter sein Italienisch und begann sich für die Arbeit am Computer zu interessieren, wofür ihm Inter eine schulisch-berufliche Aus- und Weiterbildung offerierte. Klinsmann erwarb zudem am Comer See ein herrliches Haus, er wollte sich, nachdem er die Entscheidung für den Fußball in Italien unter veränderten Bedingungen erneuert hatte, ein zweites Standbein neben seiner schwäbischen Heimat schaffen. Doch nichts lief in seinem dritten Jahr in Mailand so, wie sich Klinsmann das gewünscht und wie er es erwartet hatte.

Die Umstellung von der Mann- auf die Raumdeckung unter Trainer Orrico geriet zu einem Desaster. Inter Mailand spielte eine miserable Saison, Klinsmann traf monatelang nicht ins Tor. Die Zweifel, ob er noch für das Profigeschäft taugte, verstärkten sich, und als Reaktion auf die Misere in Mailand erklärte er öffentlich, daß er sich vorstellen könnte, nach der Europameisterschaft mit dem Fußball Schluß zu machen. »Dann brach das Inter-Team innerlich auseinander«, stellt Klinsmann fest, »und ich trug durch eigene Fehler zum Niedergang der Mannschaft mit bei.« Seine Leistungen wurden nicht besser, er spielte eine schwache Saison, die enttäuschendste seiner Karriere. »Prompt kam die Quittung für meine Äußerungen, und da bekannt war, daß ich mich auch für andere Dinge interessiere, hieß es plötzlich, ich würde mich nicht mehr auf den Fußball konzentrieren.« Die Zeit seines ersten großen Rückschlags war gekommen.

In der Nationalmannschaft verlor er im Herbst 1991 seinen Stammplatz, nachdem ihm der neue Bundestrainer Berti Vogts schon ein paar Monate zuvor nach einem 0:1 im Qualifikationsspiel für die Europameisterschaft gegen Wales vorgehalten hatte, daß seine Leistung »eines Nationalspielers nicht würdig« gewesen sei. Der Karriereknick des siebenundzwanzig Jahre alten Stürmers war perfekt. Vogts verstärkte sogar noch die Vorbehalte gegenüber diesem Profi, der sich selbst und sein Leben nicht ausschließlich über den Erfolg im Fußball definieren wollte. »Will Jürgen jetzt Surf-Weltmeister in Kalifornien werden?« fragte Vogts ironisch. Es sollte ein Ansporn sein, und bei Klinsmann kam dies auch genauso an. »Er hat mir den Kopf gewaschen«, sagte Klinsmann. »Mir wurde wieder klar, was für ein wunderbares Leben mir der Fußball ermöglicht, auch wenn ich an einem Tag mal unzufrieden war.«

Im Frühjahr 1992 zeichnete sich dann ab, daß Klinsmann seinen Vertrag in Mailand nicht erfüllen würde. Seine Zeit in Italien war mit allen Höhen und Tiefen an ihr Ende gekommen, nun machte er sich mit dem Gedanken an eine neue Herausforderung vertraut, in Spanien oder Frankreich. Die entsprechenden Namen – Real Madrid, FC Barcelona, Paris St. Germain und AS Monaco – kursierten bald in der Öffentlichkeit. Klinsmann zog es nach Madrid, die Verhandlungen liefen, und er begann schon Spanisch zu lernen. Er gab auch schon Interviews, in denen er unwidersprochen als fünfter Deutscher in der Geschichte von Real Madrid bezeichnet wurde.

Aber zunächst lag im Sommer die Europameisterschaft in Schweden vor ihm. Er wollte in der Nationalmannschaft seinen Stammplatz zurückerobern, doch mit sieben Toren, monatelangen negativen Schlagzeilen und einem achten Platz in der italienischen Meisterschaft hatte er keine guten Argumente auf seiner Seite. Er wurde von Vogts nur noch in die Startelf berufen, wenn einer der beiden anderen Stürmer, Rudi Völler und Karl-Heinz Riedle, verletzt war, und er nutzte seine Chancen nicht. Daß ihn Vogts überhaupt noch für die Europameisterschaft nominierte, war für manchen Experten schon eine Überraschung. Paul Breitner etwa empfahl dem Bundestrainer, Klinsmann doch mit der nächsten Fähre nach Hause zu schicken. Im ersten Gruppenspiel jedoch brach sich Rudi Völler den Arm. Klinsmann kehrte in die Stammformation zurück, und er steigerte sich in atemberaubender Weise. Von Spiel zu Spiel wurde er stärker, er erzielte ein Tor beim 1:3 gegen Holland, und als die Mannschaft nach einem 3:2 gegen Gastgeber Schweden das Endspiel erreicht hatte, nutzte er die Gelegenheit, einigen früheren Nationalspielern wie Breitner, Schumacher oder Rummenigge, die immer wieder über die Nationalmannschaft hergezogen waren, öffentlich die Meinung zu sagen. Immer wieder hatten sie den Mangel an »Typen« beklagt, und damit meinten sie Typen, wie sie selbst welche waren. »Wirkliche Typen sind die, die sich trotz ihrer Spielerpersönlichkeit der Mannschaft unterordnen. Die positive Ausstrahlung einbringen und etwas für die Harmonie im Team tun. Der deutsche Fußball hat nahezu acht Jahre gebraucht, um sich von solchen Typen, die heute in Zeitungen und Fernsehen kritisieren, zu erholen. Erst 1990 haben wir mit dem WM-Titel wieder ein positives Image geschaffen. Wir haben doch gesehen, was mit diesen schrägen Vögeln früher herausgekommen ist: bei der WM 82, bei der EM 84, und was für Zustände herrschten denn 1986 in Mexiko?«

Der entscheidende Triumph aber blieb Klinsmann und seinen Kollegen zwei Jahre nach dem WM-Sieg versagt. Sie waren als große Favoriten gegen Dänemark ins Endspiel gegangen, doch sie enttäuschten die Erwartungen und verloren das Finale 0:2. Klinsmann kehrte zwar als einer der wenigen Gewinner von der Europameisterschaft zurück, doch das verlorene Endspiel zehrte noch lange an ihm. Die schwierigen Jahre der Nationalmannschaft sollten mit der Endspiel-Niederlage aber erst beginnen und seinen ungeahnten Aufstieg an der Seite von Berti Vogts ermöglichen.

5. Stationen eines Weltenbummlers

Vom Fürstentum Monaco in Londons proletarischen Norden

Berti Vogts erholte sich mit seiner Familie am Golf von Mexiko. Die Europameisterschaft mit der bitteren Finalniederlage lag erst ein paar Wochen zurück, und zu Hause in Korschenbroich sahen seine Schwiegereltern nach dem Rechten. Jeden Morgen meldete sich Vogts aus Amerika, denn seine Schwiegereltern hüteten nicht nur das Haus des Bundestrainers, sie kümmerten sich auch um die Post und hatten den Telefondienst übernommen. Der Urlaub von Berti Vogts näherte sich dem Ende, und wie üblich erkundigte sich der Bundestrainer nach der Lage in Deutschland und ob es irgend etwas Neues gebe, was er wissen müsse. In diesen Sommertagen, in denen der Fußball ruhte, war das eigentlich nie der Fall. Doch an jenem Morgen des 24. Juli 1992 antwortete seine Schwiegermutter plötzlich mit Ja: »Herr Klinsmann rief an und richtete aus, daß er nach Marokko wechseln würde.«

Der Bundestrainer reagierte leicht verstört. Marokko? »Das ist dem Jürgen zuzutrauen«, dachte Vogts, »der König von Marokko ist ein glühender Fußballfan und Jürgen ein Fußball-Abenteurer.« Hassan II. hatte sein Land in den Jahren zuvor tatsächlich schon zweimal mit großen finanziellen Anstrengungen zu einer WM-Kandidatur geführt, und für die Ausrichtung der Weltmeisterschaft 1994 galt Marokko sogar als Favorit, aber die Vereinigten Staaten hatten im entscheidenden Wahlgang überraschend den Zuschlag erhalten. »Jetzt haben Jürgens Neugier auf neue Erlebnisse und Herausforderungen ihn sogar nach Nordafrika getrieben«, berichtete Vogts seiner Frau, und das war für den Bundestrainer ein regelrechter Schock. »In Marokko hätte ich ihn für die Nationalmannschaft abschreiben müssen«, erzählt Vogts, und dabei hatte er in Klinsmann schon eine Schlüsselfigur beim Neuaufbau der Mannschaft für die WM in Amerika gesehen.

Seine Frau Monika konnte ihn jedoch schnell beruhigen. »Meine

Mutter hat sich bestimmt verhört und Marokko statt Monaco verstanden«, sagte sie ihrem Mann. Der Bundestrainer faßte neue Hoffnung, und als er schließlich herausgefunden hatte, daß seine Frau nicht nur ihre Mutter, sondern auch Jürgen Klinsmann besser eingeschätzt hatte als er selbst, atmete Vogts erleichtert auf: »Gott sei Dank, Monaco!«

Die Wende, die Klinsmanns Leben mit dem Wechsel von Mailand in das Luxusressort an der Côte d'Azur nehmen sollte, kam dennoch überraschend. Wenige Tage zuvor schien es noch, als läge seine sportliche Zukunft bei Paris St. Germain; Klinsmann war schon mit Vertretern von Inter Mailand in der französischen Hauptstadt, aber die komplizierten Verhandlungen scheiterten. Wenige Wochen zuvor war schon der Transfer zu Real Madrid kurz vor dem Abschluß, die Vereine hatten sich über die Ablöse von sechs Millionen Dollar geeinigt, aber das Gehaltsangebot lag um die Hälfte niedriger als seine Einnahmen bei Inter Mailand. Monaco hingegen besaß den unschätzbaren Vorteil, neben einer erstklassigen Mannschaft und dem herausragenden Trainer Arsène Wenger auch über steuerliche Privilegien zu verfügen. Um Klinsmanns italienisches Gehalt von 1,2 Millionen Mark netto aufzubringen, hätte Paris weit mehr Geld aufwenden müssen als der AS Monaco, denn im Fürstentum werden Einkommen nur mit sieben Prozent besteuert.

Aber nicht nur der verschwindend geringe Steuersatz sollte sich als Standortvorteil erweisen. Auch das neue Leben in Monaco war ganz nach Klinsmanns Geschmack, nachdem er in Italien in den Monaten zuvor erstmals die persönlichen Grenzen seiner Freiheit auch im Ausland gespürt hatte. In Mailand wären ihm die Tifosi vor Begeisterung am liebsten an der Kreuzung ins Auto gesprungen; und in der Öffentlichkeit konnte er sich inzwischen auch kaum mehr sehen lassen, ohne einen Massenauflauf zu verursachen und dann Reißaus nehmen zu müssen. In Monaco lebte Klinsmann auf. »Ich konnte endlich wieder alleine in ein Café gehen und durch die Straßen schlendern«, sagte er. Kaum jemand, außer ein paar deutschen oder italienischen Touristen, drehte sich nach ihm um, viele Leute im Fürstentum waren mindestens so prominent und zahlreiche Menschen noch weit vermögender als er. Auch die Medien wollten nicht viel von ihm wissen, mit seiner südafrikanischen Freundin konnte er sich in der Stadt oder am Strand zeigen, ohne am nächsten Tag davon Bilder in den Zeitungen zu sehen. Mehr als einen kleinen Artikel brachte das auflagenstärkste Blatt *Nice Matin* ohnehin nie über den AS Monaco. Es waren zwar nur ein paar hundert Kilometer in Richtung Westen, die Klinsmann von Mailand aus eingeschlagen hatte, aber tatsächlich unternahm er eine lange Reise in die Unbeschwertheit früherer, längst vergangener Tage.

Die Lebensfreude kehrte schon jeden Morgen zurück, wenn sich Jürgen Klinsmann zum Training aufmachte. Hinter Monte Carlo windet sich die Straße steil nach oben, vier, fünf Kilometer geht es hoch in die Berge bis ins Örtchen La Turbine, und ganz am Ende steht ein Schild mit der Aufschrift »Privée« am Straßenrand. Dahinter liegt das Trainingsgelände des AS Monaco, der Zugang zum Fußballplatz steht dem Publikum jedoch trotz des Schilds fast immer offen. Viele Zuschauer nehmen allerdings nicht den herrlichen Weg dorthin auf sich, das haben sie nie gemacht in Monaco, und die Stars bleiben auch heute noch meist unter sich, wenn sie auf einem der Rasenplätze trainieren, eingerahmt auf der einen Seite von einer wilden Felswand und gegenüber von einem steilen Abhang mit atemberaubendem Blick auf Monte Carlo und das Mittelmeer. Morgens vor dem Training saß er mit ein paar Kollegen beim Kaffee zusammen, bald hatte er sein Lieblingsrestaurant in dem kleinen Ort gefunden, wo er ungestört bleiben konnte, und wenn er dann zu Hause die Fenster seines Appartements öffnete, hörte er das Meer rauschen. »Ich lebe, wo andere Urlaub machen, ich hätte es nicht besser treffen können«, schwärmte er schon nach ein paar Wochen.

Ausgerechnet das Leben in der 485 Hektar großen Luxusoase an der Côte d'Azur, in der weltweit die größte Dichte an Millionären zusammenkommt, schärfte Klinsmanns Blick für die Realität. In Mailand belagerten jeden Tag Dutzende von Reportern die Spieler, auf der Piazza herrschte Ausnahmezustand, wenn sich einer der Stars zeigte, zu den Spielen kamen 80 000 Zuschauer in die Fußball-Kathedrale San Siro, und auch Wochen später noch redeten die Tifosi mit fast schon religiöser Inbrunst über ein verlorenes Spiel, als handelte es sich um eine existentielle Frage. »Durch das enorme Medieninteresse wird dir dauernd der Eindruck vermittelt, daß das, was du machst, ungeheuer bedeutend ist«, sagte Klinsmann, nachdem er einige Monate Abstand gewonnen hatte. »In Monaco wird dir jeden Tag von neuem klar, daß Fußball nicht das Wichtigste ist. Die Leute gehen ins Stadion wie ins Theater oder ins Kino. Siege sind schön, Niederlagen schade, das Leben geht weiter. Es ist eine gute Erfahrung, weil es Normalität herstellt.«

Klinsmann wurde in Monaco immer bewußter, daß sich Profis nur für ein paar Jahre in dieser Scheinwelt behaglich einrichten können, sich aber nicht darin verlieren durften, denn nach der Karriere würden sie wieder auf sich selbst zurückgeworfen werden. Die zeitliche Begrenzung seines Ruhms wurde ihm ausgerechnet in der Welt des Jet-Sets jeden Tag vor Augen geführt. »Du fragst dich: Was kannst du eigentlich? Du zählst zusammen und merkst: Du kannst gar nichts richtig, außer Fußballspielen.« Er war zwar erst achtundzwanzig Jahre alt, als er im Sommer 1992 nach Monaco kam, aber so weit war es nicht mehr bis zum Dreißigsten, und dieses Datum stand damals wie ein Fels im Leben eines Stürmers. Danach kam nicht mehr viel, allenfalls noch zwei, drei Jahre. Angreifer über dreißig büßten nach dieser Wegmarke schlagartig an Wert ein, ihre Schnelligkeit ließ nach, der Antritt auf den ersten, entscheidenden Metern. Die jahrelangen Kämpfe mit den knochenharten Verteidigern, die ständigen Attacken hinterließen ihre Spuren, die Trainingsformen waren nie auf einen schonenden Umgang mit dem Körper, ihrem wichtigsten Kapital, angelegt gewesen. Blessuren wurden nach dem Grundsatz behandelt, die Profis so schnell wie möglich fit zu bekommen, am besten gleich für das nächste Spiel. Ein vorausschauender, verantwortungsbewußter Umgang der Trainer und Vereine mit den Körpern der Hochleistungssportler war selten. Einen Spieler von Weltruf im Alter von fünfunddreißig Jahren zu finden, war in dieser Zeit nahezu ein Ding der Unmöglichkeit; an einen Stürmer in diesem Alter war gar nicht zu denken.

Schon in Mailand hatte er sich mit dem Karriereende befaßt, jedoch in unproduktiver Weise. Als er in die erste große Krise seiner Laufbahn geriet, hatte er mit dem Gedanken gespielt, gleich ganz mit dem Fußball aufzuhören. Aber diese aus der Frustration geborene und auch noch publik gemachte Überlegung war keine wirkliche Lösung für Klinsmanns wachsende Schwierigkeiten mit den Regeln des Profigeschäfts. Der Notausgang hätte Klinsmann ohnehin immer offengestanden, unabhängig, wie er war. Aber eigentlich wollte er auch weiter Fußball spielen, nur unter anderen Bedingungen. »Ich habe ja mal gesagt, daß ich möglicherweise mit achtundzwanzig Jahren aufhöre. Diese Phase ist vorbei.«

Mit den neuen Freiheiten, die er in Monaco gewonnen hatte, konnte Klinsmann auch wieder damit aufhören, nur über sich und sein Leben im Profifußball nachzudenken. Die Themen, mit denen er sich öffentlich befaßte, waren nun die großen Themen der Zeit, und wenn er über Fußball sprach, dann stand immer öfter das gesamte Geschäft mit seinen Widersprüchlichkeiten, Auswüchsen und Irrwegen im Mittelpunkt, nicht mehr der Nationalspieler Klinsmann und seine persönliche Befindlichkeit. Mit anderen Worten: In Klinsmann wuchs eine kritische Haltung heran, die er nun, gereift durch die überwundene Krise, aus einer neuen und unabhängigen Position heraus selbstbewußt vertrat.

Über den Fußball hinausdenken

In seinen ersten großen Interviews nach einigen Monaten in Monaco zeigte sich die beginnende Wandlung des reinen Individualisten Klinsmann zu einem Sportler, der Verantwortung nicht mehr nur für sich selbst übernehmen wollte. Große gedankliche Konzepte waren das in politischen und gesellschaftlichen Fragen zwar nicht, aber wer wollte das auch ernsthaft erwarten von einem Fußballprofi, dessen Bildungsweg nach der Realschule und einer Bäckerlehre endete, und der immer ein wenig darunter litt, daß ihm der Zugang zu den Quellen des akademischen Wissens verschlossen geblieben war. Klinsmanns Interesse an den Fragen der Zeit war jedoch weitaus stärker als das der meisten seiner Kollegen, für diese Neugier bedurfte es auch keiner klassischen Bildungslaufbahn. Es reichte Bürgersinn. Klinsmann sprach mehrfach in Interviews über die Neonazis, die in Deutschland unter Bürgergejohle Asylanten jagten und Häuser von Ausländern ansteckten. Manches blieb diffus, aber er spürte, daß er trotz seiner Internationalität nun stärker denn je als Deutscher identifiziert und zu den Dingen in der Heimat befragt wurde, die er vier Jahre zuvor verlassen hatte: »Meine Mannschaftskameraden fragen mich häufig, was in Deutschland los ist. Sie wollen wissen, ob man vor Deutschen Angst haben müsse. Vor allem nach dem Brandanschlag von Mölln, bei dem drei Menschen umkamen, waren sie sehr besorgt.«

In einem sehr offenen Interview mit der französischen Zeitung *Libération,* wie er bis dahin kaum eines gegeben hatte, forderte er den deutschen Staat zu harten Maßnahmen auf. »In den siebziger Jahren hat Deutschland den Terrorismus von links bekämpft und besiegt, er müßte jetzt das gleiche gegen den Terror von rechts unternehmen. Es ist schrecklich, daß diese Gewalt das Image eines Landes prägt. Aber etwa 95 Prozent der Deutschen haben gar nichts gegen Ausländer«, sagte Klinsmann darin. Er gehörte zu der Gruppe von Profis, die sich stark machten für die Kampagne »Mein Freund ist Ausländer« des Deutschen Fußball-Bundes, und er suchte in dieser Zeit auch das Gespräch mit Hooligans, aber die Diskussionen führten, wie er enttäuscht zur Kenntnis nehmen mußte, zu nichts. Klinsmann betrachtete das Erstarken der Neonazis jedoch auch unter dem Blickwinkel der Medienwelt. Er glaubte nicht allein in den Gewaltverbrechen, sondern auch in der exzessiven Berichterstattung der Medien über diese Ereignisse eine Gefahr zu erkennen. »Soziale Spannungen gab es schon immer, wenn sich aber heute einige auf der Straße verhauen, dann geht das über alle TV-Sender und es steht am nächsten Tag mit dicken Lettern in der *Bild-Zeitung.* Durch dieses große Echo fühlen sich die Rechtsradikalen immer wichtiger, und sie machen immer weiter«, äußerte er gegenüber der Zeitschrift *Sports.*

Beiträge von Sportlern zu politischen Themen waren immer eine Seltenheit, insbesondere Fußballprofis gaben sich demonstrativ unpolitisch und verschanzten sich hinter einer prunkvollen Fassade von großen Autos und dicken Konten, die aber einen kleinbürgerlichen Lebensstil oftmals nicht verbergen konnten. Klinsmann leistete sich in Monaco allmählich den Luxus einer eigenen Meinung und gönnte sich einen Schuß Nonkonformismus. Politisch provozierende Äußerungen, wie sie Boris Becker mit seiner Sympathieerklärung für die autonomen Hausbesetzer in der Hamburger Hafenstraße oder Klinsmanns Stuttgarter Kumpel Karl Allgöwer in VfB-Zeiten gewagt hatten, waren jedoch nur selten seine Sache. Er bewunderte zwar die Kompromißlosigkeit, mit der etwa Allgöwer seine unbequemen Haltungen vertrat, aber er selbst gab sich geschmeidiger. Als der Krieg im ehemaligen Jugoslawien zwischen den verschiedenen Volksgruppen ausbrach, nahm Klinsmann in *Sports* zwar eine linke, latent antiamerikanische Haltung ein, die jedoch von einem großen Teil der Bevölkerung geteilt wurde. »Wenn in Jugoslawien Öl vorhanden wäre wie in Kuwait, hätten die UNO oder die USA schon längst eingegriffen wie im Golfkrieg. Wir reden vom vereinigten Europa, von Maastricht, und es entwickelt sich ein neuer Libanon. Und niemand tut etwas. Die Politiker haben versagt. Jetzt kann man in Jugoslawien nicht mehr eingreifen, es ist zu spät.«

Im Fußballgeschäft geißelte er das brutale Geschäftsverhalten der italienischen Präsidenten und die extreme Kommerzialisierung, und auch mit dieser dezidierten Meinung wußte Klinsmann eine Mehrheit auf seiner Seite. Er attackierte Silvio Berlusconi, den späteren Ministerpräsidenten Italiens, der seine politischen Ambitionen damals noch nicht offenbart hatte, und dessen persönliche Aufstiegsstrategie Klinsmann sehr genau erkannt hatte. »Nach einem Berlusconi würde kein Hahn krähen, wenn er nur seine Fernsehstationen hätte. Die Verbindung Milan und Fernsehen schlachtet er clever aus. Daß Berlusconi eine Ausländerpolitik betreibt, die unter aller Sau ist, ist ihm Wurscht. Milan hat fußballerisch und finanziell Erfolg, und Berlusconi kann das optimal mit seinem Fernsehsender verbinden. Das zählt.« Auch die Auswüchse und negativen Folgen der damals beginnenden, unaufhaltsamen Entwicklung zu einer Europaliga, die sich 1994 als Champions League etablierte, erahnte Klinsmann frühzeitig: »Dann macht sich eine Kluft auf zwischen den Topklubs und den kleineren Vereinen. Dann ist alles nur noch Business. Das hat mit Fußball nichts mehr zu tun, nur noch mit Kohle. Den Spielern sagen sie: ›Ihr kriegt die Millionen, dafür haltet ihr die Schnauze.‹ Ich kriege die Million, weil ich gut Fußball spiele, weil ich meine Knochen hinhalte und Tore schieße. Manchmal klappt es, manchmal nicht. Aber meinen Mund halte ich nicht.«

Es waren solche Einschätzungen und Haltungen, die Klinsmanns Ruf begründeten, ein Profi zu sein, der über den Fußball hinausdenkt und sich für das Leben und die Welt interessiert. So offen, ungezügelt und thematisch breit wie in seinen Tagen an der Côte d'Azur, wo er seine Freiheit gegenüber dem Millionengeschäft zurückgewann und die negativen Seiten des Profifußballs nicht mehr ausblendete, sollte Klinsmann nicht mehr oft über seinen Sport und das Leben reden. In Monaco hatte der neugierige Junggeselle damals noch keine Verantwortung für andere zu tragen, er war immer noch der Individualist, der voller Energie nach seinem eigenen Weg suchte, der nicht Kapitän seiner Klubmannschaft war und es auch nie werden würde, und auch in der Nationalmannschaft war ihm zu dieser Zeit noch keine führende Rolle zugefallen.

Das sollte sich bald ändern. In Monte Carlo kehrten auch die in Mailand verlorengegangenen sportlichen Glücksgefühle zurück. Nach fünf Spieltagen hatte Klinsmann schon drei Treffer erzielt, die Mannschaft lag auf Rang fünf der Tabelle, und die Selbstentfesselung des Stürmers Jürgen Klinsmann hatte begonnen. Trainer Arsène Wenger ließ einen offensiven Fußball spielen, wie ihn Klinsmann in Italien nie erhoffen durfte, und in dem deutschen Stürmer sah der polyglotte Trainer eine Führungspersönlichkeit, die in der Lage war, eine gesamte Mannschaft mitzureißen. »Ich fühle mich wie befreit. Die taktischen Zwänge, die in Italien und bei Inter das Spiel bestimmen, gibt es hier nicht. Ich habe hier wirklich viele Freiheiten. Das Leben, der Fußball – ich bin richtig glücklich«, freute sich Klinsmann damals. Der taktisch ausgetrocknete Stürmer saugte die neue Fußball-Philosophie dieses jungen, herausragenden Trainers begierig auf. Wenger setzte auf Teamspirit und einen offensiven Geist, auf Attacke und ein den Gegner dominierendes Spiel. Er richtete sogar sein System auf Klinsmann aus, dem er als einzigem Angreifer die Unterstützung von gleich vier offensiven Mittelfeldspielern zukommen ließ. Wenger war hingerissen von der neu geweckten Leidenschaft, mit der Klinsmann sich und den AS Monaco belebte. Wie Klinsmann damals über den Fußball sprach, das klang über zehn Jahre später ganz ähnlich, wenn Spieler über das neue System in der deutschen Nationalmannschaft unter Bundestrainer Klinsmann sprechen sollten. »Man lebt richtig auf. Der Trainer hat der Mannschaft das System regelrecht eingebleut. Er will, daß wir offensiv spielen, also stärkt er uns den Rücken. Es ist für einen Spieler doch eine ganz andere Motivation, wenn er mit der Gewißheit ins Spiel geht, mindestens zwei oder drei Torchancen zu bekommen. Selbst auswärts spielen wir mittlerweile offensiv. Und Trainer Wenger nimmt es in Kauf, daß es auch einmal schiefgeht.«

Es dauerte nicht lange, und die französische Sportzeitung *L'Équipe* charakterisierte den deutschen Dampfmacher als »La locomotive«, der in der Lage schien, Monaco zum Meistertitel zu führen. Am Saisonende hatte Klinsmann neunzehn Tore geschossen. Monaco erreichte Rang zwei, und Wenger hatte in diesem Jahr einen ganz neuen Klinsmann entdeckt. »Jürgen hat ein falsches Image«, sagte der Trainer nach intensiver Arbeit mit seinem Lieblingsspieler. »Die Leute meinen immer, er habe anderes im Kopf als Fußball und denke nicht soviel an seinen Beruf. Ich glaube aber, er ist erfüllt davon. Er ist fußballbesessen.« Sie hätten sogar den Titel gewinnen können, wenn in dieser Saison alles mit rechten Dingen zugegangen wäre. Doch als Monaco als Tabellenführer nach einigen Monaten zum Spitzenspiel gegen Olympique Marseille antrat, den Klub des mächtigen Bernhard Tapie, ahnte noch niemand, daß die Partie zu einer Jagd auf den deutschen Stürmer werden sollte. Der französische Nationalspieler Boli streckte Klinsmann brutal nieder, indem er ihm den Ellenbogen gegen den Hals rammte. Klinsmann blieb die Luft weg, er wurde ohnmächtig und drohte zu ersticken. »Es war das schlimmste Foul, das mir je widerfahren ist«, sagte er später.

Die deutschen Fans empörten sich, als sie in der Heimat die Bilder des brutalen Fouls im Fernsehen sahen. In Frankreich dagegen blieb jede Reaktion aus. Dem französischen Publikum wurden die Bilder vorenthalten. Die Fernsehstationen, die von diesem Spiel berichteten, gehörten Tapie, ebenso wie zahlreiche Zeitungen, und nur weil ein Kamerateam des Zweiten Deutschen Fernsehens zufällig einen Beitrag über Klinsmann im Stadion drehte, waren die Bilder ins deutsche Fernsehen gekommen. Nun kauften auch jene französischen Sender, die nicht von Tapie beherrscht wurden, das Material und sendeten die Bilder mit Verspätung.

Dies sollte nur ein kleiner Skandal um Olympique Marseille und seinen Präsidenten sein. Es dauerte noch ein paar Monate, bis die großangelegte Korruption, in die Tapie und der französische Fußball verstrickt waren, ans Licht der Öffentlichkeit gelangten. Marseille hatte Siege gekauft, dem Klub wurde die Meisterschaft aberkannt, und Jahre später schickte die französische Justiz den schwerreichen Unternehmer Tapie wegen krimineller Machenschaften ins Gefängnis. Der Fußballverband reagierte schnell und ließ Monaco wegen der Betrügereien als Tabellenzweiten an der Champions League teilnehmen. Trotz eines mafiösen Komplotts hatte Klinsmann über abenteuerliche Umwege sein großes internationales Ziel erreicht.

Sein erstaunlicher Aufschwung hatte sich auch in der Nationalmannschaft fortgesetzt. Dabei schien der Stürmer nach dem miserablen Jahr bei Inter Mailand Trainer Wenger zu Saisonbeginn noch verunsichert. Auch seine starken Leistungen bei der nachfolgenden Europameisterschaft hatten daran nichts ändern können. Wenger stachelte Klinsmanns Ehrgeiz vom ersten Tag an immer weiter an. Er bestärkte ihn in der Auffassung, daß die Zeit für ihn in der Nationalmannschaft gekommen sei, nun, nach dem Rücktritt von Rudi Völler, eine führende Rolle zu übernehmen. »Du warst einer der Gewinner der Europameisterschaft, darauf mußt du jetzt aufbauen«, sagte ihm der damals 44 Jahre alte Trainer.

Auch Berti Vogts verlangte von Klinsmann, sich stärker als in der Vergangenheit in den Dienst der Mannschaft zu stellen. Mit achtundzwanzig Jahren blickte der scheinbar ewige Individualist schon auf zehn Profijahre und 41 Länderspiele zurück, fünf Jahre lang war er bereits Nationalspieler, und in der Offensive war er nun der älteste und erfahrenste Spieler jener Mannschaft, die Vogts in den kommenden zwei Jahren auf die Titelverteidigung in den Vereinigten Staaten vorbereiten wollte. »Von mir werden Führungsaufgaben erwartet, man vermittelt mir das Gefühl, Verantwortung übernehmen zu müssen. Das gibt mir zusätzlichen Auftrieb«, berichtete Klinsmann. Er nahm die Herausforderung an.

Nach ein paar Monaten stieg er an Völlers Stelle in den Spielerrat auf. Die Gruppe, angeführt von Kapitän Lothar Matthäus, vertrat gegenüber dem Deutschen Fußball-Bund die Interessen der Mannschaft; außerdem gehörten ihr noch Klinsmanns Stuttgarter Kumpel Guido Buchwald, Bodo Illgner, Jürgen Kohler und Andreas Thom an. Obwohl er sich stets seine eigenen Ansichten geleistet hatte, hatte er sich jahrelang aus den internen Machtspielchen in der Nationalelf herausgehalten und anderen wie Matthäus oder Völler die Führungsarbeit im Team überlassen. Nun mischte er sich, gereift und gestärkt, erstmals entscheidend ein.

Berti Vogts litt schon vom ersten Tag an als Bundestrainer unter dem gewaltigen Schatten, den Franz Beckenbauer durch seine bloße

Existenz geworfen hatte. Die Last, die aus Beckenbauers ruhmreicher Vergangenheit mit dem Gewinn des WM-Titels und seiner Allgegenwart erwuchs, wäre für jeden Nachfolger eine Bürde gewesen, für seinen früheren Assistenten war sie besonders groß. In den ersten Jahren wurde Beckenbauers einstiger braver Helfer auch nie nach den Ergebnissen allein gemessen, die er nun als Chef der Nationalmannschaft zustande brachte, sondern vielmehr an den Gefühlen, die seine Auftritte beim Publikum auslösten. Die charismatische Leichtigkeit, mit der sich die Nationalmannschaft dank ihres früheren Teamchefs hatte umgeben können, war von einem auf den anderen Tag dahin, ebenso die Nonchalance, mit der Beckenbauer die millionenschweren, angehimmelten Fußballstars immer wieder auf ein irdisches Maß zurechtstutzte. Es war ein Verlust an Lebenskultur, wie es viele Deutsche nach dem Rücktritt von Beckenbauer schmerzlich empfanden, und er wurde durch die bemühten, aber hölzernen öffentlichen Auftritte und den Mangel an Weltläufigkeit seines Nachfolgers noch zusätzlich verstärkt. Auch die Medien mochten sich kaum damit abfinden, daß diese schwerelose Zeit an ein Ende gekommen war und nun wieder ein ganz normaler Fußballtrainer seine Arbeit aufgenommen hatte. Nach einem knappen Jahr forderte *Bild* nach einem verlorenen EM-Qualifikationsspiel noch indirekt den Rücktritt von Vogts und flehte ihren Kolumnisten Beckenbauer auf Seite eins um Hilfe an.

Vogts hatte es sich nicht leichtgemacht bei seinem Amtsantritt. Beckenbauer hatte ihm geraten, sich der *Bild-Zeitung* genauso wie er als Kommentator zur Verfügung zu stellen, um sich durch Kooperation einen potentiellen Gegner vom Leib zu halten. Der neue Bundestrainer bevorzugte jedoch eine gradlinige Haltung in der Öffentlichkeitsarbeit und lehnte es ab, eine Zeitung zu privilegieren. Diese Haltung gefiel Klinsmann. Auch er war, wie es in der Branche heißt, kein *Bild*-Mann. Er hatte jedoch schon bei der Europameisterschaft erfahren, was es bedeutete, wenn man sich als Fußballstar dem mächtigsten Zeitungshaus des Kontinents nicht zur Verfügung stellte. »Ich habe mir das Leben selbst schwergemacht, weil ich mit *Bild* nichts zu tun haben wollte. Da habe ich nur Feuer bekommen«, sagte er nach wenigen Monaten in Monaco – und blieb seiner Linie treu.

Vogts sollte diese Erfahrung noch mehrfach machen. Nach dem verlorenen Finale gegen Außenseiter Dänemark bei der Europameisterschaft war der Druck auf Vogts stetig gewachsen, auch stark befeuert durch *Bild.* Ein halbes Jahr nach der EM erreichte Vogts' Amtszeit mit einer 1:3-Niederlage in Brasilien ihren ersten Tiefpunkt. Klinsmann gehörte nun zu den treibenden Kräften beim Krisenmanagement in Südamerika. Stefan Effenberg bekam die bis dahin unbekannte Entschlossenheit des Stürmers zu spüren, der nicht mehr akzeptieren mochte, daß sich einzelne Spieler Sonderrechte auf Kosten der Mannschaft gönnten und nicht mit letztem Einsatz bei der Sache waren. Effenberg flog, nicht zuletzt auf Intervention Klinsmanns, aus der Mannschaft. Wenige Tage später stand die zweite Partie der Südamerikareise gegen Uruguay auf dem Programm, und nun galt es für Klinsmann in besonderem Maße, auch auf dem Fußballplatz die neuen, veränderten Verhältnisse durch Leistung zu dokumentieren. Die Deutschen siegten 4:1, Klinsmann erzielte einen Treffer, aber viel entscheidender für seine Entwicklung und Stellung innerhalb der Nationalelf sollte sein, daß er nun erstmals Interpretationshoheit für einen von ihm bevorzugten Stil und die dazugehörenden entsprechenden Maßnahmen gewonnen hatte. »Nach den Vorfällen hat Stefan kapiert, daß eine Mannschaft nur funktionieren kann, wenn jeder sich unterordnet – und daß sie nicht funktionieren kann, wenn man zu sehr an sich selbst denkt. In Montevideo wurde auch nach außen klar, daß wir eine Mannschaft sind, in der einer für den anderen kämpft. Du mußt in ein Spiel reingehen und spüren, da brennt es bei jedem einzelnen, da ist einer für den anderen da.«

Die amerikanische Enttäuschung

Klinsmann war von dem Gedanken beseelt und getrieben, in Amerika noch einmal die Weltmeisterschaft zu gewinnen. Sein Ehrgeiz war neu entfacht, und auch das Potential der Nationalelf schien groß genug, um den Titel zu verteidigen. Im Sommer vor der WM, nach seiner ersten, großartigen Saison in der französischen Liga, war Klinsmann bei einem Vorbereitungsturnier in den Vereinigten Staaten allmählich in jene Rolle hineingewachsen, die er in den kommenden Jahren virtuos ausfüllte und die ihn über seine aktive Karriere hinaus prägen sollte: Wie selbstverständlich erwuchs aus dem polyglotten Profi ein deutscher Fußball-Botschafter, der aus seiner schwäbischen Heimat die sprichwörtliche Pünktlichkeit und Zuverlässigkeit in sich trug, in Italien lernte, gelassen zu leben, und in Monaco im Umgang mit den Menschen toleranter wurde.

Die Amerikaner waren beim sogenannten »US Cup« hingerissen von diesem blonden, strahlenden Deutschen. Im ersten Spiel gegen Brasilien lag der Weltmeister nach 39 Minuten schon 0:3 zurück, und die vernichtenden Kritiken über Berti Vogts waren schon geschrieben. Auch nach über einer Stunde hatte sich am Spielstand nichts geändert. In 25 Minuten einen 0:3-Rückstand gegen Brasilien auszugleichen, dies war noch keiner Mannschaft gelungen. Dies schafften aber die Deutschen, Klinsmann machte in der 66. Minute den Anfang bei der Aufholjagd und erzielte in der Schlußminute auch den 3:3-Ausgleich. Nach dem Abpfiff prügelten sich die Zuschauer um sein Trikot. Polizisten gingen dazwischen, aber nicht um für Ruhe zu sorgen, sondern um selbst das Leibchen zu ergattern. Das nächste Spiel gewannen sie 4:3 gegen die Amerikaner, Klinsmann schoß wiederum ein Tor, und auch in der letzten Begegnung siegte die Mannschaft von Berti Vogts und gewann damit das Turnier. Klinsmann hatte den entscheidenden Treffer zum 2:1 gegen England erzielt und wurde als bester Schütze und bester Spieler des Turniers geehrt.

Aber mindestens so eindrucksvoll waren für die amerikanischen Medien Klinsmanns Vorstellungen zwischen den Spielen. Ein Jahr vor der Weltmeisterschaft konnten sie endlich mit dem damals noch ziemlich unbekannten »soccer« ein internationales, sympathisches und vermarktbares Gesicht verbinden. Seine Lebensfreude, die Jubelläufe mit wehendem Haar und sein gutes Englisch hatten so gar nichts mit dem Klischee des sturen Deutschen zu tun. »Für den Fußball in Amerika ist Klinsmann ein unbezahlbarer Sympathieträger«, urteilte der Medienchef der Fifa, Guido Tognoni. Auch in Deutschland wurden Klinsmanns veränderte Rolle und seine gestiegene Bedeutung innerhalb der Nationalmannschaft aufmerksam registriert. »Klinsmann, der inzwischen Englisch fast besser als Schwäbisch spricht, war auch bei den zahlreichen Auftritten des Weltmeisters abseits seines Arbeitsplatzes ein begehrter Botschafter des ›soccer made in Germany‹. Freundlich, höflich, wendig, verkörperte er viel von dem frischen Geist, der dieser Mannschaft in Amerika eigen war. Sie hat für sich und für die Arbeit des lange nicht so unumstrittenen Bundestrainers geworben«, stellte die *Frankfurter Allgemeine Zeitung* fest.

Der wichtigste Unterstützer von Vogts hieß fortan Klinsmann. Bis zur Weltmeisterschaft im Sommer 1994 trat der Stürmer immer wieder als energischer Verteidiger eines Bundestrainers auf, der öffentlichen Zuspruch von prominenter Seite gut gebrauchen konnte. Klinsmann akzeptierte, anders als die überwältigende Mehrheit der Deutschen und der Medienvertreter, den Bundestrainer, wie er war. »Ich nehme die Menschen, wie sie sind«, sagte er über Vogts, »nobody is perfect.« Und da Klinsmann nichts wichtiger war als ein erfolgreiches WM-Unternehmen, profilierte er sich nicht wie viele andere auf Kosten des Bundestrainers. Er stärkte ihm immer wieder den Rücken und attackierte mit Vorliebe ihre gemeinsamen Kritiker von der *Bild-Zeitung.* Dieser mächtige publizistische Gegner wirkte einigend auf diese beiden so unterschiedlichen Figuren des deutschen Fußballs, den bienenfleißigen Trainer, der sich Respekt jeden Tag glaubte hart erkämpfen zu müssen, und den Stürmer, der die Öffentlichkeit mit einem Lächeln, einem Tor und seiner Lebenslust in Sekundenschnelle für sich einnehmen konnte. »Uns ist schon bewußt, daß sofort Probleme in die Mannschaft getragen werden, wenn das Spiel nicht optimal zu verkaufen ist. Nehmen Sie das Jahrzehntspiel gegen Brasilien beim US Cup. 35 Grad im Schatten, nach zehn Minuten stehend k.o., in der zweiten Halbzeit 0:3 hinten, du siehst die Geier schon über dem Stadion kreisen, und dann haben wir das Ding umgebogen. Anstatt das zu würdigen, schreibt *Bild* eben, wir hätten den Kopf aus der Schlinge gezogen. Das ist einfach grotesk, so wird man um den Lohn seiner Arbeit gebracht«, schimpfte Klinsmann in einem Interview mit der *Stuttgarter Zeitung.* Er war überzeugt davon, daß die Nationalmannschaft trotz aller Kritik stark genug war, um wieder den Titel zu gewinnen, und daß auch *Bild* im Interesse des Erfolgs endlich Vogts als Bundestrainer akzeptieren sollte. »Ich weiß, daß Berti nicht Franz ist und daß sich auch Springer keinen eigenen Bundestrainer backen kann.«

Klinsmann entwickelte sich im Jahr vor der Weltmeisterschaft zu einem Wortführer der Nationalmannschaft. Er wollte erstmals seine von Teamspirit geprägte Fußball-Philosophie durchsetzen, von der er überzeugt war, daß sie zum Erfolg führen wurde, und diese Strategie, die er zu verinnerlichen begann, würde er zehn Jahre später in einer verfeinerten und erweiterten Form auch einer verunsicherten Fußballnation unablässig predigen, um ihren Glauben an den Gewinn der Weltmeisterschaft zu wecken. »Wir werden nur Weltmeister, wenn wir uns menschlich akzeptieren und miteinander arbeiten. Wenn nur jeder an sein Ego denkt, wird es nichts«, sagte er in einer Spielerbesprechung vor versammelter Mannschaft. Es klang, als wäre er schon Bundestrainer, und in gewisser Weise füllte er diese Rolle auch schon instinktiv aus, weil er um die schwache Autorität von Berti Vogts wußte, von dem sich Weltmeister wie Lothar Matthäus, Bodo Illgner oder Andreas Brehme nicht mehr viel sagen lassen wollten.

Die Amerikaner liebten Klinsmann vom ersten Tag der WM. Die Medien waren hingerissen von diesem deutschen Fußballprofi, der alle Klischees über die Deutschen und über Fußballer im Sturm hinwegfegte, sie hatten mit Jürgen Klinsmann endlich das Gesicht gefunden, den unkomplizierten »nice guy«, mit dem sie »soccer« in ihrem Land populär machen konnten. Sie nannten ihn den »Robert Redford des soccer«, und eine Geschichte über ihn machte vor und während der WM immer wieder die Runde. Ein Reporter von *Sports Illustrated* war vor der Weltmeisterschaft in Europa auf der Suche nach einem Gesprächspartner von internationalem Format, um dem Wesen des »soccer« auf die Spur zu kommen. Also schickte er zunächst ein Fax an Diego Maradona, um den Amerikanern den größten aller Fußballer vorzustellen. Aber Maradona antwortete nicht. Dann versuchte es der Journalist bei Paul Gascoigne, doch als der Kontakt endlich hergestellt war, hatte der Engländer gerade einen Fotografen niedergeprügelt, und das war nicht die Sorte von Geschichten, mit denen man den Fußball in Amerika populär machen konnte.

Schließlich bekam er die Nummer von Jürgen Klinsmann heraus und versuchte sein Glück in Monaco. Er schickte wieder einmal ein Fax, und zwei Stunden später bekam er eine handgeschriebene Antwort: »Lieber Phil, treffen uns in der Bar gegenüber dem Hotel Mirabeau in Monte Carlo – see you, Jürgen.« Als dann Klinsmann tatsächlich auch noch pünktlich mit seinem VW Käfer vorfuhr, von einem Honorar nichts wissen wollte und auf die Frage, wieviel Zeit er denn erübrigen könne, antworte, soviel, wie für das Gespräch nötig sei, erschien bald darauf ein hymnischer Artikel auf diesen deutschen Superstar. »Wenn man jemanden sucht, der Amerikaner veranlassen soll, sich für Fußball zu begeistern oder Deutschland in der Welt beliebter zu machen – Klinsmann wäre die perfekte Wahl dafür.« Nach dem Bericht im wichtigsten Sportmagazin erschienen schwärmerische Artikel auch in der *New York Times,* der *Los Angeles Times,* in der *Chicago Tribune* und in *Soccer America; Newsweek* machte ihn sogar zum Coverboy.

Für Klinsmann begann die WM in ihrer ganzen erhofften Herrlichkeit. Im Eröffnungsspiel erzielte er den einzigen Treffer zum 1:0 gegen Bolivien, auch beim folgenden 1:1 gegen Spanien hieß der Torschütze Klinsmann. Das dritte und entscheidende Gruppenspiel gegen Südkorea fand in Dallas statt, zur Mittagszeit. Die Bedingungen waren unerträglich, auf 40 Grad hatte die texanische Hitze das Thermometer getrieben, dazu kam eine quälende Luftfeuchtigkeit. Nach gut einer Stunde jedoch schienen die Deutschen die Strapazen schon überstanden zu haben, sie führten 3:0, und Klinsmann hatte zwei Tore erzielt, eines davon äußerst spektakulär. »In dem Spiel habe ich mich mental gepusht, bis der Körper sagte: Nein, es ist Schluß.« Ihn ereilten Krämpfe im Oberschenkel und in den Füßen, und nach der scheinbar beruhigenden Führung brach Klinsmann körperlich zusammen. Die Koreaner kamen auf 2:3 heran, die Deutschen konnten kaum noch Widerstand leisten. »Hätte das Spiel nur fünf Minuten länger gedauert, wir hätten es verloren«, sagte Klinsmann später.

Doch über die sportliche Seite dieses Auftritts an der Schmerzgrenze wurde bald nicht mehr gesprochen. Stefan Effenberg hatte den deutschen Fans, die ihn auspfiffen, den Mittelfinger entgegengestreckt, und da das Fernsehen die Bilder eingefangen hatte, wurde daraus ein Skandal, der mit dem Rauswurf Effenbergs endete. Schon nach der Vorrunde zeigte sich, daß die WM zwar einen gereiften Klinsmann sah, aber eine unreife Weltmeistermannschaft, die der Bundestrainer nicht zu führen verstand. Klinsmanns insgeheim gehegte Befürchtungen, daß diese personell erstklassig besetzte Mannschaft sich selbst der härteste Gegner sein könnte, bestätigte sich in mitunter grotesker Weise. Die Deutschen hatten mit Illgner, Matthäus, Kohler, Brehme, Sammer, Häßler, Basler, Effenberg, Möller, Klinsmann und dem reaktivierten Völler zwar eine exzellente Mannschaft beisammen, aber der Egoismus im Team sollte nach ein paar Wochen stärker sein als der Mannschaftsgeist.

Im Achtelfinale siegten die Weltmeister 3:2 gegen Belgien, Klinsmann erzielte sein fünftes WM-Tor, und nachdem die Mannschaft auch gegen Bulgarien bis kurz vor Schluß 1:0 führte, schien das Halbfinale erreicht und die Titelverteidigung nah. Aber durch Nachlässigkeiten brachte sich die Mannschaft um den Erfolg, den Bulgaren gelangen vollkommen überraschend noch zwei Treffer. Die Sensation der WM war perfekt. Der ungeliebte Weltmeister war draußen, und allmählich kamen jetzt auch die Geschichten ans Licht, mit denen sich einige Nationalspieler mehr beschäftigt hatten als mit der professionellen Vorbereitung auf ihre Aufgaben. So gab es etwa einen absurden Streit um das Quartier der Spielerfrauen, einigen erschien das Waldorf Astoria in New York nicht als geeignete Adresse. Auch innerhalb der Mannschaft wurden diese zänkischen Diskussionen aus der Welt der Neureichen geführt, genauso wie die mit absurder Bedeutung aufgeladene Frage, wer wann mit Frau, Kind oder Golfausrüstung seine Freizeit verbringen dürfe. Vor allem die Illgners, Effenbergs und Häßlers sorgten für Unruhe und Unsicherheit.

Klinsmann äußerte sich während der WM nicht öffentlich über die Mißstände in der Nationalelf. Er hatte bis zuletzt gehofft, daß die Mannschaft ihr großes Ziel noch würde erreichen können. Nach der Niederlage gegen die Bulgaren lag er wie betäubt auf dem Rasen in New York, und er brauchte noch viele Tage, bis er sich von dem Schockerlebnis erholt hatte. Also schwieg er. Erst knapp zwei Monate nach der WM, als er sich innerlich wieder gesammelt hatte und Konsequenzen aus dem Scheitern gezogen hatte, schaltete sich Klinsmann entschieden in eine bis dahin von Spielern wie Matthäus, Effenberg oder Illgner oberflächlich und selbstsüchtig geführte Diskussion ein. In einem Interview mit der *Süddeutschen Zeitung* arbeitete Klinsmann die WM konstruktiv und schonungslos auf. »Fakt ist, daß es in den USA einige nicht geschafft haben, persönliche Interessen dem Mannschaftsinteresse unterzuordnen. Es darf doch nicht sein, daß Randgeschichten im Vordergrund stehen und vergessen wird, weshalb wir wirklich dort waren. Nämlich: den WM-Titel zu verteidigen. Und bestimmt nicht, um über irgendwelche Frauengeschichten zu diskutieren oder wieviel Freizeit es gibt. Da fühle ich mich verarscht.« Auf den Hinweis, er selbst sei bei der WM auch seiner eigenen Wege gegangen, antwortete Klinsmann: »Jeder soll ja draußen machen, wozu er Lust hat. Dann ist mir auch Wurscht, wer welche Probleme hat. Wo einer seine Frau unterbringt, wo nicht oder sonst was. Nur der, der auf dem Platz steht, der muß sich den Arsch aufreißen. Das war nicht der Fall, daran sind wir gescheitert.« Zu dem Zeitpunkt des Interviews hatten sich Effenberg und Illgner, mit denen Vogts als Konsequenz aus der WM nichts mehr zu tun haben wollte, wieder als Nationalspieler ins Gespräch gebracht. Bei Klinsmann stießen sie auf erbitterten Widerstand: »Vielleicht müßte ich mich mal mit ihnen unterhalten. Dabei müßte er mir auch erklären, wieso er nach der WM in einer Kolumne schreiben kann, er hätte sowieso aufgehört nach dem Turnier. Manche Dinge kann ich aus der Ferne absolut nicht nachvollziehen. Ich möchte halt eines nicht: daß vergessen wird, was während oder kurz nach der WM ablief. Und da kann ich halt nicht kommen, nach nur zwei Monaten: Hallo, jetzt geht's mir wieder gut. . . . Ich möchte dazu eines klarstellen, ohne allzu persönlich zu werden: Das Allererste, was es zu diskutieren gibt, ist doch, warum sind wir bei der WM rausgeflogen. Einige Spieler haben Internstes nach außen verkauft, über Medien. Interna, die in einer Mannschaft bleiben müssen, sind für Kohle verkauft worden. Dafür habe ich null, null, null Verständnis.« Da sprach längst nicht mehr der Individualist, sondern schon der künftige Nationalmannschaftskapitän aus Klinsmann.

Sein Ehrgeiz und seine Ernsthaftigkeit waren schon mit Blick auf die WM gewachsen, und die erste Konsequenz aus dieser veränderten, über die eigenen Grenzen hinausreichenden Sicht hatte der AS Monaco zu spüren bekommen. Knapp vier Monate vor der Weltmeisterschaft verkündete Klinsmann seinen Abschied von der Luxusoase, die ihm frische Kraft, erneuerten Tatendrang sowie einen der fünf besten Verträge in Europa eingebracht hatte, wie er selbst sagte. Aber wohin es ihn ziehen würde, war selbst während der WM noch unklar. Zahlreiche Vereine waren im Gespräch, aber es war vor und während des Turniers zu keiner Einigung gekommen. Diese ungewisse Situation hatte Klinsmann keineswegs belastet, sondern angespornt. Mit fünf Toren war er auch international betrachtet der einzige Gewinner beim gescheiterten Weltmeister.

Mit dem AC Mailand war Klinsmann im Gespräch gewesen, die Bayern fragten einmal schüchtern an und erschraken über seine Gehaltsvorstellungen, der FC Barcelona wollte ihn haben, auch Aston Villa. Atletico Madrid dachte an ein Ausleihgeschäft, aber aus den verschiedensten Gründen kam nirgendwo eine Einigung zustande. So schien es nach der Weltmeisterschaft auf einen Wechsel zum FC Genua hinauszulaufen, der bereit war, die geforderte Ablösesumme an Monaco zu zahlen, aber noch zögerte, weil er durch andere Spielerverträge in seiner Handlungsfähigkeit eingeschränkt war.

Eines Tages klingelte im Appartement von Monte Carlo das Mobiltelefon bei Klinsmann, und es meldete sich ein gewisser Alan Sugar. Der hemdsärmlige Selfmademan, der es zum Chef des Computerherstellers Amstrad und Vorstandsvorsitzenden von Tottenham Hotspur gebrachte hatte, redete nicht lange herum. »Wo bist du denn?« fragte Sugar. »Wieso, daheim in Monaco«, entgegnete Klinsmann. »Dann geh ans Fenster, Meister, und guck herunter in den Hafen. Das blaue Schiff da unten ist meins, und ich warte.«

Der in geschäftlichen Dingen nicht gerade unerfahrene Klinsmann war vom Verhandlungsstil Sugars ziemlich beeindruckt. Der auf ein Privatvermögen von damals rund 400 Millionen Mark geschätzte Engländer eröffnete Klinsmann an Bord der Yacht die Schwierigkeiten seines Klubs, der mit einer Strafe von sechs Punkten wegen Transfermanipulationen und Schwarzgeldzahlungen seiner Vorgänger in die neue Saison gehen müsse. Trotzdem wollte Sugar mit Tottenham eine führende Rolle in der Premier League spielen. »Wir wollen in den Europapokal, wir wollen Meister werden«, sagte er, »und dafür brauchen wir dich« – und bei dieser Investition werde es nicht bleiben. Er sagte zu, die Ablöse an Monaco zu zahlen, und nannte Klinsmann gleich die Summe, die er in London verdienen könne. »Sugar hat mit offenen Karten gespielt, wie ich es in der Art noch nie erlebt habe. Das Gespräch hatte Stil und machte Spaß«, sagte Klinsmann. »Dann sind wir am nächsten Tag zum Präsidenten von Monaco marschiert und haben den Transfer perfekt gemacht.«

Sugar griff tief in die Tasche. Die Ablöse handelte er zwar noch von vier auf 3,3 Millionen Dollar herunter, aber das Gehalt, das Klinsmann in dem Zweijahresvertrag aushandelte, belief sich auf in der Presse geschätzte 200 000 Mark im Monat, exklusive Begrüßungsgeld, das auf noch einmal 1,25 Millionen Mark taxiert wurde. Unter diesem Preis war der Stürmer nicht zu haben. Wie sich gute Geschäfte machen lassen, hatte Klinsmann mit dreißig Jahren und großer internationaler Erfahrung längst verstanden.

Sein Marktwert war schon vor der Weltmeisterschaft höher als der aller anderen deutschen Nationalspieler, und es zahlte sich aus, daß Klinsmann immer nur Werbung für solche Produkte machte, die zu ihm und seinem Lebensstil paßten. Vor der WM schloß er den kuriosesten Werbevertrag seiner Karriere ab: mit der Wirtschaftsorganisation der deutschen Bäcker. Die hatten ein Nachwuchsproblem, und als sie in Stuttgart zu ihrer Innungstagung zusammenkamen, waren auch Siegfried Klinsmann und der Bäckermeister Frank dabei, der Jürgen einst die Gesellenprüfung abgenommen hatte. Er fragte den Vater, ob der Jürgen nicht etwas für seinen alten Berufsstand tun und das Bäckerhandwerk auch bei jungen Leuten populär machen könne. Sie sollten ihn doch einfach fragen, erwiderte Klinsmanns Vater, und so dauerte es nicht lange, bis überall in Deutschland ein Weltmeister-Brot auf den Markt kam, dazu wurden Klinsmann-T-Shirts, -Kaffeetassen und -Autogrammkarten in die Bäckereien geliefert. Als nach der WM Bilanz gezogen wurde, konnten sie zufrieden auf ein Millionengeschäft zurückblicken. Damit war das Markenprodukt Klinsmann nach dem FC Bayern München, der es in jenem Jahr auf zehn Millionen Mark Umsatz brachte, der begehrteste Fanartikel des Landes.

Vom »Diver« zum »Cleansman«

In England jedoch war der Empfang für den Deutschen empfindlich kühl. Die britische Presse begrüßte ihn mit dem gesamten Spektrum von Vorurteilen, das ihr für die Beschreibung des Sachverhalts zur Verfügung stand, daß erstmals ein deutscher Nationalspieler es wagte, seinen Fuß auf britisches Territorium zu setzen. Die Blätter für die intellektuellen Kreise erinnerten daran, daß die englischen Taubstummen ein ziemlich gutes Gedächtnis haben, denn in ihrer Sprache ist das Zeichen für »deutsch« eine Faust an der Stirn, wobei der Zeigefinger steil nach oben gerichtet ist. Ein prägnantes Bild für die Pikkelhauben aus Kaiser Wilhelms Zeiten. Im Sportteil selbst der *Times* ging es schon ruppiger zur Sache: »Unter den Engländern gilt Klinsmann, vielleicht mit der Ausnahme Diego Maradona, als die größte Haßfigur im Weltfußball. Er wird zuerst als der oberste Schwindler im Fußball angesehen; ein Mann, dessen hauptsächliche Geschicklichkeit darin besteht, den Schiedsrichter zu täuschen und Elfmeter herauszuschinden. Als seine Spezialität wird der ›diver‹ im Strafraum mit dem höchstmöglichen Schwierigkeitsgrad betrachtet.« Der *Guardian* antwortete mit einer verquer-vergeistigten Replik für die gebildeten Stände und beantwortete die von der Konkurrenz aufgeworfene Frage, »Warum ich Klinsmann hasse«, geradezu intellektuell verspielt: »Erstens weil er Tore für Deutschland schießt, zweitens weil sie abseits sind, drittens weil er sie deshalb nicht geschossen hat.«

Das Massenpublikum allerdings reagierte auf andere publizistische Reize, etwa auf solche, für die *News of the World* berüchtigt ist. Reporter des Blatts lauerten Klinsmann und seiner Freundin in ihrem Hotel auf und knöpften sich beide im Aufzug vor. Klinsmann sagte ihnen, sie sollten verschwinden, und der Artikel, der aus dieser bizarren Szene gezimmert wurde, war nicht dazu bestimmt, die deutsch-englische Freundschaft zu befördern. Unter der Überschrift »Mein Fury!«, in Anspielung auf Hitlers »Mein Kampf«, eröffnet das Blatt die Kampfhandlungen gegen den deutschen Fußball-Import: »German soccer ace Jurgen Klinsmann launched a fuhr-ious blitz on the News of the World ... Klinsmann stormed off to his room and trooped inside.« Das Repertoire an Nazi-Anspielungen, fuhr-ious, blitz und Stormtroopers, setzte sich ungehemmt fort, und auch andere Blätter verkniffen sich nicht die Schilderung, daß ausgerechnet der »Inbegriff des blonden Ariers« zu einem Klub mit großer jüdischer Tradition gefunden hatte, der mit Sugar auch noch von einem Vorsitzenden geführt wird, der zu den erfolgreichsten jüdischen Geschäftsleuten des Landes zählte.

Die Stimmung bei Klinsmanns offizieller Präsentation in London war angespannt. Er selbst konnte sich die Schlagzeilen nicht erklären. Aber ein Kumpel aus Nizza, der fünf Jahre in England gewohnt hatte, half ihm beim Verständnis der deutsch-englischen Beziehung auf die

Sprünge. »Er sagte mir: Die wollen dich testen, die wollen sehen, wie du reagierst. Und wenn du auf eingeschnappt machst und trotzig reagierst, dann hast du verloren. Dann machen sie dich alle.« Sein Freund machte ihm den Vorschlag, wenn er schon als »diver«, als Elfmeterschinder, bezeichnet werde, dann solle er doch seine Taucherbrille mit zur Vorstellung bringen.

Klinsmann ließ sich die Sache durch den Kopf gehen. Als er in London auf dem Flughafen ankam, hatte sein Freund Taucherbrille und Schnorchel schon besorgt und steckte ihm beides in den Rucksack. Der Presseraum war dicht gefüllt, und die Reporter warteten mit großer, ungeduldiger Spannung auf den Auftritt des umstrittenen Deutschen. Der Präsident gab den Journalisten das Wort, doch in diesem Moment ergriff Klinsmann die Gelegenheit und fragte die Reporter: »Moment mal, gibt es denn in London eine Tauchschule? Ich muß noch ein bißchen tauchen üben.« Die Antwort war dröhnendes Gelächter. Das Eis zwischen Klinsmann und England war endgültig gebrochen, als er den Reportern wegen seiner angeblichen Schummeleien anbot, »daß wir uns hier in ein paar Wochen wiedertreffen. Ich bin für das Bier zuständig, ihr für die Videos. Dann schauen wir uns die Videos an, und ihr sagt mir, wo ich den Schiedsrichter versucht habe zu täuschen.« Am nächsten Tag sollte nicht nur die *Times* umschwenken und mit einem schwärmerischen Bericht erscheinen, der die Überschrift trug: »Klinsmann startet Charme-Offensive.« Eine Londoner Tauchschule schickte ihm ein Club-Jacket und einen Gutschein für einen Gratiskurs, und auch die anderen Zeitungen druckten nun nur noch die Fotos eines strahlenden deutschen Stürmers. Schon nach ein paar Tagen sollte ein neuer Begriff in England Karriere machen: »Cleansman.«

Klinsmann hatte es geschafft, sich auch in England neu zu erfinden. Bei seinem Wechsel nach Italien war er der schwäbischen Enge entflohen und lernte erstmals das unbeschwerte Leben kennen: daß es sich auch gut leben läßt, wenn nicht immer genau auf die Uhr geschaut wird, daß er sich gedulden mußte, weil die Menschen anders waren als er selbst, daß immer Zeit für einen Espresso sein sollte. »Wenn ich noch in meiner kleinen Welt in Stuttgart leben würde, hätte ich noch immer dieses Nachbarschaftsdenken. Wenn der Nachbar ein Auto kauft, muß ich auch ein neues haben«, sagte Klinsmann damals. In

Monaco lernte er, die Menschen zu nehmen, wie sie sind, und nicht, wie er sie sich wünschte. »Hier habe ich Toleranz gelernt«, sagte Klinsmann. Er merkte, daß Fußball nicht alles ist, nicht für die Menschen und auch nicht für ihn, und daß er sich genau überlegen mußte, wie es für ihn als Mensch weitergehen sollte, wenn er nicht mehr der Fußballstar Klinsmann sein würde. Er wollte neue Erfahrungen in England sammeln, denn wenn er seine Karriere beenden würde, dann würde es nicht mehr darauf »ankommen, ob ich zwanzig oder dreißig Tore geschossen habe, sondern was ich mitgenommen habe«.

Die Erlebnisse, die er aus England mitnehmen sollte, waren die faszinierendsten in seinem Profileben. Schon die ersten beiden Saisonspiele drei Wochen nach seinem fabelhaften Einstand boten Stoff für einen Kinofilm. Tottenham spielte bei Sheffield Wednesday, es stand 3:2, und es waren keine zehn Minuten mehr zu spielen, als eine Flanke in den Strafraum segelte und Klinsmann mit einem Kopfballtreffer für die Entscheidung sorgte. Der Sieg war Tottenham mit dem 4:2 sicher. Vor dem Spiel hatte ihm sein Stürmerkollege Teddy Sheringham den Vorschlag gemacht, daß die gesamte Mannschaft nach einem Treffer von ihm in die Kurve stürmt, um einen »dive« zu machen. »Nach meinem Kopfball rennt er auf mich zu, zeigt mit dem Finger runter, runter. Zu viert, fünft sind wir runter auf den Bauch, und schon da hat das Stadion getobt.« Kurz nach dem ersten Triumph rasselte Klinsmann jedoch mit Des Walker zusammen und wurde nach dem Zusammenprall bewußtlos vom Platz getragen. In der Kabine wachte er auf, er wurde mit Sauerstoff behandelt, die Lippe mußte genäht werden, eine leichte Gehirnerschütterung kam hinzu. »Ich habe nichts mehr mitgekriegt. Als ich in der Kabine aufgewacht bin, haben sie schon an mir rumgenäht.« Kurz danach saß er im Mannschaftsbus und strahlte: »Alles halb so schlimm, mir geht's bestens.« Der *Sunday Mirror* schwärmte vom »unglaublichsten Debüt aller Zeiten«.

Es sollte noch besser kommen. Vier Tage später, bei seinem Debüt an der White Hart Lane, verzauberte Klinsmann Tottenham endgültig. Erst erzielte er die Führung gegen Everton, und dann gelang ihm auch noch der zweite Treffer zum 2:1. Auf der Anzeigetafel leuchtete »Wunderbar Jürgen« auf, umrahmt in schwarz-rot-goldenen Farben. Auch vor diesem Spiel hatte Sheringham ihn zur Seite genommen und Klinsmann von der Stimmung an der Basis berichtet. »Du, mein sechsjähriger Junge will den Dive sehen. Die Kids in Tottenham reden nur noch vom Dive, die fahren voll drauf ab.« Als Klinsmann den Ball mit einem spektakulären Fallrückzieher zur Führung ins Tor gewuchtet hatte, war der Moment gekommen. »Alle waren vorbereitet«, erzählte Klinsmann später immer wieder, »der Torwart kam über 80 Meter gelaufen, und wir sind in die Ecke rein, alle runter, die ganze Mannschaft. Das war eine Atmosphäre, die ich selten, vielleicht noch nie erlebt habe. Danach hat das ganze Stadion gesungen, mir ist eine Gänsehaut über den Buckel gelaufen.«

Nach vier, fünf Wochen erreichte die »Klinsmania« ihren ersten Höhepunkt. Rund ein halbes Dutzend Reporter hatten verschiedene englische Blätter in dessen schwäbische Heimat ausgesandt, um nach den Spuren des Torjägers zu forschen, der das Land in seinen Bann zog. Einer kaufte sogar Brezeln in der elterlichen Bäckerei in Stuttgart, um das ofenfrische Kennzeichen dieses deutschen Bäckergesellen an britische Leser zu verteilen. Der vermeintliche Londoner Abstiegskandidat mit der schmuddeligen Vergangenheit verwandelte sich durch Klinsmann in einen Klub mit internationaler Perspektive, und die Anleger honorierten diese Entwicklung. Der Wert von Tottenham war nach seinem fünften Treffer im vierten Spiel an der Börse umgerechnet um 15 Millionen Mark gewachsen, zum Jahresende hatte er sich verdoppelt. Der Sportartikelhersteller Umbro jubelte über 15 000 verkaufte Trikots mit der Nummer 18, die rund vier Millionen Mark in die Kassen spülten. Den Dauerkartenverkauf hatte Tottenham vorzeitig eingestellt, alle Spiele bis zum Saisonende waren ausverkauft. Der Boom brachte dem Klub 1,5 Millionen Mark mehr ein als kalkuliert.

Die Welle der Begeisterung erreichte auch bald die andere Seite des Kanals. Die deutschen Sportjournalisten hatten Jürgen Klinsmann gerade zum zweiten Mal zum »Fußballer des Jahres« gewählt, als die Meldungen über diese ungewöhnliche deutsch-englische Fußball-Liaison dem Ansehen des Nationalspielers eine neue Dimension verlieh. Der *Spiegel* machte sich nach London auf, um das Phänomen »Cleansman« zu erkunden: »Vor allem Aussehen und Auftreten des Ex-Weltmeisters haben ein Fieber entfacht, das mehr dem Mann in Klinsmann gilt als dem Fußballer im Profi, und noch mehr dem Deutschen im Fremden: Der antrittsschnelle Sonnyboy setzt nicht nur seine Weltmeisterschaftsmission als ›bester Botschafter des deutschen Fußballs‹ *(Kicker)* fort. Die Briten erleben einen ›Kraut‹ zum Gernhaben, einen Abgesandten der guten Deutschen, der eisbrecherisch germanophobe Verhärtungen aufweicht . . . Einen unschätzbaren Vorteil besitzt er allerdings gegenüber etlichen seiner Landsleute: Er muß sich nicht verstellen, um nett zu sein.«

England und der Fußball schienen wie geschaffen für diesen Deutschen, der die Erinnerung der Briten an den legendären Torwart Bernd Trautmann wieder wach werden ließ, jenen ehemaligen Soldaten, der in englische Gefangenschaft geriet und nach dem Krieg als Torwart bei Manchester City Karriere machte. Sein größtes Spiel, das »Dear Old Bert« zu einer Legende der englischen Sportgeschichte werden ließ, trug sich 1956 im englischen Cup Final zu, dem ältesten Fußballwettbewerb der Welt. Der Torwart krachte bei einer Parade mit einem Gegner zusammen, sein Genick schmerzte fürchterlich, und er mußte auf dem Platz lange behandelt werden. Aber Trautmann hielt trotz Schmerzen durch und rettete seinem Klub den 2:1-Sieg, danach brach er zusammen. Trautmann hatte mit angebrochenem Halswirbel gespielt, und als die Engländer davon erfuhren, zollten sie dem Deutschen ihren größten sportlichen Respekt und wählten ihn 1956 zum »Spieler des Jahres«, eine Ehre, die nie zuvor einem Ausländer zuteil geworden war.

Aber die Auszeichnung Trautmanns rund zehn Jahre nach dem gewonnen Weltkrieg speiste sich in England aus einem anderen Selbstverständnis als vier Jahrzehnte später der Rausch um Klinsmann. Die Siegernation konnte sich damals Mitleid leisten mit dem Besiegten, der aufopferungsvoll für seinen Klub kämpfte, der in England seinen Weg gemacht hatte und von den Deutschen selbst kaum wahrgenommen wurde. Auch die Selbsteinschätzung, der englische Klubfußball sei führend in der Welt, verschaffte den Engländern seinerzeit eine gelassene Haltung gegenüber einem bescheidenen Helden, der buchstäblich Kopf und Kragen riskiert hatte. Klinsmann wußte davon nichts, als er zu Tottenham ging.

Er kam als Star nach England, und der britische Fußball befand sich in einer schweren Identitätskrise. Die britischen Hooligans hatten die Fußballstadien über viele Jahre hinweg in Schlachtfelder verwandelt. Nachdem Mitte der achtziger Jahre Liverpooler Anhänger die Katastrophe im Brüsseler Heysel-Stadion verursacht hatten, das todbringende Endspiel im Europapokal der Landesmeister gegen Juventus Turin, bei dem nach einer durch englische Hooligans verursachten Panik 39 Menschen ums Leben kamen, verbannte die UEFA die englischen Vereine fünf Jahre lang aus Europa. Der Schock und die Schande lasteten schwer auf dem Fußball wie auf dem Selbstverständnis der Engländer, die den Gedanken des Fair play und den sprichwörtlichen englischen Sportsgeist wie keine andere Nation verkörperten. Von diesen besten Seiten des englischen Fußballs war 1994 nicht mehr viel übriggeblieben. Die großen Stars machten einen Bogen um die Insel, die Klubs hatten ihre internationale Dominanz vollständig eingebüßt und die Nationalmannschaft hatte sich nicht einmal für die Weltmeisterschaft qualifiziert. Zudem hatte das englische Selbstbewußtsein gegenüber den Deutschen erheblich gelitten. Wirtschaftlich waren die Kriegsverlierer den Siegern ohnehin schon seit Jahren voraus, und durch die Wiedervereinigung hatte der frühere Feind auch seine staatliche Souveränität wiedererlangt, was zahlreiche Briten ein noch mächtigeres Deutschland fürchten und mit der Ungerechtigkeit der Geschichte hadern ließ.

Klinsmann erkannte schnell, wie sehr der englische Fußball am Verlust an einstiger Größe litt. »Die Engländer sehnen sich nach internationalem Fußball, und für sie stehe ich irgendwie dafür.« Diesen Mangel an eigener Klasse, diese Rückständigkeit nach Jahren der Isolation spürten auch die britischen Medien schmerzlich, und so nahmen sie Klinsmann dankbar, aber auch mit einer gewissen Trauer angesichts der eigenen sportlichen Dürftigkeit als einen der Ihren an. Der *Independent* ernannte ihn im übertragenen Sinn als geborenen Engländer: »Jürgen, one of nature's Englishman.« Früher habe England diesen Typ Sportler selbst in die Welt hinausgeschickt, »heute müssen wir ihn importieren«. Der Deutsche habe so ungewöhnliche Qualitäten, daß man ihn nicht einmal erfinden könne, schrieb das Blatt weiter. »Ein Fußballspieler, der fließend vier Sprachen spricht? Einer der bekanntesten Spieler der Welt, der keinen Agenten hat und kein Geld für Interviews verlangt? Der Käfer Jahrgang 1967 fährt und Spenden an Greenpeace gibt? Das kann nicht sein.«

Die Popularität des Deutschen überstieg jedes zuvor denkbare Maß. Lehrer bedankten sich bei ihm, weil englische Kinder nun auf einmal viel lieber Deutsch lernen würden und er in drei Monaten mehr für Deutschland getan habe als die Goethe-Institute in vielen Jahren. Die BBC verpflichtete ihn als ersten aktiven Profi als Kommentator bei Europapokal-Spielen, und dies nicht nur wegen seiner erheblichen internationalen Erfahrung, sondern weil er sich besser auszudrücken verstand als viele der in England geborenen Kicker aus der Premier League. Bald zählte er (nach Hitler) zu den bekanntesten Deutschen auf der Insel, und die schwärmerische Berichterstattung kannte ohnehin keine Grenzen mehr. Er wurde zum »bedeutendsten deutschen Import seit Gottlieb Daimlers Automobil vor hundert Jahren« ausgerufen, und der auf knallige Schlagzeilen spezialisierte *Daily Star* huldigte dem blonden Deutschen mit genau jenen verdrehten nationalen Stereotypen, die Klinsmann spielerisch auf den Kopf gestellt hatte: »Er hat getan, was Hitler nicht gelungen ist«, schrieb das Blatt, »er hat England im Sturm erobert!«

Die »Klinsmania« verbreitete sich wie eine Epidemie. Es gab nur noch wenige nachdenkliche Stimmen in England, von kritischen ganz zu schweigen, die Klinsmann als einen Menschen auch mit seinen Schwächen wahrzunehmen vermochten. Eine Reporterin der *Times* traf sich mit dem Liebling zweier Nationen und zweifelte daran, daß Klinsmann bei aller charmanten Offenheit jenen Wesenszug tatsächlich besitze, mit denen er die Engländer sofort für sich eingenommen hatte: Humor nämlich, zumal britischen. »Ich bin mir nicht sicher, daß er einen Sinn für Humor besitzt. Was er hat, ist ein außergewöhnliches Selbstbewußtsein und einen untrüglichen Sinn dafür, was ein englischer Klub und seine Anhänger von einem Ausländer wünschen«, schrieb Anne McElvoy unter dem Titel »Creating Mr Cleansman«. Ganz so falsch war diese Beobachtung wohl nicht, denn Klinsmann hatte die beiden ersten Auftritte, die ihn zum Gegenmodell des typischen Deutschen stilisierten, tatsächlich sorgfältig geplant – wie ein typischer Deutscher, könnte man sagen. Der Witz mit der Tauchschule etwa war nicht aus Spontaneität und Situationskomik heraus entstanden, und auch die Taucherbrille, die er bei der Pressekonferenz dabeihatte, aber im Rucksack ließ, weil er es in diesem Moment nicht mehr für angemessen hielt, sie aufzusetzen, zeigten Klinsmanns auf Wirkung bedachtes Kalkül. Auch die »Dives« mit seinen Kollegen von Tottenham waren nicht Ausdruck unmittelbarer Freude, sondern gehörten zur professionellen Choreographie des Torjubels, wie er mit den Jahren in Stadien überall auf der Welt einziehen sollte.

Klinsmann scherte sich nicht weiter um solche Gedanken, er genoß die Tage in England, die wirklich tolerante Internationalität in der Hauptstadt des ehemaligen Empire, die modernen Stadien mit ihrer wundervollen Atmosphäre, aber vor allem die britische Art des Spiels, die Fußball-Philosophie im Mutterland des Fußballs. Es begann damit, als der argentinische Trainer Osvaldo Ardiles sich von der Mannschaft nach dem Abschlußtraining vor dem Spiel gegen Manchester United wie üblich verabschiedete und Klinsmann ratlos zurückblieb. Klinsmann, an zermürbende Trainingslager in Deutschland, Italien und Monaco leidvoll gewöhnt, fragte bei Ardiles nach, wo denn der Treffpunkt sei. »In der Kabine«, antwortete dieser dem perplexen Deutschen. »Und wann muß ich da sein?« fragte Klinsmann. »Rechtzeitig, daß du um 15 Uhr spielen kannst«, erwiderte der Trainer.

Nach einigen Monaten, als er die Nutzlosigkeit dieser von ihm schon immer als sinnlos empfundenen Trainingslager durch die englische Haltung bestätigt fand, entwickelte er aus dieser Erfahrung auch eine entschiedene Haltung, die er später als Bundestrainer den deutschen Nationalspielern zu vermitteln versuchte. »Ich gebe dem Spieler damit auch eine gewisse Verantwortung. Er muß sich Gedanken machen, wie er sich auf das Spiel vorbereitet. Ein junger Spieler hat das nach ein paar Mal raus. Man hat Vertrauen in die Spieler, daß sie nicht am Abend vorher auf Kneipentour gehen. Die Verantwortung wird weitergegeben und erfüllt. In Italien ist es am schlimmsten mit den Trainingslagern. Das ist reines Kontrolldenken, es ist reines Alibidenken der Vereine, die glauben, die Spieler wären dort gut aufgehoben und würden keinen Unfug machen. Es gibt dort über Jahre hinweg eine Entwicklung, die junge Spieler zur Unselbständigkeit erzieht. Das ist ein schwerwiegender Punkt auch in der Bundesliga. Das ist gravierend falsch. Wenn ich laufend versuche, Spieler zu kontrollieren und einzuschränken, und ihnen nicht ein gewisses Verantwortungsbewußtsein übertrage, dann kann ich auch nicht erwarten, daß Spieler auf dem Fußballplatz Verantwortung übernehmen«, sagte Klinsmann.

Im Fußball wird ständig davon gesprochen, daß Spieler auf dem Platz Verantwortung übernehmen müßten, ohne zu präzisieren, was damit eigentlich gemeint ist. Hinter dieser Floskel verbirgt sich die Frage nach dem sportlichen Charakter eines Spielers. Der zeigt sich für das große Publikum nicht im Alltag, sondern in besonders wichtigen Spielen, in entscheidenden Begegnungen zwischen ausgeglichenen Mannschaften, wenn das Kollektiv mit seiner Arbeit an Grenzen stößt und einzelne Spieler den Mut und das Selbstvertrauen aufbringen müssen, die Initiative an sich zu reißen, ob nun kämpferisch, läuferisch oder emotional. Wenn einzelne Spieler spüren, daß es notwendig ist, aus dem festen Schema auszubrechen, um den entscheidenden Vorteil zu erzwingen, selbst mit dem Risiko des Scheiterns, auch des ganz persönlichen Scheiterns. Diesen Typus des Teamplayers, der aus sich herausgeht zum Wohl des Teams, der über sich hinauswächst, hatte Klinsmann in Monaco schmerzlich vermißt; in Tottenham fand er ihn überall auf dem Platz: »Ich habe gleich beim ersten Training gemerkt, hier will jeder sein Bestes geben. Hier schreien alle nach dem Ball. In Monaco war ich meistens der einzige, der auf dem Platz gerufen hat.«

Diese Leidenschaft, alles zu riskieren, die er in England fand, nannte Klinsmann »Fußball pur«. Es war sein Fußball, schnell und gradlinig nach vorne, ständig attackieren, hohes Tempo gehen, den Gegner dominieren, alles geben, alles aus dem Körper herausholen. Erstmals war er dort angekommen, wo sein Fußballverständnis auch das der großen Mehrheit war. Der englische Fußball, das war Klinsmanns Fußball, und zehn Jahre später würde dieser Fußball auch der Fußball der deutschen Nationalmannschaft sein. Aber nicht nur die Spielweise, auch die Spielertypen, die diesen Fußball verkörpern, ihre Lebensweise und ihre Wißbegier, sollten Klinsmann als Vorbild für die Nationalelf dienen. »In England finde ich es gut, daß die jungen Spieler zu einem kommen. Sie schauen natürlich zu dir auf, weil sie wissen, du hast in vielen Ländern gespielt und Erfolg gehabt, und fragen: ›Jürgen, wie macht ihr das in Italien mit der Ernährung, auf was muß ich denn achten?‹ Da hat man das Gefühl, die wollen selbst dazulernen und nicht das tun, was ihnen eingetrichtert wird. Weil sie eben das Gefühl aus sich heraus entwickeln, daß sie für sich selbst verantwortlich sind, daß sie Profis sind«, faßte er seine Beobachtungen nach den ersten Monaten auf der Insel zusammen; Monate, die ihn mit Tottenham von einem Erfolg zum nächsten trugen.

In England fand er auch etwas von dem sportlichen Lebensgefühl wieder, das er noch aus jener Zeit in Deutschland kannte, als Jürgen Klinsmann noch nicht der Superstar war, der Weltmeister und Medien-Darling. Jene Tage, in denen er das Leben und seine ersten Erfolge noch unbeschwert und in der Gemeinschaft erlebte, der Ehrgeiz noch so groß war wie seine unerfüllten Hoffnungen und der Konkurrenzkampf die emotionale Verbindung zu den Mitspielern noch nicht gekappt hatte. Der Zusammenhalt bei Tottenham gab ihm zusätzliche Kraft. Nach den Spielen in der Premier League oder dem FA-Cup ging ein Teil der Mannschaft noch in den Pub, um die Siege gemeinsam zu feiern: »Das tut mir wahnsinnig gut. Das habe ich zuletzt genossen, als ich noch beim VfB Stuttgart gespielt habe. Das ist es, was mir über die Jahre gefehlt hat. Hier ist es selbstverständlich, daß sechs oder sieben Leute noch auf Tour gehen. Das gibt ein echtes Mannschaftsgefühl. Da weißt du wenigstens, für wen du dich abrakkerst.«

Der Fußball-Arbeiter war an seinem Ziel angelangt. Nie mehr danach war Klinsmann stärker eins mit seinem Beruf, mit seinem Klub und seinen Kollegen wie in diesen ersten Monaten in Tottenham. Auch von der Stadt ging eine faszinierende Wirkung auf ihn aus, von Tottenham, diesem Viertel im proletarischen Norden der Stadt, das nicht nur zwei Flugstunden vom Luxusleben in Monte Carlo trennte, sondern eine ganze Welt. Fünf Stationen sind es von Oxford Circus mit der Victoria Line bis nach Seven Sisters, dort muß man aussteigen, um an die White Hart Lane zu kommen. Das Viertel ist das, was man einen sozialen Brennpunkt nennt, Rassenprobleme und Gewalt gehören zum Alltag, die Straßen sind heruntergekommen, gesäumt von ausgebrannten Häusern und verlassenen Läden, denen die Kunden weggeblieben sind, weil sie kein Geld mehr haben. Menschen, die vor der Essensausgabe der Sozialstation stehen, wohin sie die Arbeitslosigkeit getrieben hat, die zweithöchste in London. »Diese Gegensätze reizen mich«, sagte Klinsmann. Hier spürte er das Leben in all seinen Facetten, und die Erfahrungen, die er machte, waren ihm wichtig: Menschen kennenlernen, die unterschiedlichen Kulturen, die Widersprüche. »Wenn ich aufhöre, kommt es darauf an, was ich mitgenommen habe, und ich habe viel mitgenommen«, sagte er.

Ende des Jahres 1994 wartete eine neue Erfahrung auf Klinsmann, der auf seinem Weg vom Individualisten, der sich von Cliquen in der Mannschaft stets ferngehalten hatte und lange nicht darauf aus war, Einfluß zu nehmen, zu einem Führungsspieler immer weiter vorankam. Aber nicht nur die natürliche Entwicklung machte den dreißig Jahre alten Profi in einer Mannschaft mit einem Durchschnittsalter von dreiundzwanzig Jahren zu einer Leitfigur; Klinsmann spürte auch immer stärker die Verantwortung, die ihm zuwuchs. »Die Jungs brauchen dich doch, die kannst du nicht enttäuschen«, sagt er. Als dann jedoch der Argentinier Ardiles überraschend entlassen wurde, stand er auf einmal vor der Frage, ob er Spielertrainer werden wolle. Präsident Sugar hatte ihm den Job angeboten. Er lehnte ab, und die Begründung, die er in der *Frankfurter Allgemeinen Sonntagszeitung* lieferte, war lange auch ein Argument, weshalb viele im Profigeschäft Jahre später noch glaubten, einen Trainer Jürgen Klinsmann werde es niemals geben. »Da habe ich erst einmal schlucken müssen. Aber das war gar nicht schlecht. Denn dann mußte man sich von einem Moment auf den anderen in die Situation reinversetzen. Da wurde mir klar, daß dies nicht mein Charakter ist. Ich hätte Probleme, im Umgang mit anderen Menschen den Ton anzugeben und zu sagen, jetzt wird dies und das gemacht. Ich weiß nicht, ob ich die Qualitäten hätte, mit Leuten klipp und klar ins Gericht zu gehen. Sportler im allgemeinen, aber speziell Fußballprofis, wir werden über Jahre hinweg verwöhnt. Das führt zu einer Mentalität bei uns, wo man ab und zu einen Tritt in den Hintern braucht. Diesen Tritt anderen zu geben, das weiß ich nicht, ob ich das kann.«

Er lehnte das Angebot ab, und es begann in ihm zu arbeiten, ob er dieses englische Abenteuer fortsetzen wollte. Sportlich war die Hoffnung nicht mehr groß, einen Platz für den Uefa-Pokal zu erreichen, der Punktabzug lastete zu schwer auf Tottenham. Klinsmann wollte aber im internationalen Fußball spielen. Die Chance über den UI-Cup, diesen ungeliebten Wettbewerb nach Saisonschluß, zu suchen, lehnte Klinsmann für sich ab. Im Winter hatte er schon keine Pause vom Fußball bekommen, und die Aussicht, im Sommer auch weitgehend darauf verzichten zu müssen, erschien ihm wie ein Alptraum.

»Es muß einen Urlaub geben, bei dem ich abschalten kann, weil ich sonst nicht mehr der sein kann, der ich bin. Wenn ich ein hochbezahlter Roboter sein soll, muß ich mich selbst ankotzen. Ich muß mir die Freude am Spiel bewahren.« Er begann über einen weiteren Wechsel nachzudenken.

Die größte Chance, sich für einen europäischen Wettbewerb zu qualifizieren, besaß Tottenham im FA-Cup. Die Mannschaft, die nun von Gerry Francis geführt wurde, hatte das Viertelfinale erreicht, aber sie mußte Anfang März beim FC Liverpool antreten, wo Tottenham in über 100 Jahren noch kein Pokalspiel gewonnen hatte. Bald lagen die Spurs 0:1 zurück, aber Klinsmann bereitete den Ausgleich durch Sheringham vor, und als alle an ein Entscheidungsspiel in Tottenham glaubten, glückte Klinsmann mit einem wunderbaren Treffer in letzter Minute der 2:1-Sieg. Die Fans von Tottenham waren außer sich vor Begeisterung, und sogar die Anhänger des FC Liverpool applaudierten dem deutschen Torschützen nach einem Spiel, das zu den besten gehörte, die in England je gespielt wurden. Auf der Rückfahrt sangen sie im Mannschaftsbus gemeinsam Lieder, eins davon hatten seine Kollegen speziell für ihn gedichtet. Im Halbfinale folgte allerdings die Niederlage des Jahres. Sie gingen als Favoriten in die Partie, es war die wichtigste Begegnung der Saison, das Endspiel in Wembley war nah. Doch Tottenham verlor 1:4, und es war klar, daß der große Fußball in Europa auch künftig einen Bogen um Tottenham machen würde.

An der Verehrung der Engländer für diesen unglaublichen Deutschen änderte dieser Rückschlag nichts. Während sich Klinsmann immer stärker mit dem Gedanken trug, von seiner Ausstiegsklausel Gebrauch zu machen, um die Insel vorzeitig zu verlassen, wurde er in England zum »Fußballer des Jahres« gewählt. In rund fünfzig Jahren war diese Ehre zuvor nur zwei Ausländern zuteil geworden, und noch niemals einem Spieler in seinem ersten Jahr in der Premier League. Zu dieser Zeit hatte der FC Bayern schon über Franz Beckenbauer Kontakt zu ihm aufgenommen. Als die ersten Meldungen auftauchten, die über einen möglichen Wechsel berichteten, verabschiedete ihn Rob Hughes, der legendäre Fußballreporter der *Times,* mit klugen, vorausschauenden Worten: »Er wird dorthin gehen, wo er sich am stärksten motiviert fühlt. Deutschland ruft, und ich glaube, er wird gehen, weil er seine Herausforderung in England zu einem vollkommenen Ende gebracht hat. Nach München zu gehen, ist mehr als das Gefühl, nach Hause zu kommen. Die Aufgabe, einen Klub wiederzubeleben und seine Landsleute zu überzeugen, ihn genauso zu bewundern wie die Engländer, ist größer.«

Das waren ziemlich exakt die Hoffnungen Klinsmanns, die er mit einem Wechsel verband, und er wünschte sich, nachdem sich der Ärger und die Enttäuschung über seinen vorzeitigen Abschied in England gelegt hatten, daß sie sich in München beim FC Bayern erfüllen ließen. Die Fans in Tottenham bereiteten ihm einen stimmungsvollen Abschied. Im letzten Spiel der Saison, in der er 29 Tore erzielt hatte, durfte er die Kapitänsbinde tragen, und Klinsmann konnte das dankbare Gefühl der Anhänger nach Deutschland mitnehmen, einem Mittelklasseklub eine wunderbare Zeit geschenkt zu haben. »Die Zeit mit Jürgen war kurz, aber sie war grandios«, sagte einer seiner Mitspieler. Aber nun, nach sechs Jahren im Ausland, machte sich Klinsmann daran, in München auch ein ganz persönliches Wagnis einzugehen, das vielleicht größte und umfassendste seiner Karriere: »Ich möchte herausfinden, ob Deutschland wirklich das Land ist, in dem ich nachher leben möchte.«

6. Fremdkörper beim FC Hollywood

Torjäger des FC Bayern

Den ersten Arbeitstag beim FC Bayern München sollte Jürgen Klinsmann nicht vergessen. Es war ein sonniger Tag im Mai, am Telefon meldete sich Uli Hoeneß. Es war der Tag der Vertragsunterzeichnung, und der Manager sagte, der Verein habe ein paar Leute ins Seehaus im Englischen Garten eingeladen. Es wäre doch eine schöne Sache, wenn der Klub bei der Vorstellung des neuen Stürmers auch gleich das nagelneue Trikot präsentieren könnte, in dem er in der kommenden Saison seine Tore in deutschen Stadien schießen werde. »Okay, du gehst da hin«, erinnert sich Klinsmann noch Jahre später an seinen ersten Auftritt in München, »es gibt eine Kleinigkeit zu essen. Du ziehst das Trikot über und gehst wieder.« Es sollte das erste von vielen Mißverständnissen zwischen ihm und dem FC Bayern sein.

Als der deutsche Superstar bei strahlendem Sonnenschein zwei Tage nach seinem rauschenden Abschied in England im Englischen Garten eintraf, waren nicht einfach nur ein paar Gäste zusammengekommen. Der gesamte Hofstaat, mit dem sich der FC Hollywood zu umgeben pflegte, hatte sich versammelt. 60 Journalisten erwarteten die Ankunft des Fußballieblings, 30 Fotografen brachten ihre Kameras in Stellung, und exakt ein Dutzend Fernsehanstalten wollten sich das Ereignis der Rückkehr des Kapitäns der deutschen Nationalmannschaft nicht entgehen lassen. Der FC Bayern präsentierte sich in voller Pracht. Präsident Franz Beckenbauer war erschienen, Sportdirektor Karl-Heinz Rummenigge ebenso wie Vizepräsident Professor Fritz Scherer, und natürlich fehlte auch Manager Hoeneß nicht. Sie alle trugen Sakko und Krawatte und stolze Mienen dazu. Klinsmann verschlug es die Sprache, denn er fiel erheblich aus dem eleganten Rahmen, den sich die Bayern für diesen besonderen Tag geschaffen hatten. Das neue Luxusobjekt des FC Bayern war in schlichten schwarzen Jeans gekommen und hatte nur ein Sweatshirt drübergezogen. Klinsmann spürte sofort das unangenehme Gefühl in sich aufsteigen, die Bedeutung des Anlasses gewaltig unterschätzt zu haben. »Junge«, dachte er bei sich, »dein Auftritt paßt nicht.«

Klinsmann konnte sich auch Jahre später nicht recht erklären, wie ihm dieser Fehler unterlaufen konnte. »Ich kam mir richtig blöd vor. Die Führungscrew in Anzug und mit Krawatte, und ich sah aus wie ein Lümmel.« Gerade er hatte doch bisher in den verschiedensten Situationen immer ein besonders feines Gespür im Umgang mit Menschen entwickelt, und nicht zuletzt hatte er einige Jahre in Mailand verbracht, wo er wie von selbst lernte, mit Stil aufzutreten, auch was das Repräsentative anging. Über die Nachlässigkeit in der Kleidungsfrage verlor die Münchner Führung jedoch kein Wort, und auch den Medien fiel dies nicht weiter auf, denn die Bilder, um die sich die Fotografen und Kameraleute drängelten und die sie auf die feinen lederbezogenen Kaffeehausstühle im Seehaus trieben, zeigten Klinsmann, wie ihn alle sehen wollten: Im neuen Bayern-Trikot mit der Nummer 18.

Es war auch nicht die Zeit, in der sich die Medien über einen kleinen Stilbruch des Superstars süffisant ausgelassen hätten. Die deutschen Fans waren viel zu vernarrt in den Rückkehrer, der sechs Jahre lang durch Europa gezogen war und einen grandiosen Ruf mit nach Deutschland brachte. Die Deutschen genossen das Gefühl, einen Weltstar zurückzubekommen, einen wunderbaren Repräsentanten ihres Landes, der vor allem auch jenseits der Grenzen die Herzen der Menschen im Sturm gewonnen hatte und der Welt ein anderes als das stereotype Bild der Deutschen vermittelte. »Wir hatten riesige Probleme beim FC Bayern und haben ihn wegen seines Sunnyboy-Images geholt, er sollte Aufbruchsstimmung erzeugen, und genau das hat er getan«, sagt Hoeneß. Mit dem lachenden, weltoffenen Gesicht, das die Engländer verzaubert hatte, konnten sich nun die Bayern schmücken, und die Reaktionen auf seine Verpflichtung grenzten an Hysterie.

Am Tag, als der Liebling aller im Freizeitlook seine Unterschrift unter ein im deutschen Fußball äußerst bemerkenswertes, millionenschweres Vertragswerk setzte, hob die *ARD* nach der Tagesschau eine zwanzigminütige Sondersendung ins Programm, einen »Brennpunkt«, der sich üblicherweise mit dem Sturz von Politikern, Naturkatastrophen, der Wahl des Papstes, Attentaten oder kriegerischen

Konflikten, also mit weltpolitischen Ereignissen ersten Ranges, zumindest aber mit Themen von nationaler Relevanz auseinandersetzt. Die *Bild-Zeitung*, so etwas wie das seismographische Institut für die täglichen Schwingungen und Stimmungen in Deutschland, startete angesichts der allgemeinen Begeisterung eine Klinsmann-Serie, und *Sat.1*, damals mit der Fußballshow »ran« der Kickersender Nummer eins in Deutschland, kündigte sogleich eine eigene Sendung an, eine »Homestory« über den Kapitän der Nationalmannschaft, um Klinsmann als neue Werbefigur für die Bundesliga und ihr eigenes Produkt zu nutzen.

In der Serie von *Bild* erschien bald ein groß aufgemachter Beitrag, der vom privaten und weitgehend unbekannten Teil seines Lebens handelte. Sein Privatleben hatte Klinsmann in Stuttgart, Mailand, Monaco und England weitgehend unter Verschluß gehalten, aber in Deutschland waren zahlreiche Medien begierig darauf, auch über den »Klinsi« zu berichten, wann er das Fußballtrikot ausgezogen und das Stadion verlassen hatte. Schon bei seiner Vorstellung im Englischen Garten machte Klinsmann jedoch deutlich, daß er auch als teuerster Spieler des Landes nicht vorhatte, sich seine Freiheiten abkaufen zu lassen. Auf seinen Einladungen ließ er mitteilen, daß exklusive Interviews nicht möglich seien. Der private Klinsmann war im Preis nicht mit drin.

Bild zeigte Klinsmann gleichwohl zusammen mit seiner Freundin Debbie auf einem Foto und druckte dazu die Schlagzeile: »Die Frau, die er liebt«. Daß solche Geschichten ihm nicht behagten, wußten seine Freunde nur zu gut. Vertraute fragten sich, ob er nun vielleicht seine Haltung geändert habe, auch wenn er anders redete, und Rücksicht auf die Gepflogenheiten in Deutschland, auf die Wünsche von *Bild* und die Erwartungen des FC Bayern nehmen würde. Schließlich wollte der FC Bayern aus dem Fußballklub auch ein gesellschaftliches Ereignis machen, und dessen Präsident Franz Beckenbauer pflegte seit Jahrzehnten engste Beziehungen zu dem Massenblatt. Der hartnäckigste Verteidiger des Rechts auf individuelle Freiheit im deutschen Fußball wurde daraufhin gefragt, ob solche Geschichten nun tatsächlich der Preis seien, den er für seine Rückkehr nach Deutschland und zum FC Bayern zu bezahlen habe. Und Klinsmann antwortete nach der ersten Welle der öffentlichen Aufmerksamkeit, die schon vor dem Saisonstart über ihn hereingebrochen war: »Als Privatleben bleibt mir nur noch mein Wohnzimmer.« Der alltägliche Rummel beim FC Hollywood hatte da noch nicht begonnen.

Seit Beginn seiner Karriere war Klinsmann auf Abstand zu den Boulevardmedien gegangen, doch nun schienen sich die Zeiten zu ändern. Die anfängliche Annäherung an das Medium des Kolumnisten Franz Beckenbauer wurde aufmerksam registriert. Noch ein, zwei Jahre zuvor hatte Klinsmann mit Verachtung über die Kampagnen der Springerblätter gegen ihn und Berti Vogts gewettert, aber nun veröffentlichte das Blatt mit der Macht von täglich weit über zehn Millionen Lesern immer wieder etwas Neues aus Klinsmanns Privatleben. »Wie ein Blitz schlug die Liebe ein«, erzählte der Stürmer nun dort, und *Bild* hatte ihn als »Klinsi« wieder in den Rang des deutschen Lieblings versetzt. Im Schwesterblatt *Sport-Bild* redete der Nationalmannschaftskapitän nun auch nicht mehr nur über Titel und Tore. Er gab dort sogar religiöse Bekenntnisse von sich, die man von ihm in diesem Umfeld noch nicht gehört hatte. »Ich glaube an Gott«, sagte Klinsmann, »und daß jeder eines Tages Rechenschaft ablegen muß.«

Die Tür zu seinem Privatleben schien geöffnet, zumindest einen Spalt. Aber tiefere Einblicke, so sollte sich bald zeigen, wollte er auch in München der Öffentlichkeit nicht gewähren. *Sat.1* bekam das bei seinem Versuch, sich Klinsmann soweit wie möglich zu nähern, zu spüren. Bei einem ausführlichen Interview war abgesprochen, über die Nationalmannschaft, den FC Bayern, die Bundesliga und über die in Deutschland vernachlässigte Jugendarbeit zu sprechen. Aber der Sender, der in Deutschland den Bundesliga-Boom nicht zuletzt mit einer Mischung aus Jubelberichterstattung und privaten Geschichten über die Spieler entfacht hatte, fühlte sich stark und frei genug, sich über diese Vorgaben hinwegzusetzen. Auf einmal ging es in der Interview-Sendung, in der zur Feier des Fußballstars auch Joschka Fischer für zwei Minuten auftrat, nicht mehr nur um Sport, sondern auch um Lifestyle-Themen im Stil schlichter Männermagazine: um Autos, Frauen und das Leben als Sexsymbol. Klinsmann war außer sich, vor allem als dann noch ein Foto von seiner Freundin Debbie eingeblendet wurde. Während der Sendung ließ er sich jedoch kaum etwas anmerken. Am liebsten hätte er zwar das Studio verlassen, aber diesen Affront und die damit verbundenen Schlagzeilen wollte er dann doch nicht riskieren, selbst wenn es der Sender war, der die Vereinbarung gebrochen hatte.

Als Profi, der ständig im Fokus der Öffentlichkeit steht, hatte Klinsmann mit den Jahren ein rein rationales und funktionales Verhältnis zu den Mechanismen seines Berufs entwickelt. »Die Grenzen muß man selbst klar festlegen. Man muß Nein sagen. Ich passe auf, daß ich nicht nur als Produkt dastehe und die Mühle antreibe«, beschrieb er seine Situation. Wenn die Medien nun versuchten, in sein Privatleben einzudringen, dann glaubte sich Klinsmann lauter Trittbrettfahrern gegenüber, die auf seine Kosten die Auflage und die Einschaltquote erhöhen wollten. Und er haßt es noch immer, wenn sich andere an seinem Namen glauben bereichern zu können.

Der Wesenszug seines damaligen Vorgesetzten Franz Beckenbauer etwa, als öffentliche Person und trotzdem als freier Mann gelassen durchs Leben zu gehen, sollte ihm in München und auch danach fremd bleiben. »Er macht sich das Leben selbst schwer«, sagt Hoeneß über die Vehemenz, mit der Klinsmann »immer einen Schutzwall um sich und sein Privatleben bauen muß«. Dies begann in München schon bei der Wahl seiner Wohnung, die er in der besten Gegend der Stadt bezog, doch nicht ohne Hoeneß zu informieren, er müsse unbedingt eine meterhohe Hecke anlegen, um auf seiner Terrasse vor zudringlichen Fotografen geschützt zu sein. Hoeneß reagierte irritiert. Er selbst hätte an so etwas nie gedacht, obwohl er sein eigenes Privatleben ebenso unter Verschluß hielt.

Für die Yellowpress hatte Klinsmann vor dem Start in die neue Spielzeit eine ganz besondere Überraschung parat. Ein Ereignis stand bevor, von dem diese Blätter bei perfekter Inszenierung über Wochen hätten leben und Auflage machen können: Jürgen Klinsmann heiratete. Er behielt das allerdings – der Alptraum für die Klatschpresse – für sich. Jener Teil des Medienbetriebs, der die Berichterstattung über die Lebensgewohnheiten der Zelebritäten zu seinem Geschäftsmodell erkoren hat und seine Seiten oft genug mit Prominenten der C-Kategorie füllen muß, also mit Menschen, die niemand kennt oder mit denen man nichts zu tun haben möchte, empfand es geradezu als Affront, daß Jürgen Klinsmann, einer der wenigen echten deutschen Superstars, ein Liebling der Deutschen, der strahlende Fußballheld und Frauenschwarm, seine Hochzeit als Privatsache betrachtete. Als strikte Privatsache.

Selbst den Ort der Flitterwochen plauderte niemand aus. Nicht einmal der FC Bayern München wußte, wohin er seinem prominentesten Arbeitnehmer die Glückwünsche senden sollte, nachdem Klinsmanns Berater die Eheschließung offiziell bestätigt hatte. Nur soviel war dürre Gewißheit: Am 19. Juni 1995 heiratete Jürgen Klinsmann seine Freundin Debbie Chin in Kalifornien.

Sie hatten sich knapp drei Jahre zuvor in Mailand kennengelernt, als Jürgen Klinsmann in Monaco spielte. Mit dem Auto war es nicht weit zu seinen Freunden in Italien, und er fuhr regelmäßig über die Grenze, um sich mit ihnen zu treffen. Die Amerikanerin Debbie Chin, die Tochter von nach Kalifornien ausgewanderten chinesischen Eltern, war irgendwann auch einmal in dieser Runde, sie wußte aber nicht so genau, wer dieser junge blonde Deutsche war, der aus Monte Carlo nach Mailand gekommen war, wo sie damals als Model arbeitete. Sie trat dem Fußballstar vollkommen unbefangen gegenüber, und dies war es, was Jürgen Klinsmann neben ihrer strahlenden Erscheinung anzog. Ein solch freier Umgang war fast eine Voraussetzung für ihn, um sich auf einen fremden Menschen einzulassen. Schon früh in seiner Karriere war er stets mißtrauisch gegenüber neuen Bekanntschaften, weil er nicht einschätzen konnte, ob sie es nicht allein auf seinen Namen, sein Image oder sein Geld abgesehen hatten und sich vielleicht gar nicht wirklich für den Menschen Jürgen Klinsmann interessierten. Aber wer ihn nicht kannte und einfach mochte, der hatte schon einmal einen Vertrauensbonus. Was ihm an Debbie Chin zudem außerordentlich gefiel, war, daß sie, obwohl sie wie er in einer glamourösen, von Selbstdarstellern, Eitelkeiten und Selbstgefälligkeit durchsetzten Branche arbeitete, immer noch »vollkommen normal« geblieben war, wie er sagte. Und schließlich war sie sportlich, sie spielte ausgezeichnet Basketball. Finanzielle Interessen hatte sie keine. »Auf sein Geld bin ich nicht angewiesen«, sagte sie später einmal beiläufig, als unter Freunden einmal die Rede darauf kam. Sie verdiente in ihrem Job selbst genug. Diese Selbständigkeit und Unabhängigkeit war es auch, die Jürgen Klinsmann immer an einer Frau schätzte.

Als Debbie Chin an der Seite von Jürgen Klinsmann auftauchte, stürzten sich die bunten Blätter in Deutschland auf diese junge Amerikanerin, von der sie nicht viel wußten, und versuchten, sich und ihrem Publikum ein Bild von ihr zu machen. »Wir spüren ihre Rasse, wir sehen diesen Mund mit seinen 100 000 Volt, den Schwung der Füße und diesen Hals«, schrieb etwa die *Neue Revue* schmachtend und ein wenig klebrig, und andere Blätter nannten nur zu gerne die Maße, die nun nur noch für Jürgen Klinsmann bestimmt sein sollten. Viel mehr fanden sie über das Leben von Debbie Klinsmann in München nicht heraus, sie trat kaum in der Öffentlichkeit auf, und wenn, dann bemerkten es die Medien dank der Verschleierungskünste des Paars nicht. Debbie Klinsmann wollte nach dem Umzug nach München weiter Basketball spielen, aber ein Medienrummel, der unweigerlich entstanden wäre, wenn bekanntgeworden wäre, daß »Frau Klinsmann« in einem Team spielte, sollte nicht daraus werden. Sie meldete sich beim MTSV Schwabing an, allerdings unter ihrem »Mädchennamen«. Der FC Bayern machte dem Klub allerdings deutlich, daß man es nicht schätzen würde, wenn er der Presse einen Tip gäbe, wer sich hinter dem Namen verbirgt; tatsächlich konnte Debbie Klinsmann unbehelligt im Amateurteam mittrainieren.

Ihre Karriere als Model endete jedoch in München. Mit achtzehn hatte sie den bekannten Schönheitswettbewerb »Look of the year« gewonnen, was ihr neben einer hübschen Summe auch die Chance zu einer Model-Karriere eröffnete, die sie zielstrebig nutzte. Bald arbeitete sie in den Mode-Metropolen der Welt, in Paris, New York und Mailand, und stand bei einer der renommiertesten Modelagenturen der Welt unter Vertrag. Dann studierte sie Grafik. Nach der Heirat arbeitete sie allerdings nicht mehr lange, denn mit dem neuen Namen hatte sich auch ihr Leben in der Öffentlichkeit verändert. »Debbie hat das zwar Spaß gemacht, aber bevor irgendwer den Namen Klinsmann ausnutzt, lassen wir das lieber«, sagte Jürgen Klinsmann zum Karriereende seiner Frau. Letztmals war Debbie Klinsmann in Deutschland 1996 in einem Katalog eines eher braven Versandhauses zu sehen. Nur wenige Monate später, im Frühjahr 1997, kam dann auch schon Jonathan, das erste Kind des Ehepaars Klinsmann, auf die Welt.

Die Hochzeit, die ein prachtvolles Ereignis für die Welt des Boulevards hätte werden können, fand im Sommer 1995 unter komplettem Ausschluß der Öffentlichkeit statt. Dabei wäre es gar nicht so schwer gewesen für die Publizistikexperten für Menschliches und allzu Menschliches, von der bevorstehenden Eheschließung des begehrten Junggesellen zu erfahren. Wie es sich gehört, hing am Ort der Trauung ganz offiziell und öffentlich im entsprechenden Schaukasten die standesamtliche Mitteilung aus, daß der ehemalige Bäckergeselle Jürgen Klinsmann das Fotomodell Debbie Chin zu ehelichen gedenke.

Als sich die beiden zur Hochzeit entschlossen hatten, besprach Jürgen Klinsmann mit Roland Eitel, »wie wir die Sache öffentlich angehen«. Eine Pressemitteilung zu verschicken wäre ihnen albern vorgekommen, aber ein Geheimnis wollten sie aus der Trauung auch nicht machen. »Wenn uns jemand fragt, dann sagen wir es«, entschied Klinsmann, aber erst einmal fragte niemand danach. Die Sache kam heraus, weil Siegfried Klinsmann am Mittwoch vor der Hochzeit beim traditionellen Innungskegeln in Geislingen fehlte. Auch die Bäckerei hatten sie für ein paar Tage geschlossen, und so fragten ihn seine Kollegen, wo er denn gesteckt habe. »Beim Jürgen auf der Hochzeit«, antwortete Siegfried Klinsmann, und so kam die Meldung über die Hochzeit des Kapitäns der deutschen Nationalmannschaft über ein paar kleine Umwege exklusiv in die *Geislinger Zeitung*.

Bekanntlich sind Traumhochzeiten der Treibstoff für die wunderbaren bunten Seiten des Lebens, und das Publikum, das sich dafür interessiert, zählt viele Millionen. Die Fragen, die es zu beantworten gibt, wollen gar nicht enden. Trug sie ein weißes oder ein cremefarbenes Hochzeitskleid? Mit oder ohne Schleier? Schlicht in Seide gehalten oder verspielt mit viel Spitze? Wer hat das Modell entworfen? Ein sündhaft teurer Topdesigner oder eine gute Freundin aus der Modebranche, oder kam vielleicht beides zusammen? Hatte sie ein geliehenes oder geerbtes Stück angelegt, und wenn ja, von wem, und welche Bedeutung hatte es? Kleidete er sich in einen Cut, einen Frack, einen Smoking oder einen Anzug? Oder entschieden sie sich für eine legere Eheschließung in lockerem Rahmen, mit Sakko und offenem Hemd und sie im schlichten Kostüm? Oder gab es eine Hochzeit fern aller Konventionen, am Strand von Kalifornien vielleicht oder auf einem Segelboot auf dem Pazifik, dem Sonnenuntergang entgegen?

Zu welchem Hochzeitsmenü hatte sich das Ehepaar entschlossen, zu einer schwäbisch-kalifornisch-italienischen kulinarischen Reise? Wer hatte die Trauringe ausgesucht? Wo verbrachten sie die letzte Nacht vor der Eheschließung, gemeinsam oder getrennt? Wem kam die Ehre des Trauzeugen zu? Und nicht zuletzt, heirateten sie vielleicht, weil bald eine weitere freudige Nachricht anstand? Wer wußte das alles schon . . .

Die *Bunte,* ein traditionsreiches Fachorgan in diesem Metier, jedenfalls nicht. Aber sie berichtete trotzdem, und das äußerst ausführlich und mit überraschender Detailkenntnis. Über acht Seiten erstreckte sich die Geschichte von Klinsmanns Hochzeit, und die entsprechenden Fotos dazu präsentierte das Blatt auch. Die *Bunte* schrieb von einem lässigen Bräutigam in Jeans und T-Shirt, doch die netten Bilder waren nicht bei der Familienfeier im engsten Kreis in Kalifornien entstanden, sondern von einem Paparazzo einst in Monaco geschossen worden. Außer der Tatsache, daß Jürgen Klinsmann und Debbie Chin die Ehe eingegangen waren, stimmte nicht viel an dem Bericht.

Klinsmann empörte sich über die krude Hochzeitsstory, und er ließ die Sache nicht auf sich beruhen, wie es zahlreiche Stars in solchen Fällen tun. Handelte es sich nicht nur um eine harmlose publizistische Erfindung, die niemandem schadete und um die niemand viel Aufhebens gemacht hätte? Klinsmann jedoch beauftragte umgehend seinen Anwalt, eine Klage gegen die Illustrierte vorzubereiten. Er empfand die Berichterstattung als einen respektlosen Angriff auf sich und seine Frau, und er beharrte darauf, bei den Hochzeitsfeierlichkeiten einen Smoking getragen zu haben. Er hielt es für »unverschämt und stillos, daß man einen so hinstellt, als würde man bei einem so wichtigen Schritt auf easy machen«. Die *Bunte,* verblüfft über die grimmige Entschlossenheit Klinsmanns, lenkte schnell ein und spendete 40 000 Mark für einen wohltätigen Zweck.

Der FC Bayern wäre vermutlich glücklich gewesen, wenn die *Bunte* dem Klub acht Seiten mit freundlichen Fotos und belanglosem Text gewidmet hätte. Die Führung der Münchner war nämlich auf die Idee verfallen, den Fußballklub, der die meisten Trophäen im Land gewonnen hatte, einem neuen Publikum zu öffnen, das sich zwar auch für Tore und Titel interessieren durfte, die der FC Bayern einheimsen würde, aber ansonsten viel lieber für Stars und Prominente schwärmte und an deren Lebensstil teilhaben will. Die Strategie der Bayern, dem Klub mit Hilfe der Medien einen neuen Markt zu erschließen, hatte ungeahnten Erfolg. Schnell war auch ein Synonym gefunden für den Starrummel, der in München zum Programm wurde. Der FC Bayern hatte den »FC Hollywood« aus der Taufe gehoben. Wenn Uli Hoeneß nun vom Fenster seines Büros in der Säbener Straße auf mehrere Tausend Fans blickte, die sich bei einem gewöhnlichen Training um die Stars und die Merchandisingartikel drängten, dann lachte das Herz des Managers. Kritischen Fragen, ob die Bayern es nicht vielleicht übertrieben mit der Inszenierung als Glamourklub, begegnete Hoeneß hochzufrieden mit einem Hinweis auf die enormen Umsatzsteigerungen, die der reichste Klub in Deutschland vorweisen konnte. »Glauben Sie denn, daß der Boom bei Bayern München ohne die Abteilung Hollywood möglich wäre? Nur mit Fußballspielen alleine wäre das nicht so«, sagte Hoeneß, und es gab niemanden, der das bestreiten konnte.

Die Bayern hatten als erster deutscher Verein den systematischen Versuch unternommen, eine Markenstrategie zu entwickeln. Jedes Jahr ließen sie Analysen erstellen, um den Klub positionieren zu können. Die Grundfragen lauteten: Was ist der FC Bayern, und wie wird er bei Fans und Gegnern wahrgenommen? Die daraus resultierende »Hollywood-Strategie« sollte einer der wichtigen Bausteine für den enormen Erfolg des kommenden Jahrzehnts sein, sie schuf eine der Grundlagen für stetiges Wachstum, das die Bayern mit der Zeit weit über alle anderen nationalen Konkurrenten erhob. Rund ein Jahrzehnt später bilanzierte der Vorstandsvorsitzende Karl-Heinz Rummenigge, daß aus der Idee der Hollywood-Strategie tatsächlich eine erfolgreiche Unternehmensphilosophie geworden war: »Sowohl die Stadt München als auch das Umfeld unterstützen uns in Richtung FC Hollywood. Das Image von München ist Glamour und Schickimicki, und das ist nicht negativ für den FC Bayern. Die Stadt München und das Land Bayern sind für uns Bonus, nicht Malus. Der FC Bayern ist ein Klub, der lebt.«

Und wie er damals lebte. Die Bayern aber merkten schnell, »daß Klinsmann ein anderer Spieler war, einer, wie wir ihn vorher nicht hatten«, wie Markus Hörwick, der Medienchef des FC Bayern München, sagte. Das Trainingslager vor der Saison setzte der Klub in Sachsen an, um auch die neuen Länder als zusätzlichen Markt für den FC Bayern zu erschließen, und dort besprachen Hörwick und der Nationalmannschaftskapitän, wie künftig das Verhältnis zwischen Klinsmann und *Bild* aussehen könne. Sie einigten sich, daß Klinsmann, auch wenn er sein Privatleben weiter schützen wollte, nicht auf unnötigen Konfrontationskurs gehen sollte, denn das würde weder ihm noch dem FC Bayern nutzen. Der Klub hatte gerade eine neue Mannschaft zusammengestellt und sie zum »Dreamteam« der Bundesliga ernannt, dazu hatte er mit Otto Rehhagel einen neuen Trainer geholt, und die Faszination, die der Klub mit den neuen Stars auf die Fußballfans ausstrahlte, war ungeheuer. Täglich fuhr im Trainingslager ein Bayern-Fanmobil vor, das einer riesigen Spardose glich, in die die Fans auch gleich am Spielfeldrand einzahlten. Sie konnten dort die Merchandisingartikel des Klubs kaufen, und am liebsten griffen sie beim Trikot mit der Nummer 18 zu. Schon vor dem ersten Bundesligaspiel gingen mehr als 20 000 Klinsmann-Shirts über die Ladentische, für stolze 119,90 Mark das Stück. Der neue Torjäger beförderte den Boom um die Bayern, aber er profitierte auch seinerseits davon, denn neben dem Gehalt hatte er sich auch eine Tantieme am Trikotverkauf in den Vertrag schreiben lassen. Einen solchen Fehler wie in Tottenham, als sein Shirt mit der Nummer 18 reißenden Absatz fand, er jedoch kein Recht darauf geltend machen konnte, sollte ihm nicht noch einmal unterlaufen. Klinsmann wußte sehr genau, daß er sich für drei Jahre an ein Unterhaltungsunternehmen mit Fußballabteilung gebunden hatte, denn ihre an Show und Sport gekoppelte Geschäftsidee bewarben die Münchner in einem Slogan offensiv und selbstbewußt: »Der FC Bayern – mehr als nur ein Fußballklub.«

Weshalb sich Klinsmann ausgerechnet für diesen Münchner Lifestyle-Klub mit integrierter Schickimicki-Szene entschieden hatte, um dort womöglich sogar seine Karriere zu beenden, konnten sich viele Fans und Freunde nicht erklären. Der Klub schien so gar nicht zum Bild zu passen, das sich die Öffentlichkeit über die Jahre von Klinsmann gemacht hatte, und selbst der engste Familienkreis reagierte ziemlich reserviert auf den Meinungswandel des Torjägers, der acht Jahre zuvor mit schwäbischem Ernst seinem Vater geschworen hatte, niemals zum FC Bayern zu wechseln, denn in Stuttgart-Botnang und dem restlichen Schwabenland sind die Bayern seit jeher das sportliche Feindbild Nummer eins. Nachdem er die ersten Gespräche mit Franz Beckenbauer geführt hatte, bat Klinsmann seinen Vater, wie er später einem Millionenpublikum über *Bild* mitteilte, ihn von diesem Versprechen zu entbinden, als handele es sich dabei tatsächlich um einen heiligen Eid. Aber begeistert war der schwäbische Bäckermeister, auch wenn er seinem Sohn natürlich die zur Freigabe stilisierte Zustimmung erteilte, trotzdem nicht von der Wahl. »Selbst wenn mein Sohn dort spielt, werden die Bayern nie mein Lieblingsklub«, sagte Siegfried Klinsmann.

Viele seiner Fans verstanden Jürgen Klinsmann noch viel weniger. Im öffentlichen Gedächtnis hatte sich längst das Bild vom alternativen Profi verfestigt, und die Klischees, die das Image Klinsmanns nachhaltig prägten, vertrugen sich nicht mit der Geldmaschine FC Bayern und mit dem unverhohlenen Machtanspruch des Vereins, der sein sattes, mit Millionen unterfüttertes bayerisches Weltbild pflegt. Wie selbstverständlich fanden in dessen Klubzirkel die Eliten aus Wirtschaft und Politik zueinander, und auch die Nähe zur politischen Führung der CSU war beträchtlich – aber war Klinsmann nicht einmal der unkonventionelle Rucksacktourist gewesen, der Profi, der Jugendliche im Knast besuchte, der sich für Greenpeace stark machte, und hatte er nicht immer einen Teil seiner Glaubwürdigkeit auch aus der Abgrenzung gegenüber der Mehrheit der Mitglieder seines Berufsstandes bezogen, die sich nur für ein dickes Konto, teure Autos, gestylte Frauen interessierten?

Wenn die Klischees über Klinsmann und den FC Bayern tatsächlich stimmten, dann hätte der Kapitän der Nationalmannschaft in Deutschland wohl nur beim FC St. Pauli an der Hamburger Hafenstraße kicken können oder, als politisch gemäßigteres und wirtschaftlich einträglicheres Statement, beim SC Freiburg. Dort, wo die Solarzellen auf dem Dach stehen und ein Verein mit einem intelligenten, damals tatsächlich »etwas anderen« Konzept die Bundesliga mit klugem Fußball, Bescheidenheit und Vernunft bereicherte. Doch das idealisierte Bild Klinsmanns, das bei seiner Rückkehr aus England wirkungsmächtig wie nie zuvor die Wahrnehmung des Publikums bestimmte und nun Fragen aufwarf, hatten vor allem die Medien entworfen, die jene Teile seiner Persönlichkeit, die im scharfen Kontrast zum durchschnittlichen deutschen Profi standen, jahrelang nur zu gerne herausgearbeitet hatten. Zeitungen, Magazine, Radiostationen und Fernsehsender waren und sind noch immer dankbar für jeden Star im deutschen Lieblingssport, der Verstand, Lockerheit, Nachdenklichkeit, Originalität und ein bißchen Witz mitbringt in diese oftmals ziemlich dröge Szene.

Das Fußballgeschäft wäre für die Medien auch ziemlich langweilig gewesen, wenn es sich damals alleine von der Rechtschaffenheit des guten Menschen Berti Vogts hätte nähren müssen, von den Plattitüden eines Andreas Möller, der sportlichen Gradlinigkeit eines Matthias Sammer, der rüpeligen Selbstbehauptung Stefan Effenbergs oder dem ständigen Gerede von Lothar Matthäus. Kluge Beobachter erkannten schon bei Klinsmanns Rückkehr nach Deutschland, daß Klinsmann auch als Projektionsfläche für den Medienbetrieb selbst taugte, daß sich auch die Berichterstatter wünschten, einmal die andere, soziale Seite des Sports betonen zu können, und daß diese Darstellungen auf das Medium selbst positiv zurückfielen und dem Fußball – und dem publizistischen Geschäft mit ihm – damit eine gesellschaftliche Dimension verliehen.

Nun aber wurde Klinsmann an dem Bild gemessen, das andere von ihm verfertigt hatten. Das Image des guten Menschen im Profifußball behagte ihm zwar, denn es hatte auch ein perfektes Markenimage geschaffen, das sich wie alle erfolgreichen Marken zäh gegen Widersprüche und Veränderungen im Leben zeigte. Aber Klinsmann gehört längst zu den reichsten Sportlern des Landes, das legendäre Käfer-Cabrio aus Junggesellenzeiten, das ein Bild von Freiheit und Bodenständigkeit erzeugt hatte, hatte er schon verschrottet und lange gegen einen Porsche eingetauscht, und wenn er wieder einmal dank seines sozialen Engagements als Vorbild im brutalen Geschäft stilisiert wurde, dann protestierte Klinsmann zwar höflich, aber die öffentliche Vorstellung, was Jürgen Klinsmann sein sollte, ließ sich davon nicht beeinflussen. »Das bin ich nicht. Das sind Legenden. Ich habe genau wie andere auch meine Ecken und Kanten und meine Schwächen. Die Gesellschaft darf es sich nicht so einfach machen und ein paar rauspicken, um zu sagen: So, wie die es machen, ist es richtig. Nein, ich sehe mich nicht als Vorbild für andere«, sagte Klinsmann über das Image, das von den international eingeführten Markenprodukten »Klinsi« und »Cleansman« für das Fußballvolk ausging, das im Sportler Klinsmann immer auch seine eigenen, besten menschlichen Seiten verkörpert sehen wollte: die Tugenden Fleiß, Ehrlichkeit und Anstand.

Diese nicht zuletzt von den Medien selbst erzeugten Erwartungen an Klinsmann konnten gerade liberale und linke Blätter nicht mehr in Einklang bringen mit seiner Entscheidung, ins Zentrum des deutschen Fußball-Kapitalismus zu wechseln. Die *Zeit* widmete sich unter dem Titel »Schluß mit dem blonden Zauber« den Widersprüchlichkeiten in Klinsmanns Profi- und Privatleben und kam angesichts des Millionenvertrags in München zu dem Schluß, daß sich so etwas kaum verträgt »mit dem hehren Bild vom neugierigen Rucksacktouristen und nachdenklichen Greenpeace-Sympathisanten. Es entspricht eher dem gängigen Klischee: Internationaler Fußballstar – hemmungslos, wenn es um die Pflege des eigenen Kontos geht.«

Diese Vorlage aus dem intellektuellen Milieu nahmen in den kommenden Monaten noch einige andere anspruchsvollere Zeitungen auf, während die Boulevardblätter weiter die Hysterie um den Rückkehrer anheizten. Ausgerechnet die linke Berliner *tageszeitung* sollte Klinsmanns »Metamorphose vom niedlichen Normalo in Turnschuhen und Jeans zum knallharten Eigenmanager« besonders heftig geißeln und versah den Artikel mit einer Überschrift, die Klinsmanns Ruf noch viele Jahre schaden sollte: »Der freundliche Abzocker«. Dieser Artikel wurde immer wieder als Vorlage aus den Archiven herausgeholt, wenn es in den kommenden Monaten und Jahren um die geschäftstüchtige und egoistische Seite des Schwaben ging, und ironischerweise nutzten diese Abrechnungen aus der linksliberalen Ecke, in die wohl auch die Enttäuschung mit den eigenen, nicht erfüllten Erwartungen an einen Fußballstar hineinspielte, der auf ganzer Linie anders als die gesamte verachtete Kickerbranche sein sollte, ausgerechnet Springers Boulevardblätter als Munition gegen Klinsmann. »Am meisten hat mich getroffen, als Abzocker hingestellt zu werden. Das hat meinem Ruf sehr geschadet, und es waren Retourkutschen von Leuten, die mit mir nicht klarkommen«, sagte Klinsmann später, als *Bild* ihn wieder zum Ziel seiner Attacken gemacht hatte und auch seriöse Zeitungen nicht mehr bereit waren, vorbehaltlos das Bild des selbstlosen Lieblings der Fußballnation nachzuzeichnen.

Klinsmanns Motive, zu den Bayern zu wechseln, waren vielfältig und nicht allein auf Geld zu reduzieren. Er war schon über dreißig Jahre alt und hatte zwar 1990 die Weltmeisterschaft gewonnen und mit Inter Mailand einmal den Uefa-Pokal, in den fünf Jahren vor seinem Wechsel nach München allerdings überhaupt keinen einzigen Titel. Die Ausbeute war alles andere als üppig für einen Star seiner Statur. Der FC Bayern bot wesentlich bessere Voraussetzungen als Tottenham, um in seinen letzten Profijahren nationale wie internationale Titel zu gewinnen, außerdem war der finanzielle Reiz des Wechsels auch für einen Spieler wie Klinsmann nicht zu verachten. Zudem zog es ihn nach sechs einträglichen Jahren im Ausland wieder nach Deutschland, nicht zuletzt, weil er sich allmählich auch nach einem Ort für das Leben nach der Karriere umsehen wollte.

Es dauerte nur wenige Monate, bis Jürgen Klinsmann die Entfremdung spürte, die sich zwischen ihn und seine alte Heimat gelegt hatte. Es war längst nicht mehr das Land, das er verlassen hatte, aber auch Klinsmann war nicht mehr derselbe, der 1989 nach Italien gegangen war, als die DDR noch existierte und die Bundesrepublik in wirtschaftlicher Blüte stand. 1995 erkannte das wiedervereinigte Deutschland immer klarer, daß es enorme Lasten zu schultern hatte und daß sich der Wohlstand keineswegs so rasend schnell wie versprochen nach Osten ausdehnen würde. Vielmehr stieg die Arbeitslosigkeit, und allmählich machte sich eine erste Ahnung breit, daß sich auch Deutschland würde verändern müssen, nachdem sich die Welt grundlegend gewandelt hatte und die Globalisierung der Wirtschaft ihre ersten Auswirkungen auf dem Arbeitsmarkt zeigte. An die Sonnenseiten des Lebens gewohnt, registrierte der Rückkehrer irritiert die schlechte Laune im Land. »Mich verwundert die Nörgelei und Unzufriedenheit mancher Leute. Dabei läßt es sich hier doch dank des sozialen Netzes hervorragend leben. In Italien gibt es viel mehr Armut. Dennoch sind die Menschen glücklicher. Die Italiener fahren chaotisch Auto, aber ohne die bei uns üblichen Aggressionen im Straßenverkehr, die ich nicht begreifen kann. Etwas mehr Toleranz würde ich mir wünschen«, sagte Klinsmann nach vier Monaten in München.

Er klagte über immer weitere Unzulänglichkeiten im Verhalten seiner Landsleute, sei es nun im privaten oder beruflichen Leben, und dabei kam ihm mitunter auch selbst die Gelassenheit und ein gewisses Maß an Toleranz abhanden, das er von anderen stets einforderte. Fußballprofis in Deutschland würden nicht mehr als respektable Persönlichkeiten wie in England betrachtet, sagte Klinsmann etwa, und die Folgen seien schon am Verhalten der Kinder zu erkennen. »Wenn sich Kinder in England ein Autogramm holen, dann fragen sie freundlich und respektvoll. In Deutschland wird ein Autogramm als Selbstverständlichkeit aufgefaßt«, sagte Klinsmann, auf ein »Bitte« und ein »Danke« warte er oft vergeblich.

Auch im Profifußball ging ihm schnell einiges gegen den Strich. Vor allem der Trend zum extremen Individualismus, durch den er die Mannschaft geschädigt sah, weil sich Spieler vornehmlich auf sich selbst und nicht mehr auf die Gemeinschaft konzentrierten. Dieser Trend verstärkte sich seiner Ansicht nach durch die Medien immer mehr, die mit Themen jenseits des Fußballplatzes oder mit Showeffekten ihre Quote zu erhöhen versuchten. »Die sind von einer Penetranz geworden, die ich weder in Italien, in Frankreich noch in England erlebt habe. Stocksauer bin ich gewesen, als mir vor dem Haus von Dr. Müller-Wohlfahrt ein Kamerateam auflauerte. Als ob ich Staatsgeheimnisse im Knie hätte. Ich habe nur darauf gewartet, daß einer sagt: Hosen runter«, schimpfte Klinsmann. Die Menschen und die Medien waren ihm in Deutschland zu aufdringlich geworden.

Aber die Deutschen änderten sich und ihre Gewohnheiten nicht. Am öffentlichen Leben in München nahm Klinsmann nur eingeschränkt teil, obwohl er sich von Boris Becker hatte versichern lassen, daß es sich in dieser weltoffenen Stadt für einen Superstar recht gut leben lasse. Um die Schickeriaszene allerdings machte Klinsmann einen großen Bogen. »Meiner Frau und mir sagen diese Feste nichts. Ich schätze eher die einfachen Dinge: mal gemütlich beim Italiener essen, in der Stadt bummeln, ins Kino gehen.« In den ersten Monaten war er nur mit Baseballmütze in München unterwegs, um sich vor Zudringlichkeiten seiner Landsleute zu schützen. »Setze ich die nicht auf, werde ich auf Schritt und Tritt beobachtet. Egal, ob ich in einem Restaurant esse oder in einem Kaufhaus einkaufe. Oder es kommen irgendwelche Sprüche. Viele meinen leider, mit dem Kauf einer Eintrittskarte hätten sie einen Teil der Person miterworben.

Viele Deutsche gehen mit bekannten Menschen weniger natürlich um als Engländer, Italiener oder Amerikaner. Ich habe hier das Gefühl, ständig irgend jemandem Rechenschaft für mein Leben schuldig zu sein«, sagte er. »Mein Job ist Fußballspielen, ansonsten stehe ich nicht zur Verfügung.«

Klinsmann machte sich rar, vielleicht auch aus dem Grund, weil er wußte, daß der Mensch Klinsmann kleiner war, kleiner sein mußte als sein idealisiertes Bild in den Medien. Schon an seiner Sprache war zu erkennen, daß er der große Intellektuelle, zu dem ihn manche Medien machen wollten, nicht war. In seinem schwäbischen Dialekt verloren sich viele Silben, und Relativsätze bildete er grammatikalisch genauso falsch wie viele andere Fußballer auch. Daß Klinsmann nicht auf eine umfassende schulische oder gar universitäre Ausbildung zurückblicken konnte, war ihm selbst viel stärker bewußt als denjenigen, die in ihm das Gegenbild vom nachdenklichen und tiefgründigen Profi zeichneten. Denn wenn Klinsmann selbst irgendein Defizit an sich spürte, dann dasjenige von unvollständiger Bildung und Mangel an Theoriewissen, das ihm nicht zuletzt klar wurde, wenn er mit seinen alten Freunde aus Stuttgarter Zeiten zusammen war, die im Gegensatz zu ihm das Abitur gemacht hatten und danach auf die Universität gegangen waren. Er selbst blieb zeit seines Lebens, auch in Amerika, ein vor allem vom Leben geschulter, kluger Autodidakt, mit allen Stärken, aber auch mit den unvermeidlichen Schwächen, die zu diesem Lernen dazugehören.

Als Profi variierte Klinsmann in zahlreichen Interviews über die Jahre ein Set an Themen, das er in verschiedenen Variationen gestaltete: der schädliche Einfluß der Medien und ihre wachsende Macht, der Trend im Fußball zum Entertainment, die Überkommerzialisierung, die Überforderung der jungen Spieler, mangelnde Förderung des Nachwuchses, das Spannungsverhältnis zwischen Mannschaftsgeist und Individualismus. Das waren freilich schon weit mehr Aspekte des Profigeschäfts, mit denen sich Klinsmann kritisch auseinandersetzte, als dies die überwältigende Mehrheit seiner Kollegen tat. Der Fußball hatte aus ihm auch tatsächlich längst mehr gemacht als nur einen gewöhnlichen Fußballer.

Uli Hoeneß merkte dies schon bei den Vertragsverhandlungen. Er bezeichnete sie als die härtesten, aber auch persönlich unangenehmsten, die er bis dahin geführt hatte. Vor allem Klinsmanns Schweizer Anwalt setzte ihm mit einer Mischung aus Freundlichkeit und Hartnäckigkeit zu. Gross bot ihm bei den Verhandlungen schnell das Du an, aber die Forderungen und peniblen Regelungen, die Gross dabei stellte, hinterließen bei Hoeneß bald den Eindruck, daß er über den Tisch gezogen werden sollte. »Wir haben über acht Stunden verhandelt«, sagte der Bayern-Manager, »normalerweise dauert das bei mir nicht länger als zehn Minuten oder mal eine halbe Stunde. Da wurde aber um jedes Komma gestritten.« Mit der Zeit glaubte der Manager zu erkennen, daß sich Klinsmann von seinem Umfeld, vor allem jedoch von seinem Rechtsanwalt beeinflussen ließ und daß sich dies bis heute nicht geändert habe. »Und das ist nicht unbedingt zu seinem Vorteil«, sagt Hoeneß.

Die Verhandlungen stockten auch an der Frage einer Stammplatzgarantie. Bei den ausländischen Klubs hatte sie Klinsmann wegen der Ausländerregel immer durchgesetzt, aber in der Bundesliga kam Hoeneß dieser Anspruch absurd vor. Sein Manager beharrte darauf, aber ohne sich in diesem Punkt durchsetzen zu können. »Gross hat immer wieder gesagt, wie wichtig diese Stammplatzgarantie für Jürgen ist, daß Jürgen wissen muß, woran er ist, daß er nur dann seine besten Leistungen bringen kann«, erzählt Hoeneß, »und wenn ich jetzt sehe, wie er als Bundestrainer mit Oliver Kahn umgeht, dann ist das die größte Diskrepanz, die ich mir vorstellen kann. Mit einem extremen Individualisten wie Kahn hat er größte Schwierigkeiten, aber das sind die Widersprüche in der Person Klinsmann. Man muß doch so arbeiten, wie man sich wünscht, auch von anderen behandelt zu werden.«

Klinsmann befand sich damals in einer hervorragenden Verhandlungsposition, da ihn die Münchner unbedingt verpflichten wollten und er die Bedingungen weitgehend diktieren konnte. »Ich hatte mit dem FC Bayern sehr kurze Vertragsverhandlungen. Die waren absolut unproblematisch. Wenn ich Dinge in meinem Vertrag unterbringe, muß ich natürlich versuchen, das Optimum aus meiner Sicht herauszuholen. Wenn ich es nicht tun würde, würden die gleichen Leute, die jetzt versuchen, mir eine knallharte Taktik anzudichten, sagen, der ist ja dumm«, so Klinsmann über die späteren Klagen vom FC Bayern.

Reibereien, Auseinandersetzungen, produktive Energien

Klinsmanns Start in die Saison war eine Enttäuschung. Schon im ersten Spiel beim 3:2 gegen den Hamburger SV verletzte sich der Stürmer bei einem Zweikampf, und da er sich nicht gleich auswechseln ließ, weil er sich für den Auftakt und die ersten Wochen beim FC Bayern soviel vorgenommen hatte, wurde die Sache auch noch etwas schlimmer. Er hatte sich einen Innenbandabriß im Knöchel zugezogen. Da die Mediziner des FC Bayern den Ehrgeiz und die Unruhe des Stürmers kannten, legten sie sein Bein lieber für gut eine Woche in Gips, obwohl Klinsmann die Verletzung auch hätte auskurieren können, wenn er das Bein ein paar Tage hochgelegt hätte. Aber nur zu Hause in seiner Wohnung in Bogenhausen sitzen und nichts tun, das lag nicht in seinem Naturell, und daher protestierte er auch nur schwach, als die Ärzte in diesem speziellen Fall auf einem Gips bestanden.

Daß der teuerste Spieler des Kaders gleich bei der Premiere ausfiel, hinterließ bei den Bayern keine größere Wirkung. Die Mannschaft von Trainer Rehhagel gewann auch ohne den Interimskapitän der Nationalmannschaft die nächsten Spiele, und Klinsmann kehrte dann auch schneller zurück, als dies die Ärzte zunächst erwartet hatten. Nach drei Wochen Pause war er im vierten Saisonspiel im Derby gegen den TSV München 1860 schon wieder dabei, und wie abgesprochen wechselte ihn Rehhagel eine Viertelstunde vor Schluß aus. Obwohl er nun gerade erst zwei Spiele absolviert hatte und keines davon über die volle Distanz, ließ er Klagen über das System durchklingen, daß er kaum mit Vorlagen versorgt werde und als Stürmer in der Luft hänge. Aber schnell sollten seine sehnsüchtig erwarteten und beruhigend wirkenden Tore für den FC Bayern folgen. Da der Klub außerdem weiter an der Spitze der Bundesliga stand, der erste Meisterschaftstitel, dem Klinsmann zehn Jahre vergeblich hinterhergelaufen war, näher kam, und auch seine Hoffnung, daß sich alles einspielen werde, noch nicht verflogen war, fühlte er sich sportlich bald wohler in München. Aber seine latente, durch Tore nur kaschierte Unzufriedenheit, die aus der öffentlichen Vereinnahmung, dem FC-Hollywood-Gehabe des FC Bayern, den Eitelkeiten der zahlreichen

Stars und dem nicht auf seine Stärken zugeschnittenen Spielsystem erwuchs, sollte in München nicht mehr verschwinden.

An den Erfahrungen, die er in seinen einträglichen Jahren im Ausland gesammelt hatte, ließ der in mehreren Umfragen zum beliebtesten Fußballer des Landes gekürte Stürmer die Öffentlichkeit gerne teilhaben. Die Schlüsse, die Klinsmann daraus zog, waren allerdings nicht gerade schmeichelhaft für den FC Bayern. Aber dem deutschen Rekordmeister blieb nichts anderes übrig, als sich die Mängelrüge anzuhören, denn die Bayern spielten in der Zeit in Europa seit Jahren keine herausragende Rolle mehr. Klinsmann dagegen hatte zum Beispiel gerade Aufnahme ins Londoner Wachsfigurenkabinett von Madame Tussaud gefunden, wo er ab jetzt neben Ludwig van Beethoven, Konrad Adenauer, Helmut Kohl und Boris Becker zu besichtigen war, und sportlich wurde er mit dem Titel des Welttorjägers 1995 für seine neun Treffer in der EM-Qualifikation und für die elf Tore in sechs Uefa-Pokal-Spielen für die Bayern ausgezeichnet.

Der Hochgeehrte ließ seinen Arbeitgeber wissen, daß die Mannschaft das Pressing erst noch lernen und außerdem schneller in die Spitze spielen müsse und sich überdies den taktischen Luxus eines überzähligen Abwehrspielers leiste. Abgesehen von diesen Unzulänglichkeiten nagte an ihm, daß die Selbstdarstellung eines Franz Bekkenbauer oder Lothar Matthäus den gemeinsamen Erfolg seiner Meinung nach immer wieder gefährdete. Genausowenig konnte er verstehen, weshalb erwachsene Menschen vor einem Heimspiel in einem Hotel am Tegernsee kaserniert wurden und dann am nächsten Tag nach rund eineinhalbstündiger Busfahrt doch nur mit geschwollenen Füßen und schmerzenden Rücken im Olympiastadion ankamen und weshalb der Klub bei all dem Remmidemmi an der Säbener Straße nicht dazu überging, wenigstens das Abschlußtraining unter Ausschluß der Öffentlichkeit abzuhalten. »Es ist kein Wunder, daß der FC Bayern in den letzten Jahren international nichts mehr gerissen hat«, sagte Klinsmann provozierend.

Er eckte mit seiner Meinung an, aber das störte die Bayern erst einmal nicht sonderlich, denn zu ihren Geheimnissen, warum sie nun schon seit Jahrzehnten kontinuierliche Erfolge wie nur wenige Klubs auf der Welt vorzuweisen haben, gehören auch die Reibereien im Klub, die Diskussionen, die Auseinandersetzungen, die produktive

Energie, die sie immer wieder daraus ziehen. Mit einem gewissen Abstand erkannten die Bayern aber auch, daß nicht alle Vorhaltungen, die Klinsmann ihnen machte, aus der Luft gegriffen waren. Hoeneß machte sich daher nach rund zwanzig Jahren auch daran, für die Heimspiele ein neues und praktischer gelegenes Quartier an der Münchner Stadtgrenze zu finden, was der Klub übrigens bis heute bezieht. Und nachdem Klinsmann den Klub 1997 verlassen hatte, fanden auch Trainingseinheiten ohne Medien und Fans statt. »Er hat das zum damals richtigen Zeitpunkt angeschoben«, sagt Mediendirektor Hörwick rückblickend. »In der Zeit von Jürgen Klinsmann wurde die Konzentration wieder auf das Wesentliche gelenkt, auf den Fußball. Wir brauchen das so alle paar Jahre, denn wir haben so viele andere Dinge, die Interessen von Sponsoren und Medien, von denen wir uns verlocken und verleiten lassen, daß es uns guttut, wenn uns dann mal wieder einer an das Wesentliche erinnert.«

Aber das Leben mit Jürgen Klinsmann war schwierig, sehr schwierig. Die Bayern zeigten sich zwar zufrieden mit seinen Leistungen, »und als Person hatten wir nie ein Problem mit ihm«, wie Hoeneß sagte; im Gegenteil. »Das Schöne an ihm ist«, bestätigt Hörwick, »daß er Dinge nicht für die Meute tut.« Aber gegenüber den Bayern-Verantwortlichen blieb Klinsmann stets reserviert. »Er hat extrem professionell gearbeitet«, räumt Hoeneß ein. »Aber er hat nur seinen Körper zur Verfügung gestellt und nicht seinen Geist – und schon gar nicht sein Herz.« Das erwartete der Manager jedoch immer von seinen großen Stars, daß sie sich mit Leib und Seele dem Klub verschrieben, und er selbst lebte dieses Muster seit Jahrzehnten jeden Tag vor, er war der menschgewordene FC Bayern. Klinsmann aber blieb Klinsmann.

Nach der Winterpause, zu Beginn des Jahres 1996, eskalierte die Auseinandersetzung zwischen Matthäus und Klinsmann. Der Bayern-Kapitän war nach langer Verletzungspause wieder in die Mannschaft zurückgekehrt und warf dem Stürmer nach kurzer Zeit vor, er übertreibe es doch ein wenig mit seinem Individualismus, während Franz Beckenbauer zufrieden feststellte, daß die Bayern mit Matthäus endlich wieder eine Führungsfigur in der Mannschaft hätten. Was unter Führung zu verstehen sei, darüber gingen die Meinungen von Beckenbauer und Matthäus auf der einen sowie von Klinsmann auf der anderen Seite allerdings erheblich auseinander. In der Außendarstellung jedenfalls beanspruchte Klinsmann jenseits des Stadions und des Trainingsplatzes tatsächlich keinen Führungsanspruch. »Klinsmann kommt, Klinsmann flüchtet«, schrieb die *Süddeutsche Zeitung* nach den Erfahrungen eines halben Jahres in München erstaunt über den »Einzelgänger«, der seit seinem Dienstantritt an der Säbener Straße beharrlich an den täglich aufgerichteten Mikrophonen von Funk und Fernsehen vorbeigegangen war und sich den Medien mit einem Lächeln nahezu jeden Tag entzogen hatte. »Ich habe nie ein Interesse gehabt, nach außen eine Machtposition darzustellen«, sagte Klinsmann nach seinem Münchner Abschied. »Ich konnte schon deshalb nicht als Meinungsführer fungieren, weil ich die Boulevardblätter ebenso wie andere Medien behandelt hätte. Hätte ich die gewünschte Rolle eingenommen, wäre es zur totalen Konfrontation mit Matthäus gekommen.« Klinsmann nutzte bald jede Möglichkeit, um München zu verlassen. Selbst für einen einzigen freien Tag machte er sich mitunter auf den Weg in sein Haus am Comer See. Mit dem Flugzeug dauerte es eine knappe Stunde, und die Maschine brachte ihn in eine »andere Welt mit einer ganz anderen, lockereren Lebensphilosophie«.

Klinsmann verwahrte sich öffentlich gegen den Vorwurf, sich als Profi nur um sich selbst zu kümmern. Er ging zwar privat seiner eigenen Wege, aber als Teil der Mannschaft meinte er seine Aufgabe vorbildlich zu erfüllen. Er sah sich vor allem für die jungen Spieler als Ansprechpartner innerhalb der Mannschaft, und seine Vorbildrolle wollte er nur auf dem Fußballplatz demonstrieren. Die erhoffte Wirkung, wenn er brisante Themen und Schwierigkeiten innerhalb der Mannschaft ansprach, erzielte er bei den Bayern jedoch nicht. Auch wenn er sich auf dem Platz mit leidenschaftlichem Engagement genauso einbrachte, wie es der Trainer sich wünschte, die Zuschauer waren von seiner Spielweise nie wirklich angetan, und die sportliche Entwicklung ließ nach einem traumhaften Start ebenfalls zu wünschen übrig.

Der Zerrüttungsprozeß innerhalb der Mannschaft und im Verhältnis zum FC Bayern war nicht aufzuhalten. Klinsmann befeuerte ihn, wenn er in Interviews die Lage beim FC Bayern analysierte und dabei den Eindruck erweckte, wie ein objektiver Beobachter ohne eigene

Interessen zu urteilen. Das nahmen ihm seine Kritiker nicht ab. »Es gibt keinen Einzelgänger Jürgen Klinsmann. Ich bin ein Mensch, der die Gruppe braucht und sich entsprechend einbringt. Beim FC Bayern herrscht allerdings eine besondere Situation. Hier scheint alles nur eine gewisse Wirkung zu haben, wenn man es öffentlich macht. Beim FC Bayern hat sich in den letzten Jahren ein derart ausgeprägter Egoismus entwickelt, daß er nicht mehr in den Griff zu kriegen ist«, sagte er gegenüber der *Welt am Sonntag,* der er sich ebenso wie der *Süddeutschen Zeitung* in den schwierigen Momenten seiner Karriere, die in den nächsten Jahren noch kommen sollten, immer wieder anvertraute.

Angesichts der Medienmacht, die Matthäus und Beckenbauer zur Seite stand, waren publizistische Gegengewichte für Klinsmann auch notwendig. Klinsmann attackierte den Präsidenten, daß er mit seinen Kolumnen in *Bild* und seinen Kommentaren im Fernsehen Unruhe in den Verein bringe und daß Matthäus in seinem Selbstdarstellungsdrang auch mannschaftsinterne Dinge an die Öffentlichkeit trage und so für das gleiche Resultat wie Beckenbauer sorge. Die Frontstellung, die sich daraus ergab, erzeugte auch eine Polarisierung der Medien: Auf der einen Seite die Münchner Plappermäuler, die sich selbst zu wichtig nahmen und dafür den Erfolg des Klubs riskierten, und auf der anderen ein Vorzeigeathlet, der sich im Dienst für die richtige Sache auch vor der Konfrontation mit den Vereinsgrößen nicht abschrecken ließ. Das war die Sicht der Klinsmann gewogenen Medien. Klinsmanns publizistische Kritiker jedoch sahen in ihm den rigorosen Individualisten, der nur den FC Bayern nach seinen Regeln formen wollte, aber den selbst kein längerfristiges Interesse am Verein trieb, von dem er sich üppig wie niemand sonst bezahlen ließ, sondern nur der egoistische Wunsch, sportlich und menschlich im besten Licht dazustehen.

Diese Erfahrung mit einem Spieler, der den ganzen Laden umkrempeln wollte, aber für sich gleichzeitig immer einen Notausgang offenhielt, falls er mit seinen Plänen scheitern sollte, und sich dann schnell der Verantwortung entziehen konnte, vergaß Uli Hoeneß nicht. Knapp zehn Jahre später, als Jürgen Klinsmann den Job des Bundestrainers übernommen hatte, lenkte der Bayern-Manager immer wieder den Blick auf die Widersprüchlichkeiten, die er in dessen

Arbeit und Haltung entdeckte. Er störte sich vor allem an der Diskrepanz zwischen den Umwälzungen, die Klinsmann vorgenommen hatte, und dem geringen persönlichen Risiko, das dieser scheinbar dabei einging. Hoeneß forderte Klinsmann wiederholt auf, seinen Wohnsitz in Kalifornien aufzugeben, sozusagen als persönliches Bekenntnis zu seiner Verantwortung gegenüber der Nationalmannschaft. Aber vor allem mißfiel ihm die Vorstellung, daß Klinsmann die Möglichkeit besaß, sich ein, zwei Tage nach der Weltmeisterschaft ins Flugzeug zu setzen und einfach nach Hause fliegen zu können, um etwas Neues anfangen und alles andere hinter sich zurücklassen zu können, im Falle des Scheiterns wie des Triumphs. Wie damals als Spieler. »Er hat die Fähigkeit, seine wahren Interessen und Beweggründe geschickt zu verschleiern«, sagt er dazu.

Was Klinsmanns Freunde und amerikanische Partner als seine große Stärke betrachten, seine Unabhängigkeit als Bundestrainer, die ihm alle, auch die unbequemen Handlungsmöglichkeiten eröffnet, empfand der Bayern-Manager immer als eine Schwäche Klinsmanns. »Man kann nur Wurzeln schlagen, wenn man bereit dazu ist. Aber Jürgen kann keine Wurzeln schlagen. Das hat ihn in seiner Karriere immer begleitet. Man muß sich Zeit nehmen, Wurzeln wachsen zu lassen. Aber er hat sich nie geöffnet. Selbst diejenigen, die sich im Fußball als seine Freunde betrachten, kennen ihn nicht genau«, warnt Hoeneß, »und das liegt an seinem mißtrauischen Wesen.«

Klinsmann hatte sich in München nach einem halben Jahr auf einen Machtkampf eingelassen, und er erlebte, wie diese Auseinandersetzung durch den Einsatz der Medien eskalierte und für ihn nicht mehr zu kontrollieren war. »Diese Erfahrung wirkte prägend«, sagt sein späterer Geschäftspartner und ständiger Berater Mick Hoban, aus dieser Schlammschlacht habe Klinsmann seine Lehren gezogen. In den kommenden Profijahren, aber vor allem als Bundestrainer, der die Kritik vom ersten Tag an und trotz erkennbarer Fortschritte der Nationalmannschaft auch später immer wieder auf sich zog, sollte er es strikt vermeiden, auf öffentliche Angriffe, ob sie nun von Hoeneß, Matthäus oder anderen Fußballgrößen kommen sollten, über die Medien konfrontativ zu reagieren. Als Bundestrainer ging er auf die menschlichen und argumentativen Schwächen seiner Kritiker überhaupt nicht mehr ein, um den Medien keinen zusätzlichen Stoff für persönliche Konfrontationen zu liefern. Er machte sich gegenüber der Öffentlichkeit eine geschmeidige und schwer angreifbare Haltung zu eigen. Er akzeptierte öffentlich die Meinung seiner Kritiker, um aber dennoch gleichzeitig strikt an dem Weg festzuhalten, der ihm und seinem Team erfolgversprechend erschien. »Das ist die härteste Übung in diesem Job«, so Hoban über den in Münchner Disputen gereiften Bundestrainer, »du kannst den Leuten nie die ganze Geschichte erzählen, wenn du angegriffen wirst.« Selbst offene Gespräche unter vier Augen seien mit manchen Leuten im Profifußball einfach nicht möglich, weil sie sofort bestimmte Medien darüber informierten. Hoeneß zählte nicht dazu. Nach seinen ständigen Forderungen vor dem Confederations Cup, er müsse als Bundestrainer unbedingt nach Deutschland zurückkehren, trafen sich Klinsmann und der Bayern-Manager, und sie vereinbarten, künftig Konflikte nur noch unter sich zu besprechen.

Als Klinsmann in Amerika ein paar Jahre später bei »soccersolutions« Fuß zu fassen begann, erzählte ihm Hoban eine Geschichte, in der sich seine eigenen Erfahrungen beim FC Bayern noch einmal spiegelten und die ihm gleichzeitig eine plausible Erklärung für die damaligen destruktiven Prozesse unter Beteiligung der Medien mitlieferte. Hoban hatte in den neunziger Jahren mit der geschäftlichen Beratung von Pelé zu tun, der damals in einen heillosen Streit mit Fifa-Präsident João Havelange verstrickt war. Die beiden Brasilianer hatten ihren heftigen Disput ständig über die Medien ausgetragen, und bald wußte die ganze Welt von dem zerrütteten Verhältnis der beiden wichtigsten Fußballgrößen des Landes. Pelés Berater verglichen die weltweite mediale Kettenraktion, die dieser Konflikt auslöste, mit dem Ablauf einer nuklearen Kernspaltung: Wenn die Medien in eine Auseinandersetzung involviert sind, so ihre Erklärung, wirken sie auf Konflikte potenzierend, die Entwicklung und die Folgen sind nicht mehr kontrollierbar. »Da erkannte Jürgen nachträglich noch einmal seine Situation in München«, erinnert sich Hoban.

Klinsmann war beim FC Bayern nicht in der Position, die Gesetze des Handelns diktieren zu können. Der in Europa in die zweite Reihe zurückgefallene Klub hatte ihn zwar auch geholt, um von seinen internationalen Erfahrungen zu profitieren. »Aber nach ein paar Monaten wußte ich, daß die gar nichts annehmen wollten.« Die Bayern spielten weiter ihr Spiel, allen voran Lothar Matthäus, der Klinsmann zu einem Rededuell im Fernsehen wie unter Politikern vor der Wahl aufgefordert hatte, um die Dinge zu klären. Für diesen Vorschlag erntete Matthäus öffentlich nur Hohn und Spott. Wenige Monate vor der Europameisterschaft spitzte sich die Lage weiter zu, und Klinsmann hatte daran auch seinen Anteil mit Kommentaren, die den FC Bayern, aber auch Trainer Otto Rehhagel bloßstellten. »Es hat hier leider manchmal den Anschein, als sei hier alles wichtig, nur die 90 Minuten Fußball nicht«, schimpfte Klinsmann in einem *Spiegel*-Interview in der entscheidenden Saisonphase, als die Münchner hart, aber am Ende vergeblich gegen Borussia Dortmund um die deutsche Meisterschaft kämpften, doch nach zwanzig Jahren wieder Hoffnung auf den Gewinn eines europäischen Pokals hegen konnten. Dem Trainer, über dessen drohenden Rauswurf die Zeitungen ständig schrieben, warf er nach einem wieder einmal enttäuschenden Spiel indirekt vor, die Mannschaft nicht führen zu können: »Wir haben die besten Einzelspieler, aber kein Konzept«, kritisierte Klinsmann. Ein Vorwurf gegenüber Rehhagel, wie er schwerer kaum hätte sein können.

Eine gute Woche später, nach einer 0:1-Heimniederlage gegen Hansa Rostock, flog Rehhagel bei den Bayern raus. Franz Beckenbauer übernahm für die letzten Wochen das Kommando, und Giovanni Trapattoni wurde schon als Nachfolger für die nächste Saison vorgestellt. Der Zusammenhang zwischen Klinsmanns Kritik an Verein und Trainer und der Entlassung Rehhagels war schnell hergestellt, und Klinsmann wurde nun etwa vom Nachrichtenmagazin *Focus* als der »heimliche Fußball-Herrscher« beschrieben, dessen Opfer Rehhagel und Matthäus seien, und auch andere Blätter sahen erstmals »das Image des Strahlemanns beschädigt«.

Klinsmann hatte in diesen turbulenten Tagen immer auch seinen eigenen Vorteil, seine Interessen als Stürmer im Auge. Er suchte das Gespräch mit Präsident Beckenbauer und eröffnete ihm, daß er, Klinsmann, wohl nicht zum FC Bayern passe. Er machte ihm den Vorschlag, es aber noch einmal miteinander zu versuchen, was auch im Interesse des Klubs lag, denn wenn ein internationaler Superstar wie Klinsmann dem FC Bayern so schnell den Rücken gekehrt hätte, der in fünf Jahren mit fünf verschiedenen Trainern ein eindrucksvolles Beispiel für fehlende Kontinuität geliefert hatte, wäre dies ein weitaus schwerwiegenderer Ansehensverlust gewesen als eine Entlassung des ohnehin vielkritisierten Trainers Otto Rehhagel. Klinsmann forderte allerdings, seinen Vertrag an entscheidender Stelle zu ändern, und Rechtsanwalt Gross setzte die Vorstellungen seines Mandanten in gewohnter Weise vertraglich um. Die Details der neuen Vereinbarungen wurden, wie das Gehalt von angeblich rund 10,5 Millionen Mark für drei Jahre, schon bald von *Sport-Bild* veröffentlicht. Wäre Klinsmann nach nur einem Jahr im Sommer 1996 zu einem anderen Klub gewechselt, hätte der neue Verein laut der Regelung im alten Vertrag fünf Millionen Mark Ablöse zahlen müssen, nach zwei Jahren wären es noch zwei Millionen gewesen und erst nach Ablauf des Vertrags im dritten Jahr zum 30. Juni 1998 hätte Klinsmann ursprünglich ablösefrei gehen dürfen. Nun konnte er den FC Bayern schon ein Jahr früher, im Sommer 1997, ohne Ablösesumme verlassen.

Franz Beckenbauer kochte innerlich vor Wut, als Klinsmann ihm in den Tagen der Entlassung von Rehhagel seine Sicht der Dinge präsentierte. »Ich habe zu Franz gesagt: ›Ich passe wohl nicht hierher, deshalb mache ich dir den Vorschlag, wir versuchen das noch einmal auf einen gemeinsamen Nenner zu bringen. Aber dann gib mir die Garantie, daß ich im nächsten Jahr ablösefrei wechseln kann, oder ich präsentiere euch gleich einen Klub, der die fünf Millionen hinlegt.‹« Die Bayern fühlten sich von Klinsmann erpreßt, da erstmals ein Spieler mit aller Konsequenz seine Unabhängigkeit ausspielte, doch die neue Ausstiegsregelung, das sollte sich nach wenigen Wochen der neuen Saison zeigen, trug auch nicht weit.

Nachdem die Bayern Rehhagel hinausgeworfen hatten, übernahm Beckenbauer für einige Wochen den Trainerjob. Mit ihm gewannen sie gegen Bordeaux das Endspiel um den Uefa-Pokal. In dieser Zeit gerieten dann auch noch Beckenbauer und Bundestrainer Berti Vogts wegen Klinsmann heftig aneinander. »Das war der größte Krach zwischen Franz und mir«, erinnert sich Vogts an eine heftige Auseinandersetzung nach einem Spiel, in dem Klinsmann eine schwache, unglückliche Vorstellung geboten hatte. »Du mit deinem Jürgen Klinsmann«, giftete Beckenbauer den Bundestrainer an, und deutete dabei auf sein Schienbein, als Zeichen dafür, daß Klinsmann immer wieder ungelenk die Bälle versprangen. »Hey, gerade du kennst doch seine Stärken und Schwächen«, schimpfte Vogts zurück, »warum hast du ihn denn geholt? Wenn du so einen Typen holst, dann mußt du ihn auch so akzeptieren, wie er ist. Du warst doch 1990 Teamchef, wir haben doch damals nächtelang über ihn diskutiert, und jetzt hat er halt wieder so eine Phase.« So ging es hin und her, und irgendwann »sagte er zu mir: ›Du hast ja Recht‹. Und damit war das Thema für Franz auch schon wieder erledigt.«

Ein paar Wochen später kehrte Klinsmann als gefeierter Kapitän des Europameisters Deutschland zu den Bayern und dem neuen Trainer Giovanni Trapattoni zurück. Vorher allerdings, im Zuge eines Spiels der Weltauswahl, schlossen Klinsmann und Matthäus ein Kooperationsabkommen in New York, um dem FC Bayern einen harmonischen Saisonverlauf zu gewähren. Der Friedensschluß dieser beiden sich wesensfremden Stars trug jedoch erwartungsgemäß nicht weit, ebenso wie die beschworene Ruhe im Verein. Es dauerte keine drei Monate, bis die Querelen innerhalb der Mannschaft und des Klubs wieder öffentlich wurden. Matthäus sprach wieder vom Mißtrauen innerhalb des Teams, und Beckenbauer sagte, er sei das Gejammere von Klinsmann langsam leid. Wenige Tage später veröffentlichte *Bild am Sonntag* die Ausstiegsklausel in Klinsmanns Vertrag. Als dann der Uefa-Pokalsieger wiederum drei Tage später gegen den FC Valencia in der ersten Runde ausschied und Klinsmann dabei noch einen wichtigen Elfmeter verschoß und unbeherrscht gegen einen Spanier nachtrat, geriet Klinsmann in die Rolle des Verlierers des Tages, und nicht nur dieses Tages.

»Der Torjäger stolpert rum und tritt Gegner«, höhnte *Bild*. Es folgte eine blamable 0:3-Niederlage bei Werder Bremen, bei der Trapattoni den Stürmer am achten Spieltag schon zum fünften Mal auswechselte. Einige Kollegen lancierten seinen Spitznamen »Flipper« in die Öffentlichkeit, weil der ihm zugespielte Ball oft unkontrolliert durch die Gegend sprang wie die Kugel im Spielautomat, und da er sich auch noch für den Ausschluß der Medien vom Trainingsgelände und den Abschied vom Trainingslager am Tegernsee ausgesprochen hatte, geriet er immer weiter in die Rolle des alleinigen Sündenbocks, obwohl auch andere Spieler sich diese Veränderungen wünschten. Nur drei Monate nach dem EM-Triumph hatte sein Image empfindlich gelitten, bei der Wahl zum beliebtesten Spieler des FC Bayern landete er trotz 15 Toren im Uefa-Pokal und 16 Treffern in der Meisterschaft weit abgeschlagen hinter Mehmet Scholl und Matthäus nur auf dem dritten Rang.

Der uneingeschränkt positive Imagetransfer, auf den der FC Bayern durch Klinsmanns Verpflichtung gehofft hatte, war ausgeblieben. Es zeigte sich vielmehr, daß die unterschiedlichen Fußball-Philosophien des Nationalmannschaftskapitäns und des FC Hollywood schädliche Wirkungen für beide Seiten zeigten. Mit schwäbischem Dickschädel widersetzte sich Klinsmann allen Versuchen, ihn in den Klub einzubinden. Er stellte auch noch öffentlich einen Teil des Geschäftsprinzips von Manager Hoeneß in Frage und erklärte, daß Erfolge eines Fußballvereins nicht am Verkauf von Trikots, sondern am Gewinn von Titeln gemessen werden sollten, was dem Manager die Zornesfalten auf die Stirn trieb, weil nicht zuletzt diese Einnahmen das Gehalt des teuersten Spielers Deutschlands finanzierten.

Nach dem Ende der Hinrunde kritisierte Klinsmann auch massiv die Taktik Giovanni Trapattonis, und er drohte abermals mit einem Wechsel, falls das Spiel der Bayern nicht stärker auf ihn ausgerichtet würde. Es änderte sich nichts. Nach zwei weiteren Niederlagen brachen die mühsam unter Verschluß gehaltenen Zwistigkeiten einer von Neid und Mißgunst zerfressenen Mannschaft wieder auf. Abermals wurde eine Aussprache unter Beckenbauers Leitung anberaumt, aber selbst die Inhalte dieser Runde drangen an die Öffentlichkeit, vor allem der wütende Satz des Präsidenten, beim FC Bayern sei eine richtige »Scheißmannschaft« beisammen. Kurze Zeit später, wenige Tage vor Frühlingsbeginn im Jahr 1997, verkündete Klinsmann dann, was ohnehin keine Überraschung mehr war: er werde den Verein nach Saisonende vorzeitig verlassen.

Mediendirektor Hörwick erinnerte sich aus dieser Zeit an eine Gabe von Klinsmann, die er damals so noch bei keinem anderen Spieler gesehen hatte: seine Wandlungsfähigkeit vor der Fernsehkamera. »Er hatte die Fähigkeit, sich in fünf Sekunden zu verwandeln. Er konnte in der Kabine toben und außer sich sein vor Wut, aber im nächsten Moment war er vor den Kameras der liebenswürdigste Mensch, den man sich vorstellen kann. So wie Jürgen kann das nur noch David Beckham und vielleicht der Franz, aber der ist ernster vor den Kameras, Jürgen macht alles mit einem Lächeln, perfekt.« Sein

Lächeln konnte Klinsmann im Kampf um die Gunst der Öffentlichkeit schon damals wie eine Waffe einsetzen, gegen die der FC Bayern wenig ausrichten konnte, und der Medienprofi Hörwick gab Klinsmann danach immer wieder einen guten Rat mit auf den Weg: »Wenn es wirklich wichtig wird, dann suche eine Kamera.«

Diese Medien-Strategie machte sich Klinsmann als Bundestrainer dann auch tatsächlich zu eigen. Wöchentlich gehen bei ihm mehrere Interviewanfragen ein, alle Talkshows des deutschen Fernsehens haben sich schon gemeldet. Aber zusammen mit Eitel beschloß Klinsmann, seine öffentlichen Auftritte alleine auf den Fußball und sein direktes Umfeld zu beschränken. »Alles ist nur noch Fußball. Kein Kerner, kein Beckmann, keine Maischberger, daran wirst du nicht gemessen. Du erreichst nichts, wenn du diese Anfragen erfüllst – außer wenn es ein Riesenproblem gibt und du dich bei Kerner dazu äußern kannst«, sagt Eitel. »Aber Jürgens Lebensmaxime ist: ›Wir müssen immer den ersten Schritt machen, wir dürfen nicht reagieren, wir müssen agieren.‹ So war er schon immer.«

Ruhe kehrte beim FC Hollywood auch nach seinem angekündigten Vereinswechsel nicht ein. Das Kapitel Klinsmann war zwar beendet, aber die Querelen in München endeten damit keineswegs. Der Verein machte sich auf die Suche nach einem sogenannten Maulwurf, der die Vertraulichkeit des Mannschaftsraums immer wieder unterwanderte, und sie glaubten ihn auch in Lothar Matthäus gefunden zu haben. Die Spieler forderten nach einem 0:2 in Bielefeld seinen Rücktritt, doch Trainer Trapattoni und Beckenbauer lehnten den Wunsch des Teams ab. Aber genausowenig wie der FC Bayern fand Klinsmann, obwohl innerlich schon längst auf Distanz, in diesem Reizklima seine innere Ruhe. Dafür stand für ihn sportlich zuviel auf dem Spiel. Zum ersten Mal konnte er eine nationale Meisterschaft gewinnen, und deswegen war er schließlich nach Deutschland zurückgekehrt, hatte das Wagnis FC Bayern auf sich genommen und all die Schwierigkeiten in seinem Heimatland, von denen er schon vor seiner Ankunft ahnte, daß sie ihm, dem im Ausland gereiften Profi und Familienmenschen, zuviel werden könnten für ein dauerhaftes Leben in Deutschland.

Drei Spieltage vor Schluß fürchtete Klinsmann, daß sich auch dieses größte sportliche Ziel verflüchtigen könnte. Im Heimspiel des Tabellenführers gegen den Tabellenletzten Freiburg stand es 0:0, und nur noch zehn Minuten waren zu spielen. Trainer Trapattoni bereitete den Regionalligastürmer Carsten Lakies, der noch kein einziges Spiel in der Bundesliga bestritten hatte, auf seinen Einsatz vor. Am Spielfeldrand gestikulierte Trapattoni wild, es war zunächst nicht klar, wer für den neuen Stürmer weichen sollte. Der Trainer entschied sich für Klinsmann, schon zum zwölften Mal in der Saison. Der Kapitän der Nationalmannschaft, der in einem entscheidenden Spiel um den für ihn so bedeutsamen Titel für einen namenlosen Amateur seinen Platz räumen mußte, trabte vom Spielfeld. Kurz hinter der Seitenlinie entlud sich sein über Wochen und Monate angestauter Zorn. Klinsmann trat mit unbändiger Wut gegen eine Werbetonne, die der Wucht seines Ärgers nicht gewachsen war. Ein Loch klaffte in der Preßspantonne, und Klinsmanns schmerzender Fuß steckte darin fest. Klinsmann erschrak über sich selbst und entschuldigte sich noch in der Kabine bei seinem Trainer für seine Unbeherrschtheit.

Nach manchen Tritten und vielen Toren verließ Klinsmann drei Wochen später als deutscher Meister den FC Bayern in Richtung Italien. »Der Stachel saß tief«, sagte er später, »bei Uli Hoeneß und bei mir.« Zwei Titel nahm er mit vom FC Hollywood und außerdem unschätzbar wertvolle Erfahrungen über den deutschen Fußball, seine Hauptdarsteller und dessen Verflechtungen im Medienbetrieb. Daß es ein Schatz war, der ihm in seinem Leben noch viel nutzen würde, ahnte Klinsmann noch nicht.

1 Das strahlende Gesicht des deutschen Fußballs: Bundestrainer Jürgen Klinsmann nach dem Confederations Cup, 2005.

2 Der Liebling aus dem Schwabenland: Mit seinen Toren und seinem herrlichen Jubel wird der junge Stürmer beim VfB Stuttgart zum Inbegriff des Fußball-Glücks, 1985.

3 Das Tor zur Welt: Der spektakuläre Fallrückzieher des jungen Stürmers beim Stuttgarter 3:0-Sieg gegen den FC Bayern München faszinierte nicht nur in Deutschland. Die Bilder des Treffers, der 1987 zum »Tor des Jahres« gewählt wurde, machte Jürgen Klinsmann auch für Klubs im Ausland interessant.

4 Italienische Leichtigkeit:
Klinsmann in Mailand, 1990.

adidas

5 *links:* Deutsche Glückseligkeit: Weltmeister in Rom, 1990.

6 Erfolg bei Inter: UEFA-Pokalsieger 1991.

7 und 8 *linke Seite:* Eine Insel des Glücks: Aus dem »Diver« Jürgen Klinsmann wird 1994/1995 bei Tottenham Hotspur der beliebteste Fußballer in England.

9 *rechts:* Ein Schwabe in Lederhosen: Ein Gruß vom Deutschen Meister, 1997.

10 *unten:* Ein bleibender Eindruck: Die besondere Beziehung zwischen dem FC Bayern und Jürgen Klinsmann, 1997.

adidas

11 *links oben:* Ein Botschafter Deutschlands: Mit Bundestrainer Vogts in Yad Vashem, 1997.

12 *links unten:* Fußball als Völkerverständigung und Entwicklungshilfe: In einer Township in Südafrika, 1995.

13 *rechts:* Streets of London: Der deutsche Angreifer geht seinen eigenen Weg, 1996.

14 *unten:* Gemischtes Doppel: Mit Debbie Chin bei einem ihrer seltenen öffentlichen Auftritte, 1996.

15 In der Ruhe liegt die Kraft: Im Mannschaftsquartier bei der Europameisterschaft 1996 in England bereitet sich der Kapitän der deutschen Nationalmannschaft auf sein großes Werk vor.

17 Ein königlicher Augenblick: Die Queen schenkt dem deutschen Sieger nach dem Endspielsieg 1996 gegen die Tschechische Republik im Wembley-Stadion ein Lächeln.

16 Der Kapitän hat das Wort: Andreas Möller bekommt bei der EM 1996 von Jürgen Klinsmann zu hören, wer in der deutschen Nationalmannschaft der Chef ist. Der Stürmer mit dem brennenden Ehrgeiz wird zum wichtigsten Partner von Bundestrainer Berti Vogts auf und abseits des Fußballplatzes.

18 *oben:* Der Trainer und sein Helfer: Jürgen Klinsmann und Berti Vogts erleben knapp zwanzig Jahre nach ihrem ersten gemeinsamen Einsatz einen bitteren Abschied bei der WM 1998 in Frankreich.

19 *links:* Auf Wiedersehen: Verabschiedung von Sturmpartner Oliver Bierhoff nach der 0:3-Niederlage gegen Kroatien im WM-Viertelfinale von Lyon, 1998.

20 *rechts:* Abschiedstränen nach einer langen Fußballreise: Jürgen Klinsmann läßt sich nach einem anrührenden Abend von seinen Gefühlen überwältigen, 1999.

adidas
AGAPEDI

21 *rechts:* Amtsantritt des Reformers: Mit neuen Ideen, altem Elan und einem großen Ziel kehrt der neue Bundestrainer 2004 aus Amerika zurück. Deutschland soll Weltmeister werden.

22 *rechts:* Energie für ein erstarrtes Land: Jürgen Klinsmann belebt den deutschen Fußball im Eiltempo, 2005.

23 *unten:* Alle sind gleich, einer ist der Chef: Der Bundestrainer findet für die jungen Spieler die richtigen Worte, und Kapitän Oliver Kahn verliert seine Sonderstellung, 2005.

24 *links:* Die Troika der Nationalmannschaft: Der Bundestrainer setzt zusammen mit seinem Assistenten Joachim Löw und Manager Oliver Bierhoff den Aufbruch beim dreimaligen Weltmeister in Gang – auch gegen zahlreiche Widerstände.

25 *Mitte:* Die Generation Klinsmann hat viele Gesichter: Der Münchner Mittelfeldspieler Bastian Schweinsteiger wird beim Confederations Cup zu einem der neuen Lieblinge im deutschen Fußball.

26 *nächste Seite:*
Die WM 2006 immer im Blick: Jürgen Klinsmann will sich von seinem Weg nicht abbringen lassen.

7. Der Triumph in der zweiten Heimat

Europameister in England

Den Planeten FC Hollywood verließ Jürgen Klinsmann jeden Tag so schnell wie möglich. In seiner Münchner Zeit genoß er sein Privatleben in einer Tiefe, die er zuvor nicht gekannt hatte. Er hatte endlich die Frau gefunden und geheiratet, mit der er eine Familie gründen wollte, und er wollte in München soviel Zeit wie möglich mit Debbie verbringen. Es zog ihn nach dem Training und nach den Spielen mit dem FC Bayern sofort nach Hause, und der Drang, in die eigenen vier Wände zurückzukehren, wurde noch größer, als ein gutes Jahr nach der Hochzeit auch ihr erstes Kind zur Welt kam. Das neue Familienleben wurde, wie Klinsmann später dazu sagte, seine neue Priorität im Leben. Aber nicht nur seine Frau und das Baby, die in ihm das Verständnis für die Rolle des umsorgenden Familienoberhaupts, wie er es von seinem Vater kannte, wachsen ließen, schufen ein Gegengewicht und einen Ruhepol zu der oberflächlichen Glamourwelt und den Streitereien beim FC Bayern.

Auch beruflich hatte Klinsmann schon eine neue Herausforderung gefunden, die er mit nach München brachte und an der er über Jahre hinweg arbeiten und wachsen sollte. Ein paar Monate vor seiner Hochzeit hatte ihn Bundestrainer Berti Vogts im Februar 1995 zum Kapitän der Nationalmannschaft gemacht, allerdings vorläufig nur für ein paar Monate. Die Entscheidung fiel nicht sonderlich überraschend. Dem bisherigen Spielführer Lothar Matthäus war die Achillessehne gerissen, eine äußerst schwierige Verletzung, die eine Rückkehr für etwa ein halbes Jahr ausschloß; angesichts seines Alters von fast vierunddreißig Jahren bezweifelten manche sogar, daß Lothar Matthäus überhaupt noch einmal den Anschluß an die Nationalmannschaft schaffen würde. Klinsmann hatte schon siebzig Länderspiele gemacht, er war dreißig Jahre alt und in der Fußball-Welt herumgekommen. Die *Süddeutsche Zeitung* schrieb bei seinem ersten Einsatz als Spielführer beim Länderspiel gegen Spanien in Jerez, daß nun »das gute Gewissen der Nationalelf vorneweg auf den Platz läuft«.

Jürgen Kohler hatte zwar gehofft, Matthäus als Kapitän der Nationalmannschaft bis auf weiteres vertreten zu können, weil er drei Länderspiele mehr als Klinsmann absolviert hatte, aber diese Hoffnung entsprang einer Fehleinschätzung der Lage. Der Bundestrainer wollte sich nicht von einer formalen Senioritätsregelung seinen Kapitän bestimmen lassen, die Notwendigkeiten des sportlichen Umbruchs verlangten vielmehr einen Spieler mit Prägekraft und klaren Zielen. Klinsmann hatte sich für die neue Rolle schon in den Monaten zuvor bei der Aufarbeitung des WM-Desasters von Amerika angeboten.

Er hatte klare Konsequenzen aus den giftigen Auseinandersetzungen gefordert, die die deutsche Mannschaft den Erfolg bei der Weltmeisterschaft kostete. »Nach der Niederlage in Amerika war es ätzend, niemand wußte, wie es weitergehen sollte«, erinnert sich Klinsmann an die erste Ratlosigkeit. Nach der Weltmeisterschaft begann vor dem ersten Länderspiel gegen Rußland der Selbstreinigungs- und -findungsprozeß der Mannschaft, der Vogts zu einer neuen, auf Mitspracherechte der wichtigen Spieler ausgerichteten Haltung führen sollte. »Das war Resultat jener brutalen Aussprache, die wir vor dem Länderspiel gegen Rußland geführt haben. Damals haben wir uns die Klötze gegenseitig ins Gesicht geknallt, und der Trainer konnte erkennen, was im Busch war«, berichtet Klinsmann. Die Initiative für Berti Vogts' verändertes, nun nicht mehr so autoritäres Verhalten sei aber vom Bundestrainer ausgegangen, sagte der künftige Kapitän.

Gleichwohl nutzte Klinsmann umgehend den Spielraum, der sich ihm eröffnete, um Einfluß auf die Nationalelf zu nehmen. Er ließ Stefan Effenberg und Bodo Illgner auch nachträglich die Extratouren nicht durchgehen, von denen er glaubte, sie hätten auch ihn persönlich um sein großes Ziel bei der Weltmeisterschaft gebracht, und griff sie ungewöhnlich scharf in Interviews an. Torwart Illgner kehrte daraufhin auch nie mehr in die Nationalmannschaft zurück, Effenberg erst nach dem Ende von Klinsmanns Karriere, dann jedoch auch nur für kurze Zeit, um sich an Vogts zu rächen. Klinsmann hatte an der Trennung von Illgner und Effenberg, deren Rückkehr nach der WM teilweise sogar vom DFB-Präsidenten Egidius Braun unterstützt wurde, jedenfalls einen erheblichen Anteil. Zudem hatte er Vogts auch öffentlich unmißverständlich zum Handeln aufgefordert. »Wir haben den Beweis, daß Spieler, die mit bestimmten Medien in Verbindung stehen, Internes herausgegeben haben. Wir wollen deshalb einen Neuanfang machen und eine klare Linie fahren. Und dann muß der Trainer die Konsequenzen ziehen (. . .) und die betreffenden Spieler rausschmeißen«, sagte Klinsmann in der *Süddeutschen Zeitung.* Solche scharfen Töne hatte man von ihm zuvor noch nicht gehört, und niemand ahnte, daß Klinsmann damit einen grundlegenden und auch von ihm später zielstrebig weiterverfolgten Wandel einleitete. Dies schien zunächst nur eine weitere Wortmeldung zu sein in der respektlosen, billigen Auseinandersetzung um die gescheiterten Nationalspieler, die sich über Wochen und Monate gegenseitig mit Vorwürfen überhäuften. Klinsmanns konstruktiver Ansatz, eine Mannschaft mit einem neuen Geist zu schaffen, erschien zunächst nur vage.

»Er hat aus der Erfahrung der WM seine Konsequenzen gezogen«, urteilte Vogts später, nachdem der zukünftige Kapitän die Mannschaft entscheidend mitgeprägt hatte, und das nicht nur in Personalfragen. Der Bundestrainer wußte nur zu gut um die Gradlinigkeit, mit der Klinsmann eine neue Philosophie in der Nationalmannschaft begründen wollte. Er hatte sie selbst zu spüren bekommen nach der Weltmeisterschaft. Es war das zweite Spiel nach dem Turnier, und nicht zuletzt der Ruf des Bundestrainers, dem *Bild* nach dem Ausscheiden einen vorformulierten Abschiedsbrief zur Unterschrift vorgelegt hatte, war durch den Mißerfolg und die Mißtöne zu dieser Zeit stark beschädigt. Die Deutschen spielten in Ungarn, und die Testpartie war eine einzige Enttäuschung, sie endete mit einem kläglichen 0:0. Der Ärger und die Wut, daß überhaupt keine Fortschritte nach dem WM-Desaster zu erkennen waren, brachen bei Jürgen Klinsmann durch. Es kam zu einer Aussprache zwischen den beiden, eine folgenreiche Unterredung, die Vogts nicht mehr vergessen sollte. Der Bundestrainer, in der Öffentlichkeit ohnehin nie populär, befand sich zu jener Zeit in ebenjener besonders geschwächten Position, während Klinsmann aus der WM als einziger Spieler unbeschadet hervorgegangen war. Er strebte nach ersten grandiosen Monaten in England auch in Deutschland dem Höhepunkt seiner Popularität entgegen. Aber der Stürmer war mit nichts mehr einverstanden in der Nationalmannschaft, weder mit der vom Bundestrainer geprägten Lebensweise noch mit dem Spielsystem und schon gar nicht mit dem Kommunikationsstil untereinander. Er hatte genug davon, sich mit Regeln abzufinden, die nicht die seinigen waren und von denen er glaubte, sie würden die Nationalmannschaft auch nicht aus der Krise führen. Klinsmann wollte nichts weniger als eine neue Nationalmannschaft – und er wollte auch einen neuen Bundestrainer. Vertrauten hatte Klinsmann in jenen Tagen zugeraunt: »Es hat keinen Sinn mehr. Berti tötet jeden Spaß und jede Freude.«

Aber Vogts und Klinsmann rauften sich an diesem Abend noch einmal zusammen, wie so oft. »Es fielen harte Worte. Aber nichts davon kam an die Öffentlichkeit«, sagt der ehemalige Bundestrainer rückblickend, »bei anderen habe ich Vorwürfe nur aus der Zeitung erfahren.« Sie kannten sich schon seit sechzehn Jahren, und diese Aussprache war der erste Schritt zur Erneuerung der deutschen Nationalmannschaft, die knapp zwei Jahre später als eine verschworene und leidenschaftlich kämpfende Einheit, wie es sie im deutschen Fußball zuvor nur selten gegeben hatte, die Europameisterschaft in England gewinnen und die deutschen Anhänger wieder begeistern sollte. Sie stärkte die Nationalmannschaft, sie stärkte Klinsmann, aber sie stärkte auch Berti Vogts, über den Klinsmann öffentlich nie ein schlechtes Wort verlor und von dem er ein Jahr nach der Aussprache, als die Deutschen sich wieder mit der Nationalelf identifizierten, sagen sollte: »Ich habe gerade in der nicht so erfolgreichen Zeit die Courage und die Zielstrebigkeit von Berti Vogts bewundert. Der hat ja auch nicht aufgegeben.«

Vogts hatte Klinsmann schon als sechzehnjährigen Jungen in einer der Nachwuchs-Nationalmannschaften des DFB kennengelernt. Sie gingen 1979 erstmals gemeinsam auf Länderspielreise nach Portugal, Vogts wußte da aber noch nichts mit dem Namen Jürgen Klinsmann anzufangen, denn der Kader für dieses kleine Turnier, das an der Algarve stattfand, war noch von seinem Vorgesetzten Dietrich Weise zusammengestellt worden. Die Reise gestaltete sich schwierig. Das Flugpersonal in Portugal streikte, der DFB-Troß kam nur bis Spanien, mit Zug und Bus ging es mühsam weiter. Erst nach rund acht Stunden waren sie im Quartier angekommen. Eigentlich wollten sie noch trainieren, aber der Platz lag etwa zwei Stunden entfernt, das wollte Vogts weder sich noch den Spielern nach dieser strapaziösen Tour zumuten, daher verlegte er das Training an den Strand. So etwas hatten die jungen Spieler beim DFB zuvor noch nicht erlebt. Die Jungs hatten jedenfalls riesigen Spaß am Strand, und Vogts erinnerte sich auch über 25 Jahre später an diesen Kick und an diesen Jürgen Klinsmann.

Schon damals merkte Vogts, daß er es nicht mit einem angepaßten, obrigkeitshörigen Spieler zu tun hatte, sondern daß hier einer seinen eigenen Kopf hatte und man ihn überzeugen und seine Maßnahmen erklären mußte. Eine der Regeln beim DFB lautete, daß sich die Spieler mittags auf ihrem Zimmer hinlegen und am besten ein bißchen schlafen, aber zumindest ausruhen sollten, denn das war schon immer so. Auch Vogts kannte es als Spieler nicht anders. Klinsmann aber sah das nicht ein und diskutierte mit dem Trainer über den Sinn dieser Regelung und fragte, was eigentlich dagegen zu sagen sei, wenn er in dieser Zeit statt dessen einfach mal ein bißchen am Strand spazierenginge. Vogts wunderte sich ein wenig über diesen Jungen und dessen Vorstellungen, ließ sich aber darauf ein. Seine Erfahrungen mit Fußballspielern hatten ihm jedoch zur Vorsicht geraten, und er fürchtete, daß auch dieser Jürgen Klinsmann die Zeit ganz anders als wie versprochen nutzen und sein Vertrauen mißbrauchen könnte. Als er aus dem Quartier aufbrach, machte sich Vogts an die Verfolgung. Er spürte ihm lange nach, ohne daß Klinsmann ihn bemerkte. »Aber er ist wirklich einfach nur am Strand spazierengegangen«, wunderte sich Vogts.

Seither haben sich Vogts und Klinsmann nicht mehr aus den Augen verloren. Sie durchliefen gemeinsam noch einige Stationen in Jugendauswahlen, 1988 erlebten sie zusammen ihre erste Europameisterschaft, wenngleich Vogts noch Assistent von Franz Beckenbauer war, genauso wie bei dem WM-Triumph zwei Jahre später in Italien. Nach seiner Beförderung zum Bundestrainer erlebten sie die erste Krise, als Vogts an Klinsmann öffentlich zu zweifeln begann und der Stürmer seinen Platz im Aufgebot für die Europameisterschaft zu verlieren schien. Nach der für Klinsmann persönlich erfolgreichen EM in Schweden verschoben sich die Gewichte wieder. Der Bundestrainer blieb ständigen Zweifeln und Attacken der Medien ausgesetzt, während die Begeisterung um den blonden Stürmer in Deutschland ständig wuchs. Ein paar Monate nach dem stillosen, zänkischen Scheitern bei der Weltmeisterschaft in Amerika war die Diskrepanz in der öffentlichen Anerkennung zwischen Vogts und Klinsmann so groß wie nie zuvor. Die Leichtigkeit, mit der Jürgen Klinsmann die Fußballwelt eroberte und selbst aus Niederlagen gestärkt hervorging, war dem Bundestrainer nicht vergönnt, auf ihn projizierten die Anhänger vielmehr alle Schwächen des deutschen Fußballs, und vielen galt er sogar als entscheidender Grund für die enttäuschenden Bilanzen bei großen Turnieren, obwohl er am Ende seiner Zeit die beste Länderspielbilanz aller Bundestrainer vorweisen konnte.

Als Klinsmann von Vogts zum Kapitän ernannt wurde, half diese Entscheidung auch dem Bundestrainer. Die Nationalelf hatte nun einen neuen, im Gegensatz zu Matthäus unverbrauchten Anführer, der ideal schien, das beschädigte Image der Nationalelf wiederherzurichten, weit besser jedenfalls als der Bundestrainer, der für den Ansehensverlust mitverantwortlich gemacht wurde und um seinen Job hatte bangen müssen. Zudem hatte Vogts in Klinsmann auch einen neuen Verbündeten gefunden, der sich nicht von den Schlagzeilen des Boulevards unterkriegen und sich sein Verhalten vorschreiben lassen wollte, geschweige denn durch lancierte Informationen seine eigene Stellung auf Kosten des Trainers und des Teams stärken wollte.

Klinsmann jedenfalls war in einer ungewöhnlich starken Position als Kapitän, und das Machtvakuum, das sich angesichts des geschwächten Bundestrainers und der Verletzung von Lothar Matthäus auftat, wußte er zu nutzen. Seine wesentlich entspannteren und leistungsfördernden Vorstellungen von Menschen- und Mannschaftsführung begann er kontinuierlich durchzusetzen, und die Zusammenstellung eines neuen Teams auch nach charakterlicher Eignung und nicht allein nach sportlichen Leistungskriterien beeinflußte er wie kaum ein Kapitän zuvor. In seinem ersten Interview als Kapitän sprach er gegenüber der *Welt* ganz ähnlich wie knapp zehn Jahre später als Bundestrainer: »Wir müssen einfach eine positive Stimmung aufbauen, die sich nach außen als Spielfreude dokumentiert. Die Leute müssen das Gefühl kriegen, die Mannschaft hält zusammen.«

Kleine Gesten mit großer Wirkung

Es dauerte nicht lange, bis der Stimmungsumschwung in der Nationalelf unter dem neuen Kapitän einsetzte. Dazu trugen sportliche Erfolge bei, aber auch die Auftritte im Ausland, bei denen die Nationalmannschaft nun ein wesentlich freundlicheres, weltoffeneres Gesicht zeigte, und dieser Wandel war zuallererst mit Jürgen Klinsmann verbunden. Es waren zunächst nur Kleinigkeiten, aber sie wurden in der deutschen Öffentlichkeit aufmerksam registriert, zumal der Profifußball schon länger unter den zahlreichen Selbstdarstellern und ihrem verzerrten Blick auf die Realität litt.

Sechs Wochen, nachdem Klinsmann zum Kapitän aufgestiegen war, reiste die Nationalmannschaft nach Georgien, der bitterarmen ehemaligen Sowjetrepublik im Kaukasus. Der DFB-Troß stieg im einzigen Luxushotel des Landes ab, das mit seinen gläsernen Aufzügen wie ein obszönes Reservat des neuen Kapitalismus wirkte inmitten von Mangel und Armut, von denen das Hotel umgeben war. Die Nationalspieler bekamen von der Wirklichkeit des Landes nicht viel mit, sie lebten abgeschottet in gewohnt luxuriöser Umgebung. Abgeschirmt von den Menschen ging es vom Hotel gleich weiter zum Training, und von dort eine gute Stunde später ungeduscht wieder zurück. Es war nicht erwünscht, daß Spieler das Hotel verließen und sich neue Eindrücke verschafften, so wie es Klinsmann als Bundestrainer zehn Jahre später seinen Spielern nahelegte, als sie ihre erste große Tour nach Teheran unternahmen. Sie sollten sich gemeinsam die Stadt, die Menschen und die Sehenswürdigkeiten ansehen, um neue Erfahrungen zu sammeln, Erfahrungen, die die jungen Spieler dann auch tatsächlich tief beeindruckten.

In Georgien, einem traditionell deutschfreundlichen Land, dessen kulturelle Verbindungen nach Deutschland bis ins Kaiserreich zurückreichen, schottete sich der DFB von der harten Realität jedoch vollständig ab. Dennoch glückte es Jürgen Klinsmann auch unter diesen selbstbezogenen Verhältnissen, mit kleinen Gesten die Menschen immer wieder zu erreichen. Vor dem Spiel etwa winkte er lange ins Publikum und lächelte sein umwerfendes Lächeln, mehr mußte er gar nicht tun, um die Herzen der Georgier zu gewinnen. Das allein war schon viel mehr als das, was die anderen taten, die nur auf sich und das EM-Qualifikationsspiel fixierten Nationalspieler. Klinsmann hatte in Tiflis, wie in so vielen mittellosen Ländern mit großer Fußballbegeisterung, gespürt, daß die Menschen nur auf ein kleines Zeichen gewartet hatten, um ihre Dankbarkeit und Freude, einen Weltstar und eine große Fußballnation in ihrem Land zu Gast zu haben, zeigen zu können. Wenn er dann noch auf Pressekonferenzen in Georgien, Albanien oder Moldawien zu der schwierigen Lage in den Ländern angesprochen wurde, dann fand er in seiner einfachen, klaren und vernünftigen Sprache, die sich Pathos und Gefühlsseligkeit sparte, fast immer die richtigen Worten. »Botschafter für Deutschland« nannte ihn die *Frankfurter Allgemeine Sonntagszeitung* nach der Georgien-Reise und kam zu dem Schluß: »Klinsmann ist für den deutschen Fußball ein Glücksfall.«

Ein gutes halbes Jahr später, Klinsmann war gerade bei der Wahl zu »Europas Fußballer des Jahres« auf Rang zwei gelandet, hatte Berti Vogts ein Testländerspiel in Südafrika vereinbaren lassen. Das Ergebnis spielte keine allzu große Rolle, auch wenn die Deutschen bei dem 0:0 mit neuem Schwung aufgetreten waren. Die größte Wirkung ging von einem Besuch der Nationalmannschaft in einem Township aus. Der damalige DFB-Mediendirektor Wolfgang Niersbach, der später zum Vizepräsidenten des WM-Organisationskomitees 2006 aufstieg, war nicht nur bei diesem Anlaß begeistert von der Natürlichkeit, mit der Jürgen Klinsmann auf die Kinder und Erwachsenen aus einem fremden Kulturkreis zuging. »Diese Rolle fiel ihm wie selbstverständlich zu«, sagte Niersbach. Klinsmann sprach am besten von allen in der Nationalmannschaft Englisch, und seine Affinität gegenüber Kindern sowie sein Wunsch, denjenigen respektvoll zu helfen, die es nötig haben, hatte sich schon früh gezeigt. »Wir sind weit weg von euch. Aber wir verfolgen eure Situation. Sie wird langsam besser, Fußball ist für jeden da, er bringt uns weiter. Es ist eine Chance, hier rauszukommen«, sagte Klinsmann den Kindern zur Begrüßung im Township. Mit erhobenem Daumen ist er nach einem gemeinsamen Spielchen gegangen, er hatte versucht, den Kindern ein bißchen Mut zu machen, und sie winkten dem blonden Deutschen lächelnd hinterher. Einige hatten wohl verstanden, was er meinte. Sie reckten ebenfalls den Daumen nach oben.

Wo sich die deutschen Spieler gezeigt hatten, waren, wie die Einheimischen sagten, bis dahin nur Politiker mit großen Autos vorbeigefahren. Gehalten hatte keiner. Vogts, Klinsmann und diejenigen Profis, die sich engagierten, waren mittendrin an jenem Ort, wo die Hoffnungen viel größer sind als die Chancen, die die Kinder tatsächlich bekommen. Für die Deutschen sangen sie die Shosholoza, einst das Lied der geknechteten Straßenarbeiter und Malocher in den Bergwerken, die zur inoffiziellen Nationalhymne des Landes wurde. Es war für Klinsmann und die anderen eine Erfahrung fürs Leben, ein Blick in eine Welt, die sie sonst im keimfreien Dreieck zwischen Flughafen, Hotel und Stadion nie zu Gesicht bekamen.

Der Kontrast zum banalen Fußball-Alltag und den Prioritäten, die einige seiner Kollegen setzten, wurde schon ein paar Tage später deutlich. Jürgen Kohler etwa jammerte in einem Interview über sein Ansehen in der Nationalelf, er fühlte sich verkannt und ungerecht behandelt. »Es mißfällt mir, wenn andere Spieler immer gelobt werden, über mich aber kein Wort verloren wird«, sagte er. Die *FAZ* schrieb angesichts der kleinlichen Profilierungsversuche und der Erlebnisse in Südafrika: »Vielleicht hätte er seine Problemchen nach einem Besuch im Township für sich behalten, aber er war ja im Hotel geblieben. Auch Lothar Matthäus hätte bei dieser Gelegenheit seinen Horizont erweitern können. Aber er sitzt ja schmollend in München. Zuvorderst mit sich beschäftigt, reagiert er wie ein Sitzenbleiber auf Vogts, der es gewagt hatte, leise Zweifel an Matthäus' tatsächlicher Stärke zu äußern.«

Die Verbindung zwischen Südafrika und dem DFB und das Engagement Klinsmanns in sozialen Fragen endete nicht mit dem Abflug nach Frankfurt. Der Deutsche Fußball-Bund engagierte sich über Jahre weiter für ein Projekt im Land, und der Kapitän der Nationalmannschaft begann sich immer intensiver um soziale Aufgaben zu kümmern; kurz zuvor hatte er sich einer Initiative für SOS-Kinderdörfer angeschlossen. Wenige Monate später entstand dann in Albanien nach einem Treffen mit Geislinger Freunden, die dort in einer Klinik arbeiteten, die Idee, die Stiftung Agapedia zu gründen. Dieses Hilfswerk für Kinder vor allem aus Osteuropa sollte er nie mehr aus den Augen verlieren. So entstand allmählich ein soziales Netzwerk um Klinsmann, das auch noch funktionierte, als er Bundestrainer wurde. Im November 2004 stellte er zusammen mit Heidemarie

Wieczorek-Zeul, der Ministerin für wirtschaftliche Zusammenarbeit, das Projekt »WM-Schulen – Fair Play for Fair« vor, und in dieser Aktion zeigte sich, wie Klinsmann auch im karitativen, sozialen Leben die Verbindungen und Kontakte pflegte. Bei diesem Projekt arbeitet Klinsmann auch mit der Pfarrerin seiner Heimatgemeinde in Stuttgart-Botnang zusammen, die es mittlerweile zur evangelischen Bischöfin für Holstein-Lübeck gebracht hatte. Klinsmann hörte in Stuttgarter Zeiten zwar nicht allzuoft die Predigten von Bärbel Wartenburg-Potter, aber ihm gefiel es immer, mit Leuten zu arbeiten, die er schon kannte. Träger des Gesamtprojektes war wiederum »streetfootballworld«, eine Initiative der Stiftung Jugendfußball, deren Präsident Klinsmann ist. Bei dem Schulprojekt ging es darum, Kinder aus 204 Schulen in ganz Deutschland zu Botschaftern der 204 Länder des Fußball-Weltverbandes zu machen, sie sollten sich mit den ihnen zugelosten Ländern intensiv beschäftigen und dabei Toleranz und ein faires Miteinander der Menschen weltweit lernen. Sie selbst sollten für ein weltoffenes Deutschland stehen, und der Fußball für eine Chance im Leben. Deutschland wiederum wurde von der Mannschaft der Grundschule Pula Difate vertreten – einem Township in der Nähe der südafrikanischen Hauptstadt Pretoria.

Eine wesentlich heiklere Aufgabe als bei diesem harmlosen, gutgemeinten WM-Projekt fiel Klinsmann als Nationalmannschaftskapitän in Israel zu, als er zusammen mit Bundestrainer Berti Vogts und DFB-Präsident Egidius Braun gut fünfzig Jahre nach dem Zweiten Weltkrieg zur ersten Delegation des Verbandes zählte, die in Jerusalem das Holocaust-Mahnmal Yad Vashem besuchte. Die Deutschen ließen einen angemessenen Umgang bei der Begegnung mit der Vergangenheit allerdings in manchen Momenten vermissen. Als Vogts und Klinsmann einen Kranz niederlegten, flackerten Blitzlichter in der dunklen Halle, es herrschte immer wieder Unruhe während der Erinnerung an die Schrecken der Vergangenheit. In der Halle mit den Namen der Konzentrationslager und dem »ewigen Feuer« klingelten bei den Deutschen die Handys, und im Gedränge, das die Medien verursachten, fielen Ständer zu Boden, während der DFB-Präsident zusammen mit dem deutschen Botschafter und begleitet von Vogts und Klinsmann die Stufen hinabschritt und dort der sechs Millionen jüdischen Opfer des Nazi-Terrors gedachte.

Klinsmann war zornig über den Medienrummel, und er beklagte, wie störend und unpassend es während des Gedenkens gewesen sei, wenn einem in einem »solchen Moment laufend Kameras vor das Gesicht gehalten werden«. Aber es waren nicht nur die Medien, die einen respektvollen Umgang vermissen ließen, als sie die Bilder von den deutschen Fußballstars in Yad Vashem in der Welt verbreiteten. Auch der Nationalmannschaft und ihrer Leitung fehlte das Gefühl, sich an der nationalen israelischen Gedächtnisstätte angemessen zu verhalten. »Auch die erste deutsche Fußball-Abordnung hätte zu ihrem Besuch in Yad Vashem dezenter auftreten können. Mußte denn unbedingt die DFB-Trainingsjacke mit dem Stern des Untertürkheimer Sponsors und den schwarzrotgoldenen Streifen kollektiv spazierengetragen werden?« fragte die *Frankfurter Allgemeine Zeitung* mißbilligend. »Die dunkle DFB-Ausgehkombination wäre passender gewesen. Vielleicht wäre es an diesem Ort auch für auffällig kaugummikauende Profis wie Babbel oder Basler nicht zuviel verlangt gewesen, die Zähne einmal zusammenzubeißen. Klinsmann war dafür wieder einmal ein herausragender Sprecher seines Teams, als er später hervorhob, daß seine Generation ›das Gefühl der Verantwortung‹ an ›die Kinder weitergeben muß, um sicherzustellen, daß die täglich mit der Vergangenheit konfrontiert werden und daß so etwas Schreckliches nie wieder passiert‹.« Klinsmann füllte seine Rolle nun so prägend aus wie seit Franz Beckenbauer kein Kapitän der deutschen Fußball-Nationalmannschaft mehr, aber auch in einem weiteren, gesellschaftspolitischen Sinn.

Sportlich wurde sein Einfluß auf die Mannschaft ohnehin mit jedem Monat stärker. Das Spiel wurde immer stärker auf die Offensive ausgerichtet, und die Erfolge dieser erfrischenden Spielweise machten sich wie in seiner späteren Zeit als Bundestrainer auch in der Niederlage bemerkbar. Im Frühsommer 1995, ein knappes Jahr nach der WM-Niederlage von New York, traten die Deutschen in der Qualifikation zur Europameisterschaft in Sofia gegen Bulgarien an. Sie boten den Zuschauern eine mutige, leidenschaftliche Vorstellung, doch aus der erhofften Revanche wurde nichts, die Bulgaren siegten in einer begeisternden Partie 3:2. Klinsmann hatte den Führungstreffer erzielt, und kurz vor der Pause stand es sogar 2:0. Erstmals in seiner Amtszeit erlebte Berti Vogts nun trotz der bitteren Wendung des

Spiels, daß nicht aus jedem verlorenen Spiel neue Kritik erwachsen mußte.

Die aggressive Spielweise, der Spaß am Fußball, die neu entfachte Leidenschaft ließen beim Publikum den Glauben wachsen, daß diese Mannschaft mit ihrem Kapitän Klinsmann tatsächlich einen neuen Weg gefunden hatte, der auch große Erfolge wieder möglich machen würde, ein Gefühl, wie es Klinsmann mit der Nationalmannschaft auch nach der Niederlage im Confederations Cup gegen Brasilien 2005 zu vermitteln verstand. Zehn Jahre zuvor qualifizierten sich die Deutschen jedenfalls noch ziemlich souverän für die Endrunde der Europameisterschaft in England, und Klinsmann rief die Mannschaft vor dem Turnier unbeirrt zum Favoriten aus.

Die Mannschaft ließ sich nun nach eineinhalb Jahren und einem Kurs, der auf Gemeinschaft gründete, auch nicht mehr von personellen Querelen während der EM-Vorbereitung irritieren. Lothar Matthäus, der sich nach seiner schweren Verletzung beim FC Bayern München wieder einen Stammplatz erobert hatte, drängte mit Macht zurück in die Nationalelf, aber Vogts und die Spieler hatten längst kein Interesse mehr an einem Profi, dessen Hang zur Selbstdarstellung ihnen schädlich für das neue Gemeinschaftsgefühl schien. Offen sagte dies natürlich niemand, Vogts begründete seinen Verzicht mit der mangelnden sportlichen Qualität des früheren Kapitäns, und dies war auch nicht weit hergeholt. Sportlich konnte die gefestigte Nationalmannschaft angesichts ihres großartigen Liberos Matthias Sammer leicht auf Matthäus verzichten. Der Münchner vermutete eine »Intrige« seines Nachfolgers hinter Vogts' Verzicht. »Jürgen ist ein Supertorjäger. Mehr gibt es eigentlich nicht zu sagen, wenn man nicht persönlich werden will. Ich habe von vielen Seiten gehört, daß Jürgen Klinsmann mit Berti Vogts über meine Person gesprochen hat, und zwar nicht positiv«, sagte Matthäus in einem Interview mit *Sport-Bild*. Er erneuerte daraufhin auch in *Bild* seine Kritik und behauptete, da müsse etwas zwischen den beiden gelaufen sein und es sei schade, »daß unter Arbeitskollegen so etwa passiert«. Er vergaß nicht, zu erwähnen, daß Klinsmann »zwischen 1990 und 1994 vier Jahre lang versucht hat, Berti Vogts abzusägen«. Der Bundestrainer erklärte nach diesen Attacken die Zusammenarbeit mit Matthäus für beendet. Er teilte ihm das nicht persönlich mit, sondern über die Medien, ohne sich den süffisanten Hinweis zu verkneifen, dies sei ja auch die Art und Weise, wie Matthäus mit ihm zuletzt am liebsten kommuniziert habe.

Das Spiel war aus für den WM-Kapitän. Nachdem Vogts die Konsequenz gezogen hatte, offenbarte Klinsmann auch öffentlich, was er von den Attacken und Manövern seines Münchner Kollegen in den Monaten davor gehalten hatte. »Lothars permanente Anschuldigungen haben die Gruppe gefährdet«, sagte er, und daß Matthäus »die gute Stimmung in den Monaten vor der EM in Frage gestellt hatte« und damit auch Klinsmanns Engagement, nahm er ihm besonders übel. Er behauptete allerdings, er habe mit der Entscheidung von Vogts nichts zu tun gehabt. Seine Meinung hatte Klinsmann intern immer geäußert, ob man dies nun »Intrige« nennen muß, ist freilich eine andere Frage.

Neuer Kapitän, neuer Teamgeist

Dem Ansehen Klinsmanns schadete die Auseinandersetzung mit Matthäus in diesen Wochen keineswegs, dafür waren die Rollen und die Sympathie des Publikums zu eindeutig verteilt. Selbst Franz Bekkenbauer, der Spezi des Münchner Kapitäns, kam nicht umhin, Klinsmanns Verhalten in dieser Groteske zu würdigen. »Der Jürgen ist bald 32 Jahre und ein vernünftiger Mensch, der Lothar ist schon 35 und noch auf dem Weg, vernünftig zu werden. Der Jürgen ist genauso ehrlich wie der Lothar, nur muß der Lothar halt immer alles ausplaudern. Und wir wissen ja, wer viel redet, der redet halt auch viel Blödsinn. Klinsmann ist der Klügere in diesem Spiel. Ich muß mich bei ihm noch bedanken, er hat sich hervorragend verhalten«, sagte der Bayern-Präsident über seine beiden wichtigsten Angestellten, die auch im Verein immer wieder aneinandergerieten. Aber auch wenn sich die Dispute zwischen Matthäus und Klinsmann über die gesamte Karriere erstreckten, für den Schwaben gab es dabei immer einen gravierenden Unterschied. »Die schwierige Situation mit Lothar Matthäus konnte Jürgen beim FC Bayern ertragen, in der Nationalelf ist ihm das viel schwerer gefallen«, sagt Eitel. Bayern war immer nur ein Arbeitgeber für Klinsmann, aber »die Nationalmannschaft, das war immer mein Traum. Das ist ganz oben«, wie er selbst sagt.

Dort hatte er gewonnen, und Berti Vogts machte auch keinen Hehl daraus, daß Klinsmann nach dieser siegreichen Auseinandersetzung noch weiter als Kapitän an Bedeutung gewonnen hatte. »In den letzten Wochen hat er unheimlich viel gelernt«, sagte der Bundestrainer ein paar Tage vor Turnierbeginn, »er ist ein wichtiger Partner für mich.« Der wichtigste Mitarbeiter des Bundestrainers, manche sagten auch der eigentliche Boß des EM-Unternehmens, legte sein Verständnis von erfolgreicher Mannschaftsführung auch schon so selbstbewußt und selbstverständlich wie später als tatsächlicher Bundestrainer vor: »Jedesmal, wenn wir uns treffen, wird diskutiert, was wir besser machen können. Da ist immer der Trainer dabei, und es sind nicht jedesmal die gleichen Spieler, aber es kommt immer aus der Gruppe heraus.« Dazu gehörte, daß er versuchte seine Erfahrungen aus seinem Jahr bei Tottenham auf die Verhältnisse in der Nationalmannschaft zu übertragen, das Verantwortungsbewußtsein der einzelnen Spieler für sich und die Mannschaft und den großartigen Teamspirit der Engländer. »Das Jahr da drüben hatte eine ganz schöne Wirkung auf mich. Ich habe da so viele Dinge erlebt, im sportlichen Bereich vor allem, die mich geprägt haben. Dieser Teamspirit, wie man zusammenhält, wie man nach dem Spiel in die Player's Bar geht und ein Bier trinkt – das sind Schlüsselerlebnisse, die fest abgespeichert sind«, sagte er in einem Interview mit der *Süddeutschen Zeitung*, das Klinsmanns Programmatik prägnant in der Überschrift führte: »Fußball pur – go for it!«

Mit dem Mannschaftsrat, zu dem unter anderen Andreas Köpke, Matthias Sammer und Thomas Helmer zählten, hatten sie den Bundestrainer überzeugen können, auch das Umfeld bei der Europameisterschaft offener und nach ihren Wünschen zu organisieren. Klinsmann zog es wie auch später als Bundestrainer in die großen, pulsierenden Städte, er haßte die Abgeschiedenheit der deutschen Quartiere, die ihm immer wieder wie Luxus-Seniorenerholungsheime vorkamen. In wunderschöner Landschaft gelegene herrschaftliche Häuser, hinter deren dicken Mauern schwere Teppiche Lebendigkeit und Spontaneität schluckten. Sie einigten sich mit dem Bundestrainer auf einen Kompromiß. In den ersten Wochen lebten sie nach der klassischen Vorgabe des Verbandes in einem großzügigen, traditionsreichen Anwesen vor den Toren Manchesters in Mottram Hall. »Aber ich hatte ihm versprochen, daß wir, wenn wir als Gruppensieger das Halbfinale erreichen, direkt nach London ziehen«, sagte Vogts. Sie gingen ins Landmark Hotel, mitten ins Leben der Hauptstadt, in unmittelbarer Nähe von Regent's Park, Oxford Street und Madame Tussaud gelegen, wo Klinsmann als Wachsfigur ja schon zu Hause war.

Aber zunächst lief die Europameisterschaft überhaupt nicht so, wie sich der deutsche Kapitän und England-Rückkehrer das gedacht hatte. Schon im ersten Spiel fehlte Klinsmann, aber nicht etwa, weil er verletzt war oder in einer Formkrise steckte. Über ein halbes Jahr zuvor hatte er im letzten EM-Qualifikationsspiel die zweite Gelbe Karte gesehen, und die europäischen Fußball-Bürokraten hatten ihn daraufhin für das erste Turnierspiel gegen Tschechien gesperrt, weil dies eben das erste Pflichtspiel nach seiner Verwarnung war. Nicht nur Klinsmann empfand diesen verspäteten Strafvollzug als weit hergeholt und einen Schlag gegen das sportliche Gerechtigkeitsempfinden, aber alle Proteste seitens des Verbandes halfen nichts. Klinsmann, die Leitfigur, mußte tatenlos und leidend zusehen, wie seine Mannschaft den Auftakt hinter sich brachte. Es gelang ihr auch ohne den Kapitän erfolgreich. Schon nach einer guten halben Stunde stand der 2:0-Sieg gegen den späteren Finalgegner fest. Eine Woche später gegen Rußland war Klinsmann wieder dabei, und sein Einstand in das Turnier, sein Comeback in England, hätte kaum spektakulärer verlaufen können. Die Deutschen siegten 3:0, und Klinsmann gelangen zwei Tore, eins davon besonders herrlich mit dem Außenrist, das Deutsche und Engländer gleichermaßen verzückte. Die deutschen und britischen Zeitungen waren voll des Lobes und druckten massenhaft die Bilder eines jubelnden Klinsmann, der die Zuschauer zu Begeisterungsstürmen im Stadion Old Trafford hingerissen hatte.

Der Sieg in Manchester stand aber im Schatten der Gewalt. Am Vortag hatte die IRA einen Bombenanschlag in der Stadt verübt, über 200 Menschen wurden verletzt, die Krankenhäuser waren überfüllt, aber zum Glück gab es keine Toten. Das Attentat traf die Europameisterschaft zu einem Zeitpunkt, als sie sich gerade zu einem Fußballfest zu entwickeln begann, doch nun hatte das Turnier seinen

Platz in zwei englischen Chroniken: in der des Fußballs und der des Terrorismus, und so sollten von diesem Sommer 1996 mehrere Gesichter aus England in Erinnerung bleiben. Eines, das Jürgen Klinsmann gehörte, als er neben der strahlenden Queen zwei Wochen später den Pokal in Empfang nahm, und ein anderes einer unbekannten, älteren Dame, die am Tag des Spiels gegen Rußland auf den Titelseiten vieler Sonntagsblätter zu sehen war, die weißen Haare und die weiße Bluse blutverschmiert. »Der Fußball ist zweitrangig, der Sport ist in den Hintergrund getreten«, sagte Klinsmann nach dem deutschen Sieg und seinen beiden Toren, »wir waren alle geschockt, eine schreckliche Situation.«

Der Fußball aber war stärker als der Terror. Die Europameisterschaft verdrängte schon bald die Gefahr, und die Begeisterung über ein herrliches Turnier sollte die Engländer in den kommenden Tagen und Wochen ebenso erfassen wie die Deutschen. Aber Klinsmann hatte zuvor wieder einmal ein ganz spezielles Duell auszufechten mit einem bekannten Gegner, der ihm im Lauf seiner Karriere immer wieder zu schaffen machte: Die *Bild-Zeitung* druckte auf ihrer Titelseite ein Foto von Klinsmann mit nacktem Oberkörper, und dazu erschien eine abstruse Geschichte über einen sogenannten »Sauna-Skandal«. Deutsche Spieler hatten in ihrem Mannschaftsquartier in Unkenntnis der britischen Gepflogenheiten die Sauna unbekleidet betreten. Das war's. Klinsmann war gar nicht einmal unter den Spielern, die nackt in die Sauna gegangen waren. Er rief daraufhin den Verantwortlichen bei *Bild* an und sagte ihm, daß diese Story einen Schritt zu weit ging. »Von mir gab's ein Freundschaftsangebot: Spendet etwas für einen wohltätigen Zweck, und die Sache ist für mich erledigt. Darauf er: ›Einen Scheiß werden wir tun. Wir haben die Geschichte von einer englischen Zeitung übernommen, und du bist auf dem Titel, weil wir damit die Geschichte besser verkaufen‹«, beschrieb Klinsmann später den Fall. Das Blatt habe ihm angeboten, im Gegenzug zwei, drei positive Geschichten über ihn zu schreiben, doch darum ging es ihm überhaupt nicht. Klinsmann beauftragte den DFB mit der Sache und forderte über die Anwälte wegen der Verletzung seiner Persönlichkeitsrechte 25 000 Euro Schmerzensgeld. Klinsmann bekam recht und spendete das Geld für wohltätige Zwecke, aber Freunde hatte er sich damit bei dem Blatt keine gemacht, und er war sich sicher, daß es nur darauf wartet, es ihm bei Gelegenheit heimzuzahlen. Als er nach dem Turnier zum FC Bayern zurückkehrte, mußte er den Preis für seine Eigenwilligkeit und Unabhängigkeit zahlen.

Bei der Europameisterschaft bot sich dazu keine Gelegenheit. Die Mannschaft erreichte durch ein schmeichelhaftes 0:0 im letzten Gruppenspiel gegen Italien die K.o.-Runde. Das Viertelfinale in Manchester gegen die Kroaten schien jedoch das Ende von Klinsmanns Hoffnungen in England zu bedeuten. Die Partie begann vielversprechend, nach gut zwanzig Minuten erzielte der Kapitän die 1:0-Führung mit einem Elfmeter, doch die Kroaten wurden immer stärker und waren den Deutschen spielerisch deutlich überlegen. Aber es wurde ein schmutziges Spiel mit häßlichen Attacken, und Klinsmann fiel dabei eine Hauptrolle zu. Er trat in der ersten Halbzeit übel gegen den Kroaten Stimac zu, ein Foul, das der Schiedsrichter mit einem Platzverweis hätte bestrafen müssen. »Eigentlich mußte er da vom Platz fliegen«, sagte später der damalige DFB-Pressechef Niersbach, »dann wäre er für zwei Spiele gesperrt gewesen und das Bild von ihm mit der Queen und dem EM-Pokal hätte es nie gegeben.«

Auch große Karrieren hängen an Kleinigkeiten. Der Schiedsrichter verwarnte Klinsmann nur mit einer Gelben Karte, und so konnte der Kapitän seine grob unsportliche Attacke danach sogar noch als wichtigen Beitrag für den Erfolg im Viertelfinale verkaufen. »Die wollten uns den Schneid abkaufen«, erklärte Klinsmann nach dem 2:1-Sieg und sprach von einem »kühl kalkulierten« Tritt, in so einer Situation »muß man dagegenhalten«.

Die üble Attacke war Zeichen seines brennenden, in diesem Moment übersteigerten Ehrgeizes, als Kapitän dieser von ihm geprägten Mannschaft das große Ziel mit allen Mitteln erreichen zu wollen. Aber mit Gewalt ließ es sich nicht erzwingen. Kurz vor der Pause mußte Klinsmann dennoch vom Platz, »die Wade machte zu«, wie Klinsmann in typischem Fußballjargon sagte. Einige Muskelfasern waren gerissen, und damit schien der Traum von einem Finale im Wembley-Stadion, den er sich schon mit Tottenham im FA-Pokal im Jahr zuvor nicht hatte erfüllen können, für immer dahin. Das legendäre Halbfinale in Wembley drei Tage später gegen England, das nach regulärer Spielzeit und Verlängerung 1:1 endete und im Elfmeterschießen entschieden wurde, erlebte Klinsmann nur als Zuschauer. Andreas Möller schoß die Deutschen mit dem sechsten Elfmeter ins Finale, nachdem Torwart Köpke einen Strafstoß von Southgate abgewehrt hatte.

Drei Tage blieben dem Kapitän also noch, um fit für das Finale zu werden, zuwenig eigentlich bei seiner Verletzung, die bei idealem Verlauf mindestens eine Pause von rund zehn Tagen nach sich zieht, meistens sogar zwei Wochen oder noch länger. »Aber schon in der Halbzeitpause des Kroatien-Spiels habe ich mir gesagt, daß ich nicht aufgebe.« Positiv denken, die Haltung, die er acht Jahre später dem gesamten deutschen Fußball neu vermittelte, war in diesen Tagen noch sein ganz eigenes Motto, das ihn jeden Tag antrieb, sich sieben, acht, manchmal sogar neun Stunden behandeln zu lassen, um vielleicht doch noch das Finale zu erreichen. Die medizinische Abteilung des DFB im Hotel Landmark glich einem Lazarett. Neben Klinsmann waren auch Thomas Helmer, Christian Ziege, Stefan Kuntz und Marco Bode ständig in Behandlung, hinzu kam noch Boris Becker. Auch der Tennisstar war während Wimbledon verletzt, und er war die ganze Woche über bei der Nationalelf, wobei sich eine besondere Beziehung zwischen ihm und den verletzten Nationalspielern entwikkelte, die ihn mit ihrer Willensstärke enorm beeindruckten. Noch bevor Klinsmann wenige Tage später die Trophäe von Elizabeth II. in Empfang nahm, gratulierte und umarmte Becker die Spieler auf dem Weg hin zur Queen. »Er wußte doch, was im Lazarett los war. Er war doch einer von uns«, sagte Klinsmann über diese Tage mit ihrer gespannten Atmosphäre zwischen Leid und Hoffnung.

Der Kapitän kämpfte buchstäblich bis zur letzten Sekunde um seinen Traum, und dies war etwas, was Becker vielleicht besser verstand als jeder andere im deutschen Troß. Jeden Tag behandelten die Physiotherapeuten Hans Montag, Klaus Eder und Adolf Katzenmaier sowie Mannschaftsarzt Dr. Hans-Wilhelm Müller-Wohlfahrt die lädierte Wade. Zu den täglich vier bis sechs Stunden dauernden Massagen kamen in den ersten vier Tagen auch noch Infusionen mit jeweils einer Viertellitermischung aus Aminosäuren, Vitaminen, Magnesium, Elektrolyten und Spurenelementen, des weiteren Infiltrationen in den verletzten Muskel, Lymphdrainagen, Laser- und

Elektrobehandlung, Salben- und Pastenverbände, Heilerde über Nacht und in den Behandlungspausen. Die medizinische Betreuung war exzellent, aber hinzu kamen auch günstige Faktoren, wie das ausgezeichnete »Heilfleisch« des Patienten, von dem Dr. Müller-Wohlfahrt sprach, und daß Klinsmanns Muskulatur keinerlei Vorschädigung aufwies. »Aber eine ganz große Rolle hat sein unbändiger Wille gespielt«, sagte Hans Montag. Dieser Heilungsprozeß wäre trotz intensivster Behandlung sonst nicht möglich gewesen.

Zwei Abende vor dem Spiel, nach fünf Tagen absoluter Pause, begann Klinsmann mit dem Mannschaftsarzt leicht zu joggen. Am Samstag versuchte er es etwas länger im Regent's Park, und im Wembley-Stadion durfte er dann erstmals gegen den Ball treten. Müller-Wohlfarth verbot ihm aber nach einigen Versuchen, damit fortzufahren. Klinsmann gehorchte und sagte sich: »Ich habe keine Schmerzen. Ich werde spielen.« Selbst als er sich am nächsten Tag mit der Mannschaft für das Spiel warm machte, war die Entscheidung noch nicht gefallen. Klinsmann wagte die ersten Sprints, er stand zwar schon auf dem Spielberichtsbogen, doch der Bundestrainer und die Mediziner warteten auch diesen letzten Test noch ab. Oliver Bierhoff stand schon bereit, um von Beginn an ins Spiel zu kommen. Doch Klinsmann bestand den entscheidenden Test, und Müller-Wohlfarth gab ihm die letzten Anweisungen und Ratschläge mit auf den Weg: »Du wirst nicht vom Blitz getroffen. Du spürst es, wenn der Muskel zumacht, zäh und unelastisch wird. Gib dann das Zeichen zur Auswechslung, kein falscher Ehrgeiz.« Klinsmann versprach es, und er hielt durch. »Wenn man in dieses Stadion kommst, vergißt du alles«, sagte er später. Aber die Partie hatte für ihn nicht wie erhofft begonnen, der Kapitän kam nicht in Schwung, genausowenig wie der zuvor ebenfalls tagelang verletzte Thomas Helmer. Klinsmann spürte »noch einen Klotz in der Wade«, aber irgendwann hatte er die Gewißheit, daß die Muskeln halten würden. »Eigentlich haben wir nur mit neun Spielern begonnen«, sagte Vogts über seine von Blessuren geplagte, aber von einem enormen Willen getriebene Mannschaft. Je länger die Partie dauerte, desto besser wurde Klinsmann. Die Tschechen gingen jedoch durch einen unberechtigten Elfmeter in Führung. Dann kam Bierhoff doch noch ins Spiel, Klinsmanns Konkurrent und späterer Partner. Ihm glückte ein paar

Minuten nach seiner Einwechslung der ersehnte Ausgleich sowie in der Verlängerung das einzige »Golden Goal«, das jemals bei einem internationalen Endspiel im Fußball erzielt wurde: Jener Treffer in der 95. Minute, der das Spiel sofort beendete und die Deutschen zum Europameister machte. Nachdem sich Klinsmann nach dem 2:1 aus der Jubeltraube befreit hatte, die nach Bierhoffs Treffer über ihm entstanden war, suchte er auf dem Platz Berti Vogts. In den Armen des Bundestrainers fand er, überwältigt von seinen Gefühlen, etwas Halt. Dann stand er alleine auf dem Platz. Er weinte vor Glück.

8. Am Ende des Wegs

Abschiedsjahre eines Einzelgängers

Als Jürgen Klinsmann nach einem Diener gemeinsam mit der Queen die deutsche Mannschaft vor dem Finale abschritt, ihrer Majestät jeden einzelnen Spieler vorstellte und zwei Stunden später ebenso tadellos und mit gezügeltem Stolz von der Königin die Pokaltrophäe entgegennahm, ahnte er nicht, daß er seiner Rolle als Spieler schon entwachsen war. In den folgenden zwei Jahren, bis er dem Fußball und dem gigantischen Geschäft mit ihm endgültig den Rücken kehrte, wanderte Klinsmann noch einmal im Eiltempo durch Europa, aber diesmal war nicht mehr ein lebenshungriger Globetrotter unterwegs, sondern eine rastlose Seele, die nirgendwo mehr fand, wonach sie verlangte.

Zu weit hatten sich möglicherweise seine Ansprüche, ein selbstbestimmtes Leben auch auf dem Fußballplatz führen zu wollen, schon von der Wirklichkeit in den Vereinen entfernt, und seine über die Jahre gewachsene Unabhängigkeit war, gepaart mit zunehmender Ungeduld, auch nicht dazu geeignet, ihn lange nach Kompromissen mit den Klubs suchen zu lassen. Konflikte löste er auf seine Weise: Wenn es ihm nicht mehr paßte, ging er. Ob nun beim FC Bayern München oder danach bei Sampdoria Genua oder noch einmal bei den Tottenham Hotspurs, überall wollte Klinsmann seine eigenen Vorstellungen vom Fußball, vom Spielsystem und vom Führungsstil durchsetzen, und überall brach er seine Aufgaben unverrichteter Dinge ab, immer im Streit mit den Trainern, die ihm nicht zugestehen wollten, was ihm, dem deutschen Kapitän mit der damals vielleicht größten Lebenserfahrung im internationalen Fußball, nur der Bundestrainer zu geben bereit war: Mitsprache und Entscheidungsrecht, mit anderen Worten: Macht.

Giovanni Trapattoni, Cesar Luis Menotti, Vujadin Boskov und Christian Gross ließen Klinsmann in dessen letzten Jahren wie jeden anderen Spieler ihre Macht spüren. Das Gefühl der Ohnmacht jedoch konnte der Stürmer nach über zehn Jahren im Profifußball immer weniger ertragen. In dieser Zeit war seine Überzeugung gewachsen, genau und manchmal auch besser als mancher Trainer zu wissen, welche Wege einen Verein zum Erfolg führen. Die Kontrakte, die er mit all ihren geheimen Garantien bei seinen Arbeitgebern durchsetzte, seit ihm beim VfB Stuttgart einst die Vertragslage verboten hatte, einem Ruf aus Monaco zu folgen, sollten sich für ihn nicht nur am Ende einer gescheiterten Beziehung reichlich auszahlen; die Klauseln waren in diesen letzten Jahren auch der verzweifelte, aber untaugliche Versuch, das für ihn unerträgliche Machtgefälle gegenüber Trainern und Klubs auszugleichen.

Juristisch aber war dem Dilemma, in dem Klinsmann steckte, nicht mehr beizukommen. Er trug zwar noch das Trikot am Leib und wurde für die Tore bezahlt, die er schoß, und auch für die Trikots, die der Verein in seinem Namen verkaufte. Aber ein Teil seines Kopfes arbeitete schon wie der eines Teamchefs und Managers, und zwischen diesen Rollen fand er als Spieler mitunter nicht mehr die Balance. Er spürte den wachsenden Widerspruch immer stärker, und in den letzten Monaten seiner Karriere machte er daraus auch keinen Hehl mehr. »Ich bin nicht mehr der optimale Angestellte«, sagte er kurz vor der Weltmeisterschaft in Frankreich, »ich nehme nicht mehr alles so hin, was von oben gesagt wird.«

Nirgendwo, weder in Stuttgart, seiner ersten Bundesligastation, noch danach bei Inter Mailand, AS Monaco, Tottenham Hotspur oder beim FC Bayern, hatte er es bis zum Ende der vertraglich fixierten Liaison ausgehalten, und als er schließlich seinen Wechsel zu Sampdoria Genua ankündigte, begleiteten ihn erhebliche Zweifel, ob er dort tatsächlich erstmals einhalten würde, was er den Vereinen schriftlich und mit schönen Worten immer zu garantieren schien: Seinen Vertrag einfach nur zu erfüllen. Er konnte es wieder nicht.

Klinsmann war nicht nach Genua gegangen und ein halbes Jahr später zurück zu Tottenham Hotspur, um wie früher den Vereinen zu helfen. Sein wichtigstes sportliches Projekt hieß nun Frankreich 1998, seine letzte Weltmeisterschaft. Er würde sie im Alter von fast vierunddreißig Jahren erleben, und auf dieses Ereignis fokussierte er zwei Jahre lang all seine Energie. Die Vereine wählte er sich dazu als persönliches Vorbereitungsprogramm. Erfolge der Klubs erschienen ihm zwar wünschenswert, aber nicht unbedingt notwendig, solange er seine Form und Fitness fand. Denn die Weltmeisterschaft in Frankreich mit dem Finale in Paris sollte sein letzter großer Auftritt werden, mit einem großen Sieg wollte er die Fußballbühne verlassen und mit dem Gefühl, den Gipfel seines Sports erreicht zu haben, zum zweiten Mal. Ein Triumph, wie es kaum einem Fußballer vor ihm vergönnt war, nicht einmal Franz Beckenbauer. Es sollte ein Abschied werden frei von Bitterkeit, wie sie verpaßte Gelegenheiten hinterlassen, ein letztes Meisterstück seines Willens, die Dinge aus eigener Kraft und gegen alle Widerstände selbst zu richten.

Als Klinsmann den Vertrag in Genua unterschrieb, glaubte er die richtige Wahl getroffen zu haben. Sampdoria stand schon seit Jahren über seinen Klubanwalt mit Klinsmanns Rechtsberater Gross in Kontakt, er kannte also den Klub, und nachdem er seinen Abschied aus München zum Saisonende angekündigt hatte, ließen die Italiener nicht mehr locker. Auch die Hartnäckigkeit von Sampdoria gefiel ihm. Mit der Rückkehr nach Italien verknüpfte Klinsmann aber neben den sportlichen Erwartungen auch die Hoffnung, die herrlichen Erinnerungen an seine erste Station im Ausland ließen sich mit neuem Leben füllen. Es sollte auch eine Reise in eine glückliche Vergangenheit werden, eine Rückkehr in jenes wunderbare Land, das dem jungen Schwaben acht Jahre zuvor eine neue Perspektive und eine gelassenere Lebenseinstellung geschenkt hatte, eine Rückkehr an den Ausgangspunkt seiner erfüllten Wanderschaft, die ihn zu dem gemacht hatte, was er war.

Im Sommer des Jahres 1997 traf Klinsmann die Entscheidung über den Wechsel seines Lebensmittelpunkts jedoch nicht mehr alleine. Er war wenige Monate zuvor Vater geworden, und nun besprach er die Zukunftsplanung mit seiner Frau, denn er strebte auch danach, das neue Familienleben perfekt zu regeln. Debbie zog es genauso wie ihn nach Italien, auch sie hatte dort einige schöne Jahre verbracht, und das Land, das beide verzaubert hatte, schien ihnen daher auch genau das richtige zu sein für ihr gemeinsames Leben mit dem wenige Monate alten Baby. »Es geht um die Zeit danach, und Italien ist unsere zweite Heimat«, sagte Klinsmann über seine privaten Ziele, die er mit dem Wechsel verband, und aus familiären Gründen sprach auch einiges dafür, Italien zu seiner letzten Fußballstation und zu dem künftigen Lebensmittelpunkt der Familie Klinsmann werden zu lassen.

Aus der Premier League hatte er zu dieser Zeit drei, vier Angebote von Spitzenklubs, allesamt finanziell lukrativer als die schon nicht zu verachtende Offerte aus Genua. Die englischen Vereine waren wie versessen darauf, den zweiten Teil der Cleansman-Saga auf der Insel fortzuschreiben, und dafür waren sie bereit, enorme Summen zu investieren. Aber ein Wechsel nach England, so sagte sich Klinsmann, wäre nur eine Übergangslösung für ein, zwei Jahre gewesen, und das wollte er nicht mehr. Am Comer See stand sein wunderbares Haus aus der Mailänder Zeit, seine Frau und er hatten einen gemeinsamen Freundeskreis im nur rund eineinhalb Autostunden entfernten Mailand aufgebaut und seine Eltern, Brüder und Freunde in der schwäbischen Heimat waren auch nicht weit.

Aber neben den idealen Voraussetzungen für die Vereinbarkeit von Familie und Beruf eines international orientierten Fußball-Unternehmers war es für Klinsmann auch wichtig, in Italien endlich wieder jenes unbezahlbare Freiheitsgefühl zu spüren, das er zwei Jahre lang in München so stark vermißt hatte. »In Italien kann ich so sein, wie ich bin«, hoffte er. In Deutschland, so meinte er, sollte er immer nur so sein, wie sich die Menschen ihn wünschten.

Nachdem der Bauch des Privatmanns und der Kopf des Profis sich einig waren, zweifelte Klinsmann nicht mehr daran, in Genua die Freude am Fußball wiederzufinden, die er beim FC Bayern verloren hatte. Er glaubte, in Genua wäre alles optimal bereitet. Die sportliche Perspektive erschien ihm sehr aussichtsreich, und das war die zentrale Frage für einen Stürmer vor dem angekündigten Ende seiner Nationalmannschaftskarriere nach der Weltmeisterschaft. Mit dem argentinischen Weltmeistertrainer und Fußball-Philosophen Menotti, den Genua ebenfalls für die neue Saison verpflichtet hatte, dokumentierte der damalige Tabellensiebte der Serie A für Klinsmann sehr deutlich seine großen Ambitionen. Zudem reizte ihn die Zusammenarbeit mit einer der größten Trainerpersönlichkeiten, die der Fußball je hervorgebracht hatte, nicht zuletzt, weil er sich durch das offensive Spielverständnis Menottis auch eine Belebung seines in München immer tristeren Stürmerdaseins erhoffte.

Die konservative Klubphilosophie von Sampdoria Genua erschien ihm zudem wie das sportlich-gesellschaftliche Gegenmodell zum FC Hollywood. Er freute sich auf einen seriös geführten Verein, der sich nicht der Schlagzeilenproduktion verschrieben hatte und seine Arbeit nicht am Boulevardjournalismus ausrichtete, den es in Italien in dieser Form ohnehin nicht gibt. Der Zeitungsmarkt des Landes teilt sich ziemlich strikt in eine linke und eine rechte Presse und ist damit bis heute auch ein Spiegel der unflexiblen Parteienlandschaft. Die Blätter zeigen keine Nackten auf der ersten Seite und kolportieren auf den hinteren Seiten auch keinen Klatsch aus den Fußballkabinen, sie tragen lieber ihre ideologischen Kämpfe aus, und ein vom Medienzar Silvio Berlusconi beherrschtes Privatfernsehen benutzte und präsentierte den Fußball zum wirtschaftlichen und politischen Wohl des künftigen Ministerpräsidenten, ohne dabei läppische Kontroversen zu konstruieren und das Privatleben der Spieler begierig auszuleuchten, wie es Klinsmann aus Deutschland kannte.

Der täglichen Berichterstattung über den Fußball widmen sich in Italien dafür gleich drei Sportblätter, die den fußballvernarrten Italienern die Grundversorgung auf vielen rosa Seiten liefern. Die Reporter entfalten dabei ein mediterran romantisches Fußballpanorama fern aller aggressiven und zugespitzten Geschichten, wie sie in Deutschland und vor allem in München beim Kampf der drei Boulevardblätter üblich sind. Die italienischen Sportzeitungen dagegen nähern sich mitunter sogar poetisch und mit dichterischer Freiheit dem Wesen des Spiels, aber immer, auch bei halbliterarischen Verwünschungen, geht es ihnen um Fußball und um nichts anderes.

Genua war eigentlich kein Ort für Weltstars in der ersten Boomphase des globalisierten Fußballs. Die Zeit dort schien einfach stehengeblieben. Das »Centro Sportivo U.C. Sampdoria«, umrahmt von steilen Berghängen, hat außer der Kulisse nicht viel zu bieten. Einen Rasenplatz mit Leichtathletik-Laufbahn drum herum, einen Schotterplatz für die Jugend und ein kleines, bescheidenes Häuschen, in dem die Kabinen untergebracht sind. Es gibt keinen Fanshop in dem Genueser Vorort Bogliasco wie im Herzen des FC Bayern München an der Säbener Straße, wo sich Kommerz und Komfort mit Imponiergehabe breitgemacht hatten.

Klinsmann zog mit seiner Frau und dem Baby nach Recco an die ligurische Küste, in ein Haus auf einer sanften Anhöhe mit herrlichem Blick aufs Meer. Er schwärmte von den malerischen Orten an der Riviera, von Portofino, dem romantischen Vorort Nervi mit seinen engen Gassen und den wunderbaren Stränden, und selbst die unvermeidlichen Trainingslager vor den Spielen waren für ihn erstmals etwas erträglicher, weil die Natur und das Wetter ihn verwöhnten. Diese wunderbare Umgebung hatte er nicht zuletzt ausgewählt, weil er seinem Kind ein mediterranes, lebensfrohes Umfeld schenken wollte, »deswegen bin ich auch nach Italien gegangen, nicht wegen des Fußballs«.

Das italienische Lebensgefühl, das er bei seinem ersten Wechsel schon so genossen hatte, kehrte bald zurück. Auf der Piazza konnte er wieder seinen Espresso trinken, ohne daß darum ein gewaltiger Rummel entstand, die Leute ließen ihn sein Leben leben, fragten mal nach Autogrammen oder plauderten über Fußball, aber sie erdrückten ihn nicht mit ihren Wünschen und Forderungen, wie er es von unduldsamen Fans und sogar Kindern in Deutschland kannte. Die Ansprüche und Zumutungen an ihn waren verschwunden, sobald er den Klub verließ, er liebte es, wieder ein Schwätzchen halten zu können, mit den Leuten in Kontakt zu kommen, nicht als Star, sondern einfach als Mensch.

Am Kiosk holte er sich wie früher seine italienischen, englischen und deutschen Lieblingsblätter, um sich überall auf dem laufenden zu halten, und er begann schon damals als Kapitän, der sich um die WM-Planung kümmerte, den Reiz zu entdecken, der in dem Wechselspiel aus Nähe und Distanz zu Deutschland lag. Er merkte schon damals, als er gleichzeitig das Leben eines Individualisten wie einer Führungspersönlichkeit miteinander zu kombinieren versuchte, wie sich sein Blick auf den deutschen Fußball schärfte, sobald er das Land verlassen hatte. Mit dem Bundestrainer und einem knappen halben Dutzend wichtiger Nationalspieler, darunter auch der spätere Bundestorwarttrainer Andreas Köpke, war er aus Genua in ständigem Austausch, damals noch nicht über das Internet, sondern dem Stand der Technik folgend über eine altmodische Telefonkette.

Doch die ersten Schwierigkeiten in der erneuerten italienischen Beziehung, die Klinsmann mit den schönsten Worten und mit langfristigen Erwartungen eingegangen war, tauchten schon vor dem ersten Saisonspiel auf. Weltmeister Menotti trainierte nicht, wie Klinsmann das wollte. Eine Vorbereitung, wie sie der argentinische Trainer vollzog, mit geringer körperlicher Belastung und viel Kurzpaßspiel, hatte Klinsmann zuvor noch nicht erlebt. Er kam damit nicht zurecht, denn er meinte, durch diese Methoden würden seine Stärken verschüttet. Nach kurzer Zeit setzte er nach Absprache mit Menotti ein eigens auf ihn abgestimmtes Programm durch, das die Ausdauer förderte und die Sprintschnelligkeit, die Basis für Klinsmanns Spiel, das den Gegner erst müde hetzt, um dann, frischer an Körper und Geist, den Lohn einzustreichen.

Nach zwei Spielen verletzte sich Klinsmann, das Syndesmoseband, das Schien- und Wadenbein verbindet, riß. Er mußte einen Gips tragen und fehlte seinem Klub sieben Wochen. Als er im November nach über drei Monaten gerade mal sein drittes Spiel für Genua hinter sich gebracht hatte, klang Klinsmann aber schon fast wieder so resigniert wie am Ende seiner Münchner Leidenszeit. Sein Comeback im Spiel gegen Lazio Rom jedenfalls ging gründlich daneben, und der Stürmer beklagte, nach der langen Pause in neunzig Minuten zu keiner einzigen Torchance gekommen zu sein. Daß die Schuld für den schwachen Auftritt von Sampdoria vielleicht auch etwas mit seiner Leistung hätte zu tun haben können, darüber redete Klinsmann jedoch nicht. Er sprach von seinen Frustrationen und den Schwierigkeiten innerhalb der Mannschaft, und er kündigte an, wenn sich solche Situationen öfter wiederholen sollten, »muß man ganz klar sagen, daß es so nicht geht«.

Von einem Schlußstrich unter das italienische Kapitel wollte Klinsmann offiziell jedoch noch nicht reden, aber erste Gerüchte, daß er sein Glück in England suchen wolle, machten schon die Runde. Zunächst einmal mußte allerdings Trainer Menotti Genua verlassen, die verlorene Comebackpartie von Klinsmann war der letzte Arbeitstag des Argentiniers, und für ihn wurde Vujadin Boskov verpflichtet. Aber Klinsmann interessierte sich vor allem für etwas anderes: für sein Spiel, seine Tore, seine Form.

In der Nationalmannschaft hatte er gerade sein 100. Länderspiel bestritten, eine historische Marke, die in knapp einhundert Jahren zuvor nur Franz Beckenbauer und Lothar Matthäus im Westen sowie Joachim Streich und Hans-Jürgen Dörner im Osten erreicht hatten. Aber das Jubiläum am 10. September 1997 gegen Armenien war nicht dazu angetan, Klinsmann mit allen Ehren in die Ahnenreihe des deutschen Fußballs aufzunehmen. Der Kapitän hatte die Fußballnation in den Monaten zuvor tief gespalten, und die Stimmung im Dortmunder Westfalenstadion hatte gar nichts Feierliches an sich. Als der Stadionsprecher den Namen des Jubilars nannte, mischten sich zahlreiche Pfiffe in den Applaus. Es herrschte, trotz der außerordentlichen Ausdauerleistung, für die Klinsmann geehrt wurde, ein ausgesprochenes Reizklima in Dortmund, und auf einem Transparent konnte der Jubilar lesen, was ein großer Teil des Publikums nicht nur im Stadion dachte: »100 sind genug.«

Das Drehbuch zu diesem Jubiläum, seit Monaten von den Medien inszeniert, hatte seine Spuren hinterlassen. Klinsmann blieb von der angespannten Stimmung keineswegs unberührt, er spürte Unsicherheit in sich aufsteigen, und die ersten ungestümen Aktionen schienen auch nur seine Kritiker zu bestätigen, die seine Zeit in der Nationalmannschaft für abgelaufen erklärten. Nach zehn Minuten schon riefen die Zuschauer nach Oliver Bierhoff, der als treffsicherer Stürmer nur auf der Ersatzbank saß, und die acht Länderspiele, die Klinsmann schon ohne Torerfolg geblieben war, drängten sich immer stärker in den Vordergrund.

Seit Wochen und Monaten saß Klinsmann bei der Nationalmannschaft nun schon in der Zeitfalle. 604, 694, 784 – die Minuten, in denen er von Spiel zu Spiel ohne Torerfolg geblieben war, summierten sich publizistisch zu einem Vorwurf, den Klinsmann mit Worten zu entkräften nicht mehr in der Lage war. Die Stimmung gegen den Torjäger, der seiner Hauptaufgabe nicht mehr gerecht wurde, schürte vor allem die *Bild-Zeitung,* und die spielerische Schwäche, von der die Nationalmannschaft in dieser Zeit befallen war, reduzierte sich auf den Kapitän, auf seine magere Ausbeute als Torjäger. Nun war die schwierige Situation da, die Klinsmann schon lange hatte auf sich zukommen sehen, weil er sich der Zusammenarbeit mit der Boulevardpresse seit über zehn Jahren verweigert hatte: »Sie warten auf die schlechte Phase, die bei einem Sportler garantiert kommt – und dann gibt es Feuer.«

Die Dauerkritik griff mit der Zeit auch auf andere Medien über, auf die Zuschauer in den Stadien ohnehin, und wenige Tage vor seinem Jubiläum landete sie schließlich im Studio von Harald Schmidt. »Jürgen Klinsmann ist inzwischen 694 Minuten ohne Tor«, spottete er, »das hat vor ihm, glaube ich, nur Sepp Maier geschafft.« Klinsmann fühlte sich seit Monaten als Opfer einer Kampagne, einer sehr erfolgreichen, wie er ironisch anerkennend registrierte, denn auch Berti Vogts mochte sich dem öffentlichen Druck nach sieben Spielen ohne Tor seines Kapitäns nicht mehr entziehen. Die Stammplatzgarantie, die er seinem wichtigsten Mitarbeiter ein Jahr zuvor auf unbestimmte Zeit eingeräumt hatte, versah er plötzlich mit einem Ultimatum. Vogts kündigte an, falls Klinsmann nicht spätestens im Jubiläumsspiel treffe, drohe auch ihm die Ersatzbank.

Die Schlagzeilen, die ihre Wirkung landauf, landab nicht verfehlten, ließen Klinsmann nicht wanken. An einen Rücktritt aus der Nationalmannschaft auch nur zu denken, lehnte er ab. Diesen Sieg wollte er seinen Gegnern nicht gönnen, und er hätte das Gefühl, vor ihnen kapituliert zu haben, auch nicht ertragen, zumal die Weltmeisterschaft immer näher rückte, das einzige sportliche Ziel, für das er noch zu kämpfen bereit war. Nicht einmal erkennbare Selbstzweifel lösten die monatelangen massiven Angriffe auf das Selbstwertgefühl des Stürmers aus. Trotz seiner Schwächephase fühlte sich Klinsmann immer noch in der Lage, bei der Weltmeisterschaft in Frankreich die gleiche Energieleistung zu bringen wie acht Jahre zuvor beim Triumph in Italien mit dem Spiel seines Lebens, dem 2:1 gegen Holland. Für die Wiederkehr solcher Momente war er bereit, viel zu erdulden und alles zu geben.

Das Jubiläumsspiel sollte ein erster Hinweis darauf sein, daß es Klinsmann immer noch gelang, in entscheidenden Momenten seine Leidenschaft zu entfachen und für mitreißende Momente zu sorgen, wie sie kein anderer deutscher Spieler zu dieser Zeit zu liefern verstand. Nach der Pause gelang ihm gegen den Außenseiter endlich die ersehnte Führung, eine Zeitspanne von 854 Minuten ohne Tor war vorbei, und es dauerte nicht einmal eine weitere Viertelstunde, bis der Weg zur Weltmeisterschaft dank Klinsmann endgültig frei war. Sein zweiter Treffer war ein Tor wie aus seinen besten Tagen, und er jubelte danach wieder mit einem die Zuschauer ansteckenden Enthusiasmus, als ob es seine Krise in der Nationalmannschaft nie gegeben hätte.

Die Zeit aber ließ sich auch durch die schönsten Jubelstürme nicht mehr zurückdrehen. Sein durch Tritte in die Werbetonne, aufflammenden Jähzorn auf dem Spielfeld und ein allzu kalkuliertes Vorgehen angekratzter Ruf ließ sich nicht mehr in den tadellosen Zustand von früher versetzen. Auch wenn kein anderer deutscher Profi damals einen so guten Botschafter für seinen Sport abgab und noch immer kein besserer Repräsentant für das Prinzip von ehrlicher Arbeit auf dem Platz in Sicht war, entfernte sich Klinsmann immer weiter von seinen Kollegen, Trainern, Vereinen und von einem großen Teil der Fans. Dem untadeligen Selbstbild, das er nach wie vor von sich entwarf, wollte in den kommenden Monaten die Öffentlichkeit immer weniger folgen.

Diese Diskrepanz wuchs weiter, als sich Klinsmann in Genua auch unter dem neuen Trainer bald wieder seiner Möglichkeiten beraubt sah. Er saß auch unter Boskov immer wieder auf der Ersatzbank. Wegen seiner Verletzung war er in der Weltmeisterschaftssaison weit zurückgefallen, und in seinem Kopf hatte sich die Sorge festgesetzt, daß die Zeit für ihn zu knapp werden könnte, um sein letztes Ziel noch zu erreichen. Er setzte sich selbst ständig unter Druck, zählte die Monate, die noch blieben bis zur Vorbereitung auf das WM-Turnier, und als er bei seinem Countdown bei fünf angekommen war, konnte er die Ungeduld kaum mehr zügeln. Er flüchtete aus Italien zu Tottenham und verwarf alle Langzeitpläne, die er noch im Sommer mit seiner Frau vom gemeinsamen Leben in Italien gehegt hatte.

Die Rückkehr an die White Hart Lane

Die Rückkehr des Schwaben in die zweite Heimat war nicht wie sonst ein minutiös geplantes und lukratives Wechselspiel. Klinsmann sah durch die Verpflichtung eines weiteren Stars bei Sampdoria seine Chancen schwinden, endlich den dringend benötigten Stammplatz zu erkämpfen. Er fürchtete, seine so lange unangreifbare Position in der Nationalelf würde weiter Schaden nehmen, falls er in Italien weiter auf der Ersatzbank schmorte, zumal die deutsche Konkurrenz ihm schon bei Vogts die Stammplatzgarantie gekostet hatte. Einen Tag, bevor er Genua verließ, kam er nur für 30 Minuten zum Einsatz, gleichwohl gelang ihm noch ein Treffer in einem Spiel, von dessen Abschiedscharakter jedoch im Stadion außer ihm kaum jemand wußte.

Die Trennungsgeschichte, die Klinsmann zu der gescheiterten Mission in Italien lieferte, enthielt alle Elemente, die schon in der Vergangenheit ihren Dienst getan hatten. Der Stürmer beklagte sportlich die fehlende Unterstützung aus dem Mittelfeld und menschlich einen Vertrauensverlust, diesmal durch den Trainer, der nichts für ihn habe tun wollen. Vor einem Spiel habe ihm Boskov gesagt, er werde die Mannschaft mit drei Stürmern antreten lassen, aber abends, als er den Fernseher eingeschaltet habe, sprach der jugoslawische Trainer in die Kamera, Sampdoria werde es nur mit zwei Angreifern versuchen und der Deutsche bleibe draußen. »Er hat mir vor Zeugen ins Gesicht gelogen«, sagte Klinsmann und wollte dieses Erlebnis als endgültigen, nicht mehr zu behebenden Vertrauensbruch für einen gradlinigen Sportler und Menschen wie ihn gewertet wissen: »Schweigen wäre einfacher gewesen, aber ich hätte das Gesicht verloren. Vielleicht will der liebe Gott, daß ich da durchgehe.«

Boskov ließ kurz nach Klinsmanns Wechsel jedoch wissen, daß keine göttliche Prüfung in Genua auf den deutschen Stürmer gewartet habe, sondern zwei starke Konkurrenten, weshalb er ihn als dritten Angreifer auf die rechte Angriffsseite hatte versetzen wollen. Aber Klinsmann habe diese Aufgabe abgelehnt, weil er zentral im Angriff spielen wolle, was auch in der Nationalmannschaft seine Rolle sei. Daraufhin habe er entschieden, Klinsmann nur noch eine Halbzeit einzusetzen, und zwar in der zweiten, weil da der Gegner schon ein bißchen müde sei und er seine Stärken ausspielen könne. Aber mit diesem Angebot sei Klinsmann nicht zufrieden gewesen, er habe gesagt, entweder spiele er von Anfang an oder er gehe.

Er ging. Es dauerte nur eine Woche, bis Klinsmann einen Klub gefunden hatte, in dem er sein Ziel, in den wenigen Monaten bis zur Weltmeisterschaft wieder in Form zu kommen und zu seinem leidenschaftlichen Spiel zurückzufinden, um seinen Traum vom zweiten WM-Titel zu erfüllen, verfolgen konnte. Tottenhams Trainer Christian Gross hatte ein Interview gelesen, worin Klinsmann seinem Ärger Luft verschaffte, und der Kontakt war auf dem kurzen Dienstweg schnell gemacht. Beide hatten in André Gross denselben Anwalt, und so fügte sich alles außergewöhnlich rasch. Klinsmann kehrte zurück zu Tottenham Hotspur, und all die Enttäuschungen, die er bei seinem zornigen Abschied hinterlassen hatte, waren wie verflogen. Tottenham steckte im Abstiegskampf, und die Rückkehr des Lieblings erschien den Fans ein paar Tage vor Weihnachten wie das schönste Geschenk. Die neuerlichen Verhandlungen mit Klubchef Alan Sugar, der Klinsmann nach seinem Abschied hinterhergerufen hatte, mit dessen Trikot würde er nicht einmal mehr sein Auto waschen, verliefen zudem äußerst zufriedenstellend. Die Vereinsführung hatte nichts einzuwenden gegen Klinsmanns Wunsch nach einer Stammplatzgarantie, die ihm nun endlich die ersehnte Weltmeisterschaftsvorbereitung auch vertraglich zusicherte.

Die Wirkung Klinsmanns auf die Engländer war trotz des bitteren Abschiedsgeschmacks ungeheuer. Sein Geschäftsmodell, überall in der Welt Emotionen und Tore zu verkaufen, funktionierte auch noch nach zehn Jahren wie am ersten Tag. Die Presse überschlug sich vor Begeisterung, der *Guardian* sehnte seine »göttliche Begabung« herbei, und selbst die ehrwürdige *Sunday Times* feierte die Rückkehr des verlorenen Torjägers auf einer ganzen Seite. Klinsmann wußte nur zu gut, welche Rolle er in dem Stück zu spielen hatte, das an der White Hart Lane unter dem Titel »Jürgen's coming home« gegeben wurde. Klinsmann, der noch ein halbes Jahr zuvor den Italienern geschmeichelt hatte, als er das Land zu seinem künftigen Familiensitz ausgerufen hatte, bediente auch in England die Sehnsucht nach Emotionen virtuos. Tottenham sei der Ort, an dem er sich am meisten zu Hause gefühlt habe, sagte er bei seiner Rückkehr nach zweieinhalb Jahren, und alles, was dort in dieser Zeit geschehen sei, habe er sehr genau beobachtet, und immer, wenn sich bei ihm der Gedanke nach einem Comeback in England geregt habe, wäre nie ein anderer Klub als die Spurs dafür in Frage gekommen, denn die Fans seien wunderbar und das Umfeld des Klubs hervorragend.

Er bezog sein erstes Quartier im Landmark, jenem ehrwürdigen und noblen Hotel, in dem er eineinhalb Jahre zuvor mit der Nationalmannschaft bei der Europameisterschaft abgestiegen war, in den Tagen vor dem Triumph in Wembley. Nach zwei Monaten hatte er dann wieder etwas Passendes gefunden, diesmal jedoch nicht in Hampstead, jenem ehemaligen Ausflugsziel der wohlhabenden Städter im Nordwesten Londons, dem Jane Austen ein literarisches Denkmal gesetzt hat. In diesem von herrlicher Parklandschaft umgebenen Vorort, der sich seit dem 17. Jahrhundert kaum verändert hat und in dessen verwinkelten Gassen sich unzählige Restaurants, Pubs und Boutiquen befinden, hatte er sich knapp drei Jahre zuvor so wohl gefühlt. Nun zog es ihn ins Zentrum an den Hyde Park. Die Energie der Stadt fesselte ihn, er ließ sich anstecken von der Dynamik, die im Leben der vielen verschiedenen Kulturen steckte, und irgendwann merkte er, daß ihm selbst schlechtes Wetter die Stimmung nicht mehr verderben konnte. In London spürte er den Regen nicht mehr. »Irgendwann, als es beim Training in Strömen schüttete und alle unverdrossen fröhlich waren, ist mir das aufgefallen. Komisch, dachte ich, in Mailand oder Monaco hättest du jetzt schlechte Laune.«

Das kosmopolitische Flair, das Klinsmann unwiderstehlich anzog, seit er gut acht Jahre zuvor das Schwabenland verlassen hatte, fand er hier wie nirgendwo sonst. »Wir wollen leben wie früher: Essen gehen, Leute treffen. Unser kleiner Sohn Jonathan soll überall mit hinkommen«, sagte er nach seiner Rückkehr. Die Weltoffenheit Londons zog jedoch nicht nur den Fußball-Kosmopoliten an, sondern ebenso die akademische Elite, zu der sich der Profi hingezogen fühlte und die sich in England genauso wie die Fußballfans auf den Stehplätzen, die Klinsmanns Rückkehr kaum erwarten konnten, für diesen ungewöhnlichen Deutschen interessierte.

Vor seinem ersten Spiel verkauften die Händler T-Shirts mit der Aufschrift »Jürgen – simply the best« und dem Motto des Transfers »back to the future«. Doch auch Fußballwunder lassen sich, wenn sie auch noch so geschickt vorbereitet werden, nicht einfach wiederholen. Es reichte beim Comeback gegen Arsenal nur zu einem 1:1, und auch in seinem neuen Klub holten Klinsmann die sportlichen Schwierigkeiten wieder ein: Er besaß keine wirkliche Torchance. Die Stimmung in den Medien kippte schnell, und die Zeitungen fragten sich, ob die beste Zeit von Klinsmann nicht schon vergangen sei und er den Klub tatsächlich vor dem Abstieg bewahren könne, denn durch das Unentschieden war Tottenham auf den neunzehnten und vorletzten Platz abgerutscht.

Zwei Monate nach seiner Rückkehr ereilte ihn der nächste Rückschlag auf dem Weg zur Weltmeisterschaft. In einem Pokalspiel seines Klubs erlitt Klinsmann, der in all den Jahren zuvor von Verletzungen weitgehend verschont geblieben war, nach einem unglücklichen

Zusammenprall mit seinem Gegenspieler einen Kieferbruch. Die damit verbundene zweite längere Pause in der WM-Saison warf den Kapitän der Nationalmannschaft noch weiter zurück. Aber um den Kontakt zu Berti Vogts und seinen Kollegen nicht zu verlieren und seine Rolle als Kapitän abseits des Fußballplatzes zu stärken, ließ er sich die Teilnahme an der wichtigen Vorbereitungsreise der Nationalelf auf die arabische Halbinsel vier Monate vor dem Turnier nicht nehmen. Zum einen nutzte er das angenehme, frühsommerliche Klima in Oman und Saudi-Arabien und die ausgezeichnete medizinische Abteilung des Deutschen Fußball-Bundes zur Regenerationsarbeit; aber vor allem wollte er die Atmosphäre im Nationalteam spüren und seinen Einfluß auf den Gruppenbildungsprozeß für die Weltmeisterschaft geltend machen, den er nach den Erfahrungen der letzten großen Turniere für entscheidend hielt.

Ein paar Wochen nach dem Ausflug in den Nahen Osten, wo Klinsmann seine Rolle als Kapitän in der Partnerschaft mit Berti Vogts nach seinen Vorstellungen verwirklichen konnte, holte ihn die Wirklichkeit des Vereinslebens wieder ein. Beim wichtigen 1:0-Sieg im Abstiegskampf gegen die Bolton Wanderers spürte er seine Ohnmacht, er bekam wieder nicht genug Vorlagen, und er weigerte sich zu akzeptieren, daß Trainer Christian Gross den exzentrischen französischen Star David Ginola in der Sturmmitte am besten aufgehoben glaubte und nicht auf der linken Mittelfeldseite, wo ihn sich Klinsmann wünschte, um von ihm mit Flanken versorgt zu werden. In der Umkleidekabine entlud sich die Wut des frustrierten Stürmers, der in neun Spielen nur ein Tor erzielt hatte, aber davon überzeugt war, daß es nicht an ihm, sondern am Trainer und an der Taktik lag. Er fühlte sich von Gross seiner Möglichkeiten beraubt, wie ein Jäger, den man nicht jagen läßt. Das alles schrie er Gross ins Gesicht, und der Trainer brüllte zurück, was er denn überhaupt wolle von ihm.

Klinsmann verließ das Stadion, bebend vor Zorn, durch einen Seitenausgang, statt wie üblich erst an der Spielerbar vorbeizuschauen, an der sich die Profis in England nach dem Spiel mit den Journalisten treffen, um über die Partie und ihre Leistungen zu sprechen. Als der Stürmer nicht erschien, ahnten die Experten schon, daß etwas zerbrochen war in der Beziehung zwischen Jürgen Klinsmann und Tottenham Hotspur. Eine Woche später plauderte ein Spieler Tottenhams anonym gegenüber der Presse aus, daß Klinsmann in der Umkleide die Beherrschung verloren hatte und es einen Streit mit dem Trainer gegeben habe, den die *Times* als eine »Schlacht um Macht« beschrieb. Auch Bundestrainer Vogts schaltete sich ein. Er flog nach London und warnte Gross, seinen Kapitän weiter öffentlich zu attakkieren. »Sonst feuere ich zurück«, sagte Vogts, »und einen Krieg gegen Klinsmann kannst du nicht gewinnen.«

Klubchef Alan Sugar stützte seinen Trainer, der nach der Enthüllung des Streits in Abstimmung mit der Vereinsführung in die Offensive gegangen war. Er habe größten Respekt vor den Erfolgen von Jürgen Klinsmann, ließ Gross mitteilen, aber Klinsmann sei trotzdem nur ein Teil der Mannschaft und er müsse akzeptieren, »wen ich aufstelle, und wo ich ihn spielen lasse«. Klinsmann zog aus dieser Auseinandersetzung seine Konsequenzen. Er kündigte sofort den Abschied von Tottenham zum Saisonende an, die Lage beruhigte sich, aber niemand ahnte, daß damit auch das endgültige Ende einer der großen deutschen Fußballkarrieren einhergehen sollte. Nicht einmal Klinsmann wußte das.

Das Image des Kapitäns näherte sich seinem Tiefpunkt. Er mußte sich immer häufiger in den Zeitungen fragen lassen, ob es denn überhaupt noch einen Trainer gebe, mit dem er auskomme, und ob der Verein, mit dem er zufrieden sei, erst noch erfunden werden müsse. Selbst ihm wohlgesinnte Blätter fragten sich, ob er in der Lage sei, die letzte Herausforderung zu bestehen und ein angemessenes Ende für seine große Karriere zu finden. Auch der Bundestrainer war irritiert, daß ausgerechnet sein wichtigster Spieler und Vertrauter die Entscheidungen des Trainers nicht akzeptierte und nun schon wieder den Verein wechseln wollte. Aber Klinsmann wischte die Kritik beiseite.

Klinsmann behauptete, daß ihn sozusagen sportliche Notwehr zu seiner kompromißlosen Haltung legitimierte. Er meinte, ein Mandat der Mannschaft und des Vereinschefs für seinen Widerstand gegen die taktischen Vorgaben und den Führungsstil des Trainers vorweisen zu können. Er sprach von großen Spannungen, die zwischen der Mannschaft und dem Trainer herrschten, und daß er versucht habe, die Gräben diplomatisch zu schließen, denn er sei ja verpflichtet worden, um Verantwortung zu übernehmen. Aber keine seiner Initiativen hätten etwas bewirkt. »Die Mitspieler haben zu mir hingeschaut und gesagt, der einzige, der es sich leisten kann, auf die Mißstände hinzuweisen, sei ich.«

Er konnte es sich tatsächlich leisten. Denn was zu diesem Zeitpunkt weder seine Mannschaftskollegen noch die Öffentlichkeit wußten: Klinsmann besaß eine Stammplatzgarantie – und hätte sich Trainer Gross über die vertragliche Vereinbarung hinweggesetzt, dann hätte Klinsmann, einer der Topverdiener in England, den Verein sofort ablösefrei verlassen können. Die Empörung über dieses pikante Vertragsdetail war nicht gerade gering, denn dem Kapitän, der weiterhin wie kaum ein anderer Profi für ehrliche Arbeit auf dem Fußballplatz stand, mußte sich nun nachsagen lassen, das Leistungsprinzip aus reinem Egoismus ad absurdum geführt zu haben. »Ich wußte, wenn diese Klausel publik gemacht werden würde, daß es hier und da böse Worte von seiten der Medien geben wird«, entgegnete Klinsmann den Kritikern, und er verwies darauf, daß dieser Teil des Kontrakts ausgerechnet zu dem Zeitpunkt an die Öffentlichkeit gelangte, als er den Konflikt mit dem Trainer suchte.

Doch das beim FC Bayern noch plausible Argument, Opfer einer unlauteren Zusammenarbeit zwischen Vereinsverantwortlichen und Medien zu sein, verfing in England ebensowenig wie seine Darstellung, Gross habe die Fakten in diesem Streit verdreht. Was die Fußballfans in England und Deutschland viel mehr als die kleinliche Aufrechnung interessierte, waren Klinsmanns Argumente für seine Stammplatzgarantie. Er versuchte, sein Sonderrecht aus Angst vor der eigenen Ohnmacht gegen machthungrige und profilierungssüchtige, nicht an der Sache interessierte Trainer zu erklären. »Der einzige Grund für diese Garantie war, daß Gross keine gefestigte Position hatte, als ich kam. Tottenham war Vorletzter, es war absolutes Chaos dort. Und ich kannte den Trainer nur von einem Gespräch. Ich habe mir gesagt: Ich gehe jetzt da hin, und nach zwei Wochen schmeißen sie den Trainer raus. Dann kommt ein anderer, und der will jetzt seine Macht und seine Chefposition um jeden Preis demonstrieren und fängt mit dir ein Spiel an. Denn mit deinem Namen kann er das am besten tun. Es hat genügend Beispiele in der Vergangenheit gegeben, daß Trainer einen Führungsspieler genommen haben und ihn demonstrativ auf die Bank gesetzt haben. Das konnte ich mir ein halbes Jahr vor der WM nicht mehr erlauben.«

Ein paar Jahre später, als er Bundestrainer werden sollte, hatte sich Klinsmanns Haltung gegenüber den Rechten von Nationalspielern, die sich in einer ähnlichen Rolle fühlten, entschieden verändert. Vom ersten Tag an arbeitete er vielmehr genau nach jenen Prinzipien, gegen die er sich als Spieler vertraglich schützte. Vom ersten Tag an stand das Spielchen, das er nun mit dem Nationalmannschaftskapitän trieb, im Mittelpunkt des von ihm eingeleiteten Erneuerungsprozesses. Er nahm Oliver Kahn erst die Kapitänsbinde ab, stellte ihn als Nummer eins auf seiner Position in Frage und setzte ihn auf die Ersatzbank, wann immer er es für richtig hielt. Es wäre ihm niemals eingefallen, Kahn irgendwelche Sonderrechte zuzugestehen, die der Kapitän ebenso für selbstverständlich hielt wie Klinsmann sechs Jahre zuvor. So fiel der Verdacht, den er als Spieler gegenüber Trainern hegte, daß Trainer ihre Macht und ihre Chefrolle an einem Spieler mit dem größten Namen erproben wollen, nun auf den Bundestrainer Klinsmann zurück. Aber niemand aus der Nationalmannschaft wagte dies laut zu sagen – auch Kahn schwieg klugerweise, weil er um seine Ohnmacht gegenüber dem Bundestrainer wußte.

Die Lage in London schien verfahren, nachdem Klinsmann die offene Konfrontation gesucht und das Klischee vom guten Spieler und dem bösen Trainer allzusehr strapaziert hatte. Aber der Stürmer konzentrierte sich, nachdem er seine Vorstellungen nicht hatte durchsetzen können, auf seine Aufgabe als Stürmer, auch der Bundestrainer riet ihm dazu, seine Lage zu akzeptieren und sein Engagement wieder alleine auf den Fußball zu richten. Denn auch seine Position in der Nationalmannschaft war nach wie vor umstritten, er saß sogar kurz vor der Weltmeisterschaft bei einem Testländerspiel gegen Nigeria nur auf der Ersatzbank, und als er sich an der Seitenlinie warm lief, aber nicht zum Einsatz kam, wurde sein sportlicher Abstieg mit der spöttischen Bemerkung kommentiert, aus der sogenannten Stammplatzgarantie sei wohl eine Sitzplatzgarantie geworden. Aber in der Schlußphase der Saison fand Klinsmann, der immer unbeirrt auf sein letztes Ziel hingearbeitet hatte und in den schwierigen Monaten auch niemals schwankend wirkte, zu seiner Form zurück. Sechs Tore gelangen ihm, der nun aus dem Mittelfeld die lange geforderte Unterstützung erhielt, in den letzten drei Begegnungen, und im letzten

Spiel für Tottenham Hotspur erzielte er gleich vier Tore, die Fans waren wieder wie einst begeistert von ihrem deutschen Torjäger, zumal Klinsmann in der zweiten Halbzeit ein kleines Kunststück vollbrachte: Ihm glückte beim 6:2 gegen den FC Wimbledon innerhalb von sechs Minuten ein Hattrick. Tottenham hatte den Abstieg verhindert, aber in dem großen Jubel ging unter, daß Jürgen Klinsmann an jenem 3. Mai 1998 sein letztes Klubspiel als Fußballprofi bestritten hatte – aber wer konnte das an diesem Sonntag schon wissen?

Abschied und neues Selbstvertrauen

Seinen Abschied von Tottenham hatte er ja schon einige Monate zuvor angekündigt, und er ließ sich wie üblich alle Optionen für die Zeit danach offen. An einen endgültigen Abschied vom Fußball glaubte aber niemand so recht in der internationalen Profiszene. Noch ein, vielleicht zwei Jahre wollte er in Amerika oder Südeuropa spielen, das waren seine jedoch nie näher konkretisierten Vorstellungen, denn Klinsmann unterwarf sich nach der angekündigten Trennung von Tottenham ganz entschieden der eigenen Forderung, nur auf die Weltmeisterschaft hinzuarbeiten, und auch seine eigene Zukunftsplanung hatte sich nun diesem Ziel unterzuordnen. Die Anfragen der Klubs häuften sich zwar, aber Klinsmann ließ den Managern über seinen Anwalt nur die besten Grüße ausrichten, und das einzige, was sie ansonsten noch aus den Gesprächen mitnehmen konnten, war der lakonische Hinweis, über alles weitere werde er im Urlaub nach der Weltmeisterschaft mit seiner Frau nachdenken und dann, frei von allen Zwängen, würde er seine Entscheidung treffen, nachdem er gemeinsam mit seiner Frau die entscheidende Frage beantwortet habe: »Debbie, worauf haben wir Lust?«

Klinsmann wollte immer unabhängig sein, nicht nur materiell, sondern unabhängig von allem und jedem, und diesem Zustand kam er sogar als angestellter Fußballprofi vor der Weltmeisterschaft ziemlich nahe. Er hatte sich die alleinige Entscheidungsfreiheit gesichert, zum ersten Mal war er völlig frei in seinen Handlungen, denn nach der Weltmeisterschaft gab es im Alter von vierunddreißig Jahren keine sportliche Herausforderung, keine Weltmeisterschaft, keinen

Titel, wonach er seine Entscheidung hätte ausrichten müssen. Geld hatte er ohnehin reichlich verdient, und mit der Geburt seines Sohnes ein gutes Jahr zuvor verschoben sich auch allmählich die Prioritäten in seinem Leben. Ganz neuen Zielen wandte er sich allerdings noch nicht zu, denn noch stand ein grandioser Abschluß seiner Karriere im Mittelpunkt seiner ehrgeizigen Lebensführung, und dafür nahm er auch eine gewisse Heimatlosigkeit seiner Familie in Kauf, die nun vor der Weltmeisterschaft keinen Lebensmittelpunkt mehr besaß. Alle Immobilien aus den Ländern, in denen er im Streit gegangen war, hatte Klinsmann verkauft, seine Frau war mit dem Kleinen in ihre Heimat nach Kalifornien geflogen, wo sie auch während der ersten Wochen der WM in Frankreich noch bleiben sollte, so schwer Klinsmann diese Trennung auch fiel. Aber er wollte seiner Rolle als Kapitän gerecht werden, um sich später niemals den Vorwurf machen zu müssen, nicht alle Energie in die Weltmeisterschaft gesteckt zu haben.

Gestärkt durch seine Tore und die Rettung des Klubs kehrte er mit erneuertem Selbstvertrauen zur Vorbereitung auf die WM in die Nationalmannschaft zurück. Aber die Machtbalance in der Mannschaft, die Klinsmann nun über drei, vier Jahre hinweg entscheidend mitgeprägt hatte und die zu einem großen Teil schon »sein Team« war, hatte sich schlagartig verändert. Lothar Matthäus war zurückgekehrt. Durch die Absage des Dortmunders Matthias Sammer und der Verletzung des Schalkers Olaf Thon entstand ein personeller Engpaß auf der Position des Liberos, und der Kapitän des FC Bayern München hatte eine exzellente Saison gespielt. Und nicht zuletzt fiel er durch eine professionelle und disziplinierte Haltung auch außerhalb des Spielfelds auf, während Klinsmann mit den größten Imageschwierigkeiten seiner Karriere zu kämpfen hatte. Dreieinhalb Jahre waren seit Matthäus' Rauswurf aus der Nationalmannschaft vergangen, um genau zu sein, lagen mehr als tausend Tage zwischen dessen 121. und 122. Länderspiel, in denen Klinsmann seine Stellung als Kapitän und Vertrauter des Bundestrainers ohne größere Widerstände innerhalb der Nationalmannschaft immer weiter ausgebaut hatte. Der Druck der Medien, allen voran der *Bild-Zeitung,* Matthäus ein Comeback zu ermöglichen, war in den Wochen und Monaten vor dem Weltturnier in Frankreich stetig gestiegen, und sportlich sprach auch tatsächlich nichts dagegen, den schon siebenunddreißig Jahre alten ehemaligen Kapitän zurückzuholen.

Vogts rief Klinsmann an, um ihn vorab über seinen Plan, den einst Verjagten zur Weltmeisterschaft mitzunehmen, zu informieren. Der Bundestrainer und sein Kapitän verständigten sich dabei schon am Telefon auf einen *modus vivendi,* um die sportlichen Fähigkeiten Matthäus' zu nutzen, die Architektur der Mannschaft aber nicht zu gefährden. Als der Rückkehrer zum WM-Trainingslager in Helsinki eintraf, war eine Aussprache zwischen Vogts, Klinsmann und Matthäus unvermeidlich; daß sie ausgerechnet in dem Hotel stattfand, in dem während des Kalten Kriegs einst die Schlußakte der KSZE, der Konferenz für Sicherheit und Zusammenarbeit in Europa, unterzeichnet wurde, entbehrte nicht einer gewissen Ironie. Die Dauerzanker im deutschen Fußball hatten sich im Interesse des deutschen Fußballs, wie der Bundestrainer betonte, auf eine gedeihliche Zusammenarbeit bei der WM zu einigen, die Hierarchie hatte Vogts beim »Frieden von Helsinki«, wie die Medien nach dem Gespräch titelten, jedoch eindeutig festgelegt.

Matthäus durfte zurückkommen, aber er hatte rein gar nichts mehr zu sagen, wie ihm der Bundestrainer und sein Kapitän unmißverständlich klarmachten. »Lothar Matthäus weiß, daß er sich nichts mehr erlauben kann«, sagte Klinsmann im Stil eines Vorgesetzten, und als solcher fühlte er sich nicht nur, er wurde von Vogts als dessen loyaler Bruder im Geiste auch ausdrücklich dazu gemacht. Die Integration des ehemaligen Münchner Gegenspielers erklärte Klinsmann zur Chefsache, zu seiner Chefsache. »Ich als Kapitän werde dafür sorgen, daß er mit Respekt und Achtung aufgenommen wird.« Mit seiner später als Bundestrainer noch deutlicher erkennbaren Konsequenz, einmal erworbene Macht nicht mehr zu teilen, hielt der Kapitän seinen Vorgänger nun von allen wichtigen Gremien fern, die in dessen Abwesenheit entstanden waren und nun als Ordnungsmacht mit einer erstaunlichen Unabhängigkeit vom Bundestrainer fungierten. Klinsmann stand an der Spitze dieses Kontrollgremiums, dem noch Andreas Köpke, Jürgen Kohler und, mit geringerem Einfluß ausgestattet, Thomas Helmer angehörten. Der Spielerrat hatte es sich zur Aufgabe gemacht, alle Spieler, die von der gemeinsamen, vor allem aber von Vogts und Klinsmann festgelegten Linie abwichen, zur Räson zu bringen. Matthäus sollte spüren, daß in dieser Mannschaft, anders als noch ein Jahr zuvor beim FC Bayern, nichts gegen Klinsmann ging, sondern alles nur mit ihm.

Matthäus akzeptierte die für ihn ungewohnten Machtverhältnisse, aber der Umgang dieser beiden sich abstoßenden Pole des Profifußballs miteinander, die Gemeinsamkeiten nur auf dem Fußballplatz entwickelten, blieb zunächst verkrampft. Die Medien lauerten auf jedes Wort, das zu einer Konfrontation hätte taugen können, doch ein solches Kommunikationsdesaster wußten Klinsmann und Matthäus zu verhindern, zumal sie derselbe Wunsch einte, bei ihrer letzten Weltmeisterschaft den zweiten Titel zu gewinnen und sich ein sportliches Denkmal für die Ewigkeit zu setzen. Ein paar Wochen, zwei Monate im günstigsten Fall, würden sie es miteinander irgendwie aushalten, und so sprachen sie davon, daß sich Gegensätze anziehen und sie in der kleinen Fußballwelt, in der man sich immer wieder über den Weg läuft, einen neuen gemeinsamen Weg suchten. Außerdem sei die WM nicht ein Nebeneinander, sondern ein Miteinander. Aber die angestrengte Rhetorik täuschte die Mannschaft nicht über ihre Skepsis hinweg, und die Spieler achteten mißtrauisch und gespannt auf jede Kleinigkeit im täglichen Umgang der beiden Konkurrenten miteinander, aber Klinsmann und Matthäus gaben sich nicht die Blöße, ihre Vereinbarung zu brechen.

Ersatzspieler Matthäus widmete sich konzentriert seinem Ziel, einen Stammplatz in der Mannschaft zurückzuerobern, während sich Klinsmann schon während der Vorbereitung wieder anschickte, sich als Leitfigur der Mannschaft zu präsentieren. Das innere Feuer loderte wieder. Er wußte, daß er den Kampf gegen die Uhr gewonnen hatte, daß ihn nicht einmal ein Bänderriß und ein Kieferbruch hatten stoppen können, daß seine Zeit auf der Ersatzbank zu seinem Plan gehören mußte und daß er sich gegen alle Kritiker und die scharfen Angriffe vieler Zeitungen durchgesetzt hatte. Nun gab es niemanden mehr, der ihn aufhalten konnte, seinen Traum zu verwirklichen, auf den er zwei Jahre akribisch hingearbeitet hatte. An die Vorstellung, mit brennendem Ehrgeiz und klarem Blick den Erfolg planen und förmlich gegen alle Widerstände erzwingen zu können, daran glaubte Jürgen Klinsmann nun stärker denn je. Die Tore in Tottenham hatten ihm die Sicherheit des Torjägers zurückgebracht, und auch die Fitnesswerte waren wieder so, wie er sie für sein aufreibendes Spiel benötigte. Wie ein Manager, der ein Unternehmen durch harte Schnitte punktgenau zurück in die Gewinnzone geführt hatte, analysierte er seinen persönlichen Entwicklungsplan, der jetzt vor der Vollendung stehen sollte: »Letztlich war es eine logische Konsequenz der systematischen Arbeit in den zurückliegenden Monaten.«

Er konnte kaum abwarten, daß es endlich losging. Sein unbändiger Wille hatte ihn wieder dorthin gebracht, wo er vor der Weltmeisterschaft sein wollte, und die deutsche Mannschaft und auch den Turnierverlauf wollte er nun nach seinem Willen formen. Es gab kein anderes Ziel für Klinsmann als den Titelgewinn, er redete vor dem Turnier nur über die Stärke der Mannschaft, und er war fest überzeugt, daß der Weltmeister wieder Deutschland heißen würde, daß er als Kapitän den Pokal im Pariser Stade de France als erster in Händen halten würde. Noch einmal würde seine Sucht, diese unbezahlbaren Momente im Leben mit allen Fasern seines Körpers aufzusaugen, nach acht Jahren wieder gestillt werden. Der Triumph und die Gefühle würden noch überwältigender sein, nicht mehr nur ein glücklicher Sieg des jugendlichen Überschwangs wie damals in Rom, der Sieg eines Einzelgängers, dem der Teamchef seine Freiheiten ließ, der aber Verantwortung nur für sich selbst trug und noch nicht für andere. Jetzt hatte er dieses Team und den Mannschaftsgeist mitgeformt, er war zwar noch ein Teil der Mannschaft, aber die Mannschaft war schon viel mehr ein Teil von Klinsmann, und wenn die Mannschaft Weltmeister würde, dann hätte auch seine Idee vom Fußball, von Führung und vom menschlichen Umgang erwachsener Profis gesiegt, vom Leben schlechthin, und nichts könnte köstlicher sein als dieser letzte Triumph. Es würde die Krönung seiner Philosophie bedeuten.

In seinen Tagträumen liefen schon die Bilder des Endspiels wie in einem Film ab, er ließ sich von der suggestiven Kraft der eigenen Vorstellung mitreißen, die in ihrer Verdichtung nur einen Hauptdarsteller kannte: Jürgen Klinsmann, den Stürmer in seinem Element, wie sich in einer einzigen Szene die emotionale Kraft seines Spiels bündelt, wie sich die Leidenschaft entlädt und er den höchsten Lohn dafür erhält. »Das ist, als ob ein Wunschtraum im Kopf abläuft. Plötzlich hast du die Szene vor dir: Du spielst im Endspiel, stehst am richtigen Fleck, im richtigen Moment, und der Ball segelt herein«, träumte Klinsmann, und wie sein Tor aller Tore fällt, hatte sein inneres Auge genau vorhergesehen: »Volley.«

Aber die Wirklichkeit in der Nationalmannschaft war längst nicht mehr so, wie Klinsmann sie sich erträumte, sie war nicht einmal so wie noch zwei Jahre zuvor bei der Europameisterschaft. Dem Team fehlte eine Führungsfigur wie Matthias Sammer in England, ein Spieler mit unangreifbarer sportlicher Autorität, der nicht wie Klinsmann auch mit sich selbst und höchsten Zielen zu kämpfen hatte, ein freier und eigenwilliger Kopf, der ein Gegengewicht hätte sein können zu der dominierenden Achse, die der Bundestrainer und sein Kapitän bildeten.

Das erste Spiel jedoch steigerte die Zuversicht des Kapitäns, denn die WM begann genau mit jenem Erfolgserlebnis, das sich der Stürmer gewünscht hatte und das auch notwendig ist, um in Schwung zu kommen bei einer Weltmeisterschaft mit ihren sportlichen Rückschlägen und menschlich schwierigen Phasen, die unweigerlich auftreten, wenn Spieler mit unterschiedlichen Charakteren für zwei Monate aufeinanderkleben. Der Gegner im ersten Gruppenspiel waren die Vereinigten Staaten, und Klinsmann bereitete den ersten Treffer durch Andreas Möller vor, und das 2:0 erzielte er in wunderbarer Weise selbst. Eine Flanke von Bierhoff nahm er mit der Brust an, er erwischte den Verteidiger auf dem falschen Fuß, und schon war der Ball im Tor. Ein Treffer mit Instinkt, wie die Stürmer sagen, ohne Zeit zum Nachdenken. Der Sieg stärkte die gesamte Mannschaft, die zwar gewonnen, aber keineswegs restlos überzeugt hatte. Klinsmann konnte nach diesem Spiel wie so oft kaum einschlafen, er war noch voll Adrenalin, aufgewühlt von der WM-Premiere, und weil er keinen Schlaf finden konnte, schaute er sich bis nach 5 Uhr morgens das Spiel noch einmal im Fernsehen an. Nun sah er auch die Schwächen der Mannschaft, das Pressing funktionierte nicht richtig, und dem Mittelfeld fehlte die Ordnung. Aber das würde schon werden, glaubten Klinsmann, Vogts und die anderen.

Der zweite Auftritt besaß das Zeug, im Desaster zu enden. Nach einer knappen Stunde Spielzeit führte Jugoslawien 2:0, und es war nicht nur das Ergebnis, das den deutschen Fans Angst und Schrecken einjagte. Es war eine spielerische Lehrstunde, die der Europameister erhielt, und nichts schien darauf hinzudeuten, daß die Mannschaft das Spiel noch wenden könnte. Aber eine Viertelstunde vor Schluß unterlief den Jugoslawen ein Eigentor, die Deutschen witterten ihre Chance und entdeckten, als das Spiel schon verloren schien, ihre kämpferischen Tugenden wieder; zehn Minuten vor dem Abpfiff erzielte Bierhoff noch den Ausgleich.

Nun begann etwas, was man den Selbstbetrug im deutschen Fußball nennen kann. Dieses Phänomen bestand darin, nur noch die immer spärlicheren positiven Aspekte des deutschen Spiels in den Mittelpunkt zu rücken und die sich ausweitenden Schwächen als vernachlässigenswert und unabänderlich darzustellen. Noch sollte niemand ahnen, daß diese Weltmeisterschaft einmal als Phase des Niedergangs betracht werden würde, denn noch herrschte die Erinnerung an die letzte Europameisterschaft vor, und ein halbes Dutzend Weltmeister im Kader von Berti Vogts repräsentierte die glanzvollen Zeiten und schien sie bis in die Gegenwart zu tragen. Von dieser partiellen Blindheit, die Rückständigkeit des deutschen Fußballs als Kernproblem wahrzunehmen, versuchte erst sechs Jahre später der Bundestrainer Jürgen Klinsmann den DFB zu befreien, aber damals glaubte auch der Stürmer noch, die Stärken des deutschen Teams reichten aus, um die gesamte Fußballwelt in Frankreich zu besiegen.

Sein früherer Trainer Menotti allerdings sah den Weg des deutschen Fußballs schon nach der zweiten Begegnung wesentlich klarsichtiger, er beklagte den »grauen Fußball« der Mannschaft und sah das Spiel als ein einziges »Werk des Horrors«. Im letzten Vorrundenspiel quälten sich die Deutschen zu einem 2:0-Sieg gegen Iran, wobei Klinsmann wiederum ein Treffer gelang. Er hoffte nun, angesichts der unverkennbaren spielerischen Schwächen, in den K.o.-Spielen würde sich die Mentalität der deutschen Mannschaft durchsetzen, ihre Einstellung, ihre Kameradschaft, an der er so versessen gearbeitet hatte, würden wieder den entscheidenden Vorteil bringen und alles sich zum Guten wenden. »Jetzt kommt der mentale Bereich zum Tragen, der Willensbereich. Wozu wir fähig sind, haben wir eine halbe Stunde lang gegen Jugoslawien gezeigt. Vor so einer Leistung ziehen die Gegner den Hut.«

Tatsächlich aber zog in Frankreich niemand den Hut vor der deutschen Mannschaft, der Europameister spielte in der Wahrnehmung der Fußballwelt überhaupt keine Rolle. Das Interesse richtete sich vielmehr auf den attraktiven Fußball der Holländer, Franzosen oder Brasilianer, und die Deutschen in ihrem Luxusreservat an der Côte d'Azur wurden von der französischen Sportzeitung *L'Équipe,* dem Zentralorgan der damaligen Weltmeisterschaft, wegen ihrer langweiligen Vorstellungen auf die hintersten Seiten verbannt. Ihr übersteigertes kämpferisches Teamdenken ohne jeden Esprit trug ihnen immer wieder den spöttischen Titel »la Mannschaft« ein, mit dem alles assoziiert wurde, was der deutsche Fußball auf den Pressekonferenzen jeden Tag bei der WM an Kollektivschwärmerei der Welt mitzuteilen hatte. Um es kurz zu machen: Der Rest der Welt nahm von den Deutschen kaum Notiz, denn mit diesen Kämpfern, die einfallslos die Bälle in den Strafraum schlugen, um die Köpfe von Klinsmann und Bierhoff zu treffen, würde man sich leider später noch genug befassen müssen, wenn das Turnier weit fortgeschritten war und die Deutschen wahrscheinlich immer noch dabei wären, während viele der schönen Fußballkünstler Frankreich schon adieu gesagt hätten.

Der DFB-Troß bekam von diesem Blick auf den deutschen Fußball in Frankreich nicht viel mit. Der Kosmos, den sich Vogts und Klinsmann geschaffen hatten, drehte sich vornehmlich um sich selbst, und verstörende Nachrichten, die diese Welt zu beschädigen drohten, wollten sie nicht an sich heranlassen. Doch die brutale Wirklichkeit hielt sich nicht an die Regeln im weltfernen Idyll, sie drang mit voller Wucht in der Nacht zum 23. Juni in das deutsche Quartier ein. Wenige Stunden zuvor hatten deutsche Hooligans in Lens den französischen Gendarmen David Nivel fast umgebracht, und in den Stunden danach drohte noch immer der Tod des Polizisten, dem ein Hooligan mit einer Eisenstange den Kopf eingeschlagen hatte. Der Schock saß tief in Frankreich, die deutsche Öffentlichkeit reagierte bestürzt auf die hemmungslose Gewalt, die sich im Gefolge des deutschen Fußballs austobte, und der damalige Präsident Egidius Braun und dessen Stellvertreter Gerhard Mayer-Vorfelder hatten ein sicheres Gespür, daß man im Verband nicht einfach so tun könne, als ginge einen die Gewalt deutscher Hooligans nichts an. Man müsse ernsthaft darüber nachdenken, ob sich die Nationalelf nicht von der WM zurückziehe, sagten die beiden DFB-Funktionäre, und es war nicht so, daß man dies als weltfremdes Gerede abtun konnte, denn den Wunsch, der auf den Zorn folgte, ein entschiedenes, wenn auch unpopuläres Zeichen gegen die Gewalt zu setzen, hatte immer mehr Menschen erfaßt. Braun argumentierte, wenn man überlege, welcher Schaden hier für Deutschland und den DFB angerichtet werde und wie man dieses verheerende Bild wieder reparieren könne, dann sei ja wohl selbst eine solche Überlegung erlaubt.

Vogts reagierte fassungslos auf den Vorschlag. Der Bundestrainer wollte sich nicht für etwas bestrafen lassen, wofür er nichts konnte. Er schrieb aus Empörung über Brauns Reaktion in Paris noch in der Nacht sein Rücktrittsgesuch. Er las es Jürgen Klinsmann und einigen Vertrauten vor. Klinsmann aber redete auf Vogts ein, er solle nicht den Fehler machen und zurücktreten, das wäre die falsche Reaktion. Vogts ließ sich überzeugen. Am nächsten Morgen verwarf die DFB-Führung ihren ersten, spontanen Gedanken an einen Rückzug, doch nun griff der Bundestrainer, von der Nacht gezeichnet, in der er seinen Rücktritt schon formuliert hatte, in einer wilden Rede auf der täglichen Pressekonferenz seine Vorgesetzten an. »Dafür«, sagte Vogts mit bleicher Miene zu den Rückzugserwägungen Brauns, »fehlen mir jegliche Worte.« Er fühlte sich noch immer persönlich angegriffen und fügte hinzu: »Das hat Spuren hinterlassen.« Der Kapitän informierte unterdessen seine Kollegen und baute die nächste Abwehrfront gegen diejenigen auf, die es wagten, auch ihm seinen Traum von der Weltmeisterschaft zu rauben. »Niemand darf über unsere Köpfe bestimmen«, forderte der Kapitän, denn es gebe schließlich für ihn und die meisten anderen in der Mannschaft »nur noch diese eine Chance«.

Aber Klinsmanns und Vogts' Streben nach der perfekten Mannschaft und dem letzten Triumph widersetzten sich nicht nur Funktionäre, auch in der auf Einheit geeichten Mannschaft regte sich nach dem letzten Gruppenspiel Unzufriedenheit. Olaf Thon mußte zur Pause im Spiel gegen den Iran seinen Posten als Libero räumen, weil Lothar Matthäus mit allen Ehren seine angestammte Position wieder zugeteilt wurde. Andreas Möller fühlte sich ausgebootet und mußte sich vom Kapitän, als er nur auf der Ersatzbank saß, öffentlich noch erklären lassen, auch mal einem Gegenspieler hinterherzulaufen. Auch Stefan Reuter, wie Thon und Möller einer der Weltmeister von

1990, meldete als Ersatzspieler seinen Unmut an. Aber Klinsmann und Vogts arbeiteten trotz der Störungen in ihrem selbstgezimmerten Idyll unablässig daran, ihre Vorstellungen vom Fußball zu verteidigen und vor denjenigen außerhalb des Platzes zu schützen, die den Sport nur noch unter Kosten-Nutzen-Rechnungen betrachteten.

Klinsmanns Nähe zu Berti Vogts sorgte mit der Zeit für einen weiteren Image-Abrieb, obwohl die Einstellungen des Bundestrainers und seines Kapitäns in einigen Fragen keineswegs deckungsgleich waren. Aber die konservative Grundhaltung, das Spiel nicht vollständig dem Kommerz zu überantworten und eine Mannschaft aus charakterlich gefestigten Spielern zu formen, einte die beiden Weltmeister. Sportliche Genialität war ihnen nicht in die Wiege gelegt worden. Ihre außergewöhnlichen Karrieren gründeten auf der Fähigkeit, aus ihren Möglichkeiten das Maximale zu machen, auf nimmermüdem Ehrgeiz und einer vorbildlichen Arbeitseinstellung, die von den Leuten geschätzt wurde, weil sie sahen, daß da Spieler zwar manche Fehler machten, daß ihnen die Bälle versprangen wie das einem Beckenbauer, Netzer oder Völler nie passiert wäre, aber die dabei doch alles für den Erfolg taten, auch an jenen Tagen, an denen ihnen nicht viel gelang. Es waren genau jene Tugenden, ohne die der deutsche Fußball niemals groß geworden wäre.

Das Spektakel Fußball

Klinsmanns Glaube an ehrliche Arbeit als Grundprinzip auch des Fußball-Showsports, der die Freiheiten des Spiels von früher immer weiter beschnitt und die Spieler in eine rigorose Choreographie zwang, machte den Stürmer zum unversöhnlichen Kritiker der neuen Zeiten. Er wetterte während der Weltmeisterschaft gegen die Herrschaft des Kommerzes, gegen die Zumutungen eines an Marketingschreibtischen entworfenen Spektakels, was irgendwann auch die Geduld von WM-Organisator Michel Platini erschöpfte, der Klinsmann über die Medien wütend ausrichten ließ, er erzähle einen ziemlichen Blödsinn. Das Flair der Weltmeisterschaft in Frankreich aber hielt keinem Vergleich zu den Verhältnissen acht Jahre zuvor in Italien stand. Die düsteren Seiten des Milliardengeschäfts, über die fast alle anderen Spieler schwiegen, weil sie zu den großen Profiteuren der Entwicklung zählten, hatten schon mit einem Ticketskandal begonnen, in den auch einige Fußballfunktionäre verwickelt waren. Die Preise für Tickets stiegen auf dem Schwarzmarkt ohnehin in schwindelnde Höhen, weil die Kontingente für die Fans viel zu knapp bemessen waren. Die WM war stärker denn je ein Ereignis von Sponsoren für Sponsoren, die Firmenvertreter machten sich in Schlips und Anzug in den Stadien immer breiter, und die typische Fußballatmosphäre drohte dabei zu verschwinden.

»Das Spektakel Fußball entfernt sich immer mehr von seiner Basis. Er wird immer mehr über das Fernsehen verkauft. Fußball wird allmählich ein Snob-Sport, elitär wie einst Tennis«, schimpfte Klinsmann während der WM in einem Interview mit der *Süddeutschen Zeitung*. Tatsächlich war alles ungeheuer bürokratisch geworden. Die Spieler mußten wie in Kinderzeiten vor dem Anpfiff eine Paßkontrolle über sich ergehen lassen, anhand der Fotos auf ihren Akkreditierungen wurden die Gesichter verglichen, und dann mußten die Stars, die Millionen in aller Welt kannten, mit ihren Trikots zum Schiedsrichter laufen und die Nummern zeigen, damit nicht »ein Ronaldo plötzlich in verschiedenen Mannschaften spielt«, wie Klinsmann spottete. Ein solcher organisatorischer Irrsinn machte ihn schier verrückt. »Vor dem Spiel gegen den Iran wurde ich aufgefordert, die Kapitänsbinde der Fifa zu tragen. Ich habe geantwortet: Warum? Ich repräsentiere die deutsche Nationalmannschaft, nicht die Fifa. Der Zuständige hat gesagt: ›Das ist eine Anordnung, Sie haben Folge zu leisten.‹« Und wenn die Spieler dann endlich auf den Platz laufen wollten, wurden sie von einem anderen Funktionär gestoppt, weil noch ein Werbespot im Fernsehen lief. »Zuerst kommt das Business, alles muß verkauft sein, garantiert sein. Erst wenn das alles passiert ist, dürfen die Mannschaften einlaufen, kann das Spiel beginnen. Diese ganzen Nebenerscheinungen erdrücken das Spiel und schließen den normalen Fan immer mehr aus. Ich verstehe eine gewisse Aggression bei den Leuten. Irgendwann sagt der Fan: Nee, nicht mehr mit mir.«

Er wunderte sich nicht, daß WM-Chef Platini ihn für seine offenen und im Kern doch zutreffenden Worte kritisierte. Er habe eben das Vergehen begangen, sich zu entwickeln, sagte Klinsmann, und weil er nicht mehr in die gleichgeschaltete Welt des Profifußballs passe, bekomme er ständig von allen Seiten was auf den Deckel. Die Funktionäre glaubten jedoch, Klinsmann habe kein Recht, so abfällig über das Fußballgeschäft zu reden, denn gerade er hätte doch nicht so viele Millionen auf dem Konto, wenn immer noch elf Freunde hinter dem Ball herliefen. Klinsmann freilich beharrte darauf, daß er nicht seinen Kopf an den Fußball verkauft habe und er sich auch durch noch soviel Geld nicht verbieten lasse, seine Meinung zu sagen. »Du verdienst dermaßen viel Kohle, du hast das zu akzeptieren. Das ist der Spruch, den du überall zu hören bekommst.« Und im übrigen habe ihn und die anderen Spieler niemand gefragt, ob sie diese von Fernsehen und Sponsoren beherrschte Fußballwelt wirklich wollten oder ob nicht mit etwas weniger Geld und weniger fremdem Einfluß ein besseres Fußballeben für alle möglich sei.

Klinsmann war am Ende seines Weges angekommen. In diesen seinen letzten Tagen als Fußballprofi wurde er nicht mehr wie noch einige Jahre zuvor von den Fans als Popstar angehimmelt, dafür hatte er schon zu viele sportliche Krisen durchlebt. Auch das Bild des Botschafters eines anderen, weltoffenen, herzlichen Deutschlands verblaßte in diesen letzten Monaten in der Öffentlichkeit, und nur noch wenige Medien waren bereit, in dem Kapitän gänzlich unkritisch das Sinnbild des klugen Kickers in einer tumben Fußballwelt zu zeichnen. In dieser Situation kam es wohl auch nicht von ungefähr, daß Harald Schmidt den Stürmer, der den Erfolg längst nicht mehr garantierte, der mit der Nationalelf Schluß machen würde und vielleicht sogar mit dem ganzen Fußball, als »Schwabenschwuchtel« in seiner Late-Night-Show vorführte. Klinsmann und der Verband reagierten mit Härte, der DFB erwirkte eine einstweilige Verfügung, die Schmidt eine Haftstrafe bis zu sechs Monaten oder ein Ordnungsgeld bis zu 500 000 Mark androhte, falls er dies noch einmal wiederholen sollte.

Der Kapitän und sein Bundestrainer sahen sich umstellt von Gegnern, von denen sie glaubten, sie gefährdeten das Projekt. Seelenlose Kaufleute, die ihr Spiel verkauften, um sich zu bereichern. Showstars, die dumme Witze auf ihre Kosten machten. DFB-Funktionäre, die an Rückzug dachten. Spieler, die ihren Gegnern nicht hinterherliefen und die Klinsmann in einer Mannschaftssitzung ohne Berti Vogts auf

Linie bringen wollte, ein letzter Versuch, alle Kräfte zu mobilisieren, im Alleingang. »Der Kapitän hat durch die Sendung geführt«, witzelte Olaf Thon zu der Zusammenkunft der Nationalspieler mit ihrem etwas anderen Chef. Aber Klinsmann und Vogts glaubten, trotz aller Widerstände am Ende zu triumphieren. »Ich sehe keine stärkere Mannschaft«, sagte der Kapitän nach der Vorrunde, und Berti Vogts wiederholte nahezu täglich seinen Glaubenssatz des Turniers: »Wir wollen nach Paris, wir kommen nach Paris.«

Das Achtelfinale gegen Mexiko sollte zum letzten Erfolg auf ihrem gemeinsamen Weg werden, ein Sieg, in dem sich die Stärken und Schwächen dieses Teams exemplarisch spiegelten. Als großer Favorit traten die Deutschen an, aber kurz nach der Pause erzielten die Mexikaner die 1:0-Führung, sie waren technisch überlegen und spielten einen viel schöneren Fußball. Auch dem zweiten Treffer, der die Partie wohl entschieden hätte, waren sie ganz nahe. In diesem Moment schien das Ende der deutschen Hoffnungen gekommen. Aber Torwart Andreas Köpke lenkte den Ball an den Pfosten und auch den Nachschuß parierte er glänzend. Die deutsche Arbeitsgemeinschaft raffte sich anschließend noch einmal zu einer Großtat auf, und ihr Kapitän wies den Weg. Klinsmann gelang eine Viertelstunde vor Schluß der Ausgleich, Oliver Bierhoff markierte kurz vor dem Abpfiff den Siegtreffer. Die Mexikaner saßen in der Kabine und heulten, und den Kommentatoren aus aller Welt trieb es die Tränen in die Augen. Sie geißelten das Spiel der Deutschen als »Karikatur des Fußballs«.

Ein letztes Mal hatten sich bei der Weltmeisterschaft die deutschen Tugenden durchgesetzt, ein letztes Mal gelang diese Gratwanderung, spielerische Defizite mit Willen, Einsatz und Kondition mehr als nur auszugleichen, ein letztes Mal fragte sich die Fußballwelt: Warum gewinnt Deutschland solche Spiele? Warum stürzt diese Mannschaft nicht ab? Vielleicht doch wegen der Beharrlichkeit, mit der Klinsmann an ihr mitgebaut hatte, an seinen mittlerweile schon drei Treffern im Turnier, seiner Fähigkeit, in den entscheidenden Momenten seine Stärke zu entfalten? Die *Bild-Zeitung* erspürte die Stimmung und richtete sich vorsorglich schon mal darauf ein, am Ende vielleicht wieder mit dem Kapitän als neuem Weltmeister zu jubeln. Vor dem Viertelfinale war aus dem Abzocker der letzten Jahre wieder ein »Tor-Held« geworden.

Fünf Tage später gingen der Mythos und die Selbstherrlichkeit der Deutschen dahin. 0:3 gegen Kroatien, ein niederschmetterndes Ergebnis. Es gehört zur Ironie der Fußballgeschichte, daß die Deutschen dabei ihr bestes Spiel zeigten. Zumindest bis Christian Wörns kurz vor der Pause vom Platz gestellt wurde. Bevor sich das Team nach diesem Rückschlag wieder geordnet hatte, lag es auch schon 0:1 zurück, der Anfang vom Ende. Sie gaben zwar bis zum Schluß ihr Bestes, aber die Kroaten nutzten die Gunst der Stunde, und in den letzten Minuten machten sie mit zwei weiteren Toren aus dem Ausscheiden ein deutsches Fußballdrama. Berti Vogts sprach in seiner maßlosen Enttäuschung von höheren Mächten, die sich gegen die Deutschen verschworen hätten, und das Bild des schlechten Verlierers, das die Deutschen mit nach Hause brachten, rundete ihr Kapitän ab, als er mit versteinertem, bleichem Gesicht das Stadion in Lyon verließ, ohne auch nur ein einziges Wort zu der Niederlage und dem Ende der deutschen Träume zu verlieren.

Er nahm sich das Recht heraus, im Moment einer der bittersten Stunden seines Sportlerlebens mit sich alleine zu sein. Er spürte in sich nur eine ungeheure Leere, etwas Vernünftiges hätte er nicht sagen können. »Es muß jedem selbst überlassen sein, wie er mit einer solchen Situation umgeht«, rechtfertigte sich der Kapitän, der von sich und den anderen immer Selbstdisziplin bis zur letzten Minute gefordert hatte. An diese Zwänge fühlte er sich nach seinem letzten Länderspiel nicht mehr gebunden, weil er wohl schon ahnte, daß nicht nur der Nationalspieler, sondern auch der Sportler Jürgen Klinsmann am Ende seines Weges angekommen war. Erst ein paar Monate später, als er Abstand gefunden hatte, konnte er öffentlich über die letzten Minuten seiner Karriere sprechen, die wie in Trance an ihm vorbeigezogen waren. Einer Handvoll vertrauter Journalisten, die er zu Butterbrezeln und Schneckennudeln nach Geislingen eingeladen hatte, erzählte er davon. Die *Welt am Sonntag* druckte das Gespräch im Wortlaut:

Sie waren auf das Aus nicht gefaßt?

»Überhaupt nicht. Ich wußte zwar, daß wir nicht so ausgeglichen waren wie 1996 bei der EM, zu viele hatten Probleme mit sich selbst. Aber daß auf einen Schlag alles vorbei sein würde? Elf Jahre Nationalelf, aus und abgehakt. Nach dem Schlußpfiff habe ich wie in Trance mit Oliver Bierhoff den Fans zugewinkt. Wir haben uns geschämt. In so einem Moment wirst du total runtergerissen.«

Und danach, in der Kabine?

»Der totale Schock, für alle. Du stehst extrem unter Druck, unter Vollstrom. Die Emotionen gehen hoch. Jeder, der reinkommt, läßt Dampf ab und gibt seinen Senf dazu, da wird auf den Schiedsrichter und alles geflucht. Das ist, als ob die Welt einstürzt.«

Wie haben Sie Ihre letzten Momente als Kapitän in Erinnerung?

»Ich hab mich ins Entmüdungsbecken gehockt. Da war kein Wasser drin. Dann weiß ich noch, daß der Kanzler kam, er hat uns getröstet. Ja, und ich weiß auch noch, wer mich umarmt und mitgeweint hat.«

Wer?

»Koks Kohler. Und Icke Häßler. Und Köpke. Ich habe Tage gebraucht, um über alles hinwegzukommen.«

Am Tag nach der erschütternden Niederlage, als er seine Gefühle noch immer nicht ordnen konnte, die Öffentlichkeit aber eine Stellungnahme der deutschen Teamführung forderte, war es Klinsmann, der sich vehement dafür einsetzte, einen formal korrekten Abschluß der Deutschen bei der Weltmeisterschaft zu organisieren. Er wußte, was die Deutschen ihrem Ruf und ihren Anhängern schuldig waren. Bundestrainer Berti Vogts allerdings wäre am liebsten abgereist, ohne am nächsten Tag noch ein Wort über das Ausscheiden zu verlieren. Aber Klinsmann konnte ihn von der Notwendigkeit, die Form zu wahren, überzeugen. So redeten der Bundestrainer und der Kapitän in ihrem Quartier in St. Paul de Vence mit ein paar Floskeln über ihre Enttäuschung hinweg, um wenigstens mit Verspätung ihre Pflicht als Repräsentanten der deutschen Mannschaft zu erfüllen. Während seiner letzten Pressekonferenz als Kapitän und Nationalspieler warf er dabei auch einen kurzen Blick in seine persönliche Zukunft, was ziemlich unterging im großen Wehklagen um den deutschen Fußball. Wer jedoch genau hinhörte, konnte sicher sein, daß sich Jürgen Klinsmann in diesem Moment für immer von der Fußballbühne verabschiedete, um ein völlig neues Leben zu beginnen: »Ich will jetzt nahe bei meiner Familie sein«, sagte er. »Mein 15 Monate alter Sohn braucht mich – und ich brauche ihn.«

9. Aufbruch in die Neue Welt

Die Familie Klinsmann wandert aus

Wohin nur? Elf Jahre Nationalmannschaft waren auf einmal vorbei. Er wußte zwar längst, daß der Abschied kommen würde, zwei Jahre hatte er sich darauf vorbereiten können, und immer wieder sprach er in Interviews darüber, daß es nach der Weltmeisterschaft genug sei und er genau wisse, was er tue. Aber als es dann in Lyon soweit war, traf es ihn wie ein Hieb aus heiterem Himmel, unerwartet und schmerzhaft. Eine Woche blieb Klinsmann noch mit seiner Familie in Frankreich, er wollte Urlaub machen. Doch in seinem Kopf hatten nur Gedanken an den Fußball Platz, an das letzte Spiel, die Rote Karte, die das Spiel wendete, die Niederlage, die verpaßte Chance, die Leere.

Das Gefühl von Freiheit, auf das er so viele Jahre gewartet hatte, wollte sich nicht einstellen. Nach 16 Profijahren war er nun endlich erstmals ohne jede Verpflichtung, er mußte sich nicht mehr damit belasten, schon in wenigen Wochen wieder in ein neues Trainingslager einquartiert zu werden, sein Leben nach Spielplänen auszurichten und in Hotelzimmern die Zeit totzuschlagen. Er konnte machen, was er wollte. Aber befreit von allen Zwängen hielt er es nicht lange als Urlauber in Frankreich aus, dort, wo die Menschen in diesen herrlichen Sommertagen über nichts anderes als über Fußball und ihre Equipe redeten, die ihnen schließlich in einem spektakulären Finale gegen Brasilien den Titel schenken sollte; jenen Titel, den Klinsmann doch für sich als Krönung seiner Laufbahn vorgesehen hatte. Er besuchte Berti Vogts, der ebenfalls in Frankreich geblieben war, um mit ihm über die schmerzhaften letzten Tage bei der WM und ihre lange, gemeinsame Zeit im Fußball zu reden. »Da wurde aus unserer Beziehung ein freundschaftliches Verhältnis«, sagte Vogts. Dort duzten sich der Bundestrainer und sein Kapitän, die sich seit fast zwanzig Jahre kannten, zum ersten Mal.

Nach dem Besuch bei Vogts packte Klinsmann seine Sachen und ging mit seiner Familie nach Stuttgart zurück. Drei Wochen blieb er mit Frau und Kind in seiner schwäbischen Heimat, um sich dort zu sammeln, wo er herkam, bevor nun ein neues Kapitel seines Lebens beginnen würde und er die Frage konkret beantworten mußte, was er mit dem Rest seines Lebens anfangen wollte. Er hatte zwar die Welt kennengelernt wie kaum ein anderer Profi seiner Zeit, aber in den sieben Jahren im Ausland hatte er trotzdem nirgendwo wirklich Wurzeln geschlagen. Nicht am Comer See und an der ligurischen Küste, nicht in London und schon gar nicht in Monaco. Seine Heimat war immer noch Stuttgart, Geislingen, das Schwabenland. Dieses kostbare Gefühl, zu wissen, wohin man gehört, das wurde ihm nach dem Ende seiner Karriere schmerzhaft bewußt, hatte er ansonsten nur noch in der Nationalelf gefunden. Sie war zum Anker des Fußballweltreisenden geworden. »Für mich war die Nationalmannschaft wie eine zweite Familie. All diese vertrauten Menschen, alles vorbei. Mir wurde nach dem Ausscheiden klar, wie sehr mir diese Atmosphäre fehlen würde«, sagte er. Dieses Gefühl des Verlusts, der Trennungsschmerz, habe ihn härter getroffen als das sportliche Scheitern.

Er hätte sich nach seiner Karriere in Italien niederlassen können, das Land und das Leben hätten ihm und seiner Frau gefallen. Aber Klinsmann spürte nach der langen Wanderschaft die Heimatlosigkeit in sich. Um so stärker fühlte er die Verpflichtung, daß er seinem Sohn einen festen Ort schuldete, eine Heimat, wie er sie in Stuttgart und wie sie seine Frau in Kalifornien in ihrer Kindheit einst gefunden hatten. »Der Junge muß wissen, wo er hingehört«, sagte Jürgen Klinsmann, aber eigentlich galt das auch für ihn. Einige Tage nach seinem 34. Geburtstag packte die Familie die Koffer. Klinsmann wanderte aus, nach Kalifornien.

Geplant war das schon länger. Ein halbes Jahr vorher hatten sich die Klinsmanns bereits entschieden, aber der Öffentlichkeit verrieten sie nichts von ihren Plänen, nur die Familie und die engsten Freunde wußten davon. Amerika hatte Jürgen Klinsmann schon seit vielen Jahren fasziniert. Er war dort einst als Teenager mit dem Rucksack unterwegs, und dann kam er immer wieder, über ein Dutzend Mal. Die Lockerheit der Menschen zog ihn an, diese offene und freundliche Art, die er aus Deutschland nicht kannte, als er mit achtzehn Jahren erstmals an die Westküste kam. Er war damals ein unbekannter Jungprofi bei den Stuttgarter Kickers, der noch nicht viel von der

Welt gesehen hatte, aber alles von ihr wissen wollte. In seiner grenzenlosen Neugier wurde er von der optimistischen amerikanischen Lebensart überwältigt. Das Land ließ ihn seitdem nicht mehr los. Zurück in Stuttgart hängte er gleich einen kleinen Basketballkorb in seiner Wohnung auf, und jeder, der bei ihm vorbeischaute, mußte den Ball darin versenken. Erst dann durfte er rein.

Es war nicht nur die Begeisterung für das freie, ungezwungene Leben in Amerika, die Klinsmann fünfzehn Jahre später zu dem Schritt bewog. Es waren für ihn und seine Frau auch nicht zuletzt »family values«, die Klinsmann und seine Frau schätzen. Ihr Junge sollte ein richtiges Familienleben erleben, im größeren Sinne, nicht nur im engsten Kreis der Kleinfamilie, und das konnten sie ihm nur in Stuttgart und in Kalifornien bieten, dort, wo auch die Großeltern lebten, wo schon Wurzeln lagen. Die räumliche Nähe zu Familienangehörigen, die Bindung zu einer Region gehörte für Klinsmann untrennbar zu seinen Vorstellungen von einem geglückten Leben. »Die Geborgenheit einer Familie ist das allerhöchste Gut«, sagte er.

Sie entschieden sich für Kalifornien, weil er nur dort leben konnte wie die normalen Leute, nicht als ehemaliger Fußballstar, der er in Stuttgart oder Italien immer geblieben wäre. In Amerika, so hoffte er, würde seine Vergangenheit ruhen und nur das zählen, was er machte. Nur die Gegenwart würde wichtig sein, und nur in der Gegenwart wollte er wirklich leben. Das würde ihn antreiben. Es war der konsequente Versuch, ein wirklich neues Leben zu beginnen und einen radikalen Bruch mit der Vergangenheit zu vollziehen, wie ihn vor dem Kapitän der deutschen Fußball-Nationalmannschaft kein anderer deutscher Fußballer mit ähnlicher Popularität gewagt hatte.

Der Ort, den er sich für dieses Unternehmen aussuchte, war ziemlich nüchtern. Seine neue Heimat hieß Huntington Beach und liegt rund fünfzig Kilometer südlich von Los Angeles. Der Ort hat nichts Glamouröses oder Mondänes, er ist seit Jahrzehnten ein Surfer-Paradies, der sich auf den entspannten, lässigen Lebensstil seines jugendlichen Publikums eingerichtet hat. Die Eleganz von Malibu, wo Thomas Gottschalk vor seiner Popularität Zuflucht fand, ist Huntington Beach ebenso fern wie die glanzvolle Pracht von Beverly Hills oder der Charme von Bel Air. Die Straßen, die in den Ort führen, sehen hier genauso aus wie fast überall an der kalifornischen Pazifikküste, kerzengerade und schmucklos, gesäumt von Supermärkten, Gebrauchtwagenhändlern, Shopping-Malls, Fast-Food-Läden. Nur in dem kleinen Zentrum von vielleicht drei, vier Blocks wird es gemütlicher, Coffeeshops, Bars und Restaurants ziehen die Surfer an, und abends verwandeln sich die Straßen um die bronzene Statue des legendären dreimaligen hawaiianischen Schwimm-Olympiasiegers Duke Kahanamohu, des Gründers des modernen Surfens, in eine kleine Partyzone.

Die Klinsmanns kauften sich in diesem namenlosen Ort in eine Wohnanlage ein, wie es sie überall an der Pazifikküste gibt. Als Star hatte er anders gewohnt, in seinem Haus am Comer See, in der Villa an der italienischen Küste, in seinem Appartement in Monaco oder in London. Der Luxus des ungebundenen Fußballebens sollte der Vergangenheit angehören, möglichst anonym und normal sollte es nun sein. »Es erleichtert die Rückkehr ins normale Leben ungemein, wenn man nicht ständig mit der Vergangenheit konfrontiert wird«, sagte er sich. Die Auswahl des Hauses sollte diesen Schritt unterstützen, und wenn ihn befreundete Journalisten in den Monaten danach besuchten, dann staunten selbst sie über das neue Leben im amerikanischen Reihenhausstil. »Vielleicht muß man so konservativ aufgewachsen sein wie der frühere Bäckerbub Klinsmann in Geislingen«, schrieb der *Stern* irritiert über einen individualistischen Fußballstar, den man so gut zu kennen meinte. Aber der selbständige Profi, der alles für seine Freiheit und Unabhängigkeit tat, der sich nur schwer und widerwillig einfügen konnte in Regeln und Rituale, die ihm nicht paßten, wählte nun, da er alle Freiheiten und finanziellen Möglichkeiten besaß, ein vollkommen angepaßtes Leben. Doch Klinsmann lebte nicht nur konservativ, er redete auch immer öfter so, und langjährige Beobachter wunderten sich, nun von einer Lebenseinstellung zu hören, die Geborgenheit und Familienwerte zu den höchsten Gütern in einer hektischen Welt erklärte. »Ein Pfarrer redet so. Oder ein alter Mann, der die Bilanz seines Lebens zieht«, wunderte sich der *Stern*.

Schon zum Ende seiner Karriere entfernte er sich immer weiter von dem Lebensstil, den seine Kollegen pflegten. Sein Privatleben hatte er stets von der Öffentlichkeit ferngehalten, aber nach der Geburt seines Sohnes sprach er auch über die Lebensbedingungen in seinem Beruf, den familien- und partnerschaftsfeindlichen Strukturen des Profifußballs. Die meisten Trainer wünschten sich seit Jahrzehnten den Fußballspieler nach einem einfachen Muster. Ein Profi soll heiraten, möglichst früh, am besten mit Anfang zwanzig. Dann kann er sich, mit einer Frau zu Hause, ganz auf seine Karriere konzentrieren. Er muß abends nicht mehr unterwegs sein und das Leben ausprobieren. Und Kinder soll er auch bekommen, auch möglichst früh, das bindet – auch die Ehefrau. Der Profi kann ungestört in die Trainingslager reisen, zu den Spielen in der Bundesliga, zu den Auswärtsspielen im Europapokal, zu den Welt- und Europameisterschaften. Er weiß, wohin er gehört, und seine Frau ist zu Hause und wartet.

Das ist der Standardlebensentwurf des deutschen Fußballprofis. Er scheitert oft. Dieses Lebensmodell entfernt sich immer weiter von der allgemeinen gesellschaftlichen Entwicklung, und wenn gewöhnlich davon gesprochen wird, daß die Profifußballszene eine eigene, mit dem alltäglichen Leben nicht mehr vergleichbare Welt sei, dann sind damit eigentlich immer nur ökonomische Faktoren und ihre Folgen gemeint. Es geht dann um Millionengehälter für Zwanzigjährige, die von Bildung und Lebenserfahrung nicht viel mitbekommen haben, die mit dem Reichtum nicht umzugehen verstehen und durch enorme Präsenz in den Medien und ständiges Interesse an ihrer Person ein Selbstbild mit Hang zu Allmachtsphantasien entwickeln. Aber auch das Privatleben, noch immer vielfach einem Rollenbild aus den frühen sechziger Jahren verhaftet, kommt mit dem gesellschaftlichen Mainstream immer weniger zur Deckung. Geheiratet wird in Deutschland seit Jahrzehnten immer später, die Männer sind im Durchschnitt bei der ersten Hochzeit 32 Jahre alt, die Frauen 29. Noch in der Mitte der siebziger Jahre wurden Paare sieben Jahre früher getraut. Auch Kinder kommen, falls überhaupt, heute erst rund fünf Jahre später als damals zur Welt, die Männer sind über dreißig, die Frauen knapp darunter. Im Fußball jedoch sind die Zeiten stehengeblieben.

Die ersten Ehen der Nationalspieler, die mit Jürgen Klinsmann in Italien Weltmeister wurden, gingen fast ausnahmslos in die Brüche. Es ist jedoch nicht nur die frühe Heirat und die extrem ungleiche berufliche Entwicklung der Partner, die mit den Jahren belastend wirken. Eine Spielerfrau, die nach der Hochzeit weiter ihrem eigenen Beruf nachgeht, ist im Profifußball auch heute noch ein nahezu unbekanntes Wesen. Zudem birgt der Lebensalltag in den Vereinen erhebliches Trennungspotential. »Der Beruf des Fußballprofis ist eine große Gefahr für deine Familie und die Beziehung zu deiner Frau. Durch einen Terminkalender wie beispielsweise den des FC Bayern ist die Familie echt bedroht«, erkannte Klinsmann früh. Aber es ist nicht nur der Terminkalender, der Beziehungen bedroht, sondern auch das ständige Leben in diesen Männergesellschaften, in diesen verschwiegenen Männerbünden, für die tatsächlich eigene Regeln gelten. Die jungen Profis haben viel von ihrem freien, jugendlichen Leben für die Karriere geopfert, und nun stehen ihnen überall die Türen offen. Mit den Jahren wächst das Gefühl, im Leben einiges versäumt zu haben und noch mehr zu verpassen, wenn sie ihre neuen Möglichkeiten nicht nutzen. »Ich empfinde es als persönlichen Glücksfall, daß ich erst gegen Ende meiner Fußballkarriere geheiratet und eine Familie gegründet habe. Ich wäre mit 25, 26 Jahren nie in der Lage gewesen, Verantwortung für eine Familie zu übernehmen«, sagte Klinsmann über eine objektiv für viele Fußballprofis schwierige Lebenssituation.

Sein Privatleben hatte er anders als der Durchschnittsprofi geplant. Die ungeheure Spontaneität, die er auf dem Fußballplatz auslebte, erlaubte sich Klinsmann nur auf diesem 120 mal 60 Meter großen, mit weißen Linien markierten Feld. Dort war jede seiner Handlungen unberechenbar, unvorhersehbar. Dort ließ er seine Emotionen über den Verstand siegen. Dort verlor er die Kontrolle über sich und fand seine Freiheit. Ein unbegrenztes Leben in begrenztem Raum, aber nur dort. Dort hatte er keine Angst, daß ihn seine Emotionen überwältigten, ihn forttrügen aus den festen Begrenzungen, die er in seinem normalen Leben nicht aufgeben wollte. Sein Privatleben dagegen plante er akribisch, als könne er so einen neuen Platz schaffen, mit Kreide umzogen wie ein Fußballfeld, einen geschützten Raum, in dem er sein Innerstes zu offenbaren wagt. Als er England das erste Mal verließ, er war gerade dreißig, traf er sich mit einer Kolumnistin der *Times* und sprach mit ihr auch über seine private Zukunft. Der Charme, mit dem Klinsmann die Briten ein knappes Jahr lang bezaubert hatte, war bei diesem Thema für die Engländerin auf einmal dahin. »Er erklärte mir seinen Lebensplan mit der Exaktheit und dem Flair eines Buchhalters«, hieß es in der *Times,* und in dieser Beziehung, so die aufmerksame Beobachterin, sei er ganz der typische, vorsichtige und sorgfältige Schwabe.

Nun plante Jürgen Klinsmann seine Vaterrolle. Er wollte sie ernst nehmen und nicht mehr auf einen ungewissen späteren Zeitpunkt verschieben, nachdem sich seine Familie schon seit der Geburt des Sohnes ein gutes Jahr zuvor seinen Wünschen und sportlichen Zielen hatte unterordnen müssen. Nun gönnte er sich nach der Weltmeisterschaft erst einmal eine Pause vom Fußball, von seinem bisherigen Leben, er schob die Entscheidung über seine berufliche Zukunft für ein halbes Jahr hinaus, um die ersten Schritte in seiner neuen Rolle zu wagen: als Vater, der sich um seinen Sohn kümmerte. »Ich konzentriere mich unheimlich darauf, mit ihm und für ihn alles richtig zu machen«, sagte er, »meine Familie, mein Junge füllt mich aus.«

Das Leben mit Kindern erfordert Zeit und Geduld, und Klinsmann fing an, sich an dieses entschleunigte Leben zu gewöhnen und es zu genießen. »Es war überfällig, daß wir auf die Bremse getreten sind und die Familie zum Stillstand kam«, sagte er nach einigen Monaten ohne den täglichen Termindruck und Reisestreß eines Nationalspielers. Eine ganz normale Existenz als Traum vom Glück? »Jeder hat Träume, meiner war die Familie. Mein Sohn Jonathan soll wissen, daß ich immer daheim bin. Was ich jetzt mit ihm erlebe, kommt nie mehr wieder. Mein Privatleben hat sich so positiv entwickelt. Ich habe den richtigen Zeitpunkt gewählt.«

Schon einige Jahre zuvor hatte Klinsmann den Wunsch gehegt, sich zurückzuziehen, seiner Rolle in der Öffentlichkeit zu entfliehen. Nun tastete er sich allmählich an sein neues Leben heran, das hieß auch, sich vom alten Leben abzugrenzen. Die ersten Angebote von Klubs, als Spieler oder Spielertrainer zu arbeiten, lehnte er ab, und mit jedem Tag in Kalifornien fiel ihm die Vorstellung schwerer, sich noch einmal dem Trott des Profilebens zu beugen, sich einem Rhythmus von Spiel zu Spiel, von Samstag zu Samstag unterzuordnen. Es wäre alles wieder von vorne losgegangen, die alten Abläufe, die Abhängigkeit von irgendwelchen Leuten, alles, was er sechzehn Jahre lang mitgemacht hatte. Und die Familie wollte er schon gar nicht wieder aus ihrer neuen Umgebung herausreißen.

Schon nach drei Monaten in den USA hatte er seine Fußballkarriere innerlich eigentlich beendet. Doch er wollte noch ein wenig warten, die Entscheidung reifen lassen, bis er seinen endgültigen Rückzug vom Sport erklärte, um nicht den Fehler zu machen, seinem Gefühl zu früh nachgegeben zu haben. In diesen ersten Monaten trat er nicht ein einziges Mal gegen den Ball, weder in einem Gaudispiel noch am Strand. Nur ein einziges Mal nach der Niederlage gegen Kroatien tat er das, und zwar einige Wochen später vor der Bäckerei seiner Eltern in Stuttgart, als er mit Kindern spontan auf der Straße kickte.

In Deutschland geriet Jürgen Klinsmann schnell aus den Schlagzeilen. Kaum eine Zeitung berichtete mehr über den Fußballaussteiger, die Krise der Nationalmannschaft und ihres Bundestrainers beanspruchte alle Aufmerksamkeit. Berti Vogts hing der unwürdige Abschied von der WM, den ihm Medien und Fans nicht verziehen, monatelang nach. Der Bundestrainer trat nach zwei Testspielen entnervt zurück, und aus einer grotesken Suche des Deutschen Fußball-Bundes ging Erich Ribbeck als sein Nachfolger hervor. Klinsmanns Start in ein neues Leben in 10 000 Kilometern Entfernung hatte dem Publikum nichts Spektakuläres zu bieten.

Er wollte schon immer etwas mehr für den Kopf tun. Er vertiefte seine ohnehin schon guten Englischkenntnisse, begann zusätzlich mit Spanisch-Unterricht und einem EDV-Kurs, Italienisch sprach er ohnehin schon fließend und Französisch ein bißchen. »Eigentlich lerne ich jetzt wieder das Lernen«, sagte er zufrieden. Endlich konnte er einem Mangel zu Leibe rücken, der ihn in seinen Profijahren immer begleitet hatte. Auch seine Frau versuchte nun nachzuholen, was sie während ihrer Karriere ebenfalls vermißt hatte. Sie ging noch einmal aufs College.

Der Autodidakt, der vom Leben lernte, suchte sich auch diesmal keinen Lehrer, sondern bildete sich per Fernstudium an einer deutschen Universität weiter. Er wollte seine neuerworbene Unabhängigkeit nicht aufgeben und nicht schon wieder nach einem strikten Stundenplan leben, dafür war er zu alt, jetzt standen für ihn vor allem die Bedürfnisse seines Jungen im Mittelpunkt. Er konnte sich die Freiheit leisten, Familienleben und Weiterbildung nach seinen Vorstellungen zu kombinieren. Zwanzig oder dreißig Millionen Mark, so wurde geschätzt, hatte er in seiner Karriere verdient, und das Vermögen hatte er konservativ angelegt. Er investierte nicht in Aktien, er hielt sich fern vom Neuen Markt und dem Börsenrausch, dem zahlreiche Fußballprofis verfallen sollten. Klinsmann mehrte sein Vermögen stetig auf solide, schwäbische Weise, ohne allzu großes Risiko, wie man das dort eben so macht in normalen Familien.

In Kalifornien simulierten die Klinsmanns ein gewöhnliches Leben. Sie imitierten den Weg eines jungen und bescheidenen Paares, das sich erst noch gemeinsam etwas aufbauen will, deren berufliche Ziele noch in einer unbestimmten Zukunft liegen und die sich dennoch klug darum bemühen, den Alltag um das Kind, das ihnen zum Wichtigsten im Leben geworden war, zu organisieren. Wie anders hätte der reiche Fußballstar sein neues Leben auch beginnen sollen als mit dem Vorsatz, ganz von vorne zu beginnen? Über diese Frage hatte Klinsmann schon viele Jahre zuvor nachgedacht. Die Angst vor dem Karriereende und dem großen Loch, das darauf folgt, packt irgendwann alle Sportstars, und selbst die vernünftigsten mit den besten Vorsätzen unter ihnen scheitern oftmals an dieser letzten Klippe ihrer Laufbahn. »Auf einen Schlag hatte ich kein Ziel mehr, vorher war es das Ziel, in der Nationalmannschaft zu spielen, oder die Arbeit im Verein, wo ich meine Arbeit über die Woche immer am Ergebnis des Spiels orientieren konnte. Dieser Prozeß der Neufindung ist enorm schwer, für jeden Leistungssportler«, sagte er.

Vom großen, vom perfekten Abschied träumen sie alle, vom Good bye im richtigen Moment, wenn der Körper noch voller Kraft steckt und ein Sieg für die jüngeren Konkurrenten noch zum Triumph wird und nicht zu einem mitleidigen Erfolg über einen Sportler, der mal ein Star war vor vielen Jahren und bei dem nur noch die alten Bilder an seine besten Tage erinnern. Sie träumen von einem Abschied auf der Höhe der Zeit, wenn das Publikum den Abschied als Verlust erlebt, von einem selbstbestimmten und nicht von der Zeit erzwungenen Rückzug. Zu früh mag jedoch keiner von der Bühne gehen, um nicht danach mit dem bitteren Gefühl leben zu müssen, leichtfertig drangegeben zu haben, was man im Leben am besten konnte. Sie wissen, daß sie nichts mehr so beherrschen werden wie diesen Sport, der sie groß gemacht hat, niemals mehr werden sie solche Erfolge genießen können, niemals mehr werden ihnen die Menschen, die sie lieben in den Siegen und mitleiden in den Niederlagen, so nah sein. Sie sind Anfang, vielleicht Mitte dreißig, ein Alter, in dem sich all die anderen gerade im Beruf etablieren, richtig Fahrt aufnehmen für die Karriere, die sie noch Jahrzehnte tragen soll.

Mit dem letzten Schlußpfiff endet das Leben der Sportstars. Aber vierzig, fünfzig Jahre liegen noch vor ihnen. Ein riesiges, furchtbares Loch, daß sich nicht mit Geld und vergangenem Ruhm stopfen läßt. Die Angst treibt sie dazu, noch ein Jährchen dranzuhängen, und dann noch eins, jetzt klammern sie sich selbst an die Bühne, gehen lieber noch auf eine Abschiedstournee irgendwo im Ausland, weil sie hoffen, den Trennungsschmerz in kleinen Portionen womöglich leichter ertragen zu können. Aber die geheime Sucht nach Anerkennung und Ruhm läßt sich so nicht überlisten.

Jürgen Klinsmann hatte schon einige Jahre zuvor versucht, sich sein Leben nach der Karriere vorzustellen. Aber wie es sich wirklich anfühlen würde, ein Leben ohne Fußball, das wußte er nicht, alle seine Gedanken und Vorstellungen blieben vage. »Der Fußball ist derart dominant, daß ich zwar Überlegungen anstellen kann, was danach kommen könnte, aber konkrete Aussagen sind einfach unmöglich«, sagte er noch sechs Monate vor seinem letzten Spiel. An einer Strategie, in diesem Loch nicht zu versinken, hatte er gleichwohl gearbeitet. Er gab sich neugierig für das Unbekannte, offen für alles, was kommen würde, ein Wesenszug, den er sich über die vielen Jahre hinweg und trotz der Millionen, die er verdiente hatte, bewahren konnte. Ungewöhnlich und wichtig war, daß Klinsmann den Bruch in der Mitte seines Lebens nicht überspielen mochte, sondern ihn anerkannte und bewußt durchleben wollte. Er wußte, daß es sinnlos war, vor diesem Loch zu fliehen. Lieber wollte er sich Schritt für Schritt neue Ziele setzen. »Ein, zwei Jahre werde ich einfach abtauchen, mich von nichts und niemandem mehr unter Druck setzen lassen. Und ich will die Zeit nützen, um ganz genau zu prüfen, wie es weitergeht. Ja, so wird's wohl laufen.«

Ganz sicher wußte er, was er nicht wollte. Die klassische Lösung, die sich für Profis von Weltruf in allen Ländern bietet, die ihre einstigen Erfolge als Trainer oder Fernsehkommentatoren versilbern, die der Branche treu bleiben und die Vergangenheit verlängern, am liebsten bis in die Unendlichkeit, so wie Franz Beckenbauer, der ewige

Fußballstar – genau das wollte Klinsmann nicht. Es war ihm ein Greuel, ein Leben lang vom alten Ruhm zehren zu müssen, nichts Neues mehr zu schaffen und sein Gesicht ans Fernsehen zu verkaufen oder seinen Namen an Zeitungen, von denen er nichts hielt und die dann damit machen, was sie wollen. Diese sogenannten Experten würden doch nur bezahlt werden, um andere zu beleidigen, sagt er abfällig, und wahrscheinlich werde ihnen auch noch vorgegeben, wen sie zu beleidigen hätten. »Ich will weg von der Öffentlichkeit, weg von den Kameras. Wenn ich in meinem neuen Beruf ein Lob bekomme, ist mir das genug.« In den Medien wollte er also partout nicht mehr auftauchen, und auch als Trainer konnte er sich sein neues Leben nicht vorstellen, obwohl er in den letzten Jahren schon immer mehr wie ein Trainer dachte, sich über Jugendkonzepte Gedanken machte, über Komponenten, die eine Mannschaft erfolgreich machen, über Teamgeist und Taktik und die Kommunikation mit den Medien.

Aus der Major League Soccer, der amerikanischen Profiliga, lag ihm schon lange das Angebot vor, im neuen Jahr noch eine Saison dranzuhängen. Aber je näher der Zeitpunkt der endgültigen Entscheidung rückte, desto klarer wurde ihm, daß der Fußball und er nicht mehr zusammenpaßten. »Erst kam die Hochzeit, und das Riesenglück, zu wissen, ich habe den richtigen Partner für mein Leben gefunden. Und dann kam der Kleine, da fragst du dich schon irgendwann: Mußt du jetzt wirklich schon wieder ins Training, mußt du jetzt wirklich schon wieder mit dem Bus zum nächsten Spiel fahren?«

Er konnte in Kalifornien daher, auch wenn es ihn manchmal in den Füßen juckte, bald ganz gut ohne Fußball leben, nicht aber ohne Sport, nicht ohne Bewegung. Dieser Drang zu laufen, den er seit seiner Kindheit besaß, und der ihn zum Fußball getrieben hatte, den besaß er immer noch. »Ich brauche einfach Bewegung, um zufrieden zu sein. Wenn ich nicht mindestens eine Stunde Sport mache, werde ich ungemütlich. Das brauche ich, um Dampf abzulassen.« Er joggte jeden Tag am Strand, manchmal nahm er auch seinen Sohn im dreirädrigen Kinderwagen mit, wie das damals in Amerika bei sportbegeisterten Eltern schon üblich war und ein paar Jahre später auch in Europa. Außerdem ging er schwimmen, radfahren oder an die Fitnessgeräte.

Ein großes Fest: leicht und strahlend

Irgendwann um die Weihnachtszeit, zur Jahreswende hatte er sich dann entschieden: Es ist vorbei, endgültig. Die Karriere war zu Ende, einfach so. Der Kapitän der deutschen Nationalmannschaft, der 47 Tore in 108 Länderspielen erzielt hatte, machte keine großen Worte mehr darum, die Öffentlichkeit erfuhr seine Entscheidung ganz beiläufig, und sie interessierte sich auch schon nicht mehr sonderlich dafür, was Klinsmann in Amerika so trieb.

Ein Abschiedsspiel, das wünschte er sich jedoch. Ein schönes Abschiedsfoto für die Karriere sollte es nach sechzehn Jahren Profifußball schon sein. Die bis dahin letzten Bilder von Jürgen Klinsmann, wie er mit bleicher Miene den Zuschauern nach der Weltmeisterschaftspleite gegen Kroatien zuwinkte, dieser Alptraum, den er wie in Trance durchlebte, sollte nicht die allerletzte Fußballerinnerung an einen Star bleiben, der die Deutschen mit seinen unbändigen Emotionen begeisterte wie kaum ein anderer vor ihm, der sich in seiner Freude verlor und eins wurde mit dem Publikum, das ihm und auch sich selbst zujubelte. Die Schlußeinstellung der Karriere wollte der Profi, der über alle Widerstände hinweg seinen eigenen Weg suchte, schon selbst wählen. Aber einen würdigen Abschied zu inszenieren, gestaltete sich unerwartet schwierig.

Der Deutsche Fußball-Bund hatte es sich nach dem ersten Weltmeistertitel in den fünfziger Jahren irgendwann zur Gewohnheit gemacht, seine bedeutendsten Nationalspieler mit einem Abschiedsspiel zu ehren. In jenen Zeiten, als die ideellen Verdienste von Fritz Walter oder Uwe Seeler noch größer waren als ihre Einkommen, war dieser Feiertag gleichzeitig auch ein großer Zahltag. Die Einnahmen aus dieser Partie flossen den Nationalspielern zu, und dieser Batzen sollte auch einen Teil des weiteren Lebens sichern. Aber Mitte der neunziger Jahre meinte das Präsidium, Abschiedsspiele paßten nicht mehr in die Zeit von Millionenverträgen, zudem näherte sich ein halbes Dutzend Nationalspieler der magischen Marke von 100 Länderspielen, und um eine Inflation dieser Wohltätigkeitsveranstaltungen für Millionäre zu verhindern, faßte der Verband den Beschluß, darauf künftig ganz zu verzichten. Mit einer kleinen, für Klinsmann besonders schmerzlichen Ausnahme. Lothar Matthäus, dem deutschen Rekordnationalspieler, sollte diese Ehre dennoch zuteil werden, denn ihm sei das schon vorher versprochen worden.

Klinsmann war wütend. Er wollte sich gebührend von seinen Fans verabschieden sowie von seinen Mitspielern und den Mitarbeitern in der Nationalelf, mit denen er über ein Jahrzehnt gemeinsam verbracht hatte. Die Einnahmen sollten vollständig an Kinderhilfsorganisationen fließen, ein großes Kinder- und Jugendturnier sollte dazu stattfinden, während die Nationalmannschaft gegen eine Weltauswahl zum Spaß und für den guten Zweck spielte. DFB-Präsident Egidius Braun fand die Idee großartig, auch der neue Teamchef hatte gegen den Termin nichts einzuwenden, und so wartete Klinsmann auf die endgültige Bestätigung. Doch statt dessen erhielt sein Berater Eitel nach einer DFB-Präsidiumssitzung eine Aktennotiz zugeschickt, wonach es grundsätzlich keine Abschiedsspiele mehr gebe, und das einzige, was der DFB dem ehemaligen Kapitän anbieten könne, sei ein Abschied von der Öffentlichkeit vor der Europameisterschaft 2000 anläßlich eines ohnehin geplanten Benefizspiels. »Da war ich baff«, sagt Klinsmann.

Aber klein beigeben wollte er nicht. Das hatte er nie getan, und nun wendete sich sein Zorn ausgerechnet gegen den DFB, dem er so viele Jahre eng verbunden war. Er griff den Präsidenten direkt für dessen mangelnde Courage an, ihm die Absage nicht selbst mitgeteilt zu haben, er schimpfte über die Scheinheiligkeit des Verbandes, von einer grundsätzlichen Entscheidung zu sprechen, aber tatsächlich ganz anders zu handeln. »Wenn Braun ein Abschiedsspiel für den Spieler XY will, dann kriegt der das auch.« Aber anders als der Spieler XY Matthäus hatte es sich Klinsmann, wie er es nun zu spüren bekam, in seiner Münchner Zeit auch mit Franz Beckenbauer verscherzt, der ebenfalls im DFB-Präsidium saß und ihm kühl unterbreitete, er könne sich doch an die DFB-Benefizveranstaltung »anhängen«, aber eine Ausnahme würde für ihn sicher nicht gemacht werden. Günter Netzer rief ihm über *Sport-Bild* noch einmal die Kritik der letzten Jahre in scharfer Form hinterher: »Im Falle Klinsmann kommt hinzu, daß er und sein Berater André Gross alle Möglichkeiten genutzt haben, ihr Geld zu vermehren. Die beiden haben derart gewütet, daß die zuständigen Leute dem zustimmen mußten, was Klinsmann forderte. Er hat fast immer seinen Willen durchgesetzt. Aber diese

Politik hat auch ihren Preis. Klinsmann hat zu viele Leute verärgert. Da wurden Spuren hinterlassen, da sind Narben geblieben.«

Auf seine Freunde jedoch, die er einige Jahre später in die Nationalmannschaft beförderte oder es wie im Fall von Berti Vogts zumindest hartnäckig versuchte, konnte sich Klinsmann verlassen. Der ehemalige Bundestrainer solidarisierte sich umgehend mit seinem langjährigen Kapitän und sagte, der Verband hätte eine andere Lösung finden können, und er fühle sich traurig nach dieser Entscheidung. Andreas Köpke wetterte, daß er die Argumente des DFB gegen ein Abschiedsspiel überhaupt nicht nachvollziehen könne. »Wenn nicht er, wer dann?« sagte der künftige Bundestorwarttrainer. »Es kann nicht sein, daß man Lothar Matthäus dieses Spiel zugesteht und nicht Jürgen Klinsmann.« Oliver Bierhoff stellte sich ebenfalls sofort auf Klinsmanns Seite, aber als Kapitän der Nationalmannschaft, der noch anderen Loyalitäten verpflichtet war, gab er sich im Ton diplomatischer. Klinsmann befeuerte die Diskussion mit zahlreichen Interviews, in denen er seinen Zorn nicht zurückhielt. Er nahm die Entscheidung persönlich, und er nahm es dem DFB-Spitzentrio Braun, Beckenbauer und Mayer-Vorfelder krumm, daß sich keiner für ihn eingesetzt hatte. »Ich habe unter Braun zehn Jahre in der Nationalmannschaft gespielt. Ich war mit relativ viel Erfolg bei den Vereinen von Beckenbauer und Mayer-Vorfelder. Wenn nur einer von den dreien gesagt hätte: ›Okay, Jürgen hat das verdient‹, dann wäre das durchgegangen.«

Die Medien nahmen sich des Themas an und diskutierten es mit größerem Weitblick als der Verband, der sich darauf beschränkte, die Zeit für Abschiedsspiele als überholt anzusehen, und ansonsten auf Terminschwierigkeiten verwies. In den Zeitungen rückte wieder die tragende Rolle von Jürgen Klinsmann im deutschen Fußball in den Mittelpunkt, und die meisten Publikationen würdigten seine Verdienste über ein Jahrzehnt. Die letzten unsteten Stationen seiner Karriere mit den hektischen Vereinswechseln, den ständigen Auseinandersetzungen mit Trainern, die Diskussionen um den »Abzocker« Klinsmann und die mißratene Weltmeisterschaft gerieten bei der Gesamtschau dieser außergewöhnlichen Karriere in den Hintergrund. »Man mag zu Jürgen Klinsmann stehen, wie man will«, kommentierte etwa die *Frankfurter Rundschau,* »man konnte ihm sicherlich ausgesprochene Geschäftstüchtigkeit vorwerfen, ein ebenso ausgeprägtes Gespür für die D-Mark wie für die Fähigkeit, sein Licht keinesfalls unter den Scheffel zu stellen, sind ihm gleichfalls eigen, auch seine Gabe, höchst egoistisch und im Zweifelsfall ohne Rücksichten auf andere seine Karriere bis in höchste Höhen vorangetrieben zu haben, war bemerkenswert. Das mag man nun gut finden oder nicht, eines dürfte aber unstrittig sein: Jürgen Klinsmann war ein hervorragender Vertreter des Deutschen Fußball-Bundes.«

Überall wurde nun noch einmal die strahlende Seite einer Karriere beschrieben, seine unverkrampfte und unkomplizierte Art, die viel geleistet hatte für den oft steifen und ungelenken Verband. Wie er dem DFB in heiklen Situationen der wichtigste Helfer war, ob nun in Israel mit dem Besuch der Holocaust-Gedenkstätte Yad Vashem oder in Südafrika, wo er souverän mit Nelson Mandela plauderte. Er half durch kluge und mutige Ansichten in zahlreichen Interviews über viele Jahre entscheidend mit, das Klischee aus der Welt zu schaffen, wonach der deutsche Fußball nur aus tumben, statussüchtigen Kikkern bestehe. Seine Rolle als großartiger Botschafter Deutschlands im Ausland, ob nun in England, Italien, Frankreich oder in den Vereinigten Staaten, rückte wieder in den Vordergrund, und angesichts des wirren, unwürdigen Führungsstils des Verbandes bei der Suche nach einem Nachfolger für Berti Vogts wenige Monate zuvor und der unglücklichen Figur, die der frühere Bundestrainer nach der WM-Niederlage gegen Kroatien abgab, wurde der Fußballöffentlichkeit, wenn auch verspätet, noch einmal bewußtgemacht, was sie an Klinsmann gehabt hatte.

Die Unterstützung, die Klinsmann von seinen Freunden und den Medien erhielt, trieb ihn an, seinen Abschied nach eigenen Vorstellungen zu verwirklichen. Seine Wut über die Abfuhr war jedoch noch längst nicht verflogen, der Jähzorn, der ihn einst als Spieler überkommen hatte, war noch nicht völlig überwunden. Die ihm zugedachte Rolle als Botschafter für die WM-Bewerbung Deutschlands lehnte er nach der DFB-Entscheidung ab, und auch auf einen Abschied im Kreis der Nationalmannschaft verzichtete Klinsmann, nicht aus Verärgerung, wie er offiziell vorgab, sondern weil er mit seiner Anwesenheit im Quartier der Nationalmannschaft für zuviel Unruhe sorgen würde. Das nahm ihm natürlich niemand ab, diesem schwäbischen Sturkopf, »der mit allem feuert«, wenn er sich ungerecht behandelt fühlt, wie er sich selbst einmal beschrieb.

Es dauerte nur wenige Tage, bis Klinsmann wieder einmal als Sieger aus der Auseinandersetzung hervorging. Der VfB Stuttgart erklärte sich überraschend bereit, das vom DFB abgelehnte Abschiedsspiel auszurichten, was einer gewissen Pikanterie nicht entbehrte. Denn der Präsident des VfB war immer noch Mayer-Vorfelder, der sich kurz zuvor im DFB-Präsidium gegen ein Abschiedsspiel für Klinsmann ausgesprochen hatte – und es ihm nun als Klubchef ermöglichte. Den öffentlichen Streit darum beendeten Klinsmann und Mayer-Vorfelder unverzüglich in einem Gespräch, und auch der Wirbel um seine Rolle als WM-Botschafter legte sich so schnell, wie er gekommen war; Klinsmann erklärte, seine Bereitschaft, diese Aufgabe zu übernehmen, habe immer bestanden.

Das Abschiedsfest, das Klinsmann ganz alleine mit seinen Freunden wenige Monate später im Gottlieb-Daimler-Stadion organisierte, atmete eine Leichtigkeit und Lebensfreude, wie sie bei deutschen Feierlichkeiten keineswegs selbstverständlich ist. Es war ein herrlicher Pfingstmontag, die Sonne strahlte, und 52 000 Zuschauer waren gekommen, um ihr Idol zu verabschieden. »Mit Klasse, Stil und jener selbstironischen Weltläufigkeit ade zu sagen, die haargenau zu der luftigen, vorsommerlichen Inszenierung seiner eigenen Farewell-Party paßte, hatte etwas. Um so mehr heutzutage, da der Deutsche Fußball-Bund keine Zeit mehr zu haben glaubt, seinen besten Botschaftern offiziell ›Auf Wiedersehen‹ sagen zu können«, schwärmte die *Frankfurter Allgemeine Zeitung.*

Die Inszenierung dieses Abends, der nicht alleine von den Erinnerungen an gestern lebte, überwand spielend leicht die Grenzen des Fußballs. Klinsmann hatte seine Abschiedsfeier unter das Motto »More than a game« gestellt, und natürlich stand dabei der Fußball mit den großen Namen von 17 Weltmeistern im Mittelpunkt, aber rund ums Stadion spielten auch die Kinder Fußball und Rockstar Bryan Adams, Fool's Garden und Dieter Thomas Kuhn machten dazu die Musik. Die *Süddeutsche Zeitung* fühlte sich an ein »Woodstock am Neckar« erinnert. Die beiden Fußballmannschaften um die Weltmeister von 1990 und seine ehemaligen Mitspieler aus Europa hatte Klinsmann um Boris Becker erweitert, das Toreschießen allerdings übernahm er vor allem selbst. Nach einem seiner Treffer ging er auf vielfachen Wunsch noch ein letztes Mal mit dem »Diver« auf Tauchstation, und mit britischem Humor verabschiedete er sich dann endgültig vom Fußballplatz. Als Berti Vogts die Tafel mit der Nummer 18 in die Höhe hielt, trat Klinsmann in Erinnerung an seine Bayern-Zeit noch mal kräftig in eine Tonne – und damit war ein Feuerwerk gezündet und das Signal zum Spielabbruch und einer letzten Ehrenrunde gegeben. Dabei überwältigten ihn seine Gefühle, die Tränen liefen über seine Wangen, und als das die Zuschauer auf der Videowand sahen, weinten auch viele im Stadion.

Anderen auf dem Weg ins Leben helfen

Der anrührende Abend sollte sich lohnen. Zwei Millionen Mark brachte das Abschiedsspiel ein, und das Geld ging an fünfzehn ausgewählte Organisationen und an Agapedia, das von Jürgen Klinsmann und seinen beiden Freunden Stefan und Marika Barth 1995 gegründete Kinderhilfswerk. Klinsmann übernahm den Vorsitz der Stiftung und zahlt seither die Gehälter der beiden Geschäftsführer aus eigener Tasche. Ebenso trägt er mit den Gesellschaftern zusammen auch die gesamten Verwaltungskosten der immer größer werdenden Organisation.

1994 hatte sich bei Jürgen Klinsmann während einer Reise der Nationalmannschaft nach Albanien der Impuls verstärkt, helfen zu wollen. Stefan und Marika Barth arbeiteten in einer Poliklinik in Tirana, eigentlich waren sie Betriebswirte und hatten ganz andere Berufsziele gehabt, als sich in humanitären Projekten zu engagieren. Marika Barth arbeitete zuvor bei einem japanischen Konzern, und ihr Mann Stefan, Jürgen Klinsmanns bester Freund, in der Werbung. Nach ihrer Hochzeitsreise bekamen sie als Betriebswirte die Möglichkeit, für ein halbes Jahr ein Gesundheitsprojekt in dem zerrütteten Land aufzubauen. So etwas hatte sie schon länger gereizt. Durch den Zufall des Spielplans verschlug es auch Jürgen Klinsmann in dieser Zeit nach Tirana, er meldete sich bei seinen Freunden, um sie zu treffen. Sie holten ihn vom Mannschaftshotel ab. »Ihm war langweilig wie immer, alles ging ihm wieder auf die Nerven«, sagte Marika Barth. Klinsmann war froh, daß er endlich einmal rauskam und es jemanden gab, der ihm etwas von der Stadt zeigte und ihn mit den Menschen in Kontakt brachte. Dann bat er seine Freunde, ihm ihr Projekt zu zeigen. »Er war wirklich interessiert«, sagte Marika Barth, »aber wir hatten geglaubt: Der denkt ohnehin, die Barths haben sie nicht alle, als BWLer ein halbes Jahr hier runterzugehen.«

Im Dezember, einen guten Monat nach ihrem Treffen mit Jürgen Klinsmann, kehrte das Ehepaar von ihrem Einsatz nach Deutschland zurück. Im Januar wollten sie wie geplant wieder in ihren alten Jobs anfangen, aber völlig unerwartet meldete sich plötzlich Jürgen Klinsmann aus London. »Ich komme heute Mittag nach Stuttgart, ich muß euch sprechen, am Abend muß ich wieder zurück. Wir treffen uns bei meinen Eltern in der Bäckerei«, sagte er. »Das gab es noch nie. Wir dachten: Jetzt kommt's, er sagt uns, daß er heiratet«, sagte Marika Barth. Aber die Nachricht, von der sie dachten, es beträfe das Leben ihres Freundes, sollte ihr eigenes Leben grundlegend verändern.

Er kam gleich zur Sache. Er hätte sich ja ihre Arbeit in Albanien angeschaut, er wolle sich selbst auch sozial engagieren. Von ein paar Leuten hätte er schon ein Konzept für einen »Jürgen Klinsmann Sozial Club« bekommen, aber das überzeuge ihn nicht richtig, und einer großen Hilfsorganisation wolle er sich auch nicht anschließen. Er wolle lieber gleich eine eigene Stiftung ins Leben rufen und unabhängig sein von Verbänden oder Organisationen. »Mit der PR-Schiene kann ich nichts anfangen«, sagte er, »aber könnt ihr mir nicht ein Konzept machen, ihr seid doch vom Fach?« Seine Freunde, denen er vertraute, sollten die Stiftung führen. Das Projekt mußte jedoch unbedingt mit Kindern zu tun haben. »Aber das darf nicht ›Jürgen-Klinsmann-Stiftung‹ heißen, darauf habe ich überhaupt keinen Bock«, sagte er. »Ich stehe zwar dahinter, aber das muß einen anderen Namen haben.«

Das Ehepaar Barth sagte zu, sie verfaßten ein Konzept und konnten sich vorstellen, zwei Jahre für ein solches Projekt zu arbeiten. Der Name der Stiftung, die im Januar 1995 beim Notar eingetragen wurde und den Auftraggeber nicht nennen sollte, stammt von Marika Barth: Agapedia. Das Wort kommt aus dem Griechischen und bedeutet »Liebe zu Kindern«. Nach einem halben Jahr, forderte Klinsmann von den beiden nun zu Geschäftsführern bestellten Freunden, sollten zwei Projekte stehen, eines in Deutschland, das die Wurzeln repräsentiere, und eines im Ausland. Eine riesige Aufgabe, wie sich bald herausstellen sollte. »Es war ja keine klassische Stiftung mit einem Kapitalgrundstock von zwei Millionen, das auf die Bank kommt, und wo dann die Erträge verteilt werden, sondern es waren eigene Projekte mit eigenen Mitarbeiterteams geplant«, erzählt Stefan Barth. Das Problem, in deutschen Städten oder Gemeinden tätig zu werden, zeigte sich recht bald, denn den Namen Jürgen Klinsmann als Träger der Stiftung durften die Geschäftsführer nicht nennen; wenn sein Name in der Zeitung gestanden hätte, hätten sie richtig Ärger bekommen. Klinsmann wollte vollkommen unerkannt im Hintergrund bleiben. »Alle fragten sich natürlich: wo kommt das Geld her, seid ihr von Scientology? Das hat alles noch schwieriger gemacht«, sagt Barth.

Klinsmann beharrte aber darauf, seinen Namen nicht publik zu machen, er wollte fertige und funktionierende Projekte, bevor sein Name in der Öffentlichkeit damit in Verbindung gebracht wurde. In den ersten drei Jahren wußte auch tatsächlich niemand davon, daß Agapedia von Jürgen Klinsmann getragen wurde. Dann erhielten sie ein Kooperationsangebot der Stadt Esslingen, wo Agapedia sein erstes Kinderhaus aufbauen konnte, und über Freunde kam ein Kontakt nach Rumänien zustande, wo die Stiftung dann ihr erstes Auslandsprojekt für verlassene Kleinkinder startete. Das Ziel ist es, leiblichen Eltern während des Aufenthalts ihrer Kinder im Kinderheim von Agapedia dabei zu helfen, ihre Kinder später wieder aufzunehmen oder, wenn das nicht möglich ist, die Kinder von rumänischen Familien adoptieren zu lassen. Die Kinder sollen gerade nicht, wie sonst in Rumänien üblich, an Adoptionseltern im Ausland vermittelt werden, womit sich viel Geld machen läßt. Die Kinder werden dann von Agapedia regelmäßig bei ihren neuen Familien besucht und bis zu ihrem 18. Lebensjahr weiter betreut.

Mittlerweile betreibt Agapedia Hilfsprojekte nicht nur in Esslingen und Rumänien, sondern auch in Moldawien und Bulgarien. Die Stiftung beschäftigt rund fünfzig Mitarbeiter, über die Höhe der jährlich eingesammelten Spenden schweigt Agapedia, bekannt ist nicht einmal das Stiftungskapital, das Klinsmann zur Verfügung gestellt hat. Auch die Summen, die Klinsmann bisher in das Projekt gesteckt hat, sind nicht veröffentlicht worden; sie sind erheblich. Klinsmann versichert, daß jeder gespendete Euro bei den Kindern ankommt, denn die Verwaltungskosten übernimmt er zusammen mit den übrigen Gesellschaftern vollständig.

»Agapedia ist neben dem Job des Bundestrainers meine wichtigste Aufgabe«, sagt Klinsmann. Er widmet dieser Arbeit immer noch viel Zeit, und die Stiftung, die nun wegen seiner aufgefrischten Popularität für potentielle Spender interessanter geworden ist, führt Klinsmann nach den Grundsätzen, die für ihn gegolten haben, als er noch Kapitän der Nationalmannschaft und später Fußballaussteiger in Kalifornien war. Die Aufgabe steht im Mittelpunkt: die Kinder. Die effiziente Verteilung der Mittel ist ihm wichtig, und daß Geld in die Schulung der Mitarbeiter investiert wird, die sich letztlich jeden Tag um die Kinder kümmern. Dabei stehen nicht diejenigen im Vordergrund, die glauben, wenn sie Geld geben, könnten sie sich mit seinem Namen schmücken. Wenn Klinsmann das Gefühl bekommt, daß Spender vor allem darauf aus sind, Werbung für sich und ihre Firma zu machen, verzichtet er mitunter auch auf die eine oder andere wohltätige Gabe. Selbst für seine Stiftung, die ihm am Herzen liegt, läßt er sich nur schwer für PR-Aktionen gewinnen, die obligatorischen Fotos mit riesigen Schecks der Spender, die neben Klinsmann in die Kameras strahlen, sind selten. Klinsmann kommt es nicht nur auf die Taten an, sondern auch auf die Gesinnung, ein pietistischer Zug, wie er schwäbischen Seelen zuweilen eigen ist.

Ohne zu übertreiben, kann man Agapedia als eine großartige Leistung bürgerlichen Gemeinsinns bezeichnen. Im Jahr 2002 erhielt Klinsmann für sein außerordentliches soziales Engagement als erster Fußballspieler den Landesorden Baden-Württembergs. Der damalige Ministerpräsident Erwin Teufel hielt die Laudatio auf einen Profi, dem die Unterstützung und Förderung von Kindern zu einer Herzensangelegenheit geworden war. »Er hat bislang viel Gutes bewirkt, dafür sind wir ihm dankbar«, sagte Teufel anläßlich der Ehrung. »Der Fußball und meine Bekanntheit haben mir die Chance gegeben, auf Leute einzuwirken und sie von der Sache zu überzeugen. Ich glaube, immer mehr Profisportler erkennen, daß sie nach ihrer Karriere der Gemeinschaft etwas zurückgeben müssen«, antwortete Klinsmann bei der Ordensverleihung in Stuttgart.

Neue Szenarien

Im Profisport sind das gewöhnlich nur Floskeln. Ernsthaftes bürgerliches Engagement ist für kaum einen Profi ein Thema. Sie halten die aberwitzigen Summen, die ihnen mitunter zufließen, für einen gerechten Lohn, der ihnen für ihre Leistung zusteht, und aus dieser Haltung entwickelt sich nur schwerlich der Gedanke, der Gesellschaft tatsächlich etwas für ein Leben im Überfluß zurückgeben zu sollen. Klinsmann betrachtete seinen Verdienst stets als marktgerecht, den Erfolg sah er trotzdem als gesellschaftliche Verpflichtung. In Amerika verzahnte er dann mit der Zeit diese beiden Seiten, das Fußball-Business und die Basisarbeit, zu seinem neuen beruflichen Leben, wobei die Hilfe der beiden Berater Hoban und Mersereau eine wichtige Rolle spielte.

Im Frühjahr 1999, rund zehn Monate nach seinem letzten Spiel bei der Weltmeisterschaft in Frankreich, traf er sich erstmals mit den beiden Experten aus der Sportindustrie, um über seine künftigen Chancen und seine Ziele in Amerika zu sprechen. Als Vorbereitung und Einstimmung zu diesem Treffen hatten sie für Klinsmann verschiedene Job-Szenarien in einem Exposé skizziert, die für ihn in Frage kommen könnten, und damit eröffneten sie Klinsmann eine neue Welt der schier endlosen Möglichkeiten in seinem Leben nach der Karriere. Darin hieß es:

»Spieler – Nach deinem ›Sabbatical‹ mußt du entscheiden, ob du deinen Rückzug fortsetzen willst oder ob es Umstände gibt, die deine Entscheidung ändern können, zum Beispiel außergewöhnliche Gelegenheiten (Real Madrid klopft an die Tür, ein außergewöhnliches finanzielles Angebot aus Japan oder den USA, die deutsche Nationalmannschaft findet keinen Nachfolger).

Trainer – Manager oder Assistenzmanager in Europa, Trainer in der amerikanischen Profiliga. Alternativ könntest du, was du ja schon mit Bruce Arena diskutiert hast, Spezialtrainer für alle amerikanischen Nationalmannschaften als Stürmer-Coach werden.

Generalmanager eines Profi-Teams – Entweder bei einem bereits existierenden Klub oder bei einem zu gründenden Klub in deinem ›Hinterhof‹ in Southern California.

Besitzer/Investor/Managementpartner – Das gibt es bereits in Sportarten wie Basketball und entwickelt sich auch in Europa, zum Beispiel mit Kenny Dalglish bei Celtic Glasgow. Du kannst damit auf jedem Level starten, angefangen bei einem Jugendklub bis zu einem Profiverein.

Managementpartner von einem europäischen Schwesterklub in den USA – West Ham United hat einen Schwesterklub in Australien gegründet, und viele europäische Vereine wie Manchester United und Ajax Amsterdam sind Sponsor oder Gründer von Teams in sich entwickelnden Fußball-Ländern. Hast du schon einmal daran gedacht, solch einen Klub in den USA zu managen, er könnte mit einem der Vereine assoziiert sein, bei denen du früher gespielt hast, Inter Mailand, Tottenham Hotspur, Bayern München.

College Coach/Camp Director – Diese Kombination ist in den USA sehr verbreitet. Die lokalen College-Trainer führen Camps und Seminare während der Saisonpausen. Gewöhnlich werden sie dafür zusätzlich zu ihrem Trainergehalt bezahlt. Einige Toptrainer verdienen nach zehn, zwanzig Jahren mit Camps in der Größenordnung von 250 000 bis 500 000 Dollar. Es gibt weniger als zehn solcher Trainer in den USA.

Investmentberater eines Profiklubs – Mit dem Einstieg von multinationalen Unternehmen, die in Fußballklubs investieren, ist ein großer Markt für analytische Profis entstanden, die in der Lage sind, mit solchen Finanzinstitutionen oder Unternehmen zusammenzuarbeiten. Würde es dich zum Beispiel interessieren, Teil eines Investment-Teams zu sein (du müßtest notwendigerweise nicht selbst investieren), das in der Welt nach unterkapitalisierten Klubs mit großem Potential sucht, die Investmentchancen bieten? Was könnte dabei deine Rolle sein? Jemand, der das Fußball-Management eines Klubs evaluiert, beispielsweise bei der Rekrutierung von Spielern, bei Transfers, die Entwicklung von Trainern und Spielern (Beachte dies: wie viele Profiklubs bestehen darauf, daß sich ihre Trainer kontinuierlich weiterbilden?), Strategien für Jugendarbeit, Sportstättenentwicklung, Beziehungen zwischen Manager und Vereinsvorstand und Aufsichtsrat etc.«

In dieser Weise ging es immer weiter fort, eine mögliche Zusammenarbeit mit Adidas wurde ausgelotet, bis ins kleinste Detail bekam Klinsmann für manche Dinge erläutert, welchen zeitlichen Aufwand einzelne Aufgaben erforderten und welche finanziellen Leistungen er erwarten konnte. Doch entscheidend war bei Klinsmanns erster Begegnung mit dem amerikanischen Business nicht ein lukrativer Job, sondern die Chance, sich persönlich zu entwickeln. In der Zusammenfassung des Exposés riet ihm Hoban: »Der erste Schritt ist für dich, zu entscheiden, was du in deiner neuen Karriere nach dem Profifußball erreichen willst. Als nächstes mußt du die Möglichkeiten begutachten und versuchen, sie mit deinen Interessen und Zielen zu vereinbaren. Am Ende mußt du Partner finden, die dieselben Ziele mit dir teilen.« Hoban, der zu dieser Zeit auch als Geschäftspartner von Adidas fungierte, legte zum Schluß auch seine eigenen Ziele und Interessen offen. »Mein Job ist es, sorgfältig diese Möglichkeiten auszuloten und herauszufinden, ob es nicht zuletzt Potential für eine Kooperation auch mit Adidas gibt.«

Doch dazu kam es nicht. Nach vielen Gesprächen schlossen sich Hoban, Mersereau und Klinsmann zusammen und starteten zu dritt das Unternehmen »soccersolutions«. Für Unternehmen und Vereine entwickelten sie Ideen und Konzepte für alle geschäftlichen Dinge, die mit dem Fußball-Business zu tun haben. Im Jahr 2001 etwa schloß die junge Firma einen Vertrag mit der riesigen Anschutz-Gruppe, deren Boß Phil Anschutz in den Vereinigten Staaten zu den größten Förderern und Investoren des Sports gehört. Damals führte ihn das Magazin *Forbes* auf der Liste der reichsten Männer der Welt auf Rang sechs, und auch in der deutschen Profisportszene hatte er sich einen Namen gemacht, als er die Eishockeyklubs Eisbären Berlin und die München Barons kaufte. Die Anschutz-Gruppe plante in Los Angeles einen Sportpark mit Fußballstadion, Tennisarena, Radstadion und Rehazentrum, ein Projekt für weit über 100 Millionen Dollar, und Klinsmanns Firma lieferte dafür die Konzepte.

Die neue Arbeit gestaltete sich für Klinsmann erstaunlich vielfältig. Mit Adidas entwickelten sie zusammen Elitecamps für die besten amerikanischen Jugendspieler, sie arbeiteten mit einer holländischen Direktbank zusammen, die über den Fußball junge Leute als Online-Kunden gewinnen wollte, sie unterstützten Verbände, die nach neuen Konzepten suchten, oder halfen mit bei der Vermittlung von Partnerschaften zwischen amerikanischen Profiklubs und Klubs aus Europa und Südamerika. Klinsmann unterstützte den Fußballklub L.A. Galaxy als Berater, sie machten den Klub zu einer erfolgreichen Marke und daraus eine gewinnbringende Unternehmung. Er war also sehr bald mittendrin im großen Sportbusiness, hatte eine berufliche Aufgabe gefunden und nicht nur etwas, wofür er seinen Namen gab und wo andere die Arbeit machten. Sein Ehrgeiz erschöpfte sich jedoch nicht darin, in der Consulting-Welt Fuß zu fassen. Klinsmann wollte auch zurück an die Basis, er wollte Grass-root-Organisationen ins Leben rufen und unterstützen, um alternative Wege im Fußball aufzuzeigen, und sich für Dinge engagieren, die andere zunächst belächelten und denen sie keine große Bedeutung zumaßen. Einen Trainerjob zu übernehmen, konnte sich Klinsmann lange nicht vorstellen. Erst als er in Amerika beruflich Fuß zu fassen begann, stellte sich die Frage plötzlich neu. Er selbst hatte einige Jahre zuvor als Kapitän der Nationalmannschaft gegenüber Bundestrainer Berti Vogts angeregt, verdiente Nationalspieler durch den erleichterten Erwerb der Trainerlizenz dem Fußball zu erhalten, so wie dies einige Jahre zuvor schon die Niederländer getan hatten, und Vogts hatte diese Anregung nun beim Verband durchgesetzt. Im Jahr 2000 hatte Klinsmann die Möglichkeit, an einem bisher einmaligen Fußballtrainer-Lehrgang in der Sportschule Hennef teilzunehmen. In diesem außergewöhnlichen Kurs befand sich, was niemand ahnte, die komplette künftige sportliche Führung der Nationalmannschaft für die Weltmeisterschaft 2006. Ausbilder Gero Bisanz war von dieser Gruppe sehr schnell beeindruckt, vor allem von der Harmonie, die dort herrschte, eine Atmosphäre, die er in all den Jahrzehnten zuvor bei keinem Lehrgang erlebt hatte. Klinsmann gehörte zu der kleinen Gruppe der Weltmeister, Torwart Andreas Köpke zu den damals noch aktiven Profis, und Joachim Löw nahm an dieser komprimierten Ausbildung teil, um seine damalige Trainertätigkeit beim Karlsruher SC auf die vom DFB geforderte Grundlage zu stellen. Der Bremer Dieter Eilts, der mit

Klinsmann und Köpke in England Europameister wurde, war ebenfalls in Hennef dabei. Auch er sollte noch eine wichtige Rolle beim DFB spielen: Unter Klinsmann stieg er vier Jahre später zum Trainer der U21-Nationalmannschaft auf.

Klinsmann gehörte zusammen mit Matthias Sammer zu den Führungspersönlichkeiten des Lehrgangs. Sie strahlten von Beginn an Autorität aus, aber keiner wußte, daß Klinsmann sich in den Vereinigten Staaten intensiv mit dem amerikanischen Nationaltrainer Bruce Arena auf seine Ausbildung vorbereitet hatte. Auch Gero Bisanz nicht. »Die wenigsten haben die natürliche Ausstrahlung und die Persönlichkeit, auf Anhieb auf eine Gruppe zu wirken. Wer über diese Fähigkeiten verfügt und überdies die Erfahrung eines Spitzenfußballers hat, der wird auch unter den Trainern ganz nach oben kommen«, urteilte Bisanz mit Blick auf Sammer und Klinsmann, das vermeintliche Naturtalent.

Die deutsche Öffentlichkeit nahm diesen Kurs nie richtig ernst. Er galt vielen als Geschenk des Verbandes für seine ehemaligen Stars, und daß sie nur 240 statt der üblicherweise vorgeschriebenen 560 Stunden ableisten mußten, genügte schon als Argument, um von einer Lizenz zum Billigtarif zu sprechen. Trotzdem erfüllte der verkürzte Lehrgang alle formellen Anforderungen, die der europäische Verband für die Trainerausbildung verlangte. Zwischen den verschiedenen Lehrgängen lag ein vierwöchiges Praktikum bei einem Profiklub, und am Ende standen die üblichen Prüfungen. Einige Stars, die ebenfalls glaubten, die Lizenz werde ihnen so gut wie geschenkt, stöhnten schon bald über das dichtgedrängte Programm, aber die Disziplin der Gruppe überraschte Ausbildungsleiter Bisanz. Klinsmann nahm sich dabei einiger Kollegen in »fast schon sozialer Weise an«, wie Beobachter berichteten. Über die Unbequemlichkeiten der Sportschule, eingerichtet im Stil der fünfziger Jahre, und die Verpflegung jammerte niemand, auch wenn all das in diesen insgesamt sechs Wochen keineswegs dem Lebensstandard von Millionären entsprach. Aber Klinsmann wußte sehr genau, weshalb er aus Amerika wieder in das Leben in einer deutschen Sportschule zurückgekehrt war. »Mit dem Trainerschein habe ich eine weitere Option auf die Zukunft«, sagte er.

Klinsmann und seine Kollegen hatten sich während dieses Schnellkurses auch zu einem gemeinsamen Projekt animieren lassen, das unter dem Namen »fussballd21.de« einen empfindlichen Nerv traf. Der damalige Mannschaftsarzt der Nationalmannschaft, Professor Heinz Ließen, hatte die kleine deutsche Kickerelite während des Lehrgangs für die Idee begeistert, etwas Innovatives für den Fußball zu tun. Vor allem bei Klinsmann entfachte er damit kreative Ideen. Bestärkt durch seine ersten kommerziellen Erfahrungen in den Vereinigten Staaten und seine Internetkenntnisse, entwickelte der ehemalige Kapitän ein Konzept für ein Portal, das Kinder zum Sport bringen soll, gesundes Leben fördert, intellektuelle Fähigkeiten anspricht und natürlich Spaß machen soll. Die Weltmeister und andere Fußball-Experten waren von seinen Entwürfen angetan, die neunzehn Teilnehmer des Lehrgangs und die acht Dozenten gründeten umgehend die Stiftung Fußballforschung und machten Klinsmann zum Vorsitzenden. Als Schirmherren konnten sie Bundeskanzler Gerhard Schröder gewinnen, und so gewann auch dieses Projekt an Fahrt.

Klinsmanns Netzwerk, über Jahre durch vielfältige Kontakte zu Wirtschaft, Sport und Politik gewachsen, arbeitete mit erstaunlicher Effizienz. Es war zunächst der Kanzler, der ihm persönlich den Rat gab, sich mit seinem Projekt an die Gruppe »D21« zu wenden. Da ließe sich was machen, meinte Schröder. Klinsmann nutzte die Gelegenheit dazu bei der Weltausstellung in Hannover, wo er vor 400 Delegierten der Organisation »D21«, die sich das Motto »Internet für alle« gegeben hatte, sein Konzept entwarf. Seine Begeisterung steckte an, das Interesse war enorm, und für das Projekt »fussballd21«, was für »Fußball in Deutschland im 21. Jahrhundert« steht, engagierte sich bald auch die Wirtschaft. Klinsmann konnte Weltkonzerne wie Daimler-Chrysler, Microsoft, SAP, Hewlett-Packard, IBM, Adidas und Cisco Systems für die Zusammenarbeit mit der Stiftung gewinnen. Die Goethe-Institute schlossen sich an, weil Klinsmann ihnen glaubhaft machen konnte, durch Fußball Kinder für Sprachunterricht zu begeistern, und auch die Initiative »Schulen ans Netz« kooperierte mit dieser Stiftung ohne kommerzielle Interessen.

Klinsmann hatte die Firmen angeworben und übernahm auch selbst deren Betreuung bei dem Projekt. Als einer der beiden Geschäftsführer in Deutschland wurde sein alter Kumpel Rainer Zietsch vom VfB Stuttgart eingesetzt, auch Joachim Löw unterstützte ihn, aber Klinsmann koordinierte die ganze Sache von Kalifornien aus. Er arbeitete mit einer Akribie und einem Pflichtbewußtsein, wie es viele dem vermeintlichen Aussteiger an der Pazifikküste nicht zugetraut hätten. Morgens gegen halb sechs begann der Arbeitstag des ehemaligen Bäckergesellen, und er entwickelte seinen an der deutschen Zeitzone orientierten Arbeitstag, wie er ihn auch als Bundestrainer weitgehend beibehalten sollte.

Das Leben lief, wie es sich der Fußballstar Jürgen Klinsmann jahrelang erträumt hatte. Er hatte nach seiner Laufbahn tatsächlich einen Beruf gefunden, der ihn ausfüllte, er arbeitete an verschiedenen, ganz unterschiedlichen und zeitlich begrenzten Projekten. Das vergangene Profileben war kein endloser, alles Neue verdeckender Schatten, sondern ein wichtiger Teil seines alten Lebens, der sich nutzbar machen ließ für die weitere, noch nicht absehbare Entwicklung. Er lebte in einer Anonymität, die ihm Europa nicht mehr hätte bieten können, und besaß einen Schutzraum für sich und seine Familie, die in Amerika auch noch ein bißchen größer geworden war. Töchterchen Laila kam im Jahr 2001 hinzu, Klinsmann sah seine beiden Kinder unter zwölf Monaten Sonne und mit genügend eigener Freizeit aufwachsen, und die berufliche Karriere entwickelte sich zugleich. Gerade diese Mischung eines erfolgreichen, jedoch vergleichsweise unspektakulären Lebens mit einer grandiosen Sportlerkarriere im Hintergrund verschaffte Klinsmann größte Zufriedenheit.

Ein gewöhnliches Leben war es gleichwohl nicht. Der nur in Amerika anonyme Klinsmann pflegte seine Kontakte in die europäische Heimat gewissenhaft. Und auch wenn es in Deutschland mit den Jahren nach dem Abschied ruhiger um ihn geworden war, verbanden sich mit seinem Namen noch immer herrliche Fußballzeiten, Weltoffenheit und die grenzenlose Begeisterungsfähigkeit eines klugen, wißbegierigen und strahlenden Sportlers. Mit diesen Erinnerungsbildern ließ sich noch immer werben für Deutschland, angesichts des Niedergangs der Nationalmannschaft vielleicht sogar besser als je zuvor. Bundeskanzler Schröder lud den ehemaligen Kapitän jedenfalls im Februar 2002 persönlich auf seine Mittel- und Südamerikareise nach Mexiko und Brasilien ein. Das Kanzleramt hatte in Los Angeles angefragt, ob Klinsmann sich nicht ein paar Gedanken machen könnte, denn die verbindende Kraft des Fußballs und die Integrationsfigur Klinsmann erschienen dem Kanzler genau als die richtige Kombination, um eine im deutschen Sinn positive Stimmung zu erzeugen, auch wenn es sich nur um kleine Gesten handelte. Aber deren Bedeutung wußte Klinsmann nach seinen vielen erfolgreichen Jahren als aktiver Fußball-Botschafter besser einzuschätzen als die meisten anderen Nationalspieler mit dem Adler auf der Brust. »Fußball baut Brücken, verbindet, vermittelt Sprachen, baut Spannungen ab, wirkt gewaltpräventiv. Fußball hat eine unglaublich wichtige soziale Rolle in der Welt«, sagte Klinsmann, der während der Kanzlerreise vor allem beim Besuch der beiden deutschen Schulen in Mexiko City und als Helfer bei einem Nachwuchsspiel eingebunden war. Dazu wurden ein Malwettbewerb und eine Gesprächsrunde organisiert, nichts Großes also, aber trotzdem wirkungsvoll. Klinsmann wunderte sich auf der Reise, wie die großen Wirtschaftsführer eifersüchtig um die Gunst des Kanzlers buhlten und ihren Ehrgeiz daransetzten, abends an Schröders Tisch zu sitzen. Klinsmann fiel das nicht ein. Aber der Kanzler holte ihn dennoch jeden Abend wieder zum Essen zu sich, worüber sich Klinsmann diebisch freute.

Der Kontakt zu Schröder, der danach nicht mehr abriß, hatte sich schon einige Jahre zuvor entwickelt. Irgendwann lud ihn der Regierungschef bei einem seiner Besuche in Berlin zum Kaffee ein, um seine Meinung zu hören, was die WM 2006 aus seiner international geprägten Sicht für Deutschland bedeuten könne. »Ich habe ihm meine Gedanken geschildert, daß wir durch diese WM das Deutschland-Bild im Ausland korrigieren und neu positionieren können. Jeder weiß, daß wir so ein Turnier top organisieren können. Aber wir haben die Chance, uns mehrsprachig, weltoffen, kinderfreundlich, serviceorientiert und mit einem Lächeln im Gesicht zu präsentieren. Ich habe ihn gebeten, sich ein Feedback von außen zu holen, von Deutschen, die im Ausland leben. Australien hatte nach Olympia in Sydney 30 Prozent mehr Zulauf. Das muß auch unser Ziel sein«, faßt Klinsmann sein Gespräch mit dem Kanzler zusammen.

Den Rat Klinsmanns machte sich Schröder gerne zunutze, seit sie sich in den Monaten zuvor gemeinsam für die WM-Bewerbung engagiert hatten. Vor allem am Vorabend der Entscheidung über den Ausrichter des Weltturniers kamen sich im Sommer 2000 Beckenbauers Helfer in Zürich näher. Bei einem Essen mit dem Kanzler, Innenminister Otto Schily, Vorstandsvorsitzenden großer Unternehmen und der WM-Delegation herrschte Aufbruchstimmung, die manch einen aus der Elite von Sport, Wirtschaft und Politik mit einem Gänsehautgefühl zurückließ. In den Tagen zuvor war schon deutlich geworden, daß sich die Entscheidung auf einen Zweikampf zwischen Südafrika und Deutschland zuspitzte, und die Spannung, der Optimismus und das Selbstbewußtsein in dieser illustren deutschen Runde wirkten ansteckend und anregend. Die Männergesellschaft um Claudia Schiffer, ebenfalls als WM-Werbekraft engagiert, redete leidenschaftlich über Fußball und das Desaster, das wenige Tage zuvor über die deutsche Nationalmannschaft bei der Europameisterschaft hereingebrochen war. Fußballfan Schröder wollte von den versammelten Experten ganz genau und detailliert wissen, wie es zu diesem größten sportlichen Absturz nach dem Krieg hatte kommen können. Vor diesem düsteren sportlichen Hintergrund erschien die Aussicht auf eine Weltmeisterschaft in Deutschland noch ein wenig leuchtender.

Die Bedeutung dieses Weltereignisses führte Klinsmann, den konservativen, kosmopolitischen Schwaben, und den Kanzler der damaligen rot-grünen Koalition auch politisch zusammen. Denn wenn es so etwas wie ein rot-grünes Projekt seit dem Regierungsantritt 1998 gegeben hat, dann die Vision eines multikulturellen, offenen Deutschlands mit entsprechenden Gesetzen, Regelungen und Haltungen, die es zu befördern galt. »Die WM bietet die Chance, Millionen von Menschen 2006 ein ganz anderes Bild von Deutschland zu zeigen, das eines multikulturellen, internationalen Landes mit offenem Charakter. Das ist mein persönliches Anliegen«, sagte Klinsmann.

Der Traum von einem besser gelaunten Deutschland war nicht die einzige Hoffnung, die Klinsmann mit der Bundesregierung teilte. Er glaubte ebenso wie die Repräsentanten der Grünen, daß Veränderungen in der Gesellschaft vor allem von der Basis ausgehen müßten, zumindest behauptete Klinsmann dies für den deutschen Fußball, der in die Krise geraten war. Er hielt ihn für »krank«, für zu stark reglementiert, abgeschnitten von den Quellen seiner Talente und Möglichkeiten. Zusammen mit der Bundestagsvizepräsidentin Antje Vollmer veröffentliche Klinsmann in der *Financial Times Deutschland* ein kluges Plädoyer für den Straßenfußball mit urgrünen Zutaten.

Genialer Fußball wachse auf der Straße, nicht in disziplinierten Vereinen, schrieb das ungleiche Duo. Fußball sei kein bürgerlicher Sport, sondern in ihm stecke immer auch etwas Anarchisches. Der DFB jedoch, dieser schwerfällige Apparat, habe aus den veränderten Lebensverhältnissen keine Konsequenzen gezogen. Der mit den Jahren von der Straße verbannte Fußball müsse den öffentlichen Raum zurückgewinnen. Dem Motto von Teamchef Beckenbauer bei der WM 1990 gaben Antje Vollmer und Klinsmann eine ironische und intelligente sportpolitische Wendung: »Geht raus und spielt!«

In diesem Beitrag, der ein Umdenken forderte, fand sich allerdings auch eine Passage über die gesellschaftliche Aussagekraft der Fußball-Nationalmannschaften und ihre Bedeutung für die Nation. Wenige Jahre später würde der Bundestrainer Klinsmann seinen Spielern diesen Ansatz immer wieder vermitteln, um sie auf die einzigartige Herausforderung der Weltmeisterschaft in Deutschland vorzubereiten, und die Medien würden in großer Aufmachung über die fußballphilosophischen Vorstellungen des Bundestrainers berichten. Damals aber, als der Amerika-Aussteiger Klinsmann und die fußballferne Politikerin ihr fußballpolitisches Gedankengut schon ausgereift zu Papier gebracht hatten, blieb jede Reaktion in Deutschland aus. Der deutsche Fußball huldigte noch dem Pragmatismus Rudi Völlers und war ansonsten mit sich selbst beschäftigt und unwillig gegenüber Veränderungen. Klinsmann hatte aber schon im Jahr 2002 die ersten programmatischen Vorarbeiten für die WM 2006 als künftiger Bundestrainer geleistet, für einen Bundestrainer, der nicht nur den Titel gewinnen wollte, sondern auch eine Mission für Deutschland verfolgte.

»In der Nationalmannschaft drücken sich die Eigenarten eines Landes aus: Sie ist die unverstellte körpersprachliche Äußerung einer Nation. Unsere Weltmeisterteams waren so unterschiedlich, weil sie aus ganz verschiedenen Gesellschaften hervorgegangen sind.

1954 hat die Mannschaft von Sepp Herberger gegen das Bild des häßlichen Deutschen angespielt. Sie tat dies mit geballter Energie, Disziplin und Aufstiegswillen. Weltmeister zu sein hieß damals auch: Wir zeigen es denen, wir sind wieder wer. Und wir wissen, was der Sieg für unser Land bedeutet: daß es wieder den Rücken gerade kriegt. Damals nahm Herberger jeden Fußballer einzeln ins Gebet und sagte: Von euch hängt das Bild Deutschlands ab. Jeder Spieler trug das Gewicht der deutschen Geschichte bleischwer auf seinen Schultern. Diese Verantwortung haben alle angenommen. Gleichsam zur Belohnung durfte die Bundesrepublik ein Jahr später der Nato beitreten.

1974 waren die deutschen Weltmeister eine Mannschaft von einzigartigen Individualisten: Franz Beckenbauer, Sepp Maier, Gerd Müller – ein Stürmer, wie es ihn nie wieder gab –, der Zauberer Overath. Das waren die 68er auf dem Fußballplatz. Jeder ein Extremfall für sich.

1990 siegten die Deutschen als Flaneure der Leichtigkeit. Dieser Fußball war wirklich schön. In der Mannschaft gab es mehr als bloß Kampfeswillen, mehr als losgelöste Individualität. Es war eine Gemeinschaft. Die Mannschaft von 1990, dem Jahr der Wiedervereinigung, mußte man in der Welt nicht mehr fürchten. Sie war die Fußballmannschaft einer Zivilgesellschaft. Beckenbauer als Trainer hat die Dinge einfach gelassen, nie verkompliziert. Die 90er Mannschaft hatte sich noch nicht als gesamtdeutsche Mannschaft gesehen. Aber sie trat so auf, daß die anderen Staaten den Deutschen gegenüber großzügig sein konnten. Die politischen Verhandlungen über die deutsche Einheit mit Rußland (Sowjetunion), mit den USA, England und Frankreich liefen für uns so glücklich ab, daß man nur staunen konnte. Die Länder hätten einen Friedensvertrag von Deutschland mit umfassenden Reparationszahlungen fordern können. Statt dessen wurde Deutschland als ein verändertes Land vollkommen akzeptiert. Dieses Heitere, dieses Spielerische vermittelte auch das Nationalteam: Diese Deutschen mußte man niemals wieder fürchten.

Die 54er, die 74er und die 90er waren völlig verschiedene Generationen. Jetzt tritt wieder eine neue auf, in einer Zeit, in der Individual- und Funsportarten boomen. Eltern haben wenig Zeit, aber genügend Geld, um ihren Kindern Skateboards oder Skiurlaub zu bezahlen. Zugleich verbringen Jugendliche immer mehr Zeit vor dem Fernseh- oder Computerbildschirm. Die Globalisierung und das Durcheinander der Kulturen führen zu großen Ängsten. Das alles haben die Verantwortlichen beim DFB nicht gemerkt – jedenfalls haben sie daraus keinerlei Konsequenzen gezogen.«

Daß der gedanklich vielleicht stärkste Beitrag, den ein ehemaliger Profi im deutschen Fußball über seinen Sport verfaßte, zumindest als Coautor, unbeachtet blieb, war auch ein Beleg für die Distanz, die sich zwischen die Verantwortlichen des DFB und Klinsmann gelegt hatte. Die Ignoranz der Medien konnte als Indikator für den aktuellen Stellenwert des ehemaligen Stars aus Amerika gelten, für seinen verschwundenen Einfluß und die geringe Erwartung, daß sich daran in absehbarer Zukunft etwas ändern würde. Ein paar Monate später, bei der Weltmeisterschaft 2002, aktivierte ihn das Zweite Deutsche Fernsehen als Kommentator, aber einen nachhaltigen Eindruck, wie etwa Günter Netzer bei der ARD, hinterließ er nicht. Er ging nach dem Turnier wieder zurück in die Vereinigten Staaten, und nun wurde es in Deutschland noch einmal stiller um ihn. Die Meldungen, die über den Atlantik drangen, wurden immer spärlicher, und sie hatten bald eher anekdotischen als Nachrichtencharakter.

Irgendwann hieß es, daß ein prominenter Anonymus Amerikas dritte Fußball-Liga bereichern würde. Das Comeback des Weltmeisters für die Orange County Blue Stars aus Newport Beach wurde allerdings behandelt wie eine geheime Staatssache. Denn in den Statistiken der Liga tauchte der Name Klinsmann nicht auf, der Trainer sprach mit den Medien nicht über seinen Star, die Mitspieler hatten den Mund zu halten, die Liga gab keinen Kommentar, und auch Klinsmann selbst schwieg eisern. Nur auf der Website eines Gegners hieß es, der Treffer von Blue Star resultierte aus einem Paß des europäischen Stars »Jorgen Klinsmann«.

Ansonsten aber hieß Klinsmann nirgendwo in der Premier Development League Klinsmann, sondern Jay Goppingen. Die *San Diego Union Tribune* hat schließlich herausgefunden, wer sich hinter dem Pseudonym tatsächlich auf dem Fußballplatz tummelte und einige Tore erzielte, die seine Mannschaft in die Play-off-Runde führte. »Ich wollte meine Ruhe haben. Deshalb habe ich den Ligachef gebeten, meinen Namen nicht zu veröffentlichen«, sagte Klinsmann. Der gewitzte Kalifornier hatte dann ohne Klinsmanns Wissen dessen Geburtsstadt Göppingen zum neuen Nachnamen verwandelt: Jay Goppingen alias Jürgen Klinsmann. »Eine pfiffige Idee«, sagte Klinsmann, aber es war eigentlich viel mehr. Denn diese neue Identität, die spielerische Verbindung aus alter Heimat und neuem anonymen

Leben in den Staaten, war genau das, was sich Jürgen Klinsmann gut fünf Jahre zuvor erträumt hatte, als er Europa den Rücken kehrte und nach Amerika auswanderte. Als Jay Goppingen hatte er sein Ziel erreicht.

10. Retter in der Not

Vom Chefkritiker zum Bundestrainer

Die deutsche Fußballnation war in äußerstem Erregungszustand, als Jürgen Klinsmann bei der Europameisterschaft in Portugal einschwebte. Wenige Tage vor dem Endspiel erreichte er aus Los Angeles kommend Lissabon, um im Auftrag seines Werbepartners seinen Repräsentationspflichten nachzugehen und über Fußball zu plaudern. Aber die Meinung eines Weltmeisters von gestern interessierte in diesen Tagen, während sich die Nachrichten um die Nationalmannschaft und den DFB überschlugen, nur am Rande. Klinsmann erschien zusammen mit der portugiesischen Fußball-Legende Eusebio im Lissaboner Kongreßzentrum am Ufer des Tejo, und die Nähe zu diesem Star aus den sechziger Jahren des vergangenen Jahrhunderts war auch nicht dazu angetan, Klinsmann als eine relevante Bezugsgröße für den deutschen Fußball erscheinen zu lassen.

Seine langen Jahre in Amerika hatten ihre Wirkung nicht verfehlt. Die Distanz zwischen Klinsmann und seiner alten Heimat war gewachsen. Klinsmann war im Fußball-Deutschland 2004 mehr denn je ein Fußballer von gestern, ein ehemaliger Spieler aus einer zwar wunderbaren, aber längst vergangenen Zeit, der abgekoppelt von der aktuellen Entwicklung sein eigenes, vom alltäglichen Fußball entfremdetes Leben führte. Was aus Klinsmann in den Vereinigten Staaten geworden war, das wußte fast niemand in seiner alten Heimat.

Die Medien nahmen nach dem Ausscheiden der deutschen Mannschaft und dem Rücktritt von Teamchef Rudi Völler in Portugal daher auch fast keine Notiz von Klinsmanns Auftritt und seinen Ansichten, sie waren nicht sonderlich interessiert an einem Thema, das vom schönen Leben in Kalifornien handelte und sich vielleicht mit ein paar Bemerkungen über das aktuelle Scheitern anreichern ließ. Fußball-Deutschland verlangte nach Krisenberichterstattung, und daß Jürgen Klinsmann ein Schlüssel zur Lösung sein könnte, ahnte niemand.

Die meisten deutschen Reporter hatten Portugal ohnehin schon ein paar Tage zuvor fluchtartig verlassen. Während sich Millionen Fans in Europa weiter an einem grandiosen Turnier begeisterten, bei dem der Abschied des lahmenden, uninspirierten Weltmeisterschaftszweiten nur beiläufig zur Kenntnis genommen wurde, lag der Nabel der deutschen Fußballwelt nun in der Frankfurter DFB-Zentrale. Für die deutsche Öffentlichkeit war das Scheitern der Nationalmannschaft in der Vorrunde zwar kein vergleichbarer Schock mehr wie noch vier Jahre zuvor nach dem Desaster unter Erich Ribbeck bei der Europameisterschaft in Holland und Belgien. Aber das Publikum erschrak dennoch über die neue, riesige Kluft, die sich in Portugal auftat zwischen der behäbigen deutschen Spielweise und der ansteckenden Spiellust mit faszinierendem Tempofußball, der sich überall in Europa durchgesetzt hatte – nur nicht in Deutschland. Der Eindruck, nun auch im Fußball den Anschluß verloren zu haben, erschien den Deutschen mindestens so bedrückend wie das Ausscheiden selbst, und es verbreitete sich die Befürchtung, bei der Weltmeisterschaft 2006 im eigenen Land auch nicht mithalten zu können.

In der Nacht des Scheiterns, bei dem Versuch Mayer-Vorfelders, die sportliche Krise zu bewältigen, sollte allerdings auch noch der Keim für den größten Führungskampf innerhalb des Deutschen Fußball-Bundes in über einhundert Jahren gelegt werden. Nach der Ankunft in ihrem Quartier teilte Rudi Völler dem DFB-Präsidenten seinen Entschluß mit, als Bundestrainer zurückzutreten. Mayer-Vorfelder versuchte den aufgewühlten Teamchef zwar bis weit nach Mitternacht noch umzustimmen, jedoch nicht mit letzter Entschlossenheit. Er versäumte es zudem, Völler davon zu überzeugen, seinen Rücktritt wenigstens ein paar Tage später zu erklären, um Zeit zu gewinnen, die Nachfolgeregelung abzusichern. Aber der DFB, Völler und auch die Öffentlichkeit wähnten sich in der trügerischen Gewißheit, daß mit Ottmar Hitzfeld ein profilierter, über jede Kritik erhabener Nachfolger bereitstünde. Wenige Tage vor der Europameisterschaft war der kurz zuvor beim FC Bayern München entlassene Trainer in einer Zeitung mit dem Hinweis zitiert worden, das Amt des Bundestrainers sei für ihn die logische Fortsetzung und Krönung seiner Karriere, und diese Bemerkungen erschienen im DFB wie eine vollständige Bewerbung für den Fall einer mißglückten Europameisterschaft. Völler selbst fühlte sich von dieser Ankündigung unter Druck gesetzt, und später gestand er, er wäre keinesfalls zurückgetreten, wenn er gewußt hätte, daß Hitzfeld sich dann doch der an ihn herangetragenen Aufgabe verweigern würde.

Am Morgen nach der entscheidenden 1:2-Niederlage gegen die ersatzgeschwächte und daher als B-Mannschaft bezeichnete Auswahl der Tschechischen Republik erklärte Völler seinen Abschied. Die Dinge schienen ihren üblichen Lauf zu nehmen. Die Fußballnation zeigte sich beeindruckt von Völlers letztem Auftritt und wartete nun auf die Zusage Hitzfelds. Kaum jemand zweifelte an seiner Zustimmung, auch nicht der nach Amerika zurückgekehrte Jürgen Klinsmann. Aber der von seinen erfolgreichen Jahren in München erkennbar ausgezehrte Trainer erbat sich Bedenkzeit. Das erschien zunächst nur wie das übliche Gefeilsche in Vertragsfragen, aber nachdem einige Tage ergebnislos verstrichen waren, erhöhten die Medien den Druck auf Hitzfeld. Denn mit jedem Tag, an dem Hitzfeld den DFB warten ließ, wuchs die Erkenntnis, daß eine Absage den deutschen Fußball in eine heillose Lage bringen würde. Denn weit und breit war kein Trainer von vergleichbarem Format in Sicht, der die Nationalmannschaft zwei Jahre vor der Weltmeisterschaft in Deutschland hätte übernehmen können.

Eine Woche nach Völlers Rücktritt lehnte Hitzfeld das Angebot mit Hinweis auf seinen angegriffenen Gesundheitszustand ab. Nur noch zwei Jahre trennten die Deutschen von ihrer Weltmeisterschaft, und die Frage, wer es als Bundestrainer richten sollte, ließ sich immer schwerer beantworten. Die Absage stürzte den Deutschen Fußball-Bund in eine Führungskrise. Mayer-Vorfelders Kollegen aus dem Präsidium hatten nun endlich einen Vorwand gefunden, um einen in der Öffentlichkeit ohnehin nicht geschätzten Präsidenten zu attakkieren. Unter den alten Männern des deutschen Fußballs entbrannte ein bis dahin nicht gekannter Machtkampf, währenddessen die Fußballfans vor allem die Frage beschäftigte, wer denn nun neuer Bundestrainer werden würde.

Die Liste der Kandidaten wuchs täglich. Otto Rehhagel, Christoph Daum, Lothar Matthäus, Winfried Schäfer, Volker Finke, Arsène Wenger, Morten Olsen, Gus Hiddink und noch einige andere gehörten zu den Kandidaten in einem wochenlangen Such- und Ratespiel. Die Personalie entwickelte sich zu einer Posse, an der das Land über Tage und Wochen teilnahm. Nach dem verunglückten Alleingang Mayer-Vorfelders, der das Engagement von Hitzfeld zur alleinigen Chefsache erklärt hatte, rief der DFB eine »Trainerfindungskommission« ins Leben, aber das Dilemma war durch die Gründung dieses Gremiums nicht gelöst. Der Verband beauftragte Franz Beckenbauer, Mayer-Vorfelder, Horst R. Schmidt und Werner Hackmann, nach einem Trainer Ausschau zu halten, den es in Deutschland nicht zu geben schien: kompetent, medientauglich, erfolgshungrig und vertragslos.

Der Gedanke, in dieser verfahrenen Lage die Meinung Jürgen Klinsmanns einzuholen, den Rat einer selbstbestimmten, nicht von eigenen Interessen geleiteten, unabhängigen und Innovationen zugeneigten Persönlichkeit, erschien dem Verband absurd. Viel zu sehr war der DFB in diesen Tagen mit sich selbst und seiner Weltmeisterschaft beschäftigt, um sich Zeit zu nehmen für Anregungen und Ideen, die nicht seinen engsten Zirkeln entstammten. Das historisch kurze Gedächtnis der deutschen Fußballführungskräfte, die sich Themen und Trends seit vielen Jahren nur von der Tagesaktualität diktieren ließen und für kreative und langfristige Lösungen nicht zu haben waren, markierte abermals den Horizont. Wo nicht einmal ein Berater Klinsmann gefragt war, da wäre ein Bundestrainer Klinsmann vollkommen undenkbar gewesen, und das aus guten Gründen, auch wenn er den Trainerschein schon vier Jahre in der Tasche hatte.

Bei der aktuellen Suche nach einem Nachfolger für Rudi Völler spielte jedoch das Reservoir an jungen Trainern, die aus dem damaligen Trainerlehrgang hervorgegangen waren, überhaupt keine Rolle. Einen weiteren Anfänger nach Rudi Völler wagte die Trainerfindungskommission erst einmal auch nicht zu präsentieren, denn dieses Experiment wäre wie eine Kapitulation vor den eigenen Ansprüchen erschienen. Der deutschen Mannschaft sollte bei der Weltmeisterschaft ein ausgewiesener Experte zur Seite stehen, das erwartete auch die Öffentlichkeit angesichts des künftigen Großereignisses in Deutschland. Mit dem, wenn auch vergeblichen Versuch, Ottmar Hitzfeld zu verpflichten, schien die Richtung vorgegeben. Ein in sich geschlossenes Konzept, ein Anforderungsprofil, welcher Trainer zu dieser Nationalmannschaft und zu dieser Aufgabe passen könnte, existierte dennoch nicht. Aktionismus und Populismus, so sollte sich bald erweisen, waren nach Hitzfelds Absage die eigentlichen Triebkräfte der von Beckenbauer geführten und von der *Bild-Zeitung* angetriebenen Trainerfindungskommission.

Das Versäumnis des Verbandes, für den sportlichen Notfall keine rechtzeitige Vorsorge getroffen zu haben, stellte die Kommission vor eine nahezu unlösbare Aufgabe. Die besten Trainer standen rund zwei Monate nach Saisonende schon unter Vertrag, und die Aufgabe, die deutsche Nationalmannschaft zu führen, war auch nicht so erfolgversprechend, daß ein Wunschkandidat wie Arsène Wenger auch nur daran dachte, sich aus seinem Kontrakt bei Arsenal London herauskaufen zu lassen. Es wurde von Tag zu Tag klarer, daß der DFB nehmen mußte, was noch auf dem Trainermarkt übrig war.

Daß nun dieser prestigeträchtigste Posten im deutschen Sport wie auf dem Basar verramscht zu werden drohte, steigerte den Zorn der Öffentlichkeit und der Medien gegenüber dem DFB. Der unwürdige Umgang mit dem Posten des Bundestrainers wirkte wie eine Beschädigung des Amtes, wobei natürlich kein Amt im demokratischen Sinne zur Verleihung anstand, denn es ging ja nur darum, zwei Dutzend Fußballspieler zu trainieren. Aber der Wert, den die Deutschen dieser Aufgabe zumaßen, ging viele Jahre schon weit über dessen eigentliche Bedeutung hinaus. Das mit Tradition aufgeladene Amt, die erstaunliche Kontinuität über Jahrzehnte und die identitätsstiftenden Erfolge der Nationalmannschaft waren tief ins kollektive Gedächtnis der Nation eingedrungen, und nicht zuletzt an dieser historischen Bürde trug der Verband schwer bei seiner hilflosen Trainersuche.

Bundestrainer und Bundeskanzler, das klingt nicht nur ähnlich und staatstragend, tatsächlich war ein gewisser Gleichklang auf diesen beiden Feldern der deutschen Identitätsbildung nach dem Zweiten Weltkrieg zu erkennen, dieser gab vielleicht sogar so etwas wie die Grundmelodie der Bundesrepublik ab. Man muß die Parallelität zwischen Fußball und Politik, zwischen Bundestrainer und Bundeskanzler nicht zu weit treiben, aber Grundmuster des Zeitgeistes ließen sich darin erkennen. Nach dem Krieg schuf zunächst der Fußball den ersten gemeinsamen emotionalen Erinnerungsort der geschlagenen Nation, als Sepp Herberger in Bern nicht nur die Nationalmannschaft, sondern alle Deutschen gleichsam zu Weltmeistern machte.

Das Fußballwunder und das Wirtschaftswunder gingen Hand in Hand, und in den Personen des Bundestrainers Sepp Herberger und des Kanzlers Konrad Adenauer spiegelte sich die deutsche Nachkriegsgesellschaft.

Die WM bedeutete damals, wie Herberger seinen Spielern vor Turnierbeginn eindringlich ins Bewußtsein rief, Kampf um internationale Anerkennung und eine neue Gemeinsamkeit mit den Nachbarn. Denn 1954 waren die Deutschen keineswegs schon wieder auferstanden aus den Ruinen. Der Weltmeistertitel verschaffte ihnen erstmals nach den dunklen Zeiten ein positives Gefühl nationaler Identität, über das man jubeln konnte, jenseits des ökonomischen Aufschwungs, der sich allmählich vollzog. Bern blieb für Generationen der Ausgangspunkt eines erfolgreichen Kapitels der deutschen Geschichte, ein bedeutender Erinnerungsort, von denen es von der Währungsreform bis zum Mauerfall nicht viele geben sollte.

Auch in ihrem Bundestrainer fanden sich die Deutschen wieder. In Herberger konnten die von Krieg und Schuld erschütterten Kriegsverlierer eine autoritäre Vaterfigur erkennen und sich an ihr aufrichten. Herberger erfüllte in den fünfziger Jahren die Sehnsucht nach einfachen Überzeugungen, nach unpolitischer Kameradschaft als neuer Grundlage, die den Anschluß an die Fußball-Weltgemeinschaft ermöglichte, während Adenauer die Bundesrepublik in der westlichen Wertegemeinschaft zu verankern suchte. Mit dem weitgehend akzeptierten Wandel vom führenden Fußballtrainer unter den Nationalsozialisten – Herberger war 1936 als Nachfolger von Otto Nerz berufen worden – zum international anerkannten Bundestrainer, verkörperte Herberger auch eine typische Nachkriegskarriere in Deutschland. Der ehemalige Reichstrainer hatte sich im Dritten Reich mit den alten Machthabern zu arrangieren gewußt, dennoch fand er, wie so viele, seinen herausgehobenen Platz im demokratischen Deutschland.

Als er 1964 ging, ein knappes Jahr nach Adenauers Abschied aus dem Bundeskanzleramt, bedeutete das eine Zäsur. Die Bundesrepublik hatte sich als politisch akzeptierter und wirtschaftlich bedeutsamer Partner etabliert, im Fußball durfte und konnte Deutschland sogar schon wieder als Großmacht auftreten. Die Nachfolger traten ein schweres Erbe an, dem aber zumindest im Fußball Helmut Schön schnell ein eigenes Gepräge verlieh. Der Sachse nahm in einem noch immer autoritär strukturierten Verband mit seinem liberalen Führungsstil die gesellschaftliche Öffnung schon vorweg. Helmut Schön wagte früh Demokratie. Kreativer, schöner und einfallsreicher als zu Zeiten der Europameisterschaft 1972 spielte davor und danach nie mehr eine deutsche Nationalmannschaft. Schön verstand es in Zeiten des Aufbruchs, den damals langhaarigen Stars wie Franz Beckenbauer, Günter Netzer oder Wolfgang Overath die für ihr Spiel nötigen Freiheiten zu gewähren. Als »menschlicher Demokrat« wurde der für seine Trainerkarriere öfters milde belächelte Schön später gerühmt, wobei seine eigentliche Leistung, Individualisten ihren notwendigen Freiraum zu gewähren, für viele erst nach seinem Rücktrit sichtbar wurde.

Jupp Derwall, sein Nachfolger, sollte der erste Bundestrainer sein, der, wie zwei Jahre vorher Bundeskanzler Helmut Schmidt, noch während seiner »Legislaturperiode« das Amt aufgeben mußte. Der Rheinländer stürzte 1984 nicht zuletzt wegen der Profilierungssucht einzelner Nationalspieler und dem nachlassenden Willen, sich der Gemeinschaft unterzuordnen. Diese bewegte Zeit, in der auch der gesellschaftliche Mainstream erstmals vom Selbstverwirklichungsdrang erfaßt wurde, ließ in Fußball und Politik weniger Spuren zurück, als die Zeitgenossen damals glaubten.

Derwalls Nachfolger wurde Franz Beckenbauer, den der Weltmeisterschaftssieg im Jahr der deutschen Einheit endgültig zur sportlichen Symbolfigur der Deutschen machte. Er hatte seine Karriere zwar im Westen des geteilten Landes begonnen, aber auf dem historischen Scheitelpunkt vollendet. Beckenbauer hätte nach dieser Stunde des nationalen Glücksgefühls und getragen von der Sympathie des geeinten Landes noch viele Jahre an der Spitze des Fußballlandes stehen können – wenn er wie Helmut Kohl nur gewollt hätte. Mit dem Rückzug Beckenbauers und der vollzogenen Einheit fand die Parallelität zwischen Bundestrainern und Bundeskanzlern dann ihr Ende.

Früher hatten die Eliten des Fußballs zudem noch erbitterte Kämpfe ausgetragen, um an die Spitze der Nationalmannschaft zu gelangen. Das begann schon bei Herberger, der in der Nazizeit das Amt mit aller Macht anstrebte. Herberger intrigierte, und als er seinen Freund und Förderer Otto Nerz 1936 endlich als Reichstrainer des Deutschen Fußball-Bundes ablösen konnte, soll Nerz über seinen skrupellosen Trauzeugen gesagt haben: »Ich habe an meinem Herzen eine Natter großgezogen und habe es nicht gewußt.« Vier Jahre lang hatte sich Herberger als Assistent von Nerz gedulden müssen, ehe er den wichtigsten Posten im deutschen Fußball endlich übernehmen durfte. Helmut Schön wiederum mußte acht Jahre neben Herberger ausharren, ehe er dessen Nachfolger werden durfte. Auch Jupp Derwall wartete genausolange auf seine Beförderung bis zum obersten Fußball-Lehrer. Berti Vogts war dann sogar elf Jahre beim DFB in verschiedenen Funktionen angestellt, bevor er es zum Bundestrainer brachte. Als Vogts nach wiederum acht Jahren entnervt von der öffentlichen Kritik zurücktrat, endete beim DFB auch die Kontinuität bei der Rekrutierung seiner Bundestrainer.

Auf die Ochsentour der Assistenten, ob mit oder ohne Intrige, folgte die unkoordinierte Nachfolgesuche. Die Berufung von Teamchef Erich Ribbeck 1998 geriet schon zu einer Groteske, während der sich die ehemaligen Nationalspieler Paul Breitner und Uli Stielike nach Gesprächen mit den DFB-Verantwortlichen fälschlicherweise als Bundestrainer wähnten. Zwei Jahre später gestaltete sich die Suche ähnlich konzeptionslos. Bei einem Treffen der deutschen Fußballspitzenkräfte wurde Rudi Völler zum Interimsnachfolger gemacht, obwohl er eigentlich nur als Ratgeber zu dieser Sitzung geladen war.

»Im Prinzip den ganzen Laden . . .«

Das vakante Fußballamt jedenfalls, das im Sommer 2004 zur Vergabe anstand, war ramponiert. Die Deutschen reagierten verdrießlich, daß ein Land, das dreimal Weltmeister und Europameister geworden war, wochenlang vergeblich einen Trainer suchte; schlimmer noch, der Eindruck verfestigte sich, daß alle Kandidaten mit einer gewissen Klasse an dieser Aufgabe schon gar nicht mehr interessiert seien und nur noch die zweite oder dritte Garde zur Wahl stünde. Konfusion und Ratlosigkeit beim DFB waren größer denn je. In diesen Tagen des heillosen Durcheinanders und der enttäuschten Sehnsüchte machte auf einmal Jürgen Klinsmann auf sich aufmerksam. Es genügte ein Interview, das am Tag des EM-Endspiels in der *Frankfurter Allgemeinen Sonntagszeitung* erschien. Die Einstellung und die Ansätze von Klinsmann machten deutlich, daß er nicht bereit war, den wilden Aktionismus in Krisenzeiten als unvermeidliches Dilemma zu akzeptieren, sondern daß er dies als Folge der geistigen Leere beim DFB begriff.

Klinsmann breitete eine überzeugende Analyse der Malaise im deutschen Fußball aus, die nach der Europameisterschaft bis dahin keiner der Verantwortlichen des Verbandes gezogen hatte, zumindest nicht öffentlich, und wenn, ohne erkennbare Konsequenzen für die Zukunft daraus abzuleiten.

»Was uns derzeit fehlt, ist Durchschlagskraft vorne im Angriff, die Schnelligkeit im Kombinationsspiel und die individuelle Schnelligkeit. Wir haben kaum einen Spieler, vielleicht mit Ausnahme von Philipp Lahm, der ganz hohes Tempo mitgehen kann. Wir haben niemanden wie den Portugiesen Ronaldo oder den Niederländer Robben, der die Gegenspieler überlaufen kann. Es sieht so aus, als ob wir den Zug verpaßt haben. Die anderen Nationen sind schneller geworden, und wir gehen immer noch unser Tempo. Das Kombinationsspiel der Tschechen geht immer nach vorne, unseres geht immer in die Breite. Beinahe jede Fußballnation hat einen Ronaldo, einen Rooney oder Robben. Was hat der deutsche Fußball zu bieten im Hinblick auf die Weltmeisterschaft 2006 im eigenen Land? Abgesehen von den Talenten, die wir auch haben wie Lahm, Hinkel und Schweinsteiger, sind wir an einem sehr kritischen Punkt angelangt, an dem wir über unsere Gesamtstruktur nachdenken müssen. Es sind ein paar Fehler passiert nach dem Ausscheiden, die einfach nicht passieren durften. Wir stehen vor der einmaligen Situation, eine WM im eigenen Lande zu haben. Wir haben die Chance, uns zu präsentieren, wie wir sie in den nächsten dreißig, vierzig Jahren nicht mehr bekommen werden. Deshalb können wir es uns einfach nicht erlauben, ein so unwürdiges Bild abzugeben.«

Klinsmann zählte ruhig und präzise die schwerwiegendsten Versäumnisse auf, die den deutschen Fußball in den vergangenen Jahren begleiteten, während Beckenbauer und die »TFK« über ein halbes Dutzend Trainernamen und deren Vertragsstatus abarbeiteten. Von einem Anforderungsprofil bei ihrer Arbeit jedenfalls wurde nichts bekannt, sondern es schien alleine die Frage im Vordergrund zu stehen, welcher Trainer gerade keinen Vertrag besitzt und welcher Name in den Medien vermittelbar sei. Klinsmann jedoch beschränkte sich nicht auf die sportliche Analyse, sondern kam auch auf erhebliche Defizite des Verbandes zu sprechen, die von den Verantwortlichen nur zu gerne ausgeblendet wurden. Die Schwächen waren zwar wohlbekannt im DFB, aber Beharrungsvermögen und Bequemlichkeit verhinderten über viele Jahre dringend notwendige Reformen und Strukturveränderungen.

Der erste Kritikpunkt Klinsmanns lautete: »Es geht damit los, daß Rudi Völler einen Tag nach dem Ausscheiden seinen Rücktritt erklärt. Da hätte jemand da sein müssen, der das abfängt, der gesagt hätte: ›Rudi, laß uns mal vier, fünf Tage die Sache analysieren, und dann kannst du immer noch zurücktreten, wenn du unbedingt möchtest.‹ Wir müssen dringend eine Art Manager für die Nationalmannschaft schaffen. Es muß jemand da sein mit Stärke und Ausstrahlung, der dem Trainer zur Seite steht, der auch mal als Schutzschild dient. Wir haben genügend qualifizierte Manager in den Bundesligaklubs, die diese Ausstrahlung haben. Es muß jede Position mit Profis besetzt sein. Was macht ein Uli Hoeneß seit dreißig Jahren beim FC Bayern? Er ist ein Auffangbecken für Spieler, Trainer und die Vereinsoberen, nur beim DFB wehrt man sich dagegen, weil da wohl Ego-Gedanken eine Rolle spielen.«

Zweitens: »Es muß dringend überlegt werden, wie sich der Verband weiter zeigen möchte. Im Ausland wird über uns gelacht, weil wir ein jämmerliches Bild abgeben. Es kann doch nicht sein, daß man direkt nach Völlers Rücktritt auf einen Trainer zugeht, um ihn zu verpflichten. Es wurde nur versucht, von den eigenen Schwächen abzulenken und schnell jemanden zu präsentieren. Vielleicht hätte Ottmar Hitzfeld in zwei, drei Monaten ganz anders gedacht.«

Drittens: »Man hätte erst mal die Situation in aller Ruhe analysieren und eine Vision aufzeigen müssen, die über 2006 hinausgeht, und nicht den zweiten vor dem ersten Schritt machen. Jetzt haben wir eine Situation, in der man hoffen kann, daß die Entscheidungsträger im Verband, im WM-Organisationskomitee wie Beckenbauer oder in der Liga sich an einen Tisch setzen und diskutieren: Wo wollen wir eigentlich hin in den nächsten sechs, acht Jahren, und wie können wir das erreichen und mit welchen Personen? Da gehört auch das Thema Jugend hinein. Wir als große Fußballnation haben uns seit 1988 für keine Olympischen Spiele mehr qualifiziert – das kann doch nicht sein.« Klinsmanns Fazit: »Es ist unglaublich, was sich derzeit im DFB abspielt.«

Der entschiedene Meinungsbeitrag des ehemaligen Weltmeisters und Kapitäns wurde in der DFB-Zentrale und der Trainerfindungskommission registriert, aber eher beiläufig. Er schien nicht relevant. Daß Klinsmanns weitreichende Überlegungen als konkrete Handlungsanleitung für die Suche nach einem Bundestrainer hätten dienen können, kam der Verbandsführung und Franz Beckenbauer überhaupt nicht in den Sinn. Auch in den kommenden, chaotischen Tagen dominierten wieder nur die beiden nun seit Jahren altbekannten Kriterien bei der Trainersuche, Aktionismus und Populismus. Als Rehhagel mit Griechenland Europameister wurde, waren das die beiden einzigen Schlüsselworte, die bei der Suche nach einem Nationaltrainer verfingen. Die unglaubliche Erfolgsgeschichte von Otto Rehhagel mit Griechenland ließ Beckenbauer alle Erfahrungen verdrängen, die ihn sieben Jahre zuvor als Präsident des FC Bayern bewogen hatten, den Meistertrainer in München zu entlassen. Die im Fußballgeschäft allseits bekannten Schwächen des exzellenten, aber zur Selbstgerechtigkeit neigenden Fußballkenners erschienen angesichts der Begeisterung über den Gewinn der Europameisterschaft nicht mehr als Einstellungshindernis. Der drei Wochen zuvor noch in Deutschland als Auslaufmodell gehandelte Trainer kam der Findungskommission auf einmal wie eine ideale Zukunftslösung vor. Rehhagel sagte dem DFB jedoch nach einigen Tagen ab, um seinen Vertrag in Griechenland zu erfüllen.

Nun regierte das Chaos. Lothar Matthäus brachte sich als Nationaltrainer penetrant ins Gespräch, Winfried Schäfer spekulierte auf den Job, und die Verbandsspitze präsentierte der Öffentlichkeit nach einem erbitterten Machtkampf als unsinnige Lösung eine Doppelspitze mit einem um Einfluß gebrachten Mayer-Vorfelder sowie Theo Zwanziger als Gegenpol. Die öffentliche Stimmung war miserabel gegenüber einem reformunfähigen Fußballapparat, der sich in inneren Kämpfen aufrieb und nach vier Wochen von einer überzeugenden Nachfolgeregelung für Völler weiter denn je entfernt war.

Die Zeit hätte kaum günstiger sein können für einen neuen Vorstoß von Jürgen Klinsmann, sein Fußball-Gegenmodell für Deutschland zu entwerfen. Klinsmann wiederholte in der *Süddeutschen Zeitung* seine grundsätzlichen Forderungen, verschärfte aber den Ton und präzisierte seine Vorstellungen. Die abermalige Fundamentalkritik zeigte nun eine weit größere Wirkung als die Premiere am letzten Tag der Europameisterschaft. Nun nannte er erstmals den Namen von einem möglichen Manager und konkretisierte dessen Aufgabenbereich: »Er ist ein Bindeglied zwischen Trainer, Mannschaft, Medien und Sponsoren. Er muß Einfluß haben in diesen Bereichen und natürlich auch eine Ausstrahlung. Ich fand Karl-Heinz Rummenigges Vorschlag sehr gut, daß Oliver Bierhoff das machen könnte. Der Trainer muß das Gefühl haben, er kann bei diesem Mann mal was abladen.« Einen neuen Manager und einen Trainer zu finden, sei aber nur ein Teilschritt, sagte Klinsmann. »Man muß ein Team aufbauen mit Fachleuten für jeden Bereich. Aber bevor man das macht, muß man eine Bestandsaufnahme vornehmen. Also fragen: Wer arbeitet mit den Jüngsten, wer mit den Mittleren, das muß man bis rauf zur U23 ansehen. Wer arbeitet im Management, mit den Medien, in der Sportpsychologie?« sagte Klinsmann, und dann folgte der Satz, der ihn noch viele Monate als Bundestrainer begleiten und ihn auch fast wieder um den Job bringen sollte: »Im Prinzip muß man den ganzen Laden auseinandernehmen.«

Aber daran dachte der neue Chefkritiker des deutschen Fußballs in diesem Moment natürlich noch nicht. Auch er erwartete, daß die Bundestrainerfrage beim DFB nach dem alten, aber keineswegs bewährten Muster gelöst würde. Im Moment sei es doch so, sagte Klinsmann, daß alle Verantwortlichen im deutschen Fußball nur um den heißen Brei herumredeten und jeder denke, wenn schnell ein neuer Bundestrainer präsentiert werde, sei auch der Druck weg und alle hätten sich wieder rausgemogelt. Aber es müsse langfristig geplant werden. »Da muß mindestens ein Zehnjahresplan entwickelt werden. Aber viele beim DFB haben die Einstellung: Hauptsache, ich bin bei der WM 2006 noch im Boot. Danach bekommen wir für mindestens 30 Jahre ohnehin keine Großveranstaltung mehr. Die Frage ist, inwieweit die Herren – in diesem Fall Herr Mayer-Vorfelder und Herr Zwanziger –, inwieweit diese Herren offen sind. Oder ob sie nur eine schnelle Lösung suchen, damit sie bis 2006 aus dem Schneider sind.«

Klinsmann aber sprach trotz aller Skepsis weiter, als sei er nie der nette Weltmeister von ehedem gewesen, sondern schon immer ein Sanierer, der mit kühlem, rationalem Blick von außen ein marodes Unternehmen unter die Lupe nimmt. »Man schaut, wo es nicht paßt, und dann muß man Leute suchen, die das ändern können. Diese Leute gibt es.« Die Lösungsansätze lieferte Klinsmann gleich mit. »Die gesamte Trainingslehre des Deutschen Fußball-Bundes muß dringend reformiert werden. Dazu muß man sich fragen, was man rund um den Bundestrainer aufbaut, was für ein Team, wer dazugehört. Ein Psychologe beziehungsweise Mentaltrainer gehört dazu, die Spieler kommen in Streßsituationen, auf die sie niemals vorbereitet worden sind. Ich habe das Gefühl, die Maschinerie steht in Deutschland seit 20 Jahren.«

Klinsmann illustrierte seine Vorstellungen mit den Erfahrungen, die er dies- und jenseits des Atlantiks in seinen zwei verschiedenen Berufsleben gemacht hatte. Er beschrieb, wie ein junger Spieler aufgebaut und im offenen Umgang mit den Medien bei ganz selbstverständlichen Rückschlägen geschützt werden könne. Wenn man für einen Spieler einen Zweijahresplan entwerfe, dann könne man auch vorhersagen, daß er irgendwann in der Entwicklung ein Tief erreicht. Dann müsse man offen mit den Medien umgehen und sagen: »Der Junge wird mal einbrechen, weil er im Moment an manchen Dingen mehr arbeitet. Wenn man zum Beispiel jetzt zweimal die Woche Schnellkraft trainiert, dann kommt nach zwei Monaten ein Tief. Aber aus einem Spieler, der 12,5 Sekunden auf 100 Meter läuft, mache ich einen, der 11,8 läuft. Thierry Henry läuft nicht umsonst 11,0. Der hat das trainiert, dem ist das nicht angeboren. Auch mir war das nicht angeboren, ich habe mir die Schnelligkeit zusätzlich erarbeitet.«

Klinsmann warb für ein unter Rudi Völler und allen seinen Vorgängern sowie in der Bundesliga unbekanntes oder abgelehntes Trainerkonzept, das auf ausgesuchte Experten in den verschiedenen Fachbereichen setzte – das Führungsprinzip des amerikanischen Profisports. »Wenn man ein Team hat, das richtig greift, das auf der gleichen Wellenlänge liegt, dann gibt es nichts Besseres. So etwas praktiziert man in der NBA seit Jahren. Da übergibt Phil Jackson, bis vor kurzem Trainer der LA Lakers, an seinen Taktiktrainer oder an seinen Mentaltrainer, aber er, mit seiner Ausstrahlung, seiner Persönlichkeit – er führt das Ganze.«

Was niemand ahnte – Klinsmann hatte schon ganz exakt die Linien seiner künftigen Arbeit als Bundestrainer vorgezeichnet. Alles war schon konkret durchdacht – aber noch unverbindlich in eigener Sache: Klinsmann selbst schloß für den »Moment« aus, an entscheidender Stelle in der Nationalmannschaft mitzuwirken, aber er war klug genug, eine definitive Absage zu vermeiden. »Ich mache derzeit drei Jobs gleichzeitig, und ich wüßte gar nicht, wie ich da rauskäme«, sagte Klinsmann nur – und ließ sich die Möglichkeit offen, diese vertraglichen Fragen im Ernstfall selbstverständlich noch lösen zu können. Zum Schluß wurde der DFB-Kritiker – der seit seinem Karriereende immer wieder betont hatte, nie Trainer werden zu wollen – gefragt, ob er es nicht vielleicht doch irgendwann wagen wolle, den Trainerschein habe er ja schon. Die scheinbar unverbindliche und weit in die entfernte Zukunft weisende Antwort, so sollte sich bald zeigen, hatte jedoch schon fast prophetischen Charakter: »Ich sage es mal so: Es ist gut zu wissen, daß ich den Schein in der Tasche habe.«

In der DFB-Zentrale verschwendete niemand einen Gedanken daran, daß aus Amerika der künftige Bundestrainer gesprochen haben könnte. Auch als verschlüsselte Bewerbung für die Völler-Nachfolge wurde Klinsmanns Interview nicht verstanden. Die Funktionäre waren einfach nur erbost und tief getroffen über die Kritik aus den eigenen Reihen. Von allen Seiten stand der DFB seit Wochen unter Dauerbeschuß, und nun lieferte ausgerechnet ein populärer Weltmeister neue Munition. Nestbeschmutzer war noch eine der freundlichen Bezeichnungen in der Betonfraktion im DFB-Haus. Aber auch aufgeschlossene Funktionäre, die Klinsmanns Analyse weitgehend folgten, fühlten sich verraten und lächerlich gemacht. Dafür genügten schon ein paar Nebensätze. Der Chefkritiker warf dem Verband nämlich auch vor, die Bindung zu der jungen Generation der Nationalspieler verloren zu haben – und fand dafür ein boshaftes Beispiel. »Ein Manager muß auf deren Niveau kommunizieren können, das heißt etwa, E-Mails austauschen«, sagte Klinsmann. »Jetzt sind wir für Klinsmann auch noch zu doof, den Computer einzuschalten«, schallte es aus den Fluren in der Verbandszentrale zurück, und bald sollte der Kulturkampf beginnen.

Ein paar Tage nach seinem Interview in der *Süddeutschen* unterhält sich Klinsmann mit seinem Berater Eitel, und sie kommen auf die Situation im deutschen Fußball zu sprechen. Eitel bemerkt das Interesse Klinsmanns, sich zu engagieren, und er fragt ihn, ob er sich nicht vorstellen könne, den Managerposten zu übernehmen. Das wäre doch etwas für ihn, er wäre wieder mittendrin im WM-Projekt, er müßte nur alle paar Wochen oder Monate nach Deutschland, die Familie könnte in Kalifornien bleiben. »Manager mache ich nicht mehr«, entgegnete Klinsmann, seine Erfahrungen als sportlicher Berater bei L.A. Galaxy hätten ihm gezeigt, daß man viel zu sehr vom Trainer abhängig sei, und wenn der DFB dann einen Trainer hole, von dem er nicht überzeugt sei, dann ginge das nicht. »Wenn ich im Fußball noch etwas mache, dann mache ich nur noch den Chef«, sagte Klinsmann. »Dann mußt du Trainer machen«, entgegnete Eitel. »Du wirst lachen«, sagte Klinsmann nach einer kleinen Pause, »darüber denke ich nach.«

Eitel konnte kaum glauben, was er gehört hatte, aber vier, fünf Tage später erreichte ihn ein Fax von Klinsmann aus Amerika. Er wunderte sich darüber, denn normalerweise telefonierten sie miteinander oder kommunizierten über E-Mail. Er ahnte, daß es sich um eine besondere Nachricht handelte, bevor er die wenigen Zeilen las: »Bundestrainer finde ich O.K. Was meinst du? Wie gehen wir es an?«

Es war nicht gerade einfach, Klinsmanns Wunsch, sich um den Bundestrainerjob zu bewerben, an der richtigen Stelle zu plazieren. Franz Beckenbauer direkt anzurufen, kam für ihn nicht in Frage, denn dann, befürchtete Klinsmann nach seinen Erfahrungen beim FC Bayern, stünde alles sofort in *Bild,* und dies könnte seine Idee gefährden. Auch seinen alten Präsidenten Gerhard Mayer-Vorfelder einzuschalten, schien ihm und seinem Berater in jenen Tagen wenig ratsam, denn sie wußten angesichts der Krise im DFB nicht, welchen Einfluß Mayer-Vorfelder noch besaß. Auch über Wolfgang Niersbach, seinen engen Partner in der Nationalelf als DFB-Medienchef, der es mittlerweile zum Vizepräsidenten im WM-Organisationskomitee mit stetig wachsendem Einfluß im Verband gebracht hatte, wollte Klinsmann nichts einfädeln, denn er hatte sich in den Jahren zuvor über seine Rolle als WM-Botschafter geärgert und sich ungerecht behandelt gefühlt. Er war während der Bewerbungsphase immer wieder für das Organisationskomitee unterwegs gewesen, bis nach Japan und Australien. Als dann aber in Zürich im Sommer 2000 die Entscheidung bekanntgegeben wurde, standen zwar Boris Becker und Claudia Schiffer auf der Bühne, er aber saß irgendwo in den hinteren Reihen. »Er fühlte sich zurückgesetzt«, sagte Eitel, und so kam auch ein Kontakt über Niersbach für ihn nicht in Frage. Sie suchten nach einem unabhängigen, gleichwohl akzeptierten Ansprechpartner.

Es traf sich, daß zu dieser Zeit Berti Vogts in Amerika Urlaub machte, und der ehemalige Bundestrainer hatte noch immer einen exzellenten Kontakt zu DFB-Generalsekretär Horst R. Schmidt, der auch der Trainerfindungskommission angehörte. Vogts war mit dem Camper unterwegs, er befand sich gerade in San Diego an der Pazifikküste und wollte eigentlich direkt weiter in Richtung Las Vegas zu einer Raftingtour, als er einen Anruf von Gross erhielt, der ihm sagte, daß Klinsmann ein bißchen sauer sei, weil er sich bisher noch nicht bei ihm gemeldet habe, wo er doch gerade in Amerika sei. Vogts rief bei Jürgen Klinsmann an und sagte ihm zu, daß er bei ihm vorbeischauen werde. Als Vogts bei ihm zu Hause war, lenkte Klinsmann das Gespräch auf das Thema, das ihn bewegte. »Der Rummenigge hat wieder so einen Quatsch erzählt«, sagte er zu Vogts, »er hat mich als Manager für die Nationalmannschaft vorgeschlagen«, erinnerte sich der ehemalige Bundestrainer an das Gespräch mit seinem ehemaligen Kapitän. »Ja, und?« erwiderte Vogts. »Manager, dazu habe ich keine Lust. Wenn, dann würde ich als Trainer so was mal machen«, sagte ihm Klinsmann. »Als Trainer?« fragte Vogts ungläubig zurück, »du würdest als Bundestrainer arbeiten?« »Ja«, antwortete Klinsmann, »das könnte ich mir vorstellen, ich habe da so meine Ideen.« Vogts schlug ihm vor, am nächsten Tag beim DFB einfach mal anzurufen, aber vorher bat er Klinsmann, ihm doch mal von seinen Ideen und Plänen für die Nationalmannschaft zu erzählen. Sie redeten die ganze Nacht, und alles kam auf den Tisch, was in den kommenden Monaten den deutschen Fußball bewegen sollte: Die Fitnesstrainer aus Amerika, der Sportpsychologe, die Idee, junge Spieler in die Nationalmannschaft zu holen und einen personellen

Schnitt zu wagen, einen neuen aggressiven Stil für die Weltmeisterschaft im eigenen Land zu schaffen sowie Oliver Kahn als Kapitän abzulösen und Michael Ballack zum neuen Spielführer zu ernennen. Und er benannte auch schon die Leute beim DFB, die er bei seiner Arbeit nicht mehr sehen wollte. »Ich hatte geglaubt, er lebt weit weg in Amerika. Aber er war zu diesem Zeitpunkt schon besser informiert als mancher Trainer, der sich beim DFB vorgestellt hatte«, berichtet Vogts.

Am nächsten Morgen rief Vogts bei Horst R. Schmidt an, erzählte ihm vom Interesse Klinsmanns, Nachfolger von Rudi Völler zu werden, und daß er eine Menge guter Ideen mit nach Deutschland bringen werde. Ein paar Tage später trafen sich Klinsmann, der Generalsekretär und Mayer-Vorfelder in New York in einem Restaurant am Hudson, und auch sie waren ziemlich erstaunt, welch eine ausgereifte Präsentation ihnen Klinsmann bei dem fünfstündigen Gespräch mit Hilfe seiner amerikanischen Partner Mersereau und Hoban vorlegte.

In den Tagen vor dem Treffen in New York unterhielt sich Klinsmann auch mit ein paar seiner alten Freunde aus Geislingen über die Ereignisse. Aber mit der ganzen Wahrheit, warum es ihn drängte, Bundestrainer werden zu wollen, rückte er auch bei ihnen nicht heraus. »Nie im Leben macht er das, sagte er zu uns«, erinnert sich Marika Barth. Aber sie und ihr Mann wußten es nach den Telefonaten mit Jürgen Klinsmann ohnehin besser, vielleicht besser als er selbst. »Jürgen hat das einfach machen müssen«, sagen sie. »Okay, er war in Amerika, er hat dort seine Familie und seine Firma. Aber das war nichts mehr, was ihn an seine Grenzen gebracht hat. Und das war es, was er brauchte: ein Abenteuer.«

11. Neue Köpfe, frischer Geist

Das Team des Erneuerers

Am Morgen, nachdem Jürgen Klinsmann Bundestrainer geworden war, klingelte das Mobiltelefon von Joachim Löw. Er hatte sich in der Frühe gerade zu einem Lauf in den Wald aufgemacht, seine Badehose hatte er auch dabei, denn danach wollte er noch ein paar Bahnen schwimmen gehen. Als sich der neue Bundestrainer am Telefon meldete, von dessen Zusage er am Vortag wie so viele erst über Videotext erfahren hatte, dachte Löw, daß Jürgen Klinsmann vielleicht einen Rat oder eine Einschätzung benötige, oder daß es um die Stiftung »fd21« gehen würde, ihr gemeinsames Thema seit einigen Jahren. Sie kannten sich zwar schon seit Klinsmanns Zeiten in München aus der Bundesliga, Löw trainierte damals den VfB Stuttgart, aber näher waren sie sich trotz der Verbindung über den VfB erst im Jahr 2000 beim gemeinsamen Trainerlehrgang gekommen, den auch Löw absolvieren mußte, weil der DFB seine Trainerlizenz aus der Schweiz nicht anerkannte. Seither waren sie zwar immer wieder in engem Kontakt wegen des Jugendfußball-Projekts, das sich aus diesem Lehrgang heraus entwickelte. Aber daß der Anruf sein Leben verändern würde, daran dachte Löw nicht.

»Ich würde dich gerne treffen«, eröffnete ihm Klinsmann. Er sei jetzt gerade mit seiner Familie auf dem Weg zu Freunden in der Nähe von Como. »Dann treffen wir uns doch, wenn du wieder zurück bist«, entgegnete Löw. »Mir wäre es aber recht, wenn wir uns heute noch sehen könnten«, drängte Klinsmann, »ich möchte dich gerne zum Assistenztrainer der Nationalmannschaft machen. Kannst du dir das vorstellen?«

Löw konnte. Er beendete seinen Waldlauf und kehrte umgehend nach Hause zurück. »Was machst du denn schon hier?« fragte ihn seine Frau verblüfft. »Ich fahre nach Italien«, sagte Löw. Am Abend saß er mit Klinsmann bei dessen Freunden in Italien zusammen und sie diskutierten über ihre Fußball-Philosophie, über die Ziele für die Nationalmannschaft und die Aufgabenteilung, denn diese Fragen waren für Löw bei allem Interesse für die Aufgabe entscheidend. »Mit jemanden zusammenarbeiten, mit dem es nicht gepaßt hätte, das hätte ich nicht gemacht. Das ist völlig unmöglich«, sagte Löw. Er hatte in jenen Sommertagen 2004 immer noch keinen Verein gefunden, er war ohne Vertrag. »Wenn ich in der Bundesliga keinen Job gefunden hätte, dann hätte ich lieber in der Regionalliga als Trainer gearbeitet, anstatt bei Real Madrid als Assistent unter einem Trainer mit ganz anderen Vorstellungen«, sagte er. Gemeinsame Ideen und ein gemeinsames Ziel waren für ihn, bei allem verführerischen Reiz, den das Angebot hatte, die Voraussetzung, um an Klinsmanns Seite zu arbeiten. Das Gespräch in Italien verlief ausgesprochen erfreulich, wie Löw sich das erhofft und auch erwartet hatte, schließlich schätzte er Klinsmann schon viele Jahre und kannte seine Einstellung zum Fußball.

Die wochenlange Trainersuche des DFB hatte Löw zunächst entspannt im Urlaub auf Fuerteventura verfolgt. Nach der Absage Hitzfelds sagte er zu Freunden, als noch niemand an Klinsmann als Bundestrainer dachte, daß »Jürgen der einzige ist, den ich mir jetzt für diese Aufgabe vorstellen kann«. Der gemeinsame Trainerlehrgang vier Jahre zuvor war Löw dabei wieder in Erinnerung gekommen. Für ihn war dieser Lehrgang damals nur eine Wiederholung, eine Pflichtübung, er hatte seine Ausbildung in der Schweiz längst hinter sich und bei verschiedenen Klubs in der ersten Liga schon erfolgreich gearbeitet. Löw ging deshalb unter ganz anderen Voraussetzungen in die Sportschule Hennef als die erfolgreichen Nationalspieler ohne Trainererfahrung, und er war bei dieser für ihn eher lästigen Veranstaltung vor allem neugierig darauf, zu beobachten, wer aus dieser Gruppe denn wirklich in der Lage sein würde, eine Mannschaft zu führen. »Es ist doch ein großer Unterschied, ob ich fünfzig, sechzig Länderspiele gemacht habe oder ob ich auf der Trainerseite stehe«, sagt Löw. »Wenn man selbst schon Trainer ist, entwickelt man ein Gespür dafür, welche Fähigkeiten dafür notwendig sind und wer diese Aufgabe erfüllen kann. Und der Jürgen, das kristallisierte sich ganz schnell heraus, der hatte das. Wenn es darum ging, vor der Gruppe aufzustehen und etwas zu vermitteln, da war Jürgen exzellent. Auch auf dem Trainingsplatz, wenn es galt, die Spieler das Gelernte umsetzen zu lassen, sie dabei auch zu unterbrechen und zu korrigieren, wenn etwas nicht paßte, da war er sehr, sehr gut.«

Nach den Erfahrungen mit Klinsmann während des Trainerlehrgangs wurde Löw im gemeinsamen Gespräch in Italien sehr schnell klar, daß er das Angebot, als Assistent für ihn zu arbeiten, annehmen würde. Die entsprechenden Freiheiten sicherte ihm Klinsmann zu. Er brauchte seine Hilfe als erfahrener Trainer, er wollte von seinem Wissen profitieren und auch von ihm lernen. »Aber jetzt fahre ich nach Hause, und wir denken beide darüber mal ein, zwei Tage nach, das muß man ja nicht sofort entscheiden«, schlug Löw vor. Aber Klinsmann drängte auf eine schnellere Entscheidung. Er hatte es eilig. Denn an jenem Tag, an dem der Bundestrainer und sein künftiger Assistent schon die Linien ihrer gemeinsamen Arbeit entwarfen, hatten sich Mitglieder der Trainerfindungskommission schon mit Holger Osieck in Zürich getroffen, und sie hatten auch schon zur Fifa Kontakt aufgenommen, um seine Freigabe zu erwirken.

Franz Beckenbauer hatte seinen treuen ehemaligen Assistenten, mit dem er 1990 Weltmeister geworden war, als erfahrenen Trainer an der Seite von Klinsmann vorgesehen, aber diese Personalfrage hatte der Chef der Trainerfindungskommission über den Kopf des neuen Bundestrainers hinweg entscheiden wollen. In den Medien wurde Osieck auch tagelang schon als künftiger erster Helfer des Bundestrainers präsentiert. »Ich möchte, daß du dich bis morgen entscheidest«, sagte Klinsmann zu Löw. »Also gut, wir telefonieren morgen abend«, entgegnete Löw.

Osieck, der ehemalige Nationaltrainer Kanadas, war für ein paar Tage zur Hochzeit seines Sohnes nach Kanada geflogen. Nach seiner Rückkehr, als die Personalfrage für die Öffentlichkeit schon längst entschieden schien, gab es nun erheblichen Gesprächsbedarf zwischen den alten Bekannten Klinsmann und Osieck. Sie trafen sich an einem geheimgehaltenen Ort in der Nähe der deutsch-schweizer Grenze, und was der neue Bundestrainer ihm mitzuteilen hatte, ließ an Deutlichkeit nichts zu wünschen übrig. Nach der Unterredung war klar, daß eine Zusammenarbeit zwischen Osieck, der wenige Monate zuvor bei der Fifa den Posten des Leiters des Stabes für technische Entwicklung übernommen hatte, und dem neuen Bundestrainer Klinsmann unmöglich war. »Jürgen hatte seine Vorstellungen. Ich habe das verstanden«, sagte Osieck später über das Gespräch. »Wir sind freundlich auseinandergegangen.« Er erklärte am nächsten Tag seinen Verzicht auf den Job. Beckenbauer, der noch am Tag vor dem Treffen der DFB-Spitze mit Klinsmann in New York Lothar Matthäus als künftigen Bundestrainer favorisiert hatte und durchsetzen wollte, war mit seinen Vorstellungen wieder nicht durchgedrungen. Der Fußball-Kaiser reagierte zerknirscht, und er war nicht der letzte im deutschen Fußball, dem es in den kommenden Wochen und Monaten mit Klinsmann so ergehen sollte.

Seinen Manager für die Nationalmannschaft hatte der Bundestrainer bereits gefunden. Als er in New York die entscheidenden Gespräche führte, gehörte die Schaffung dieses neuen Postens zu Klinsmanns Bedingungen, und mit Oliver Bierhoff nannte er auch gleich seinen Wunschkandidaten. Bierhoff hatte ihm wenige Wochen zuvor, als Ottmar Hitzfeld überraschend auf das Angebot als Bundestrainer verzichtete, eine E-Mail geschickt. »Hey Jürgen, das wäre doch was für dich. Ich würde auch deinen Manager machen«, hieß es darin. Aber das war nicht ernst gemeint, denn Bierhoff ging fest davon aus, daß Klinsmann diese Aufgabe, selbst wenn sie an ihn herangetragen würde, nicht annehmen und in Amerika bleiben würde.

Klinsmann und Bierhoff waren keine engen Freunde, aber sie kamen gut miteinander aus. »Wir haben zwar über die Jahre immer wieder miteinander geredet, aber es gab immer eine gewisse Distanz«, sagt Bierhoff. Die erste Begegnung kam 1986 bei einem Pokalspiel zwischen dem VfB Stuttgart und Bayer Uerdingen zustande. Es stand 3:0 für die Schwaben, als der unbekannte Bierhoff zur Halbzeit eingewechselt wurde. Es war sein erstes Spiel als Profi. Klinsmann hatte da schon einen Namen, auch in diesem Spiel hatte er schon zwei Tore erzielt. Aber auch dem achtzehnjährigen Bierhoff glückten bei seinem Debüt zwei Treffer, und Uerdingen siegte in einer spektakulären Partie noch 6:4. Erst Jahre später, nach einem Spiel zwischen Inter Mailand und Ascoli, unterhielten sie sich einmal länger. Inter gewann 2:1, Klinsmann schoß zwei Tore für Inter, Bierhoff eins für Ascoli. »Er war supernett«, erinnert sich Bierhoff, der deutsche Außenseiter in Italien, dem damals niemand eine steile Karriere vorausgesagt hätte. »Andere sagten damals einfach nur Hallo zu mir.«

Der Kontakt wurde intensiver, als Bierhoff 1996 für die Europameisterschaft nominiert wurde. Aber auch bei diesem Turnier war er in der hierarchischen Stellung noch weit entfernt vom Weltmeister und Kapitän Klinsmann. Das änderte sich schlagartig nach seinen beiden Toren im Finale gegen die Tschechische Republik, die Deutschland zum Europameister machten. Bis zu Klinsmanns Rücktritt 1998 wurden sie zu engen Konkurrenten im Sturm. »Es war ein unkompliziertes Verhältnis, aber die Distanz war da«, sagt Bierhoff. »Jürgen ist ja auch niemand, der andere leicht an sich heranläßt. Und ich bin niemand, der um die Gunst von anderen Leuten buhlt.« Auch nach Klinsmanns Karriere wurde die Beziehung nicht enger, nur kurz vor der WM 2002 kamen sie sich etwas näher. Bierhoff war bei Teamchef Rudi Völler nicht mehr erste Wahl, doch Klinsmann unterstützte den ehemaligen Konkurrenten öffentlich und bezeichnete ihn als den besten deutschen Stürmer, den einzigen von internationalem Format. »Als ich in meiner schwierigen Phase war, hat er sich bei mir gemeldet und mir gesagt, ich solle mich nicht verrückt machen lassen. Er hatte das ja schon alles selbst mitgemacht. Es hat mich damals wirklich gefreut, daß er mich da gestützt hat, gerade weil wir nicht befreundet waren.« Aber nach der Weltmeisterschaft schlief der Kontakt wieder ein, sie schickten sich zwar ab und zu noch ein paar Mails, aber oft mit monatelangen Pausen.

Im Januar 2004 trafen sie sich jedoch in Los Angeles. Bierhoff hatte seine Karriere mittlerweile ebenfalls beendet und war wegen eines Praktikums bei Nike und Coca-Cola zweieinhalb Monate in Kalifornien. Ihm hatte es imponiert, wie Klinsmann in Amerika sein neues Leben in Angriff genommen hatte, es hatte ihm selbst Mut gemacht für die Zeit nach dem Profifußball. Nun wollte Bierhoff die Gelegenheit nutzen, seinen Kollegen auch endlich einmal zu besuchen. Sie verabredeten sich am Telefon, aber bevor sie sich trafen, war Bierhoff noch für ein paar Tage beruflich unterwegs, wobei ihn sein Weg auch ins »Home Depot Center« führte, jenen von Klinsmann mitgestalteten Sportpark im Süden der Stadt. Bierhoff wollte sich ansehen, wie Nike dort das Fußballgeschäft betreibt, wie L.A. Galaxy und die amerikanische Nationalmannschaft arbeiten, wie die Sportstätten aussehen und wie die Vermarktung funktioniert. »Wir kamen gerade ins Home Depot Center, da sehe ich auf einmal den Jürgen, wie er auf dem Platz zwischen den Spielern herumrennt«, berichtet Bierhoff. »Als ich ihn kicken sah, hatte ich auf einmal das Gefühl, daß er jemand ist, der es liebt, auf dem Platz zu sein, zu laufen, das

Gras zu spüren. Daß er trotz der ganzen Vermarktungsgeschichten, die er gemacht hatte, eigentlich doch mehr an der sportlichen Seite hängt, am Trainerjob.«

Nach der unerwarteten Begegnung gingen beide etwas essen, und danach trafen sie sich noch zweimal. Während der Gespräche fühlte sich Bierhoff von seinem ersten Eindruck auf dem Platz bestätigt. »Ich habe gemerkt, wie bei ihm ein gewisses Kribbeln wiederkommt. Ich hatte gesehen, wie er mit Bruce Arena diskutiert, und dann habe ich von ihm gehört, für wie viele Dinge er sich im Fußball interessierte.« Aber auch Klinsmann hatte damals schon ein gutes Gespür dafür, was aus Oliver Bierhoff einmal werden würde. »Du wirst sowieso irgendwann Manager«, sagte ihm Klinsmann, »bestimmt bei einem Verein, aber eigentlich müßtest du zum DFB.« Aber richtig ernst nahmen das beide im Winter 2004 noch nicht, zumal Bierhoff zu dieser Zeit eigentlich gar kein Interesse an einem solchen Posten hatte.

Nach seinem Leben als Profi genoß er erstmals seit kurzer Zeit seine Unabhängigkeit. Er bildete sich bei namhaften Unternehmen weiter und arbeitete gleichzeitig als Berater, daneben hatte er ein paar Einsätze als Europapokal-Kommentator bei *Sat.1,* aber dennoch blieb ihm genügend Zeit, auch das Privatleben zu genießen. Und so wollte er eigentlich weiterleben, zumindest bis zur WM 2006. Doch schon ein halbes Jahr später wurde Klinsmann Bundestrainer. »Als es Jürgen gemacht hat, war mir klar, daß es auf mich rauslaufen würde. Aber es war eine Entwicklung, die ich im ersten Moment verflucht habe. Denn ich hatte eine ganz andere Lebensplanung, ich war siebzehn Jahre fremdbestimmt, stand dauernd unter Erfolgsdruck. Aber mir war klar, wenn das Angebot kommt, dann mußte ich es machen. Das war keine Frage«, sagt Bierhoff. Er konnte den Job nicht ablehnen, auch wenn er für ihn zu früh kam, die Aufgabe reizte ihn zu sehr und natürlich auch die Aussicht auf die Weltmeisterschaft im eigenen Land. Hinzu kam aber auch noch die, wie er fand, ideale Kombination mit Klinsmann. »Denn ich wollte beim DFB nicht nur verwalten, sondern etwas verändern. Und ich wußte sehr genau, daß er das auch wollte. Wir hatten uns darüber schon unterhalten, ich kannte seine Vorstellungen.«

Klinsmann hatte an seiner Entschlossenheit, »den Laden auseinanderzunehmen«, auch nach seiner Berufung keinen Zweifel gelassen. Er drückte sich nur etwas vorsichtiger aus. »Ich wünsche mir, daß sich der DFB öffnet. Jetzt geht es ans Eingemachte«, sagte er bei seiner Vorstellung. Die Veränderungskraft und die Dynamik, die von Klinsmann ausgehen sollten, unterschätzte das Fußball-Land gleichwohl. Aus den Ankündigungen wurde schnell Realität.

Noch vor dem ersten Länderspiel des neuen Bundestrainers erlebten die Nationalmannschaft und der Deutsche Fußball-Bund für ihre Verhältnisse eine Revolution. Klinsmann nahm Oliver Kahn die Kapitänsbinde und den Stammplatz weg und setzte ihn dem Konkurrenzkampf mit Jens Lehmann aus. Er verbannte DFB-Delegation mitsamt Präsident Gerhard Mayer-Vorfelder vom Mittagstisch der Nationalmannschaft und ließ auch frühere enge Helfer nicht mehr in die Nähe der Spieler. Er wollte den Kreis so eng wie möglich halten und seine Spieler spüren lassen, daß sie im Zentrum seines Interesses stehen, so wie es sein brasilianischer Kollege Carlos Alberto Parreira zehn Jahre zuvor erfolgreich vorgemacht hatte. Außerdem entledigte er sich des bisherigen Nationalmannschafts-Managers Bernd Pfaff, andere Mitarbeiter des DFB und der Nationalmannschaft zitterten nun ebenfalls um ihren Job. In der Zentrale des DFB machte das Wort von der »Schreckensherrschaft« die Runde.

Jürgen Klinsmann und Bernd Pfaff kannten sich seit über zwanzig Jahren. Pfaff war damals als »Abteilungsleiter Junioren« auch zuständig für die U16-Nationalmannschaft, in der Klinsmann bei Berti Vogts spielte. Auch in den Jahren danach, als Klinsmann zum Nationalspieler und Pfaff parallel dazu in der Hierarchie des Verbandes zum Manager der Nationalmannschaft aufstieg, hatten sie immer wieder bei den vielen Länderspielen, den gemeinsamen Reisen, den Europa- und Weltmeisterschaften miteinander zu tun. Pfaff kam gut mit Klinsmann aus, wie er fand. Reibereien gab es immer wieder mal. Aber seiner Meinung nach nichts Dramatisches, so wie beispielsweise am Tag vor dem Endspiel der Europameisterschaft in England, als Pfaff Vorbereitungen für das Bankett traf und sich Klinsmann plötzlich einmischte. »Wenn das eine Feier für Sponsoren wird, kommt die Mannschaft nicht«, sagte Klinsmann. Die Mannschaft sollte unter sich bleiben, forderte der Kapitän, aber Pfaff wies auf die Pflichten hin, die der DFB nun einmal habe. Als sie am nächsten Tag dann tatsächlich das Endspiel gewonnen hatten, besprachen Pfaff und Vogts auf der Rückfahrt im Mannschaftsbus kurz die Kleiderordnung für die Feier, und sie kamen überein, daß die Spieler im Anzug erscheinen sollten. Als Klinsmann davon erfuhr, ging er nach vorne zum Bundestrainer und beschwerte sich. Er forderte, daß die Mannschaft in Freizeitkleidung erscheinen dürfe, und Vogts stimmte ihm in Siegerlaune zu. Klinsmann erschien in Jeans, und auch alle anderen verzichteten auf einen Anzug. An solchen Fragen, an für ihn unsinnigen Pflichten und Regeln rieb sich Klinsmann immer wieder mal, aber das gehörte für den DFB-Funktionär zum Geschäft.

Als Klinsmann Bundestrainer wurde, sprach ihn Pfaff darauf an, daß er gehört habe, daß er mit seiner Arbeit unzufrieden sei und ob an diesen Gerüchten etwas dran sei. »Er sagte, daß alles in Ordnung ist«, sagt Pfaff, und daß er sich keine Sorgen machen müsse. Das nächste Gespräch zwischen Klinsmann und Pfaff fand dann in der Bibliothek des DFB statt, dort wird oft beraten, wenn es ernst wird im Verband. Klinsmann teilte Pfaff in Anwesenheit von Präsident Mayer-Vorfelder und des Generalsekretärs Horst R. Schmidt in dürren Worten mit, daß er mit ihm nicht zusammenarbeiten könne. Aber nicht nur im Fall von Pfaff stand die Härte, mit der Klinsmann vorgehen kann, in Kontrast zu seiner Fähigkeit, im direkten Gespräch einmal getroffene Entscheidungen den Betroffenen zu erklären und zu begründen. Solche Dinge, heißt es, lägen Klinsmann nicht, er würde diesen Gesprächen lieber aus dem Weg gehen, sie so knapp wie möglich halten, auch wenn er, der jahrelang immer nur für sich zu kämpfen gelernt hatte, von seinem Weg und der Richtigkeit seiner Entscheidung als Chef überzeugt sei.

Pfaff kündigte daraufhin seinen Rücktritt an, aber letztlich konnte er sich mit dem Verband nicht über die finanziellen Bedingungen einigen. Zwölf Jahre war Pfaff für die Nationalmannschaft zuständig, und die WM hätte auch für ihn der krönende Abschluß seiner Verbandskarriere werden sollen. Der Rauswurf nagte an seinem Selbstbewußtsein, ein klärendes Gespräch mit Klinsmann hat es auch danach nie gegeben. »Helmut Schön ist einmal nach einem Spiel gefragt worden, was er zu der Leistung des Schiedsrichters sage. Er antwortete: ›Über Schiedsrichter sage ich nichts, und über diesen

Schiedsrichter sage ich überhaupt nichts.‹ Das war die schärfste Form der Kritik, die er je geäußert hat«, sagt Pfaff diplomatisch, »und so halte ich es auch.«

Das wichtigste Kapital: die Spieler

Die Spieler standen für Jürgen Klinsmann im Mittelpunkt, und einzelne Menschen, die nicht seine Vorstellungen und den neuen Geist verkörperten, hatten dabei keinen Platz mehr. Klinsmann sah in Pfaff ein Symbol des alten DFB, für Verkrustungen und fehlende Lebensfreude. Ein Wechsel auf dieser Position erschien ihm unumgänglich, um seine Philosophie des Wagemuts und der permanenten Veränderungen durchsetzen zu können. »Ich kann unbelastet an meine Arbeit herangehen und sitze mit niemandem im Boot«, sagt Klinsmann. »Es gibt nichts, was mich unter Druck setzen könnte. Beim DFB bin ich keinem etwas schuldig. Es geht rein um die Sache. Und die Sache ist: qualitativ Dinge voranzutreiben, die die Mannschaft so stabil und stark machen, um hoffentlich Weltmeister zu werden. Da gibt es keine Kumpaneien, ich muß keine Rücksichten nehmen.«

Die Nationalspieler waren sein wichtigstes Kapital, und auch sie mußte er erst einmal von seiner Mission überzeugen und für den Weg begeistern, der vor ihnen lag. Im gelangweilten, nachlässigen Gang, der den jungen Fußball-Millionären eigen ist, schlurften sie noch bei ihrem ersten Treffen vor dem Länderspiel gegen Österreich durch das gediegene Hotel Kempinski in Gravenbruch, in dem die Nationalmannschaft vor ihren Länderspielen im Ausland bis dahin immer abgestiegen war. Klinsmann kündigte eine Sitzung an, und die meisten Profis, die es sich zur Gewohnheit gemacht hatten, in der Öffentlichkeit möglichst gleichmütig und unbeeindruckt zu wirken, taxierten die Neuen bei aller demonstrativen Lässigkeit nun doch sehr genau. Wie sich Klinsmann, Löw und Bierhoff präsentieren würden und was sie sich für Neuerungen ausgedacht hatten, nachdem sie wochenlang Veränderungen angekündigt hatten, weckte bei den Nationalspielern natürlich durchaus Interesse, aber auch Argwohn. Es dauerte jedoch nicht lange, und die deutschen Profis, an rituelle Abläufe in der Nationalmannschaft inklusive Kaffeetafel seit Jahren gewohnt, bekamen bei dieser Sitzung einen ersten Eindruck von den neuen Methoden und von dem neuen Geist, der Klinsmann und seine Helfer antrieb.

Der Raum wurde verdunkelt, und dann wurde ein Video eingelegt, das nun rein gar nichts mit dem üblichen Videostudium des Gegners zu tun hatte, bei dem Standardsituationen, taktische Ausrichtung oder sonstige fußballfachliche Details analysiert werden. Die Nationalspieler bekamen eine vollkommen neue Perspektive aufgezeigt.

Der Bundestrainer hatte ein Video produzieren lassen, dessen emotionale Bilder ihre Wirkung nicht verfehlten. Die routinierten und hochbezahlten Fußball-Dienstleister sollten in den Tagungsstühlen des Fünf-Sterne-Hotels ein neues Gefühl für eine Mission in sich spüren. Klinsmann und seine Helfer nannten den Film »Herausforderung 2006«, und die mit Musik unterlegte Zeitreise durch die glorreiche deutsche Fußball-Vergangenheit begann mit den Bildern aus Bern. Die im Sommer 2004 demoralisierten deutschen Profis sollten dem Glanz der Geschichte nachspüren, noch einmal sollten sie das Tor von Helmut Rahn zum 3:2 im WM-Finale gegen Ungarn sehen und wie Kapitän Fritz Walter im vom unaufhörlichen Regen durchtränkten Trikot den Jules-Rimet-Pokal entgegennahm, ohne zu ahnen, was dieser Tag für ihn und das Land bedeuten würde.

Die deutsche Erfolgsgeschichte führte die verunsicherten Nationalspieler dann weiter zur Weltmeisterschaft 1974 in Deutschland, zum 2:1-Sieg im Finale gegen Holland mit dem entscheidenden Treffer von Gerd Müller, und zu dem ruhigen und erfüllten Blick, mit dem Franz Beckenbauer den WM-Pokal den deutschen Zuschauern im Münchner Olympiastadion wie ein Geschenk präsentierte. Die nächste Station der Erfolgstour führte die bei der Europameisterschaft wenige Wochen zuvor in Portugal in der Vorrunde deprimierend gescheiterten Nationalspieler nach Italien, zur WM 1990, wo eine von Lothar Matthäus angeführte und von Beckenbauer trainierte deutsche Mannschaft in zuvor und danach nicht gekannter Entschlossenheit dem Titel entgegenstrebte und sich der neue Bundestrainer und sein Vorgänger Völler mit dem Pokal in einer rauschenden römischen Nacht in den Armen lagen. Das Video zeigte den überwältigenden Empfang, den Zehntausende deutsche Fans ihren Nationalspielern in Frankfurt nach dem verlorenen Weltmeisterschaftsfinale von 2002 bereiteten, und zum Schluß sahen sie das Feuerwerk bei der Eröffnung des Berliner Olympiastadions, wo am 9. Juli 2006 das WM-Finale stattfinden wird. »Die Botschaft war: Das ist unser Ziel! Wir haben es mit Musik unterlegt, die meiner Meinung nach genau dazu paßt. Mit einem Song von Eminem: ›Loose yourself.‹ Der Text geht so los: ›One shot, one opportunity.‹ Ein Schuß, eine Chance. Genau darum geht es«, erklärt Klinsmann.

Als die Spieler ein paar Stunden später und in den nächsten Tagen von den Journalisten nach ihren Eindrücken befragt wurden, gaben sie sich noch zurückhaltend und sachlich, denn nach ihrem schwachen EM-Auftritt schon von künftigen Triumphen zu fabulieren, erschien ihnen wenig ratsam. »Der Funke ist übergesprungen«, sagte Michael Ballack, aber erst später, als die ersten Erfolge unter Klinsmann schon geglückt waren. In Österreich gewannen sie 3:1, und der mutige, offensive, dominierende Stil, den Klinsmann und Löw predigten, war dabei schon deutlich zu erkennen. Tagelang hatten sie vor dem ersten Länderspiel auch mit Oliver Bierhoff zusammen über ihre Spieler und die Möglichkeiten diskutiert, die ihnen taktisch zur Verfügung standen, und wie sie wieder Schwung in das Spiel der Nationalmannschaft bringen konnten. »Für uns war es vor dem Österreich-Spiel am wichtigsten, gemeinsam zu klären: Für was wollen wir stehen? Was für einen Stil wollen wir entwickeln. Wer sind wir eigentlich?« sagt Klinsmann. »Wir haben gesagt, wir wollen nach vorne spielen, Druck machen, agieren statt reagieren. Und wir haben dann die Jungs gefragt: ›Paßt das zu uns? Sind das wir?‹ Die haben gesagt: ›Ja, genauso sind wir.‹ Da war klar: Das ist unsere Marschroute. Jeder steht dahinter. Wir greifen an, auch außerhalb des Feldes. Das ist unser Stil.«

Die Sympathien der Fußballfans hatte Klinsmann bald auf seiner Seite, die Leute mochten es, daß es einer wagte, sich gegen den DFB aufzulehnen, sich an einem Apparat zu reiben, dessen Wirken sie seit Jahren wegen seiner Machtfülle mißtrauisch verfolgten. Vor dem zweiten Länderspiel, seiner Deutschlandpremiere in Berlin gegen Weltmeister Brasilien, mutete Klinsmann dem deutschen Fußball dann auch noch in jenem Bereich, in dem die Deutschen jahrzehntelang führend waren in der Welt und sich noch immer stark fühlten, eine Veränderung zu, die dem Selbstwertgefühl der Bundesligaklubs und seiner Führungskräfte erheblich zusetzte. Um die Fitness der Deutschen, die in Wirklichkeit längst nicht mehr die gefürchteten Kraftmeier des Weltfußballs waren, wenigstens wieder auf internationales Niveau zu heben, heuerte der Bundestrainer die Experten von »Athletes' Performance« an. Hilfe aus Amerika für den deutschen Fußball, Hilfe aus einem Fußball-Entwicklungsland für den dreimaligen Weltmeister – eine ungeheuerliche Vorstellung für viele.

Die Kritik aus der Bundesliga verschärfte sich, und auch manche Spieler gaben sich hinter vorgehaltener Hand skeptisch, sie hielten solche Nachhilfe für unnötig. Aber zu den ernüchternden Eindrükken von der Europameisterschaft über die körperliche Verfassung der deutschen Nationalspieler hatte Berti Vogts dem neuen Bundestrainer in seinen Gesprächen auch noch das entsprechende Datenmaterial geliefert. Er kannte die Ausdauerwerte der Nationalspieler von 1990 bis zum Jahr 2000, und während das Spiel in dieser Zeit immer intensiver und schneller geworden war, waren die Werte der deutschen Spieler immer weiter abgesunken.

Klinsmann schlug ein Tempo bei den Veränderungen in der Nationalmannschaft an, bei dem viele fürchteten, nicht mehr mitzukommen. Die Skepsis, aber auch die Angst wuchsen. »In der Ära des volkstümlichen Teamchefs Rudi Völler war das Leben für die Spieler von angenehmer Schlichtheit. Spätes Wecken, ein paar Bewegungsübungen, um vier Uhr gab's Kaffee und Kuchen, ›es war ein bißchen wie Urlaub‹, berichtet ein Zeuge, der anonym bleiben will – entweder weil er sich schämt oder weil er Sehnsucht hat. Heutzutage ist der Arbeitstag des Nationalspielers vollgepropft mit stundenlangen Trainingseinheiten, Vollversammlungen, Fortbildungen, Besichtigungstouren und Power-Point-Präsentationen. Neuerdings muß er sich einem schriftlich fixierten Verhaltenskodex unterwerfen sowie einen Computer bedienen können, damit er die E-Mails des Trainerteams lesen kann, und künftig soll er sogar Tagebuch führen, um sein tägliches Training und seine Empfindungen zu reflektieren. Puuh. Das Programm, von Klinsmann in einer eigentümlichen Mischung aus schwäbischen und kalifornischen Sprachelementen vermittelt, erzeugt ein Erweckungsklima, das in der konservativen Fußballwelt naturgemäß auf Beunruhigung und Skepsis trifft«, schrieb die *Süddeutsche Zeitung*, als der Mentalitätswandel in der Nationalmannschaft in vollem Gange war.

Die Stimmung im deutschen Fußball wendete sich immer stärker gegen Klinsmann. Auch der DFB-Apparat setzte sich allmählich gegen den Erneuerer zur Wehr. Den Medien wurde immer wieder zugeraunt, wie problematisch sich der neue Bundestrainer verhalte, wie wenig Rückhalt er im Verband genieße und wie dort der Widerstand gegen seinen rigorosen Kurs wachse. »In der Frankfurter DFB-Zentrale zittert nun die halbe Funktionärsschaft«, schrieb der *Stern* schon rund sechs Wochen nach Klinsmanns Amtsantritt. »Es gibt Leute in der Frankfurter DFB-Zentrale, die sorgen sich, daß sich der Göppinger Sonnyboy als Berufsanfänger ein bißchen viel vorgenommen hat, daß er sich mit seinem Doppelleben als Fußballvermarkter in Kalifornien und Fußballehrer in Deutschland verzettelt«, hieß es zur selben Zeit im *Spiegel*.

Der größte Teil der Medien blieb Klinsmann gegenüber reserviert. Auch die *Bild-Zeitung* begegnete dem Bundestrainer distanziert. Angesichts der Macht des Blattes und seiner mit den Jahren immer stärker gewachsenen Leitwirkung auf andere Medien befaßte sich der *Stern* mit der Haltung von *Bild*, um der Stimmung im Fußball-Land näher zu kommen. »Wir haben nichts gegen Klinsmann«, sagte *Bild*-Sportchef Alfred Draxler, einer der einflußreichsten Männer im deutschen Fußball. Der Grund für die Zurückhaltung sei, daß es in der ganzen Fußballnation keine überschäumende Begeisterung wie bei Völler gebe. »Klinsmann ist eine Ich-AG, die immer funktionierte. Er suchte immer seinen eigenen Weg, deshalb weiß keiner, was ihn mit ihm erwartet. Er hatte immer ein distanziertes Verhältnis zur Öffentlichkeit« – und damit auch zu *Bild*. Nach seinem Abschiedsspiel im Jahr 1999 traf sich Klinsmann mit Vertretern des Blatts noch einmal zu einem Gespräch, und dabei räumte er ein, daß er in seiner Karriere manchmal zu empfindlich reagiert habe. Er erinnerte sich bei seinem Amtsantritt dann auch wieder an die Worte von Bundestrainer Berti Vogts, der vor der EM 1996 eine Unterredung mit *Bild* vermittelt hatte. »Gegen *Bild* kannst du keinen Krieg gewinnen. Ich habe ihn sowieso schon verloren«, sagte Vogts damals zu seinem Kapitän.

Daß er die *Bild-Zeitung* auch als Bundestrainer nur durch Erfolge auf seine Seite bringen würde und nicht durch seine Arbeitsweise und seine Medienpolitik, war Klinsmann bewußt. Trotzdem gelang es ihm, ein professionelles Verhältnis zu *Bild* aufzubauen, und vor allem den verständnisvollen Umgang des Blattes mit der schweren Krankheit seines Vaters wußte er zu schätzen. Unter den Reportern der verschiedenen Zeitungen bei der Nationalmannschaft wurde in dieser Phase bereits gewettet, wie lange Klinsmann noch durchhält, bis zum Confederations Cup 2005 oder vielleicht nur noch ein paar Monate bis zur Winterpause. Daß er noch vor der WM scheitern würde, galt vielen als durchaus wahrscheinlich. Aber dem Bundestrainer war vom ersten Tag an klar, daß seine Mission womöglich schon nach den ersten beiden Spielen gegen Österreich und Brasilien beendet sein könnte. Wenn bittere Niederlagen und öffentlicher Druck seinen Reformkurs entscheidend blockiert hätten, »dann hätte er sich ins Flugzeug setzen und sagen können: ›Es tut mir leid, es war ein Mißverständnis‹«, sagt Eitel. Klinsmann aber setzte unbeirrt auf Risiko, er konnte und wollte nichts anderes als den sportlichen Erfolg für sich und seine Arbeit sprechen lassen. »Fußball ist Stammtisch und Boulevard«, so sein Berater, »aber Jürgen ist weder Stammtisch noch Boulevard.«

Das 1:1 gegen Weltmeister Brasilien in einer packenden und offensiv geführten Partie verschaffte dem Bundestrainer weiteren Spielraum für sein Reformprojekt. »Daß nach dem Realisten Völler nun der Reformer Klinsmann die Phantasie der Spieler und des Publikums beflügelt, ist der vielleicht größte Gewinn dieser Nacht von Berlin«, schrieb die *Frankfurter Allgemeine Zeitung* nach dem Erfolg des Bundestrainers bei seinem ersten Auftritt in Deutschland.

Uli Stielike war von Klinsmann als Trainer der U21-Nationalmannschaft schon durch seinen ehemaligen Nationalmannschaftskollegen Dieter Eilts ersetzt worden. Völlers Assistent und Nachwuchskoordinator Michael Skibbe spielte in seinen Planungen auch keine Rolle mehr, aber für die größte Unruhe im DFB sorgte Klinsmanns Vorhaben, den Standort Leverkusen für die Nationalmannschaft vor und während der Weltmeisterschaft zu kippen. Klinsmann hielt die Bedingungen nicht für optimal, und außerdem wollte er ins Zentrum der WM, in die Hauptstadt, dorthin, wo ein Gastgeber seiner Meinung nach gehörte. Aber der Verband war noch an die Zusage unter Teamchef Völler an Leverkusen gebunden, und nicht zuletzt der Bayer-Konzern hatte die deutsche WM-Bewerbung auch in schwierigen Zeiten immer unterstützt. Präsident Mayer-Vorfelder warnte den Bundestrainer, er müsse aufpassen, sich bei seinen Reformen keine »blutige Nase« zu holen, und Mayer-Vorfelders Gegenspieler, der künftige Geschäftsführende DFB-Präsident Theo Zwanziger, artikulierte zudem den Unmut innerhalb des Verbandes, der mitunter in Feindseligkeit umschlug.

Nach wochenlangen Querelen aber setzte sich Klinsmann auch mit seinen Vorstellungen in der Quartierfrage durch, und neben den Argumenten half dabei auch wieder ein Sieg auf dem Fußballplatz, der die öffentliche Stimmung weiter verbesserte. 2:0 siegte die Nationalmannschaft in Teheran vor 100 000 Zuschauern, und die Reise in den Iran wurde zu einem besonderen Ereignis vor allem für die jungen Nationalspieler, die mit einer couragierten Leistung dem Bundestrainer weitere Argumente für seinen konfliktreichen Weg an die Hand gaben.

In Teheran entledigten sich der Bundestrainer, Assistent Löw und Manager Bierhoff auch des Torwarttrainers Sepp Maier, der sich wiederholt auf die Seite von Oliver Kahn geschlagen hatte. Auf dem Flughafen Mehrabad in Iran trennte sich Klinsmann von dem Weltmeister von 1974, der rund fünfzehn Jahre dem Trainerstab der Nationalmannschaft angehört hatte. Klinsmann verpflichtete als Nachfolger Andreas Köpke, einen der wenigen Freunde, die er in seiner Karriere gefunden hatte.

Köpke war nicht sehr überrascht, als ihm Klinsmann unmittelbar nach dem Rauswurf Maiers das Angebot als Torwarttrainer unterbreitete. Die Auseinandersetzungen zwischen dem eigenwilligen Maier, der sich von Beginn an nicht in das System des Bundestrainers Klinsmann einfügen wollte, und Klinsmann hatten schon am ersten Arbeitstag des Bundestrainers begonnen. Maier konnte nicht akzeptieren, daß Oliver Kahn in Frage gestellt wurde, und seine eigene Meinung wollte er sich nicht verbieten lassen. Klinsmann und Köpke waren schon vor der Entlassung Maiers immer wieder miteinander im Gespräch, und der Bundestrainer fragte ihn auch schon, ob er sich vorstellen könne, diese Aufgabe zu übernehmen, falls die Zusammenarbeit mit Maier nicht funktionieren sollte.

Beide lernten sich schon in der Olympiaauswahl kennen, die 1988 bei den Spielen in Seoul die Bronzemedaille gewann. Köpke hatte alle Qualifikationsspiele mitgemacht, er gehörte wie Klinsmann zu den Stützen des Teams, doch drei Tage vor dem Abflug verletzte er sich in einem Bundesligaspiel am Knie und mußte für das Turnier absagen. Gemeinsam wurden sie von der Olympiaauswahl auch zu einigen Spielen der Nationalmannschaft von Beckenbauer nachnominiert, und seitdem riß der Kontakt zwischen dem Torwart und dem Torjäger nicht mehr ab. Während der Europameisterschaft 1996 entwikkelte sich dann aus dem guten Verhältnis Freundschaft. Köpke gehörte neben Klinsmann und Sammer zu den Spielern aus dem Mannschaftsrat, die den Selbstorganisationsprozeß innerhalb der Mannschaft steuerten, die Schwierigkeiten mit Spielern wie Basler, die sich nicht einfügen wollten, eigenständig aus dem Weg räumten, ohne daß sie dafür Bundestrainer Vogts einschalteten. »Wenn intern Probleme waren, haben wir auf dem Zimmer zusammengesessen und Probleme intern geregelt«, sagt Köpke. »Wir haben etwas verändert, wir haben das selbst in die Hand genommen.«

Köpke spürte schnell, daß er mit Klinsmann auf »einer Wellenlänge liegt«, wie er sagt. Auch der Torwart trennte sein Privatleben wesentlich konsequenter von seinem Beruf als viele andere Spieler. »Ich habe mir meine Freunde außerhalb des Fußballs gesucht. Ich wollte da auch über andere Dinge reden, nicht immer nur über Fußball. Ich wollte da rauskommen, und bei Jürgen war das genauso. Ich glaube, das war unsere Basis. Auch zu Partys und offiziellen Veranstaltungen bin ich nur selten gegangen, und heute ist das noch genauso. Ihm geht es nicht anders«, erzählt Köpke.

Nach einigen Monaten, als die nun komplett erneuerte Führung der Nationalmannschaft immer enger zusammengerückt war und allmählich ein freundschaftliches Verhältnis aus der gemeinsamen Arbeit erwuchs, führten sie auch einen neuen, öffentlichen Sprachgebrauch ein. Das Wort »Ich« stand auf dem Index. In Pressekonferenzen und in Interviews sprachen Klinsmann, Löw, Bierhoff und Köpke nur noch von »Wir«, und wenn einem mal ein »Ich« bei einem

Interview herausrutschte, wurde es nachträglich in ein »Wir« verwandelt. Solche Kleinigkeiten und die Art und Weise, wie sie über den Fußball kommunizierten, erweckten mitunter den Eindruck eines gewissen missionarischen Eifers der Gruppe, die den deutschen Fußball nach ihren Vorstellungen formen wollte. Manchen kam das suspekt vor, sowohl in den Vereinen wie auch im Verband, und auch die Medien artikulierten ihre Skepsis. »Eine Sprache haben Klinsmann und sein Assistent Joachim Löw in die Welt der Nationalmannschaft eingeführt, die mit ihren Angliszismen (›key messages‹) an Managerseminare erinnert und manchmal derart ins Esoterische lappt, daß Zuhörer glauben, sie hätten sich ins Seminar eines Motivationsgurus verirrt. Löw spürt gelegentlich ›eine positive Energie und Dynamik‹, Klinsmann will permanent ›ein Gespür entwickeln‹ für die Menschen seiner Umgebung. (. . .) Man stellt sich dann vor, wie sie hinter Kabinentüren alle gemeinsam mit geschlossenen Augen die Kraft fühlen, und vielleicht ruft jeder mit geschlossenen Augen ein kerniges ›Du schafft es‹ in den Raum. Die Nationalspieler, sagt Klinsmann, müßten nicht nur im Spiel ›proaktiv‹ sein, sondern auch im Verein besondere Anstrengungen von sich verlangen – denn sie seien die ›Aushängeschilder‹. Er sagt es so, daß es wie ›Auserwählte‹ klingt«, schrieb der *Spiegel.*

Uli Hoeneß sprach von »Vetternwirtschaft« um Klinsmann, aber der FC Bayern war dennoch der Klub, der Klinsmann in der Anfangszeit am stärksten unterstützte. »Ohne den FC Bayern, ohne Karl-Heinz Rummenigge und mich, wäre Klinsmann auch nie Bundestrainer geworden«, sagt Hoeneß. Sie hatten mit ihrer Unterstützung vor allem den von Franz Beckenbauer protegierten Lothar Matthäus verhindern wollen. Aber Hoeneß war sich ziemlich sicher, daß die Stärken Klinsmanns, von denen er sich während der zwei Jahre in München ein Bild gemacht hatte, der Nationalmannschaft guttun würden. »Er ist unverbraucht, hat Ehrgeiz, ist intelligent, und er spricht die Sprache der Spieler«, urteilte Hoeneß. Und doch beschloß er, mit dem von ihm unterstützten Bundestrainer »kritische Distanz« zu halten.

Nach dem Rauswurf von Sepp Maier wagte sich auch Lothar Matthäus an die Öffentlichkeit, wie in alten Zeiten. »Klinsmann läßt für seine Ziele Köpfe rollen. Er ist ein Killer«, sagte der deutsche Rekord-

Nationalspieler in *Sport-Bild.* Aber der Klinsmann seit Jahren in Aversion verbundene Matthäus hatte die Zeichen der Zeit bei seinem Angriff nicht mehr richtig gedeutet. Klinsmann hatte sich in den gut zwei Monaten etabliert, und auch Franz Beckenbauer hatte seinen Frieden mit dem Bundestrainer gemacht, den er sportlich auf dem richtigen Weg sah und den er für eine erfolgreiche Weltmeisterschaft, seine Weltmeisterschaft, benötigen würde. Matthäus' Vorwürfe verfingen nicht.

Auf Druck Klinsmanns fiel kurze Zeit später im DFB die Entscheidung zugunsten des WM-Standorts Berlin. Der Bundestrainer mußte bei der offiziellen Bekanntgabe nicht einmal mehr persönlich anwesend sein. Er hatte die Dinge in seinem Sinn längst geordnet. Auch die Regierung in Berlin äußerte sich begeistert über die Entscheidung, Innenminister Otto Schily sprach von einer »hervorragenden Wahl. Ich freue mich über das klare Bekenntnis des Trainergespanns für die Bundeshauptstadt.« Klinsmanns Kurs hatte sich bei den Fans ohnehin schon durchgesetzt, und nun erhielt der Reformer auch noch den Segen der Regierung.

Aber der Alltag hielt dennoch Fallen bereit. Das vierte Länderspiel unter Klinsmann fand in Leipzig gegen Kamerun statt, und zwei Tage vor dem Spiel klingelte auf seinem Zimmer im Hotel »Westin« das Telefon. Es meldete sich ein ihm unbekannter Journalist, der ihn mit der Nachricht konfrontierte, er wisse, daß Klinsmann schwul sei, und er wolle nun wissen, was er dazu sage, denn er werde jetzt diese Geschichte schreiben. Klinsmann sagte nichts und legte den Hörer auf. Er benachrichtigte die Medienabteilung des DFB, und nach ein paar Telefonaten mit dem Verlag war die vermeintliche Sensationsenthüllung vom Tisch. Das Blatt zog seinen Reporter ab. »Bei der Weltmeisterschaft wird es, da bin ich ziemlich sicher, auch zu solch konstruierten Geschichten kommen, und es wird für den Erfolg der Mannschaft sehr wichtig sein, wie Klinsmann und die sportliche Führung auf solche Nebenthemen reagiert«, sagt Wolfgang Niersbach, der sich als Pressechef des DFB zu Klinsmanns aktiver Zeit intensiv mit solchen Medienthemen auseinandersetzen mußte. Bei der WM in Frankreich ließ Klinsmann als Kapitän die Medienabteilung des Verbandes entschieden gegen Harald Schmidt und dessen damaligen Sender *Sat.1* vorgehen. Am

Ende mußte der Sender, was *Sat.1* zu verschweigen suchte, eine Entschädigung für einen wohltätigen Zweck zahlen.

Auch 2005 sah sich Klinsmann wieder mit dem Thema Homosexualität konfrontiert, als das Ehepaar Bodo und Bianca Illgner ihre fiktive Geschichte einer Fußballmannschaft erzählte, in der ein gewisser Joe als schwul geoutet wurde. Bezüge zu Klinsmann ließen sich schnell herstellen, aber der Bundestrainer verfolgte die Sache nicht weiter, weil das Buch und die betreffenden Stellen in der Öffentlichkeit keine Rolle spielten. In seiner Karriere begleiteten Klinsmann immer wieder solche Gerüchte, und sie berührten damit eines der letzten Tabus in Deutschland, die Homosexualität im Fußball, zu der sich noch kein Bundesligaspieler öffentlich bekannt hat. »Ich glaube, es liegt daran, daß er seine Frauen immer aus der Öffentlichkeit herausgehalten hat«, sagt Eitel zu den wiederkehrenden Gerüchten. Schon Hans Blickensdörfer berichtete in seiner von Klinsmann autorisierten Biographie über den Stürmer aus dem Jahr 1995 über jene Form der Berichterstattung, die auch während der Weltmeisterschaft 1994 in den Vereinigten Staaten skandalträchtig unter die Gürtellinie zielte. »Eben weil er zu denen gehörte, die ohne Anhang anreisten, hat ihn ein ganz findungswürdiger Reporter auf Korn genommen. Dieser Klinsmann, hat er sich gesagt, wird jetzt 30, sieht glänzend aus und kommt unbeweibt hier angereist. Und wenn abends mal frei ist, geht er sogar nach Chicago hinein, und wer weiß, warum er das macht! Aber sosehr der Mann auch schnupperte und Fährten aufnahm, er entdeckte seinen vermeintlich schwulen Außenseiter lediglich bei einem Bierchen mit zwei alten Stuttgarter Freunden. Guido Buchwald, mit dem er beim VfB gespielt hatte, war der eine, der Journalist Roland Eitel der andere. Aber der Bursche hatte sich so in seine Story verrannt, daß er nicht aufgab. Bekannt war, daß Klinsmann nach der WM noch einen kalifornischen Urlaub nehmen würde, und da mußte die Sache nach allen Gesetzen der Logik herauskommen. Kam sie auch. Leider nicht zur Freude des hurtigen Pfadfinders. Klinsmann fuhr zu Debbie, die seit einigen Monaten seine Freundin war und die er jetzt dringend brauchte, um seinen WM-Frust loszuwerden«, schrieb Blickensdörfer. Der Versuch, zehn Jahre später in Leipzig, abermals unter die Gürtellinie zu zielen, schlug allerdings noch schneller fehl.

Vielfältige Unterstützung

Sportlich ließ sich Klinsmanns Mannschaft nicht mehr vom neu eingeschlagenen Weg abbringen. Sie gewann 3:0 gegen Kamerun, und wenige Wochen später, bei der Asienreise der Nationalmannschaft nach Japan, Korea und Thailand, hielten Klinsmann und sein Helfer-Team die Zeit für gekommen, nun auch den Sportpsychologen Hans-Dieter Hermann zur Mannschaft zu holen. Psychologische Unterstützung gehört in zahlreichen Sportarten zum Alltag, im deutschen Fußball aber bestanden seit vielen Jahren große Berührungsängste. Viele Spieler wollen sich von Psychologen keinen Rat holen, weil sie dies als Zeichen von Schwäche werten. Selbst Bundesligatrainer behaupten, daß der beste Psychologe immer noch der Trainer sei. Die Integration von Hermann in den Betreuerstab gelang in Asien reibungslos. Klinsmann hatte die Schaffung dieser Position über Monate hinweg angekündigt, und der Zeitpunkt für seinen ersten Einsatz weitab vom deutschen Alltag erschien auch dem Psychologen Hermann ideal, der schon seit Jahren sehr erfolgreich in den verschiedensten Sportarten gearbeitet hatte.

Zu dieser Zeit hatte Joachim Löw auch schon den neuen Spiel- und Spieleranalytiker für die Nationalmannschaft im Blick. Doch es sollte noch einige Monate dauern, bis die Vertragsverhandlungen mit Urs Siegenthaler abgeschlossen waren. Mehr als seine Qualifikation interessierte die deutsche Öffentlichkeit die Herkunft des Experten. Siegenthaler stammt aus der Schweiz, und sich einen Fachmann aus diesem Land, das vielleicht große Skifahrer hervorgebracht hat, aber selbst keine anerkannte Fußball-Nation war, zu holen, mobilisierte in Deutschland, wie schon bei den amerikanischen Fitnesstrainern, die Abwehrreflexe. »Wenn Sie beim DFB in die Zentrale kommen, sind Sie erst einmal beeindruckt von den steinernen Siegestafeln, die da stehen. Und dann kommt da der kleine Schweizer und sagt: ›Moment mal, macht doch mal einen Strich im Jahr 1998 – und schaut, was danach noch auf den Steinen steht.‹ Das kann ein Problem sein«, analysierte Siegenthaler die Diskrepanz zwischen Anspruch und sportlicher Wirklichkeit im deutschen Fußball. Der gelernte Ingenieur war als Trainer für die Schweizer Nationalmannschaft mitverantwortlich, außerdem hatte er den FC Basel und den französischen

Erstligaklub FC Toulouse trainiert und sich um die Trainerausbildung in der Schweiz verdient gemacht. Dort hatte er auch Joachim Löw kennengelernt, der von seiner Kompetenz beeindruckt war. »Aber nun ist ein absoluter Glücksfall eingetreten. In der Nationalmannschaft steht jemand vorne, der die Bereitschaft mitbringt, etwas zu verändern – und das Risiko eingeht, etwas falsch zu machen«, sagt Siegenthaler über den Reformer Klinsmann.

Mit Siegenthaler fand das Team des Bundestrainers einen unabhängigen und originellen Geist, wie ihn die Nationalmannschaft seit Jahren nicht besaß. Nicht nur die Spieler, die ihn beim Confederations Cup erstmals näher kennenlernen sollten, waren schnell angetan von seinen fachlichen Qualitäten und seiner unkonventionellen Erscheinung. Auch DFB-Präsident Mayer-Vorfelder schwärmte vom Esprit des 58 Jahre alten Schweizers. Siegenthaler, der vor allem die Gegner der Deutschen analysiert und auf ein exzellentes Videoarchiv zurückgreifen kann, sprach aber auch bald direkt zu den Nationalspielern, um ihnen seine sogenannten Kernbotschaften vor einem Spiel zu vermitteln. »Ich versuche, zwei, drei oder vier Kernbotschaften rüberzubringen, die der Trainer der Mannschaft vorstellen kann. Das hat die Trainerschaft so überzeugt, daß sie gesagt haben: ›Urs, mach das selbst.‹ Die Botschaften müssen prägnant sein, die müssen sitzen. Julia Roberts läuft nackt durch den Garten. Das ist eine Botschaft, die vergessen Sie nie. Aber wenn hundert Frauen durch den Garten laufen, können Sie sich schon an die zehnte nicht mehr erinnern«, so Siegenthaler in einem Interview mit der *Frankfurter Allgemeinen Zeitung* zu seiner Arbeit. Solche Töne hatte es in der Nationalmannschaft zuvor noch nicht gegeben.

Auch die Frage des Wohnsitzes entschied der Bundestrainer nun trotz erheblicher Widerstände und Vorbehalte endgültig in der Weise, wie er es für richtig hielt. Nach seiner Verpflichtung hatte er seine Rückkehr nach Deutschland zwar zunächst als selbstverständlich angekündigt, doch mit der Zeit verschob er den Termin seiner Rückkehr immer weiter, bis er schließlich die Meinung vertrat, es sei bei seiner Arbeitsweise überhaupt nicht notwendig, in Deutschland zu sein. Es wäre für ihn sogar besser, in Amerika zu leben, denn so könne er sich leichter den Blick für das Wesentliche bewahren. Uli Hoeneß hielt die ständige Abwesenheit des Bundestrainers wie so viele wichtige Leute im deutschen Fußball für einen unglaublichen Affront. Im Unterschied zu den meisten anderen sagte er es auch öffentlich. Unausgesprochen schwang in dieser Diskussion immer der Vorwurf mit, daß Klinsmann durch seine Weigerung, seinen Lebensmittelpunkt nach Deutschland zu verlegen, auch sein persönliches Bekenntnis zur Nationalmannschaft verweigere und nicht bereit sei, seine persönlichen und familiären Interessen dem wichtigsten Fußball-Job des Landes unterzuordnen. Seine engsten Mitarbeiter wie Bierhoff, Löw und Köpke unterstützten ihn zwar in seiner Haltung. Sie wunderten sich aber immer wieder, daß sich Klinsmann diesem Reisestreß aussetzte. Gelegentlich merkten sie, wie ihn durch den ständigen Wechsel der Zeitzonen der Jetlag einholte und ihm in unbeobachteten Momenten mitunter die Augen zuzufallen drohten; dann stieg der Konsum von Espresso rapide an.

Seit Klinsmann das Amt übernommen hat, sind die Kosten für die Nationalmannschaft erheblich gestiegen. Die Personalwünsche von Klinsmann gehen weit stärker als früher ins Geld, seine Kritiker sprechen von einer durch den Bundestrainer verursachten Kostenexplosion. Im Verband werden exakte Zahlen allerdings sorgfältig gehütet, ebenso wie das Gehalt des Bundestrainers. Um die Kosten in den Griff zu bekommen, schloß der Verband auch einen Sponsorenvertrag mit dem südkoreanischen Unterhaltungselektronikkonzern ›LG Electronics‹. Klinsmann tritt für das Unternehmen zudem als persönlicher Botschafter auf. Dieser Deal, der einzige Werbevertrag, den der Bundestrainer zusätzlich vor der Weltmeisterschaft abgeschlossen hat, dient dem Deutschen Fußball-Bund zur Refinanzierung des Bundestrainergehalts. Aber von solchen Diskussionen, von der Meinung anderer über sein Leben, sein Einkommen und seine Arbeitsweise, hatte sich Klinsmann längst frei gemacht. »Falls wir es nicht schaffen sollten, Weltmeister zu werden, werde ich daran nicht zerbrechen. Ich werde dann damit leben, daß ich meinen Job und bei einigen sicherlich auch die Anerkennung als Person verlieren werde«, sagt er.

Klinsmann und sein Team hatten auch keine Schwierigkeiten mehr, im Jahr 2005 den Posten des Fernsehexperten in der DFB-Medienabteilung mit dem früheren Sat.1- und RTL-Reporter Uli Voigt nach ihren Vorstellungen zu besetzen. Das war eine Kleinigkeit angesichts der Diskussionen, die sich um die geplante Verpflichtung von Berti Vogts entzündeten. Nach seinem erfolgreichen ersten Halbjahr glaubte Klinsmann, diese, wie er wußte, äußerst umstrittene Personalie im Februar 2005 erstmals öffentlich lancieren zu können. »Berti Vogts hat unglaubliches Know-how, ein großes Fachwissen und internationale Anerkennung«, schwärmte Klinsmann. »Wenn der DFB die Möglichkeit hat, Berti Vogts in irgendeiner Form für Planungen in der Zukunft einzubinden, dann sehe ich das als absolut positiv an.«

Aber der ehemalige Bundestrainer war selbst für Klinsmann, dem der Deutsche Fußball-Bund bis dahin alle Wünsche und Forderungen erfüllte, nicht durchzusetzen. Selbst die stets auf Abgrenzung bedachten, rivalisierenden DFB-Präsidenten Mayer-Vorfelder und Theo Zwanziger waren sich einig, daß für Vogts kein Platz als Technischer Direktor im Verband sein konnte. Klinsmann jedoch kämpfte monatelang darum, »meinen Freund und wichtigen Ratgeber«, wie er Vogts bezeichnet, doch noch in sein Team zu holen. Mayer-Vorfelder erinnerte den Bundestrainer nachdrücklich daran, wie verheerend die Wirkung der Verpflichtung von Vogts auch für ihn in der Öffentlichkeit sein würde. Ganz gleich, was die wahren Gründe für sein Engagement von Vogts seien, die Verpflichtung würde immer als Freundschaftsdienst, als Vetternwirtschaft betrachtet, zum einen aus alter Verbundenheit, zum anderen aber auch als Dank für Vogts' Einsatz im Sommer 2004 beim DFB hinsichtlich seines eigenen Engagements, argumentierte Mayer-Vorfelder. Die Argumente und die geschlossene Front im Verband und bei den Medien gegen Vogts verfehlten schließlich auch bei Klinsmann ihre Wirkung nicht. Aber es dauerte, bis er einsah, daß der Widerstand gegen seinen Freund größer war als sein eigener Einfluß. Klinsmann schwenkte schließlich nach einigen Monaten um, er sagte nun, vor allem der Posten sei wichtig und nicht die Person.

Im lange schwärenden Fall Vogts, der einzigen Niederlage in seiner Personalpolitik, zeigte sich für einige Kenner auch die größte Schwäche des Systems Klinsmann exemplarisch. In der Führung der Nationalmannschaft fehlt, so die Kritik, ein selbstbewußtes Korrektiv gegenüber dem Chef. »Es ist ungeheuer wichtig, daß jemand da ist, der ihm auf gleicher Augenhöhe bei der Nationalmannschaft gegenübertreten kann«, sagt Niersbach, der Klinsmann seit vielen Jahren eng verbunden ist. »Konsequenz darf nicht in Sturheit umschlagen. Es muß ihm auch mal einer sagen, wenn er sich vergaloppiert, was gar nicht so schwierig ist, weil Jürgen ein Freund des offenen Wortes ist. Was er aber gar nicht leiden mag, ist, wenn hinter seinem Rücken herumgemeckert wird – möglichst noch über die Medien. Da hat er Recht, weil eine solche Verhaltensweise im Grunde nur feige ist.«

Die Zustimmung in der Öffentlichkeit wuchs jedoch von Monat zu Monat, von Spiel zu Spiel, von Sieg zu Sieg. Während der begeisternden Spiele gegen Argentinien, Brasilien und Mexiko beim Confederations Cup sprang der Funke zwischen Publikum und Klinsmann endgültig über, die Fans bejubelten den Wandel, den der Bundestrainer eingeleitet hatte, und sie unterstützten bedingungslos die jungen Spieler des Teams, ob nun Robert Huth und Per Mertesacker oder Bastian Schweinsteiger und Lukas Podolski; sie alle gehörten zu einer Mannschaft mit einem neuen Gesicht und einem frischen, jungen Geist.

12. Jugend für Deutschland

Die Generation Klinsmann

Der große junge Mann in verwaschenen Jeans stand etwas verlegen im Foyer eines eleganten Münchner Hotels, und das unangenehme Gefühl, das in ihm hochstieg, als er den Medienrummel bemerkte, der auch ihn in wenigen Augenblicken vereinnahmen würde, verstärkte sich rasend schnell. Doch bevor er die Lage vollständig erfaßt hatte, wurde er schon vom ersten Fernsehteam entdeckt, das ihn vor die Kamera zerrte und ein Interview einforderte. Zwei Minuten später hatten die Objektive jedoch schon wieder ein neues, für den Moment lohnenderes Ziel entdeckt, und Per Mertesacker konnte ein wenig verschnaufen und die unwirkliche Szenerie wieder aus der Distanz beobachten. Das also war die Welt, die er bisher nur aus dem Fernsehen kannte und zu der er jetzt gehören sollte, aber die ihm noch vollkommen fremd war. Nach den ersten Eindrücken mußte er sich erst einmal neu ordnen, wie er später sagte, ziemlich erschrocken über seine ersten Minuten im Kreis der Nationalmannschaft, und er fragte sich, was das nun mit der Wirklichkeit zu tun hatte, die er bisher kennengelernt hatte.

Nicht viel, das war ihm klar. Auf seiner Entdeckungsreise in den innersten Zirkel des deutschen Fußballs, die ihm die Einladung von Klinsmann zum Länderspiel im Oktober 2004 nach Teheran eingebracht hatte, kam er sich nicht nur bei seiner Ankunft vor wie ein Fremder, er wußte zwar, daß er sehr gut Fußball spielen konnte, nicht so exzellent wie manch anderer vielleicht, aber gut genug, um von Jürgen Klinsmann ausgewählt worden zu sein. Ansonsten aber glaubte er keinen Zugang zu den Erfahrungen der Stars zu finden, und umgekehrt erwartete er dies auch nicht von Oliver Kahn, Michael Ballack oder Torsten Frings. Mertesacker wirkte in der neuen Umgebung, die sich von zahlreichen Bezügen des realen Lebens längst gelöst hatte, tatsächlich ziemlich fehl am Platz. So ambivalente Gefühle wie der junge Hannoveraner hatte zwanzig Jahre zuvor auch Jürgen Klinsmann entwickelt, als er sich noch mit gehörigen Selbstzweifeln in den Profifußball wagte und ein paar Jahre später auch in der Nationalelf schnell bemerkte, daß ihn zwar seine Leistungen dorthin gebracht hatten, aber sein Lebensentwurf und seine Einstellung den meisten Profis gleichwohl vollkommen wesensfremd waren.

Mertesacker überwältigten schon die Eindrücke der Anreise zur Nationalmannschaft. Als er vom Flughafen vom Fahrservice des Deutschen Fußball-Bundes abgeholt wurde und er in dem Münchner Fünf-Sterne-Hotel mit einem Einzelzimmer bedacht wurde, erschien ihm das als ein ziemlich übertriebener Luxus, den er zuvor weder kannte noch für nötig hielt. Mertesacker gehörte nicht zu denjenigen Fußballprofis mit einem bildungsfernen Hintergrund, wie die einfache Herkunft der Menschen gerne umschrieben wird, dem nun die Augen übergegangen wären angesichts der Statussymbole, mit denen der deutsche Fußball seine Elite ausstattet. Der Hannoveraner zählte zu jenem immer größer werdenden Teil an intelligenten Profis mit Studienberechtigung, die nicht mehr viel gemeinsam haben mit dem Durchschnittsprofi zu Klinsmanns Zeiten, der im Ruf stand, über Dinge außerhalb des Sports besser zu schweigen, und dessen Ambitionen sich auf den nächsten Vertrag und ein angenehmes Leben reduzierten.

Als Mertesacker einige Tage zuvor den Anruf von Jürgen Klinsmann erhalten hatte und danach wieder einen klaren Gedanken fassen konnte, da ahnte er schon, daß den Bundestrainer wohl nicht nur seine Leistungen in der Bundesliga überzeugt hatten, sondern auch seine Persönlichkeit eine gewisse Rolle spielte, obwohl er gerade erst dem Teenageralter entwachsen war. »Ein intelligenter und bodenständiger Typ«, sagte der Bundestrainer zwar nur in einer ersten offiziellen Kurzbeschreibung des Neulings. Aber schon als er Mertesacker bei der Einladung am Telefon hatte, sagte er ihm noch ein paar andere Dinge, die dem Abiturienten Mut machen sollten, auch in der neuen Umgebung auf seine Stärken zu vertrauen. »Klinsmann sagte, daß er mich mitnehmen möchte, weil er frischen Wind reinbringen will. Ich soll ohne Druck anreisen und einfach nur Spaß haben«, berichtet Mertesacker. Er wußte nicht, daß hinter diesen salopp dahingesagten Sätzen auch ein Teil von Klinsmanns eigener Fußballphilosophie der früheren Jahre steckte, die er nun auf die Nationalmannschaft übertragen wollte.

Klinsmann ging vor zwanzig Jahren für einen Tag in ein Gefängnis, um mit Jugendlichen über ihre Lage und ihr Leben zu sprechen, und Mertesacker macht sich heute mit einer Welt außerhalb des Fußballs vertraut: Er arbeitete als Pfleger in einer geschlossenen Anstalt für geistig Behinderte, auch noch nach seiner ersten Berufung in die Nationalmannschaft. Er hatte sich zwischen der Grundausbildung bei der Bundeswehr, die Sportler aus Bequemlichkeit meist bevorzugen, weil sie dort auch von zahlreichen Pflichten entbunden werden, und dem Zivildienst entscheiden müssen. »Ich wollte helfen«, sagte der damals Neunzehnjährige, der gerade das Abitur mit der Note 2,8 geschafft hatte, und suchte sich die Stelle in der geschlossenen Anstalt selbst. Er begann ein Leben zu führen, wie es im deutschen Profifußball zuvor noch kein Nationalspieler gelebt hatte, nicht in der Frühzeit der Bundesliga und schon gar nicht in der heutigen Zeit.

Mertesacker fuhr morgens zum Training zu Hannover 96 und kämpfte dort um seinen Platz in der Profimannschaft. Ein Stammspieler war er damals keineswegs, er galt nicht als Ausnahmetalent, dessen Weg unweigerlich in die Nationalmannschaft führen würde. Er besaß noch nicht mal einen richtigen Profivertrag. Er war trotz seiner erst einundzwanzig Jahre das, was man im Sport einen Spätstarter nennt, aber das tat seiner Entwicklung gut, ebenso wie es Klinsmann geholfen hatte, mit den Herausforderungen des Profifußballs auf seine eigene Weise fertig zu werden. Mertesacker verfolgte mit klarem Blick auch andere Interessen, an denen sein Selbstbewußtsein unabhängig von sportlichen Erfolgen wachsen konnte. In Hannover fand er mit Ewald Lienen zudem einen Trainer, der gesellschaftliches Engagement und Profifußball nicht für unvereinbare Gegensätze hielt, da er selbst als junger Profi als so etwas wie der linke Rebell in der Bundesliga gegolten hatte. Der langhaarige Links-Alternative engagierte sich in den achtziger Jahren für die Friedensbewegung, was ihm nur verständnislose Ablehnung bei Kollegen, Trainern, Präsidenten und vielen Medien eintrug.

Die Zeiten haben sich zwar auch im Fußball geändert, aber dennoch nicht so grundlegend, daß die mit Millionenverträgen ausgestatteten Fußballstars Mertesackers Engagement für besonders nachahmenswert hielten. Sie reagierten eher irritiert, als der Neuling in der DFB-Auswahl davon berichtete, daß für ihn die Arbeit als Pfleger in einer geschlossenen Anstalt ein sinnvoller Ausgleich zum Profigeschäft sei, »zur schönen, anderen Welt«, wie Mertesacker zum anderen Teil seines Lebens sagt. Die Menschen, mit denen er es in der Anstalt zu tun bekam, hatten den Kontakt zur Außenwelt längst verloren, niemand von ihnen wußte, daß Mertesacker am Vormittag bei den Profis von Hannover 96 trainierte, am Wochenende in der Bundesliga spielte und nun sogar in den Kreis der Nationalmannschaft aufgestiegen war. Die Anonymität dort empfand er, dessen Kollegen die Popularität in den Medien oftmals zum wichtigsten Gradmesser der eigenen Bedeutung nehmen, als wohltuend, denn ihm ging es vor allem darum, »die Jungs«, wie er die Patienten nannte, ordentlich zu pflegen, und dies glaubte er besser leisten zu können, wenn sie in ihm nur einen Pfleger und nicht den Fußballstar sahen. Ihm ging es um die Sache, und eine solche Einstellung gefiel dem Bundestrainer während seiner gesamten Karriere. Auch der Pragmatismus, mit dem Mertesacker sein Leben in den unterschiedlichen Welten straff organisierte, imponierte Klinsmann, dies erinnerte ihn auch an seine eigene Profilaufbahn. Nach seinen ersten Länderspielen hatte er einem Reporter am Telefon in der Bäckerei mitgeteilt, er müsse sich mit dem Interview noch ein wenig gedulden, denn erst müsse er seiner Mutter noch einen Sack Mehl aus dem Keller holen. Noch heute staunt Eitel, wie sich Klinsmann in den verschiedenen Lebenswelten als Bundestrainer, als Familienvater in Kalifornien und als Sohn und Bruder in seiner schwäbischen Heimat zurechtfindet und auf ganz unterschiedliche, aber dennoch selbstverständliche Weise auf die Menschen eingeht.

Mertesacker nahm ein wenig ungläubig zur Kenntnis, daß Klinsmanns Assistent Joachim Löw schon am ersten Tag auf der Pressekonferenz ganz selbstverständlich davon sprach, daß der Bundestrainer und er viel Vertrauen in ihn setzten und er sicher seinen Weg in der Bundesliga und auch in der Nationalmannschaft machen werde. Dabei hatte Mertesacker vor seiner Berufung zum Länderspiel in Teheran kaum Erfahrung aufzuweisen. Aber der dem Publikum weitgehend Unbekannte entsprach, auch wenn Mertesacker das nicht ahnte, in nahezu idealtypischer Weise Klinsmanns, aber auch Manager Bierhoffs Gegenentwurf zum deutschen Standard-Bundesligaprofi, dessen Unselbständigkeit sie als Spieler so oft in den eigenen Mannschaften erlebt hatten, und woran sie innerlich oftmals verzweifelten.

Diesem Typus des gehätschelten Stars, der beim FC Bayern München, bei Bayer Leverkusen oder beim VfB Stuttgart über viele Jahre seine All-inclusive-Mentalität ausleben durfte, sagten der Bundestrainer und seine Helfer Bierhoff und Löw vom ersten Tag an einen entschiedenen Kampf an. »Den Spielern wurde zuviel abgenommen. Es ist zwar im ersten Moment angenehm, wenn ich zu einem neuen Klub komme, der mir am ersten Tag gleich fünf Wohnungen zeigt, das Telefon anschließt und den Umzug dem Einwohnermeldeamt mitteilt. Aber so nimmt man den Spielern die täglichen Aufgaben weg und erzieht sie zur Unselbständigkeit«, sagt der Bundestrainer über eine Kultur der Bequemlichkeit, die der Persönlichkeitsentwicklung nur schädliche Dienste leistete. Er suchte sich daher passende Spieler, um innerhalb der Nationalmannschaft den Kulturwandel voranzutreiben, Spieler, die seine Philosophie mit frischem Leben ausfüllen konnten. »Die Profis müssen zurück zu einer gewissen Dankbarkeit, zu Demut und Bescheidenheit«, sagte Löw ergänzend. »Wir sehen es als unsere Aufgabe an, ihnen zu vermitteln, daß neben dem Fußball noch andre Dinge wichtig sind: Disziplin, Ehrlichkeit, Offenheit, respektvoller Umgang untereinander und nach außen. Bei der Auswahl der Spieler ist das ein wichtiges Kriterium: wer ist teamorientiert, wer ist charakterstark?«

Disziplinlosigkeit und Charakterschwäche wären tatsächlich so ziemlich die letzten Eigenschaften gewesen, die man Mertesacker, einem der ersten und erstaunlichsten Exemplare der Generation Klinsmann, hätte nachsagen können. Der Abiturient mit dem vollgepackten und straff durchgeplanten Tagesprogramm war schon dankbar dafür, daß ihn die Heimleitung wenigstens für die Nachmittage freistellte, damit er trainieren konnte, und er bedankte sich auch ausdrücklich dafür, daß er ohne große Schwierigkeiten für eine Woche zur Nationalmannschaft erst nach München und dann weiter in den Iran reisen durfte. Seine gelassene Haltung, die Erfolge im Profifußball nicht zum alleinigen Gradmesser eines gelungenen Lebens machte, legte Mertesacker auch nach weiteren Einsätzen in der Nationalmannschaft nicht ab. Es könnte ja auch immer noch anders kommen, sagte er sich, und daher dachte er im DFB-Quartier auch laut darüber nach, sich womöglich bald an der Fernuniversität einzuschreiben und nebenbei ein Studium zu absolvieren, so wie es Manager Oliver Bierhoff einst vorgemacht hatte und damit den Beweis angetreten hatte, daß sich Intellekt auch im Profifußball in akademische Bahnen lenken lassen kann.

Es ist keineswegs übertrieben, von einer neuen Generation zu sprechen, die im Herbst 2004 Einzug in die Nationalmannschaft hielt. Klinsmann war sich bewußt, daß diese Spieler von anderen Grunderfahrungen geprägt wurden als seine Generation und daß er einen anderen Zugang zu ihnen finden mußte. Es dauerte nur wenige Monate, bis ein halbes Dutzend in den frühen achtziger Jahren geborene Profis zu Klinsmanns Kader zählten, und da sie von ihm ausersehen waren, für Deutschland im Sommer 2006 die Weltmeisterschaft zu gewinnen, interessierte sich allmählich auch die Öffentlichkeit für das Lebensgefühl dieser Twentysomethings, die in der Gesellschaft ansonsten ohne Einfluß sind und von den Medien links liegengelassen werden, außer wenn sie sich mal im Sport oder in der Musik einen Namen machen.

Als diese noch weitgehend unbekannte, noch nicht etikettierte und von Klinsmann geförderte Generation in die Schule kam, war gerade die Mauer gefallen, sie wurde groß in einem wiedervereinigten Land und einem seine Mitte wiederfindenden Europa ohne Grenzkontrollen. Auch ihre Alltagswahrnehmung war längst nicht mehr dieselbe wie zwanzig Jahre zuvor, nicht mehr das Fernsehen, Radio oder die Zeitung waren ihre Leitmedien, sondern das Internet, mit dem sie als erste Generation ganz selbstverständlich aufwuchsen. Die voranschreitende Globalisierung, die Verkleinerung der Welt, hatte zudem besonders in ihrem Beruf für dramatische Veränderungen gesorgt und eine zuvor nicht gekannte Freizügigkeit geschaffen. Zehn Jahre zuvor waren die deutschen Profis noch in ein Kartellkorsett der Vereine und Verbände gezwängt, dessen Anachronismus die Fußballfunktionäre nicht erkennen wollten, als ob sich Spieler wie Klinsmann nicht schon in den achtziger Jahren dagegen gewehrt hätten, weil sie die Regelung, von Ablösesummen gefesselt zu sein, als grundgesetzwidrig ansahen. »Wir können unseren Arbeitsplatz nicht frei wählen, obwohl das im Grundgesetz der Bundesrepublik fest verankert ist«, sagte Klinsmann schon sieben Jahre bevor das Bosman-Urteil die Transferbestimmungen aus den Angeln hob und die ökonomische Basis des Fußballs revolutionierte.

Alle diese dramatischen Veränderungen gehören für die neue Fußball-Generation zu den selbstverständlichen, nicht weiter hinterfragten Grunderfahrungen, und sie haben ihre Wirkung auf die jungen Profis nicht verfehlt. Der Fußball und seine Spieler sind angesichts der Umwälzungen auch nicht mehr dieselben, beobachtet Klinsmann. »Wir haben heute einen Spielertypus vor uns, der sich enorm schnell verändert. Zu meiner aktiven Zeit konnte man vielleicht alle 20 Jahre von einer neuen Generation sprechen, heute ist zwischen Ballack und dem 20 Jahre alten Philipp Lahm ein Generationensprung. Die Spieler wachsen heute auf in einem Umfeld, das sich immer schneller wandelt, und in einer Medienlandschaft mit Internet. Sie sind einem Überschuß an Information ausgesetzt. Sie stehen extrem in der Öffentlichkeit.«

Aber nicht nur die äußeren Umstände für einen Profispieler, der mit einem einzigen Vertrag über zwei, drei Jahre mehr Geld verdient als Millionen anderer Menschen in einem ganzen Leben, haben sich entscheidend verändert. Ebenso verändert hat sich auch das Bewußtsein der Profis, den Körper als kostbares Kapital zu schätzen, ihn entsprechend sorgsam zu behandeln und Fußball als vielschichtigen Beruf zu begreifen und nicht mehr als ein Hobby, das man zum Beruf gemacht hat, ohne seine Einstellung und seinen Lebensstil dafür ändern zu müssen. »Die heutige Generation besitzt eine ganz andere Berufsauffassung als unsere Generation. Fitness, Technik, Taktik, also der fußballerische Bereich, plus Regeneration, Ernährung und Lebensstil, das ist ein komplexes Bild geworden. Das hat die heutige Spielergeneration begriffen und verhält sich entsprechend«, sagt Klinsmann über den grundlegenden Wandel. Zu seiner Zeit war das Bewußtsein der Spieler, ihrem Beruf mit Ernsthaftigkeit nachzugehen, noch dürftig ausgeprägt. »Da sind die Nationalspieler noch im DFB-Trainingsanzug in die Kneipe gegangen«, erinnert sich Klinsmann. »Wenn ich mir aber zwei Nächte bis morgens um fünf um die Ohren haue, bin ich halt platt und verliere vielleicht den Anschluß.« Die deutschen Profis jener Zeit, die ohne internationalen Konkurrenzdruck in der Bundesliga zwar noch nicht exorbitant, aber schon hervorragend bezahlt wurden, hatten den bescheidenen Lebensstil und die Autoritätshörigkeit ihrer Vorgänger-Generation längst abgelegt, aber von der Professionalität ihrer jungen Nachfolger waren sie, bis auf einige Ausnahmen, zu denen Klinsmann gehörte, noch weit entfernt.

Talentschuppen Premier League

Eine Karriere wie von Robert Huth oder Thomas Hitzlsperger war zu Klinsmanns Zeiten undenkbar. Als Jürgen Klinsmann nach London übersiedelte, kam er als Weltmeister und internationaler Star in der britischen Hauptstadt an, und im Gepäck hatte er einen Vertrag, wie ihn sich die meisten Profis zeit ihres Lebens vergeblich erträumen. Klinsmanns Lebensumstände hatten überhaupt nichts gemeinsam mit denen von Huth oder Hitzlsperger, die rein gar nichts vorzuweisen hatten, als sie auf die Insel kamen, außer ihrem Mut auf ein anderes Leben und den unbändigen Willen, ihren eigenen Weg im Profifußball zu gehen. Aber das Lebensgefühl in London und die Sitten in den englischen Fußballklubs übten die gleiche inspirierende Wirkung auf den gemachten Mann wie auf die unbedarften Teenager aus.

Robert Huth war gerade sechzehn Jahre alt, als er aus Berlin-Marzahn nach London kam. Während der ersten Saisonvorbereitung beim FC Chelsea fand sich der unbekannte Neuling aus Deutschland plötzlich bei seinem neuen Klub auf einem Stuhl wieder, er stand vor den Weltstars aus der Profimannschaft und mußte für sie ein Lied singen, währenddessen ihn die anderen Spieler mit nassen Servietten bewarfen. Das war die Begrüßung in England. Dieses für die deutsche Mentalität ziemlich gewöhnungsbedürftige Ritual nach britischer Internatsart geriet für den Neuen aus Deutschland jedoch zu einem grandiosen Erfolg. Huth grölte von seinem Kabinenstuhl einen Song von DJ Ötzi, und die Fußballmillionäre aus aller Welt sangen begeistert mit. »Ich bin so froh, daß ich das gemacht habe«, sagte Huth ein paar Jahre später über diese erste Mutprobe im englischen Fußball. Ohne dieses Ritual, meint er, wäre er als Mensch nicht so gut und schnell in der Mannschaft aufgenommen worden, und diesen Halt habe er doch so dringend gebraucht.

Die Geschichte von Roberth Huth ist die eines einfachen Jungen, der mit fünfzehn Jahren bei einem Jugendländerspiel in Dublin einem Spielervermittler des FC Chelsea auffällt und einige Monate später einen Vertrag bei einem traditionsreichen englischen Erstligaklub unterschreibt. Den Kontrakt muß seine Mutter noch gegenzeichnen, weil der Spieler noch nicht geschäftsfähig ist. Einen solchen Schritt in diesem Alter zu wagen, nötigte Klinsmann Respekt ab. So weit in seiner Entwicklung und so mutig war er in diesem Alter noch lange nicht gewesen. Aber auch für Huth waren die ersten Monate in England »ein Horror«. Ihm wurde in London schnell bewußt, daß er sich viel zu naiv in ein neues Leben gestürzt hatte, er fand nicht so schnell neue Freunde, wie er gehofft hatte, und in einem schmerzlichen Prozeß wurde ihm klar, daß er mit sechzehn Jahren ganz auf sich alleine gestellt war. Daran änderte auch nichts, daß er in den ersten zwei Jahren bei einer Gastfamilie unterkam. Der Klub besorgte einige Flugtickets für seine Mutter und seine Schwester, aber das Heimweh blieb. »Ich habe keine Mutter gehabt, die mich mal in die Arme genommen hat. Das macht einen hart«, sagte Huth, als er zum Nationalspieler geworden war, und es klang auch mit dem Abstand von vier Jahren noch immer so, als hätte er zumindest auf diese Erfahrung gerne verzichtet.

Ihn konnte auf dem Fußballplatz nichts mehr erschüttern, auch nicht mehr die Kritik, die ein paar Jahre später beim Confederations Cup auf ihn einstürzen sollte. Im vorletzten Testspiel vor dem Turnier handelte er sich durch ein unbedachtes Handspiel eine Rote Karte ein, und nachdem die deutsche Abwehr im ersten Spiel gegen Australien trotz des Sieges drei Gegentore hinnehmen mußte, rückte die junge Abwehr ins Zentrum der Kritik, und dabei vor allem Robert Huth. Trainer und Mannschaft standen zu ihm, bald auch die Fans, aber Huth machte die Sache vor allem mit sich alleine aus, auch den Mannschaftspsychologen ließ er nicht an sich heran. Er war es gewohnt, schwierige Situationen im Leben alleine meistern zu müssen. »Das ist schon schlimm gewesen. Aber er ist eine Persönlichkeit, die nicht will, daß jeder mit ihm darüber spricht. Er ist so gefestigt, so robust, daß er unbedingt selber rauskommen wollte«, sagte Mertesacker während des Confederations Cup über Huth. »Und für die restlichen Abwehrspieler war es auch nicht schön zu hören, daß jemand aus dem Abwehrverbund so in der Kritik steht. Daß er vom Bundestrainer eine weitere Chance erhalten und dem Ganzen getrotzt hat, das hat uns alle sehr erleichtert. Wichtig ist, daß jetzt Vertrauen aufgebaut wird, daß der Bundestrainer uns wieder aufstellt. Das wäre das wichtigste Signal.« Und Klinsmann sandte dieses Signal an seine jungen Spieler unbeirrt aus.

Beim FC Chelsea war Huth mit den traditionellen britischen Erziehungsidealen aufgewachsen, die ungebrochen auf eine rationale Lebensführung, auf ein gewisses Maß an Selbstbeschränkung und Gemeinschaftsgeist vertrauen. Die Bereitschaft zu Anstrengung und Disziplin wird in England weit stärker als hierzulande als Voraussetzung dafür erkannt, daß Jugendliche Vertrauen in ihre schöpferischen Fähigkeiten gewinnen. Huth verinnerlichte diese Einstellung mit den Jahren, und er ist wohl das eindrucksvollste Beispiel in der deutschen Nationalmannschaft, in welche Höhen junge Spieler geführt werden können, wenn es einen Klub und einen Trainer gibt, der an ihr Talent glaubt, sie in die Obhut einer sich gegenseitig befeuernden Gemeinschaft gibt und sie unnachgiebig fordert. »Mal bricht ein Zahn ab, mal bekommt man ein blaues Auge, oder die Nase bricht. Das hat mir auch geholfen, erwachsener zu werden. Man lernt, daß man auf sich selber aufpassen muß – auf dem Platz und abseits des Platzes. Ich kann das, und es gibt manchen Zwanzigjährigen, der das nicht über sich sagen kann«, sagt Huth über das Glück der Anstrengung, das Jungprofis in der deutschen Fußball-Wohlstandsgesellschaft viel seltener zuteil wird, weil es vom Streben nach schnellem Reichtum überlagert und verdrängt wird. An die Grenzen der eigenen Leistungsfähigkeit gelangen die schnell Zufriedenen und schnell Zufriedengestellten jedoch nicht. Huth hat diesen pädagogischen Mechanismus, der aus ihm machte, was er ist, sehr wohl verstanden: »Wäre ich nicht hierhergegangen, hätte ich es nie in die Nationalmannschaft geschafft.«

Aber die Härte gegenüber sich selbst und den Konkurrenten zu ertragen, dabei half Huth nicht nur der eigene starke Wille, auch das für deutsche Verhältnisse ausgeprägte kameradschaftliche Gefühl innerhalb des englischen Klubs stützte ihn. Dabei handelte es sich oftmals nur um kleine Gesten, um symbolische Handlungen, die Huth aber auf ihren eigentlichen Zweck hin richtig zu deuten verstand. Er erlebte, daß der Abstand zwischen ihm und den Stars doch nicht so gewaltig war, wie er sich auf den ersten, oberflächlichen Blick auf die Gehälter und die öffentliche Bedeutung der Spieler ausnimmt. Es reichte ihm schon, daß ein Weltmeister wie der Franzose Marcel Desailly oder der Italiener Franceso Zola ihn die Statusunterschiede nicht spüren ließen. Die selbstverständliche Kollegialität, mit der Desailly den Nachwuchs behandelte, beeindruckte Huth enorm. Einmal brachte der Welt- und Europameister einen der Unbekannten nach dem Training mit dem Ferrari nach Hause, so weit reichte es bei Huth nicht. Aber der Deutsche war schon glücklich, wenn Desailly mit ihm redete, denn dann fühlte er sich »wie ein Riese«, und wenn er die scheinbar unerreichbaren Stars von Chelsea im Spiel vor dem Fernseher sah, wuchs die Überzeugung, daß sich die Entbehrungen irgendwann lohnten, denn diese Stars hatten ihm am Tag zuvor im Training noch die Hand geschüttelt.

Huth hat sich durchgebissen, wie man nicht nur im Fußball seit einigen Jahrzehnten immer seltener sagt, und das auf einem Weg, wie man ihn in Deutschland ebensolange kaum mehr geht. Daß aber ausgerechnet der FC Chelsea, der Klub des russischen Oligarchen Roman Abramowitsch, der seinen sagenhaften Reichtum ganz anderen Talenten verdankt, für die jungen Spieler einen Zustand der scheinbar ewigen Entbehrung simulierte, als ob es künftigen Wohlstand für sie nicht gäbe, gehört zu den ironischen Wendungen des Profigeschäfts. Der tägliche Verzicht und die Erziehung, auf die Erfüllung von Wünschen lange warten zu müssen, haben so tiefe Spuren bei Huth hinterlassen, dass sich seine innere Haltung auch nach der Berufung in die Nationalmannschaft nicht änderte. In seinem zweiten Länderspiel, im September 2004 in seiner alten Heimat Berlin, bekam es Huth gleich mit Ronaldo zu tun, der Ikone des Weltfußballs, diesem einzigartigen Spieler, dem überall in der Welt die Sympathien der Fans zufliegen und dessen überwältigender Erfolg eigenartigerweise weder bei Mannschaftskollegen noch Gegenspielern Neid aufkommen läßt. Huth beherrschte Ronaldo, und wenn ihm Ronaldinho in die Quere kam, dann machte er auch gegen den anderen brasilianischen Superstar beim 1:1 gegen die Weltmeister die allerbeste Figur. »Ich war danach sehr stolz«, gesteht Huth, als er mit viel Lob bedacht die Heimreise nach London antrat, »das war es dann aber auch.« Die Kollegen hätten sich für ihn gefreut, sagt er, aber dann ging es für ihn wieder nur darum, um seinen Platz zu kämpfen; und dieser Kampf bei Chelsea, dieser mit russischen Öl-Millionen zusammengekauften Weltauswahl, lehrt Huth weiter Demut. Nachdem er im Jahr zuvor auf zwanzig Spiele kam, spendierte Abramowitsch dem neuen Trainer José Mourinho noch ein halbes Dutzend zusätzlicher Superstars für rund 300 Millionen Euro, und so wurde die Londoner Tribüne wieder zu Huths Stammplatz, weil er nun drei der besten Innenverteidiger der Welt vor die Nase gesetzt bekam. Aber Klinsmann belohnte ihn trotzdem mit einem Stammplatz und erklärte ihn und die anderen Spieler mit englischer Einstellung zum Prototyp des Nationalspielers der kommenden zehn Jahre. »Ein solches Leben hat Konsequenzen«, sagt Klinsmann, der die Erfahrung, sich im Ausland durchzusetzen und an der Herausforderung zu wachsen, früher auch an sich selbst entdeckt hatte. Und nicht zuletzt die Charakterbildung des auf sich in der Fremde selbst zurückgeworfenen Spielers und Menschen wollte sich der Bundestrainer bei der Neuorientierung der Nationalmannschaft zunutze machen. »Die sind mit zwanzig Jahren soweit, wie ich erst mit 23 oder 24 Jahren war«, schwärmt der Bundestrainer. Wie sich diese jungen Spieler offen für seine neuen Wege zeigten, wie sie ihn fragten, durch welche Trainingsmethoden oder sonstige Übungen sie sich noch weiterentwickeln könnten, das bereite ihm als Bundestrainer die größte Freude.

Die Vorstellung, daß ein großes Talent einen Bundesligaverein verläßt, um als Achtzehnjähriger irgendwo alleine im Ausland sein Glück zu suchen, wäre in seiner Profizeit als geradezu absurder Gedanke erschienen. Aber in den späten neunziger Jahren, als der deutsche Nachwuchs in der Bundesliga systematisch von den Vereinen durch billigere und erfahrenere Profis aus Afrika oder Osteuropa um seine Entwicklungschancen gebracht wurde, sah der junge Thomas Hitzlsperger keine Möglichkeit mehr, auf traditionellem Weg seinen Lebenstraum vom Profifußball zu verwirklichen. Im Sommer 2000 setzte er, nachdem er die Jugendmannschaften des FC Bayern durchlaufen hatte, seinen Plan in die Tat um. Er verließ den deutschen Rekordmeister und wanderte aus, wie es einhundert Jahre zuvor massenhaft deutsche Arbeiter taten, als sie nach Amerika übersetzten, weil sie die Hoffnung verloren hatten, daß sich Tüchtigkeit in der Heimat auszahlen würde.

Elf Jahre spielte der Niederbayer beim deutschen Rekordmeister. Er begann dort als Knirps und kletterte durch alle Jugendmannschaften immer weiter der Bundesligamannschaft entgegen, bis er es schließlich in das Amateurteam gebracht hatte. Aber dort stand er wie vor einer gläsernen Wand, die ihn von der ersten Klasse trennte. Mit keinem der Bayernprofis war es in all den vielen Jahren auch nur zu einem einzigen Gespräch, einem ernsthaften Kontakt gekommen, denn eine solche Verbindung auf dem Platz zwischen Fußball-Lehrlingen und Superstars wünschte der Klub nicht, der seine Auserwählten wie eine Kaste der Unberührbaren zu halten pflegt. Als Hitzlsperger, gerade volljährig, das Angebot zur Profiausbildung bei Aston Villa erhielt, wagte er den Wechsel. Die neuen Erfahrungen in England kamen einem Kulturschock gleich. Da war natürlich zunächst ein komplett verändertes, umgekrempeltes Leben, das er ohne Eltern und Freunde zu führen hatte. Erstmals war der Achtzehnjährige ganz auf sich allein gestellt, mit seinem Englisch war es auch nicht weit her, und es gab auch keinen Verein mehr, der sich um die Kleinigkeiten des Alltags gekümmert hätte. Wenn das Training vorbei war, spürte er die Einsamkeit. »Das kann dich kaputtmachen – oder den Charakter stärken«, sagt Hitzlsperger heute.

Innerhalb des Vereins fand er jedoch eine Haltung vor, die ihm das gab, was er beim FC Bayern so vermißt hatte. »Du bist hier als junger Spieler ständig in Kontakt mit den Älteren, und das nimmt dir die Angst, auf sie zuzugehen und mit ihnen zu sprechen.« Diese Beziehung zu den Stars wuchs dort nicht durch eine nur vorgespielte Gleichberechtigung, die Unterschiede nicht verwischt, sondern wird durch Rituale vielmehr betont. Jedem etablierten Spieler in der Premier League wird etwa ein junger Spieler zugeteilt, der ihm die Fußballschuhe putzt. Um dieses Dienstverhältnis wie aus dem 19. Jahrhundert wird jedoch kein großes Aufheben gemacht, allenfalls um die Weihnachtszeit, wenn ein kleines Präsent die Mühe des Schuhputzers belohnt und die Schuhe in dieser Zeit besonders sorgfältig gesäubert, gecremt und poliert werden. Dieses Ritual, das vor über hundert Jahren in den Klubs auf der Insel seinen Anfang nahm, war gerade für junge, ausländische Spieler eine nützliche Last. »So bleibt man auf dem Boden und kommt mit den Profis ins Gespräch. Ich hätte mir gewünscht, daß es so was bei den Bayern gegeben hätte«, meint Hitzlsperger.

Aber auch der Umgang der Trainer mit den Spielern offenbarte eine hierarchische Seite, die er aus Deutschland, wo es sich die Trainer zur Gewohnheit gemacht haben, mit den Spielern zu reden und auf unzufriedene Profis einzugehen, noch nicht kannte: »In England wird nicht diskutiert, da parierst du. Sonst gibt es Ärger, richtigen Ärger.«

Die Ausbildung der jungen Profis in England kennt aber auch die andere Seite, die nicht den dienenden Charakter fördert, sondern die Selbständigkeit. »Wenn du einen Profivertrag besitzt, dann ist es egal, ob du im ersten Team oder in der Reserve spielst, du gehörst dazu.« Diese Erfahrung hatte Hitzlsperger in Deutschland immer vermißt, und er merkte bald, wie ihn diese britische Art des Profitums innerlich und sportlich stärkte. Es dauerte zwar, bis er sich an das höhere Tempo und die Härte im Training gewöhnt hatte, aber allmählich schwanden auch die Hemmungen, den Stars auf dem Platz zuzusetzen. Er erkannte die Chancen, die in der Freiheit lagen, die ihm Aston Villa gewährte, und er war entschlossen, sie zu nutzen. Er schaute sich auch in anderen Branchen auf der Insel um, und er erkannte, welche Gelegenheiten sich auch dort dem jungen und entschlossenen Nachwuchs auftun; Möglichkeiten, die ihnen in Deutschland mit seinen verkrusteten Strukturen zumeist verwehrt bleiben. Er merkte, daß es in England selbstverständlich ist, jungen Menschen früher Verantwortung zu übertragen, mit dem Ergebnis, daß sie auch früher in der Lage sind, diese zu übernehmen. Hitzlsperger registrierte, daß in England die Studienzeit sich nicht so lange hinzieht wie in seiner Heimat, daß die Absolventen mitunter erst zweiundzwanzig oder dreiundzwanzig Jahre alt sind, wenn sie dann nach ihrem Abschluß in einer Kanzlei als Rechtsanwalt oder als Investmentbanker weitreichende Entscheidungen treffen. »Die Leute, die es positiv nutzen, entwickeln sich weiter. Die anderen gehen unter«, sagt Hitzlsperger. Auf seinen Job bei Aston Villa übersetzt lautet seine Erkenntnis der englischen Haltung im Umgang mit Nachwuchskräften: »Wer gut genug ist, ist hier auch alt genug. Man muß nicht erst den Dienstweg durch die Jugend- oder Reservemannschaften antreten, um eine Chance zu bekommen.«

Das Selbstbewußtsein, gewachsen aus dem Stolz, sich alleine durchgeschlagen und bewiesen zu haben, zeigte sich bei den Jungprofis in vielfältiger Form. Klinsmanns Vorgänger Rudi Völler hatte noch wenige Monate zuvor überhaupt keine Notiz von den Deutschen in der Premier League genommen, und diese Haltung empfanden die Einzelkämpfer auf der Insel nicht nur als ignorant, sondern nannten sie auch öffentlich so. Sie waren innerlich längst gefestigt genug, um Kritik, die ihre Altersgenossen aus falschverstandener Scheu mieden, auch öffentlich zu äußern. Hitzlsperger sprach offen von seiner Enttäuschung, daß er vom Deutschen Fußball-Bund und Völler drei Jahre lang übersehen worden sei, obwohl er bei Aston Villa in der Premier League spielte, aber mehr als die Nominierung zur U21-Europameisterschaft wenige Wochen vor der EM traute ihm der damalige Teamchef Völler nicht zu. »Ich bin froh, daß ich nicht aufgegeben und an meine Chance geglaubt habe«, sagt Hitzlsperger, dem klar ist, daß es vor allem der Trainerwechsel war, der ihm die neuen Möglichkeiten eröffnete. »Ich fand es nicht gut, daß man sich in der Vergangenheit zu sehr auf den Fußball im eigenen Land fokussiert hat. Doch in der erst kurzen Zeit, die Jürgen Klinsmann im Amt ist, hat sich sehr viel zum Positiven geändert. Die Wahrnehmung ist eine ganz andere geworden. Mit dem neuen Trainer sind alle ein bißchen mehr ›open minded‹«, bilanziert Huth nach wenigen Monaten als Nationalspieler.

So eine Haltung gefällt Klinsmann – offen sein, immer an seine Möglichkeiten glauben und die Chance nutzen, wenn sie sich ergibt. Der persönliche Aufstieg und die glänzende Perspektive, die sich durch die Berufung zum Nationalspieler ergab, führte bei der Klinsmann-Generation jedoch nicht zu Triumphalismus, sondern zu sachlichen und besonnenen Reaktionen. Huth blieb die Bescheidenheit in Person, und der Bundestrainer und der Manager, die lockere Umgangsformen zu schätzen wissen und auch innerhalb des Nationalteams vorleben, waren für ihn weiterhin Herr Klinsmann und Herr Bierhoff. Beide hatten Huth zwar das Du angeboten, aber der Zwanzigjährige lehnte ab, weil ihm das der Respekt gegenüber der sportlichen Vergangenheit seiner Vorgesetzten gebot. Er könne sich noch sehr genau an seine Reaktionen bei der Europameisterschaft 1996 erinnern, erzählt Huth. Die Hauptdarsteller von damals hatten nun die

Macht in den Nationalmannschaften des Verbandes übernommen. Er habe als Zwölfjähriger »total begeistert« von deren Auftritten vor dem Fernseher gesessen. »Da hat man einfach Respekt, wenn man jetzt Herrn Klinsmann und Herrn Bierhoff vor sich auf dem Platz hat«, sagte Huth, und er könne doch nicht demjenigen, der 1996 das Golden Goal gemacht hat, einfach sagen: »Hey, alles klar, Oli?«

Fußball pur: weltoffen, vital, begeisternd

Die englische Fußball-Philosophie prägt nicht nur den Menschen, wie Klinsmann aus eigener Erfahrung wußte, sondern auch das Spielverständnis. Auch wenn er nur ein Jahr in London verbrachte, war die Wirkung schon während seiner aktiven Karriere enorm, und etwas vom englischen Geist wollte der Bundestrainer auch der deutschen Nationalmannschaft einhauchen. Wenn Klinsmann, Huth oder Hitzlsperger über den Fußball auf der Insel sprechen, hört sich das nahezu identisch an, und es spielt auch keine Rolle, ob ein Stürmer, Mittelfeldspieler oder Manndecker redet, denn die anglophilen Deutschen fasziniert die Reduzierung des Spiels auf seinen Kern, auf Fußball pur. Die Showelemente, die in Deutschland seit den neunziger Jahren die Berichterstattung im Fernsehen und in den Zeitungen immer stärker bis zur Clownerie dominieren, bedeuten den englischen Fans nichts. In den reinen Fußballstadien schwärmen die Spieler von der Energie, die von den Fans auf die Mannschaft übergreift und sie zu einem Spiel zwingt, das aktiv und aggressiv sein muß und das abwartendes Taktieren für eine schlimmere Sünde hält als individuelle Fehler im Eifer des Gefechts. »Die enorme Stimmung in den Stadien treibt dich ständig nach vorne, die Fans verlangen einfach die Attacke. Als der FC Chelsea und Arsenal London in der Champions League gegeneinander spielten, waren vielleicht fünf Engländer auf dem Platz, aber es kam so trotzdem ein typisch englisches, ungeheuer schnelles und intensives Match dabei heraus. Jeder gewonnene Einwurf, jede Ecke wird hier fast so bejubelt wie ein Tor. Denn traditionell hat nicht Ballbesitz, sondern Raumgewinn die oberste Priorität. Die meisten englischen Trainer fordern, daß man in der gegnerischen Hälfte spielt. Das Grundbestreben ist, den Gegner zu dominieren, ihn weit vom eigenen Tor zu halten. In der Vergangenheit haben britische Mannschaften deswegen die Bälle hoch und weit nach vorne geschlagen. Aber die technische und taktische Qualität ist mittlerweile so gut, daß man die Vorgabe mit Kombinationen und sauberem Paßspiel erfüllen kann.« Diese Analyse über das Wesen des britischen Fußballs klingt, als stamme sie vom erfahrenen Bundestrainer, tatsächlich kommt sie aber vom zweiundzwanzig Jahre alten Hitzlsperger, dessen Qualitäten nun auch wieder deutsche Klubs überzeugten. Vor seiner ersten Länderspielsaison unter Klinsmann verpflichtete ihn der VfB Stuttgart.

Klinsmann indes spricht fast genauso wie Hitzlsperger, wenn er von der Spielidee der Nationalmannschaft für die Weltmeisterschaft 2006 spricht. Aggressivität, Offensive, Dominanz und Risikobereitschaft sind seine Schlagworte, er will in den Stadien eine Stimmung wie in England erzeugen, von der sich die Mannschaft tragen lassen soll bis zum Titel. Er will nicht nur in der Nationalmannschaft einen neuen Geist schaffen, sondern auch bei den Zuschauern, die das Team unterstützen sollen, auch wenn die Mannschaft in Schwierigkeiten gerät. Sie sollen von der englischen Einstellung angesteckt werden, die von den Profis bedingungslosen Willen einfordert und sich davon begeistern lässt, und sie sollen die Spieler um ihrer selbst willen unterstützen, weil sie deren Wesen und Auftreten schätzen. »Bei der Europameisterschaft waren die Spieler für viele Fans noch die Millionäre, die es verdient hatten, nach Hause zu fahren. Jetzt haben wir einige interessante junge Spieler im Kader. Wir möchten den Fans die Spieler als Menschen näherbringen und der Mannschaft als Gesamtes ein Gesicht geben. Wenn in der Vergangenheit Erfolg da war, wurde es alleine Rudi Völler, Oliver Kahn und Michael Ballack zugeschrieben. Der Rest ist weggefallen. Wir möchten die Mannschaft als Ganzes zeigen«, sagt Bierhoff.

Für einen solchen Wandel der Fußballkultur auch auf den Rängen braucht es aber noch mehr Spieler wie Mertesacker, Huth und Hitzlsperger, die Klinsmanns Philosophie mit Leben füllen. Er sollte sie während des Confederations Cups finden. Lukas Podolski und Bastian Schweinsteiger brachten mit ihrer Lebensfreude, ihrer unverstellten Fußballbegeisterung und ihrem großen Talent ein neues Lebensgefühl in die Nationalmannschaft. Ihnen merkten die Zuschauer den Spaß am Spiel, den Spaß am Fußball an. Wie der Kölner und der Münchner nach ihren Toren gemeinsam jubelten, wie sie ihre Freundschaft in der Nationalmannschaft auslebten – all dies schuf ein verändertes Bild in der Wahrnehmung der deutschen Nationalspieler. Die beiden jungen Spieler ließen Fans und Medien spüren, daß der Fußball im Mittelpunkt ihres Lebens stand, daß Statussymbole keine große Bedeutung hatten, daß sie erst etwas leisten wollten, anstatt mit großen Sprüchen und großen Autos auf sich aufmerksam zu machen. Die Unbekümmertheit des Aufbruchs verbanden die Fans nun mit Bastian Schweinsteiger und Lukas Podolski, den neuen Lieblingen des deutschen Fußballs.

Die deutschen Fans hatten den in Gleiwitz geborenen Sohn eines polnischen Erstligakickers und einer Handball-Nationalspielerin im Rekordtempo zum nationalen Idol erhoben. In der künstlichen Welt der vorgefertigten Image-Abziehbilder verkörpert »Poldi« wie kein anderer die Sehnsucht der Fans nach dem einfachen Jungen aus dem Volk, der nur eins im Kopf hat und sich nicht kirre machen läßt von dem vielen Geld, den Medien und den Sponsoren: Tore schießen. Das macht er mit einer schnoddrigen Selbstverständlichkeit, wie sie seit Gerd Müller nicht mehr vielen deutschen Spielern seines Alters gegeben war. Nach der Premiere im Confederations Cup in Frankfurt gegen Australien war Podolski auch der einzige deutsche Spieler, den das Publikum namentlich feierte.

An Podolski aber scheint der Rummel wie an einer unsichtbaren Schutzschicht abzuprallen. »Ich habe so etwas noch nicht erlebt, und ich mache das Geschäft schon ein paar Jahre. Wie Lukas damit umgeht, das imponiert mir fast noch mehr als seine sportliche Leistung«, sagt sein Berater Schramm. Auch der Bundestrainer sorgte sich nicht, daß Podolski angesichts des schnellen Ruhms den Boden unter den Füßen verlieren könnte. Vielmehr stand der neue Liebling, der zusammen mit seinem Freund Schweinsteiger Spiel und Stimmung der DFB-Auswahl belebt, für die erdende Verbindung des gemeinen Fußballvolks zu den Höhen der Nationalelf.

Aber recht besehen paßt dieser Prototyp aus der deutschen Fußball-Urzeit gar nicht in die neue, moderne Nationalmannschaft, in das Anforderungsprofil, das der Bundestrainer und sein Stab entwikkeln. Mit generalstabsmäßiger Akribie schaffen Klinsmann, Löw und

Bierhoff Zusatzangebote für die Profis, sie bieten Sprachkurse an, Medienschulung und psychologische Hilfe, um die Persönlichkeitsentwicklung der Spieler zu unterstützen. Aber die zeitlose Fußball-Wahrheit von Podolski, der von all diesen Veränderungen nicht beeindruckt zu sein scheint, paßt in einen einzigen Satz, seinen Lieblingssatz, wenn er vom Fußball und seiner Aufgabe als Torjäger spricht: »Der Ball muß ins Tor, egal wie.« Ein paar Wochen nach dem Confederations Cup, als die Wahl zum Fußballer des Jahres 2005 anstand, erreichte Podolski einen weiteren Gipfel in seiner jungen Karriere. Er wurde hinter Kapitän Michael Ballack auf den zweiten Rang gewählt.

Einen weiteren, ganz anderen Typ des neuen Fußball-Deutschlands hatte Klinsmann schon einige Monate zuvor in der Provinz ausfindig gemacht. Einen, der den etablierten Nationalspielern zeigen sollte, daß die DFB-Auswahl bis zur Weltmeisterschaft 2006 kein geschlossener Klub ist, der allen zeigte, daß zu Klinsmanns Team auch dazugehören kann, wer in Deutschland keine Karriere nach dem Reißbrett bei Bayern München, Bayer Leverkusen oder einem anderen großen Verein gemacht hat, der nicht die Jugend-Nationalmannschaften des Verbandes und seine Sichtungslehrgänge durchlaufen hat, sich in keinem Fußballinternat der Spitzenklubs hochdiente, sondern tatsächlich ein Leben neben dem Fußball kannte. Einen Profi, der den Fußball nicht nur kokett als wunderbare Nebensache bezeichnete, die in Wirklichkeit aber das ganze Sein bestimmte, sondern der auch noch mit Anfang zwanzig etwas kannte, was im Profigeschäft längst verlorengegangen ist: ein normales Leben.

Zwei Jahre, bevor Patrick Owomoyela mit vierundzwanzig Jahren zum Nationalspieler wurde, überlegte er, in seinen Beruf als Gas- und Wasserinstallateur zurückzukehren. Aber ganz sicher war er sich nicht, vielleicht sollte er auch etwas ganz Neues versuchen. Im Fußball jedenfalls kam er nicht weiter. Fünf Jahre spielte er in der Regionalliga Nord, und ob er sich nun beim Lüneburger SK, VfL Osnabrück oder SC Paderborn versuchte, seine fußballerische Entwicklung drehte sich im Kreis. Eigentlich hatte Owomoyela auch immer geglaubt, Profifußball sei nur etwas für die anderen, und er selbst würde wie Tausende von Amateuren in der Verbandsliga kikken, ein paar Euro dafür kriegen, was ja nicht schlecht ist, wenn man nebenher noch seine Ausbildung fertigmacht, wo es nicht viel zu verdienen gibt. So in etwa stellte sich Owomoyela seine Fußballkarriere vor, die er ohnehin nicht so zielstrebig anging wie die Nachwuchsspieler aus den Bundesligaklubs, die nach jedem Training zu den Profis des Klubs aufschauen, die Autos auf dem Parkplatz bewundern, die von einem Leben künden, das sie sich sehnlich wie nichts anderes wünschen, und die dafür bereit sind, alles andere neben dem Fußball zu vernachlässigen, bis ihr Selbstwertgefühl allzuoft nur noch an der Beurteilung des Trainers hängt, und denen ein Sonntag auf der Ersatzbank erst das Wochenende ruiniert und dann noch viel mehr, wenn ihre Träume dahingehen.

Owomoyela wollte eigentlich Basketballstar werden. Als er 16 Jahre alt war, spielte er schon bei den Männern in der Regionalliga, und sein Idol hieß auch nicht Jürgen Klinsmann oder Oliver Bierhoff, sondern Michael Jordan, und so bedurfte es auch einiger Überredungskunst seines damaligen Fußballtrainers, ihn davon abzuhalten, den Fußball dranzugeben. Auch der Lifestyle des dunkelhäutigen Sohnes eines Nigerianers und einer Deutschen entzog sich dem üblichen Schema einer zielstrebig aufs Profitum ausgerichteten Fußballkarriere. Er liebt neben dem Basketball die Musik, und von einem Nationalspieler, der zudem noch begeisterter Wellenreiter ist, hatte der deutsche Fußball vor Owomoyela auch keine Ahnung. Seine Frisur, widerspenstig vom Kopf abstehende, drahtige Locken, tat ein übriges, um in Owomoyela schon äußerlich einen ganz anderen Typ Nationalspieler zu sehen. Diese ganz andere Erscheinung in der gegelten Fußballszene entging auch nicht dem *Kicker*, der einmal bemerkte, Owomoyela sehe nach einem Spiel im Kabinengang »eher so aus, als würde er gleich in seiner Lieblingsdisko Hip-Hop auflegen, und nicht, als hätte er sich gerade mit den besten deutschen Fußballern gemessen«.

Als die Nationalmannschaft im Spätherbst 2004 Verletzungssorgen plagten, besprachen Jürgen Klinsmann und Joachim Löw zusammen mit Dieter Eilts, dem Trainer der U21-Auswahl, ob in dessen Team noch weitere unentdeckte Talente schlummerten, die auch der Nationalmannschaft helfen könnten. »Wir sind Namen durchgegangen und Typen, die unserer Idee vom Fußball entsprachen. Diese Überlegungen haben gezeigt, daß es viele Spieler nach unseren Vorstellungen gibt. Sie passen sich problemlos unserer Spielanlage an, weil sie wissen, welche Art Fußball wir wollen«, sagt Klinsmann. Owomoyela, das zeigte sich schnell, war ein Typ ganz nach dem Geschmack Klinsmanns, ganz abgesehen davon, daß er ebenso wie der Bundestrainer erst eine Gesellenprüfung vor dem Einstieg ins Fußballgeschäft ablegte und mit seinem Aufstieg in die Bundesliga bei Arminia Bielefeld mit dreiundzwanzig Jahren zu den Spätstartern im Fußball zählte. Aber viel mehr erinnerten den Bundestrainer die positive Einstellung und der unbedingte Wille Owomoyelas, dessen Spiel auch nicht mit technischer Raffinesse ausgestattet ist, an seine eigene Erfolgsgeschichte. Auch wenn im Training mit der Nationalmannschaft die technischen Defizite immer wieder aufschienen, schwärmten die Fachleute während des Spiels von seiner »überragenden Präsenz« auf dem Platz.

Owomoyela paßte daher geradezu idealtypisch in Klinsmanns Neulingsschema des Jahres 2004. Jung, lernwillig und offen wie die anderen war er ohnehin, aber sein ungewöhnlicher Karriereweg und sein äußerst entspanntes Wesen kamen dem Bundestrainer als Bereicherung für den Teamgeist in der Mannschaft, der bis zur Weltmeisterschaft immer weiter wachsen sollte, wie gerufen. Er mußte sich im Herbst aber auch zügig entscheiden, Owomoyela in seine Auswahl zu holen, denn wenige Monate zuvor interessierte sich auch der Nationaltrainer Nigerias für den Defensivspieler aus Bielefeld, was das jahrelang übersehene Talent plötzlich in die unerwartete Lage versetzte, zwischen zwei internationalen Karrieren wählen zu können. Kurz vor der Nominierung in Klinsmanns Kader war er schon zweimal in Berlin bei der nigerianischen Botschaft gewesen, weil er neben seiner deutschen auch die nigerianische Staatsbürgerschaft haben wollte, damit er die Einladung zum Länderspiel von Nigeria, wo er nie zuvor gewesen war, auch annehmen konnte. Doch so einfach, wie sich das der in Hamburg geborene Owomoyela dachte, war die Sache dann doch nicht, und er reiste zweimal unverrichteterdinge wieder aus der Hauptstadt ab.

Einen solch ungewöhnlichen Einstieg in die Nationalmannschaft hatte kein anderer in Deutschland geborener Spieler zuvor, und der kurze Wettlauf um ein Talent mit deutschen und nigerianischen Wurzeln war auch ein Zeichen für die veränderte Lebenswirklichkeit in diesem Land und für die neue Selbstverständlichkeit, mit der auch andere als die üblichen Biographien nun zu neuer Vielfalt und Vitalität in der ersten Fußballauswahl des Landes beitrugen. Klinsmann hatte wenige Monate zuvor mit Gerald Asamoah den ersten schwarzen Nationalspieler wieder zurück in die Mannschaft geholt, was vor allem an dem sportlichen Aufschwung des Schalkers lag, der dem Bundestrainer als bulliger Stürmer ins Konzept paßte. Mit dem in Ghana geborenen Asamoah zog auch zusätzliche Lebensfreude mit in die Mannschaft ein, und das ist für Klinsmann von nicht unerheblicher Bedeutung, denn der Teamspirit, dem er gerade für das Weltmeisterschaftsturnier entscheidende Bedeutung beimißt, bedarf einer sorgfältigen Auswahl der Spieler. »Wenn einer stört, kriegen die anderen nichts mit«, war Klinsmanns klassenhaftes Gemeinschaftscredo schon vor zwanzig Jahren. Und umgekehrt bedeutet es, wenn jemand Lebenslust und Weltoffenheit mitbringt, dann kriegen auch die anderen etwas davon ab, und Deutschland kann aus Klinsmanns Sicht von Lebenslust und Weltoffenheit bei der Weltmeisterschaft gar nicht genug haben.

13. Mission 2006

Aufbruch in Deutschland?

Anfang September 2005, zwei Wochen vor der Bundestagswahl, sah sich Jürgen Klinsmann mit seinem Reformprojekt fast schon wieder auf den Ausgangspunkt seiner Mission zurückgeworfen. Die beiden ersten Testspiele in der Weltmeisterschaftssaison waren eine Enttäuschung. In den Niederlanden erreichte die deutsche Mannschaft zwar noch ein glückliches 2:2, gegen die Slowakei verlor das Team nach einer ideenlosen Vorstellung jedoch 0:2. Die Reaktionen auf die beiden Rückschläge in weiten Teilen der Medien waren heftiger und härter als von Klinsmann erwartet. Sie waren ernüchternd. Hatte es im ersten Jahr nicht große Fortschritte gegeben, hatte die Mannschaft im Confederations Cup nicht die Zuschauer begeistert und hätten sie deswegen nicht ein wenig mehr Vertrauen verdient, fragten sich der Bundestrainer und seine Spieler.

Der Boulevard schrieb von der ersten »Klinsi-Krise«, und auch anspruchsvollere Zeitungen sahen den Bundestrainer schon in einer Sackgasse. »Klinsmann ist neun Monate vor der WM ins Schleudern geraten. Bei seinem Amtsantritt hat er einen hübschen Reformplan präsentiert, der gekrönt werden sollte durch den Titelgewinn. Die Zeit bis zum Turnier schien detailliert durchgeplant zu sein. Klinsmann schien in allem, was er tat, den Anweisungen aus einem Managerhandbuch zu folgen. Jede seiner Entscheidungen beschrieb er als logischen Bestandteil eines großen Plans (. . .). Nun aber ist, nach dem gruseligen Auftritt in Rotterdam, schon zum zweiten Mal ein Testkick danebengegangen – und es scheint, als habe Klinsmann gegen dieses Versagen kein Rezept; als sei es in seinem Handbuch nicht vorgesehen«, argwöhnte die *Berliner Zeitung.* »Klinsmann hat sich selbst verraten. Als er vor einem Jahr Bundestrainer wurde, hat er sich als Mann mit festen Prinzipien positioniert«, schrieb der *Tagesspiegel,* nachdem der Bundestrainer die neuen Stars Podolski und Schweinsteiger geschont und wie zwei Neulinge erst in der zweiten Halbzeit eingesetzt hatte.

Die größte öffentliche Wirkung nach den beiden verunglückten Auftritten erzielte jedoch Franz Beckenbauer, der während des Confederations Cups noch verkündet hatte, niemand stehe es zu, an Jürgen Klinsmann zu zweifeln, er vertraue dem Bundestrainer und seiner Mannschaft voll und ganz. Nur zwei Spiele später urteilte Beckenbauer im Fernsehstudio des *ZDF* in Gegenwart des Bundestrainers mit schneidender Kälte über den schwachen Auftritt und warf Klinsmann zudem vor, sich in der Torwartfrage vor einer Entscheidung zu drücken. In den Tagen nach der Niederlage, nach diesem ersten und auch irgendwann zu erwartenden Rückschritt in der Entwicklung der jungen Mannschaft, erhob sich auch aus der Bundesliga keine prominente Stimme, um den Bundestrainer neun Monate vor der Weltmeisterschaft zu stützen. Spätestens in diesen Tagen merkte Klinsmann deutlich, daß er im deutschen Fußball auch nach über zehn Jahren als Nationalspieler und trotz seiner Anfangserfolge als Bundestrainer für viele weiter ein Fremdkörper geblieben war, der Anerkennung allein durch Siege gewinnen konnte. Den üblichen Sympathiebonus eines ehemaligen Nationalspielers von seinem Format, eines Kapitäns, der in 108 Länderspielen 47 Tore erzielte, der Weltmeister wurde und Europapameister, besaß er nicht. Das ist der Preis, den er für seine Unabhängigkeit und Eigenwilligkeit während seiner Profikarriere nun zu zahlen hat, sagen Kenner des Beziehungsgeflechts im deutschen Fußball.

Klinsmann und seine Mannschaft zogen aus den Erfahrungen nach diesem ersten Tief ihre Konsequenzen. Sie wußten einmal mehr, daß sie nur sich selbst vertrauen konnten, daß niemand anderes für sie in schweren Zeiten kämpfen würde und daß es in der Öffentlichkeit auch kaum Wirkung hinterließ, wenn sie ihren Weg und ihr Konzept in Interviews und auf Pressekonferenzen erklärten. Sie fühlten sich unverstanden trotz aller Erklärungsversuche – und schlossen sich daraufhin noch enger zusammen.

Das Spiel gegen Südafrika, vier Tage nach dem 0:2 in der Slowakei, gewann angesichts der angespannten Lage enorm an Bedeutung. Eine weitere Niederlage hätte wohl alle Vorleistungen aus dem ersten Jahr zunichte gemacht und die WM-Stimmung in Deutschland nachhaltig getrübt. Zur Halbzeit stand es nur 1:1, und erstmals begleiteten Pfiffe die Mannschaft in die Kabine. Doch nach den

Schwierigkeiten in der ersten Halbzeit, die aus einer spürbaren Nervosität erwuchsen, wendete Lukas Podolski die Partie nahezu im Alleingang. Der neue Liebling erzielte drei Tore, die deutsche Mannschaft siegte 4:2, und der Jubel des Publikums und der Presse über den Kölner Stürmer überdeckte alle Unsicherheiten, die sich in Klinsmanns Mannschaft eingeschlichen hatten. In der deutschen Kabine herrschte nach dem Schlußpfiff ausgelassene Stimmung, fast wie nach einem großen Sieg in einem wichtigen Turnier. Sie wußten alle, was dieses Spiel für sie als Mannschaft bedeutete, und sie wußten, was geschehen wäre, wenn sie an diesem Abend nicht auf die Erfolgsspur zurückgefunden hätten. Die Medien wären über die Spieler und den Bundestrainer hergefallen, das gesamte Reformprojekt auf dem Weg zur Weltmeisterschaft wäre ins Wanken geraten.

Den Deutschen, so schien es, war in diesen Tagen die Lust auf Reformen vergangen. Die Anstrengungen und auch die Enttäuschungen, die einen auf diesem ungewissen Weg erwarten, gerieten verstärkt in den Blick, und immer mehr Menschen schreckten davor zurück. Die Stimmung im gesamten Land, die im Sommer 2005 noch auf Veränderungen und Aufbruch drängte, nachdem Bundeskanzler Schröder Neuwahlen für den 18. September angekündigt hatte, veränderte sich in den letzten Wochen vor der Wahl. Bei den Reformprojekten rückten die Gefahren und Risiken in den Vordergrund, und nicht die Chancen, die in ihnen liegen. »Wir sind hier nicht an der kalifornischen Sonnenküste, sondern in Deutschland, der Heimat des skeptischen Denkens, und seit Samstag atmen die Bedenkenträger, Torwartrotationsgegner und sonstigen Feinde jedes rigorosen Reformkurses auf: Wenigstens im Fußball ist die drohende Gefahr der Aufbruchsstimmung erst einmal im Keim erstickt«, hieß es in der *Welt.* »Wenn einer die Aufbruchsstimmung klein kriegt, dann wir Deutsche.«

Im Wahlkampf drei Jahre zuvor hatte sich Jürgen Klinsmann noch für Bundeskanzler Schröder engagiert und die Wähler gebeten, ihm »eine zweite Halbzeit« zu gewähren. Bald nach seinem Amtsantritt 2004 als Bundestrainer war daher auch eine Verbindung hergestellt zwischen Schröders Agenda 2010 und seinem eigenen Reformprojekt, und Klinsmann wurde gefragt, was der Kanzler denn von seiner Agenda 2006 halte. »Soweit ich weiß, gefällt es ihm, daß wir die Spieler zur Eigenverantwortung auffordern. Es gibt kein Recht auf Faulheit, sondern eine Pflicht zur Leistungssteigerung«, sagte er in einem Interview mit der *Süddeutschen Zeitung*. Und wenn er davon sprach, daß »das Reformieren zu einem permanenten Zustand werden muß«, war er in seiner Rhetorik ganz nahe bei Schröder, als dieser die Hartz-Reformen auf den Weg brachte.

Die Nähe zum Kanzler und den gesellschaftspolitischen Vorstellungen der rot-grünen Regierung, die sich nicht zuletzt mit dem gemeinsamen Wunsch nach multikultureller Weltoffenheit in Deutschland verband, hatte sich schon bei Klinsmanns publizistischer Zusammenarbeit mit der Bundestagsvizepräsidentin Antje Vollmer während seiner Zeit in Amerika gezeigt. Auch die Botschaft der Weltmeisterschaft 2006 verknüpfte Klinsmann von Beginn an mit dem Ziel, auch in der Nationalmannschaft solle die veränderte Wirklichkeit des Landes sichtbar werden. »Deutsche Nationalspieler tragen heute Namen wie Owomoyela und Asamoah. Das spiegelt wunderbare Aspekte deutscher Gegenwart wider«, sagt der Bundestrainer. »Die WM bietet die Chance, der Welt zu zeigen, wer wir eigentlich sind. Wir haben die Möglichkeit, Deutschland neu zu definieren: eine Marke zu schaffen.«

Aber je näher die Weltmeisterschaft 2006 und die Bundestagswahl rückten, desto augenfälliger wurden auch die weitaus subtileren Parallelen zwischen Klinsmann und der Kanzlerkandidatin Angela Merkel. Die CDU-Vorsitzende hatte ihre Bewerbung um das höchste Regierungsamt im Frühsommer 2005 mit dem Motto versehen: »Ich will Deutschland dienen.« Diese scheinbar altmodische Formulierung und fast schon in Vergessenheit geratene Haltung war in der auf Effekte fixierten Medienrepublik seit Jahren kaum mehr zu hören. Klinsmann redete jedoch kaum anders, als er ein paar Wochen zuvor über sein Rollenverständnis als Bundestrainer befragt wurde: »Führen heißt: einer Sache dienen«, antwortete er.

Die ostdeutsche Kanzlerkandidatin betrachtete das Land und dessen Entwicklung mit einem distanzierteren Blick als die meisten Spitzenpolitiker mit einer gradlinigen Westkarriere. Gleichsam von außen und mit einer etwas anderen Perspektive hatte sie sich in der deutschen Politik mit strategischem Geschick und großem Ehrgeiz an die Spitze der CDU gearbeitet. Als Kanzlerkandidatin brachte sie im Wahlkampf ihren Reformwillen viel deutlicher zum Ausdruck als die Regierungskoalition, aber auch als die führenden Köpfe der Union. Sie sprach mutig davon, daß Deutschland wie nach dem Krieg nun ein zweites Mal durch einschneidende Veränderungen neu gegründet werden müsse. Während des Confederations Cups im Juni 2005, als die Deutschen sich über Klinsmanns Reformresultate in den Stadien von Frankfurt, Köln, Nürnberg und Leipzig in die Arme fielen, lag die Union bei den Umfragen schon nahe an der absoluten Mehrheit. »Mit ihrer Forderung nach radikalen Reformen und einem Neuanfang versucht sie, die Stimmung auszunutzen, die seit dem umjubelten Start von Bundestrainer Klinsmann mit dessen ebenso ungewöhnlichen wie frischen Ideen im Lande vorherrscht. In der Öffentlichkeit gilt Klinsmanns junge Elf als Synonym für Jugend, Fortschritt und frischen Wind«, schrieb der *Tagesspiegel.* Aber je deutlicher sich Merkels Veränderungswille im Wahlkampf zeigte, desto mehr schwand in den Umfragen die Zustimmung. In den letzten beiden Wochen vor der Bundestagswahl schien es, als löste sich der Wille zur Erneuerung des Landes bei der Mehrheit der Deutschen schon auf, bevor mit der Erneuerung überhaupt begonnen wurde.

Auf schmalem Grat

Wie schwierig es sein würde, in Deutschland Reformen umzusetzen, und sei es nur im Fußball, erlebte Klinsmann exakt zur selben Zeit. Der Bundestrainer sah schon lange vor den beiden mißglückten Spielen die Unwilligkeit seiner Landsleute, sich auf Reformprojekte selbstbewußt und selbstverantwortlich einzulassen. Die Deutschen, so Klinsmann mit seiner amerikanischen Perspektive, glaubten noch immer, daß Prozesse der Erneuerung von einer einzelnen Person, von einer Führungsfigur abhängig seien. »In Wirklichkeit liegt genau in dieser Annahme eine wesentliche Ursache der Probleme. Es muß darum gehen, eine Struktur zu konstruieren, die unabhängig von den Akteuren funktioniert«, analysierte der Bundestrainer. »Die Sehnsucht nach dem Führerprinzip ist nichts anderes als die Suche nach einem Alibi, nach dem Motto: ›Ich schiebe den Ball weiter, damit der andere den Fehler macht.‹ Die Lösung der Probleme kann aber nicht durch eine Einzelperson, sondern nur aus der Gemeinschaft heraus kommen.«

Klinsmann kämpfte nach dem sportlichen Rückschlag im Spätsommer 2005 mit aller Entschlossenheit weiter für das von ihm eingeleitete Fußballreformprojekt. Er hatte die Erneuerung nie zur »Chefsache« erklärt, sondern immer zu einem Projekt der gesamten Führungsgruppe der Nationalmannschaft, weil dies seinem Verständnis von gemeinsamer Verantwortung entspricht. Nun warb er zusammen mit Manager Oliver Bierhoff für die Fortsetzung des eingeleiteten Projekts. Der Bundestrainer verteidigte hartnäckig seine Maßnahmen, die in den Medien und der Öffentlichkeit für Kritik sorgten, und gab trotz des wachsenden Drucks keine seiner Positionen preis. Die Torwartrotation zwischen Oliver Kahn und Jens Lehmann erklärte er unbeirrt zu einem wichtigen Schritt im allgemeinen Konkurrenzkampf um die Plätze bei der WM. Den zeitweiligen Verzicht auf die Jungstars Lukas Podolski und Bastian Schweinsteiger begründete er mit dem behutsamen Aufbau der großen Talente, auch um den Preis von Spielen mit geringerer Torausbeute. Alles dies seien von ihm und seinem Trainerteam wohldurchdachte Maßnahmen auf dem Weg zur Weltmeisterschaft und darüber hinaus. »Wir lassen uns das Lächeln nicht nehmen«, beschied der Bundestrainer seine Kritiker. Von den Medien, so ließ er wissen, werde er sich seinen Weg nicht diktieren lassen.

Er wußte nur zu genau, wie stark er den deutschen Fußball schon verändert hatte. Die Deutschen standen nach wie vor hinter seiner Nationalmannschaft, die Zustimmung zu seinem Weg, die während des Confederations Cups sogar in Begeisterung umschlug, war schon im ersten Jahr enorm. Die Einschaltquoten bei den Länderspielen stiegen signifikant: Schon bis zum ersten Spiel des Turniers gegen Australien saßen nun zusätzlich rund 1,4 Millionen Zuschauer bei jeder Partie vor dem Fernseher; während der WM-Generalprobe erreichten die Einschaltquoten Spitzenwerte. Mit Podolski und Schweinsteiger hatten sie zudem zwei Symbole für Aufbruch und Dynamik gefunden, zwei Lieblinge und Vorbilder der Jugend, von denen Klinsmann wußte, daß die Nationalmannschaft und der deutsche Fußball noch viele Jahre von ihnen profitieren würden. Genau wie von seinem neuen Stil, den er für die Weltmeisterschaft entwickelt hatte, vom englisch geprägten Angriffsfußball, den er für perfekt hält, um die deutschen Fans in den Stadien und vor den Fernsehern zu begeistern und den Heimvorteil tatsächlich in Siege zu verwandeln. »Das ist unsere große Chance«, sagt Klinsmann, »und nur so können wir sie nutzen.«

Seine Überzeugung, auch für die kommenden Jahre schon unverzichtbare Arbeit geleistet zu haben, war wie ein Schutz gegen die Angriffe in den Medien nach den ersten Rückschlägen. Vieles war liegengeblieben beim DFB und im deutschen Fußball, notwendige Reformen waren seit mehr als zehn Jahren verschleppt worden, wie er fand. Nun brachen endlich die Verkrustungen auf, die Mannschaft lebte während ihrer Reisen in den pulsierenden Metropolen, sie fand den alltäglichen Kontakt zu den Menschen. Stadtrundfahrten wie in Teheran oder der Besuch der Nicolai-Kirche in Leipzig vermittelten den Spielern eine neue Perspektive, genauso wie die Treffen mit Sportlern von den Paralympics. Und auch die engere Verzahnung der Nachwuchsmannschaften mit dem sportlichen Konzept der Nationalelf hatte er in die Wege geleitet, die konsequente Vereinheitlichung des Spielsystems in den verschiedenen Auswahlteams, wie es die großen Fußballnationen schon lange vormachten. Denn er will in seiner Ära auch etwas Bleibendes hinterlassen, unabhängig vom unmittelbaren Erfolg.

In jedem Fall wurde Jürgen Klinsmann in diesen Tagen seiner ersten schwierigen Phase als Bundestrainer noch einmal nachdrücklich bewußt, wie fragil der Weg der Erneuerung bis zur Weltmeisterschaft sein würde, wie schmal der Grad zwischen begeisterter Zustimmung und schroffer Ablehnung – und wie ungewiß der Erfolg. Zugleich wußte er nur zu genau, daß viele Menschen in ihn und die Nationalmannschaft nicht nur große sportliche, sondern überhaupt gesellschaftliche Hoffnungen setzen. Eine erfolgreiche Weltmeisterschaft, ein junges, dynamisches und weltoffenes Fußball-Deutschland kann auf das ganze Land wundersam zurückwirken. So wie früher, beim ersten Neuanfang des Landes vor fünfzig Jahren, als Wirtschaftswunder und Fußballwunder zusammenfielen. »Es passiert so ungeheuer viel in der Welt, und wir Europäer haben eine gewisse Position auszufüllen. Und momentan suchen wir alle noch nach dieser Position. Vielleicht wissen wir erst in ein paar Jahren, in welchem entscheidenden

Moment diese Weltmeisterschaft kam«, sagt Klinsmann am Vorabend der WM 2006. Als Bundestrainer will er seinen Teil zu einem erneuerten Deutschland beitragen und auf ein reformfähiges, zuversichtliches und mutiges Land sehen, wenn er irgendwann wieder zu seiner Familie nach Amerika zurückkehrt. Das ist der große Traum von Jürgen Klinsmann.

Danksagung

Viele haben geholfen, dieses Buch möglich zu machen. Mein besonderer Dank gilt Jürgen Klinsmann für seine in jeder Hinsicht großzügige Unterstützung, insbesondere für seine Bereitschaft, mir Zugang zu seinen Freunden, langjährigen Begleitern sowie seinen aktuellen Partnern in der Nationalmannschaft und in den Vereinigten Staaten zu gewähren. All meinen vielen Gesprächspartnern, deren knappe und oft kostbare Zeit ich immer wieder beansprucht habe, danke ich für ihre Großzügigkeit und Offenheit, mit der sie mir begegnet sind.

Ein großer Dank gilt meinem Freund Felix Rudloff, der mich zu diesem Buch animierte und das Projekt in kluger und anregender Weise betreute. Peter Lohmann danke ich für sein Vertrauen und meinem Lektor Werner Irro für sein kenntnisreiches Einfühlungsvermögen.

Ich möchte mich für die Unterstützung, Ratschläge und Anregungen zahlreicher Kollegen bei der *Frankfurter Allgemeinen Zeitung* bedanken; gleichfalls Dank auch an Kollegen anderer Medien, die meine Arbeit durch viele intensive Gespräche bereichert haben.

Mein größter Dank gebührt jedoch meiner Familie, insbesondere meiner Frau Patricia. Ohne ihre ständige Unterstützung wäre dieses Buch nicht möglich gewesen, und das ist nur einer von unzähligen Gründen, weshalb ihr dieses Buch gewidmet ist.

Bildnachweis

Action Images: Foto 8
Gunnar Berning/Bongarts/Getty Images: 14, 15
Bongarts/Getty Images: 9
Lutz Bongarts/Bongarts/Getty Images: 12, 16
David Cannon/Allsport/Getty Images: 5
Alexander Hassenstein/Bongarts/Getty Images: 13, 20, 22, 24
Alexander Heimann/Bongarts/Getty Images: 21
Christof Köpsel/Bongarts/Getty Images: 26
Jochen Lübke/AFP/Getty Images: 1
picture-alliance/dpa/dpaweb: 2, 4, 25
Michael Probst/AFP/Getty Images: 17
Thorsten Silz/AFP/Getty Images: 23
Ullstein/AP: 7, 11
Ullstein/Horstmüller: 19
Ullstein/Sven Simon: 6
Ullstein/Werek: 3
Werek: 10, 18